U0014019
Wir lauffen in die Wett und traben gar
Wir leben von der Jagt, es jagt, wer jag
Ein FORmosan.
QUEMOEY

昭和十六年記念日台湾神社参拝
22

# 近世臺灣鹿皮貿易考

## 青年曹永和的學術啓航

曹永和◆著　陳宗仁◆校注
財團法人曹永和文教基金會◆策劃

# 目次

# 【臺灣史與海洋史】系列叢書緣起

財團法人曹永和文教基金會

財團法人曹永和文教基金會成立於一九九九年七月，其宗旨主要在與相關學術機關或文教單位合作，提倡並促進臺灣史與海洋史相關之學術研究，並且將研究成果推廣、普及。因此，有關臺灣史或海洋史之學術著作、國外優秀著作的譯述及史料編纂等相關書籍的出版，皆是本基金會的重要業務。

曹永和文教基金會成立以來，本於前述宗旨，多次補助出版與臺灣史或海洋史相關的學術著作、史料的編纂或外文學術著作的翻譯。接受補助出版或由基金會出版的書籍，有不少作品已廣為學術界引用。諸如，二〇〇〇年起多次補助「東臺灣研究會文化藝術基金會」出版《東臺灣叢刊》，二〇〇〇年補助播種者文化有限公司出版《臺灣重層近代化論文集》，二〇〇四年再度補助出版《臺灣重層近代化論文集》之續集《跨界的臺灣史研究——與東亞史的交錯》；二〇〇一年補助樂學書局出版《曹永和先生八十壽慶論文集》，二〇〇二年起補助出版荷蘭萊登大學與中國廈門大學合作編輯之海外華人檔案資料《公案簿》第一輯、第二輯與第四輯；二〇〇三年補助南天書局出版荷蘭萊登大學包樂史教授（Leonard Blussé）主編之《Around and about Formosa》，二〇〇四年補助南天書局出版韓家寶先生（Pol Heyns）與鄭維中先生之《荷蘭時代臺灣相關史料——告令集、婚姻與洗禮登錄簿》。本會也贊助相關的學會活動、邀請外國著名學者作系列演講，提供研究者交流的場域。諸如，一九九九年十一月與中央研究院合辦「東亞海洋史與臺灣島史座談會」，二〇〇〇年三月於臺灣大學舉辦日本東京大學東洋文化研究所濱下武志教授演講「談論從海洋與陸地看亞洲」，二〇〇〇年十月與中央研究院與行政院文建會合辦「近代早期東亞史與臺灣島史國際學術研討會」。此外，為了培養臺灣史及海洋史研究的人才，本會與中央研究院臺灣史研究所合辦「臺灣總督府公文類纂研讀班」之推廣活動。

為了使相關學術論述能更為普及，以便能有更多讀者分享臺灣史和海洋史的研究成果，本基金會決定借重遠流出版公司專業的編輯、發行能力，雙方共同合作，出版【臺灣史與海洋史】系列書籍。每年度暫訂出版符合基金會宗旨之著作二至三冊。本系列書籍於二〇〇五年以新竹師範學院社會科教育系助理教授許佩賢女士（現任臺灣師範大學臺灣史研究所副教授）之《殖民地臺灣的近代學校》，與中央研究院歷史語言研究所研究員陳國棟教授之《臺灣的山海經驗》、《東亞海域一千年》為首；之後除了國內的學術研究成果之外，也計劃翻譯出版外文學術著作或相關史料，例如由Emory大學歷史系教授歐陽泰所著的《福爾摩沙如何變成臺灣府？》，就是本基金會所支持翻譯出版的外文學術著作。二〇〇七年又出版中央研究院臺灣史研究所副研究員林玉茹所著《殖民地的邊區：東臺灣的政治經濟發展》。二〇〇八年八月出版政治大學臺灣史研究所教授陳翠蓮所著《臺灣人的抵抗與認同：一九二〇—一九五〇》；十一月出版臺灣大學歷史學博士林正慧所著《六堆客家與清代屏東平原》。二〇一〇年四月出版交通大學客家文化學院人文社會學系教授黃紹恆所著《臺灣經濟史中的臺灣總督府》。二〇一一年三月出版洪紹洋博士所著《近代臺灣造船業的技術轉移與學習》。如今又有兩本重量級的出版面世：一是《利邦上尉東印度航海歷險記——一位傭兵的日誌（一六一七—一六二七）》；一是《近世臺灣鹿皮貿易考——青年曹永和的學術啟航》，出版成果可謂豐碩。

冀盼【臺灣史與海洋史】系列書籍之出版，得以促使臺灣史與海洋史的研究更加蓬勃發展，並能借重遠流出版公司將此類研究成果推廣普及，豐富大眾的歷史認識。

# 自序

曹永和

〈近世臺灣鹿皮貿易考〉這篇論文，距離今天已經有六十年之久了！我當初是因為在《科學的臺灣》雜誌上，讀到日本學者崛川安市的文章，而引發進一步研究的興趣。

戰後初期的臺灣史研究，大多仍停留在連橫《臺灣通史》的傳統，或以編譯伊能嘉矩的《臺灣文化志》為主。研究者只重視清代臺灣的移民開發，並未能夠從整體和長期的觀點，來處理臺灣史上不同階段的發展過程。我則認為我們應該要瞭解早期臺灣的經濟，在漢人移民和農業開發之前，曾經歷了烏魚漁業和鹿皮貿易的重要階段。我也注意到要研究早期臺灣史，就必須接觸古荷蘭文的檔案。

我當時是先用日文寫成這篇論文的初稿，再自己翻譯成中文。本文的內容主要有兩方面，一是臺灣和日本的貿易關係，另一部份是臺灣島內的拓墾開發。那時中村孝志教授也曾發表鹿皮貿易的相關論文，但中村的焦點主要在於研究台日的貿易關係，我則更重視從臺灣史的觀點，來分析島內的農業開發。這篇論文的英文版，後來曾收錄在 John Wills Jr. 主編的論文集。

〈近世臺灣鹿皮貿易考〉如今在我的學生們編輯下終於出版，我覺得太晚了些！但早期臺灣鹿皮貿易和農業開發的關係，以及臺灣經濟史上不同階段的發展，應該仍是研究者值得重視的學術課題。

二〇一一年九月二十六日口述

（張隆志記錄、整理）

# 桂冠下的平民學者

詹素娟

中央研究院的院士選舉，向來是學界盛事、社會大眾的關心焦點，但一九九八年七月的選舉結果，卻帶來一種隱然不同於過去的騷動。因為，冠蓋雲集的學術殿堂，終於把一頂代表學術人最高榮譽的院士桂冠，授予沒有傲人學歷、只有默默耕耘的臺灣史學者曹永和老師。國人的視線，欣然投注於這個溫和寡言的書生；對這樣的實至名歸，人們的心靈好似春風拂過，感到前所未有的鼓舞。

出生於一九二〇年的曹永和老師，是士林大族曹家的後裔。由於父親曹賜瑩先生的教導，曹老師從孩童時代起，就因大量課外書籍的閱讀，而對文史哲產生濃厚的興趣。個性木訥的曹老師，幼小時曾離家和奶媽同住，返回本家後，因生活上的不適應，經歷過一段憂鬱孤獨的時光，而更沉醉於文字的世界，並發展成終生的愛戀。州立臺北第二中學校畢業後，曹老師不再升學，只為了抗拒當時流行的價值觀——即有為青年應唸醫科或當銀行職員；雖然最後拗不過家人的堅持，進入士林信用組合工作，還是因罹患肺病而永久逃離了不符志趣的職場，開始自修苦學的生涯。

曹老師的正業是圖書館員。一九四七年三月，曹老師在楊雲萍、陳紹馨的引薦下，進入臺灣大學圖書館工作。這是他一生的重要轉捩點，臺大圖書館為曹老師開啟了終生學習的機會與寶庫；一直到一九八五年十月退休為止，曹老師在圖書館工作了一輩子，也上窮碧落下黃泉的悠遊於書海之間。無論是在獨自摸索的初學階段，還是日

二〇〇〇年七月一日攝於日本天理大學，老師當時八十歲。在前一年，成立了「曹永和文教基金會」，本年則出版《臺灣早期歷史研究續集》、《中國海洋史論集》二書。

後專治臺灣史的年代，曹老師像雜食動物般無所不讀，而造就了廣博的學識，並凝聚出大尺度的東亞海域史觀，及影響學界深遠的「臺灣島史」概念。

原就熟稔日語的曹老師，先花不少時間學習中文，又因工作上必須接觸眾多歐美各國書刊文獻，遂以勤奮的精神努力研讀各種外語。由於語文是歷史學者必備的治學工具，最後以精通日文、英文、荷蘭文，略通西班牙文、德文、法文和拉丁文聞名的曹老師，就成為臺灣史學界稀有的「多語人」了。曹老師最為人熟知的成就，即是透過古荷蘭文獻檔案的掌握，對臺灣早期歷史的開創性研究。

受業於日本老師岩生成一博士，則對曹老師的學術生涯產生關鍵性影響。岩生博士戰前在臺北帝國大學教書，回到日本後，則在東京大學任教。他在日本讀到了曹老師寫的歷史論文，欣賞之餘，竟將曹老師收為入門弟子，並在一九六五年爭取到聯合國教科文組織的研究獎助，讓沒有機會讀大學的曹老師，能到典藏豐富的東洋文庫進修一年。這一年，岩生博士不但定時為曹老師個人講授課程，還指導他利用荷蘭未刊文獻進行研究。這番際遇，不但提升了曹老師的研究能力，也成為他終生念茲在茲、不敢稍忘的師生情誼。

一九六四年八月廿八日，與中村孝志（右一）、王詩琅（中）、岩生成一（左二）、王世慶（左一）等攝於省文獻會。此次岩生教授來臺，特地拜會臺大校長與教育部長，安排曹老師赴日參與研究計畫。隔年，曹老師即赴日一年，日後謂此行：「對我的學術生涯影響深遠」。

一九七八年老師首度到荷蘭，參與熱蘭遮城日記的編校計畫。上圖左一是包樂史教授，左二是 van Opstall 女士，荷蘭檔案館的主任。下圖右一是 M. P. H. Roessingh，也是荷蘭檔案館的部門主任；左二是日本學者鳥井裕美子，日蘭交涉史的研究者。

一九七三—七五年間，香港中文大學東亞研究中心和美國南伊利諾大學越南研究中心合辦「越南史料研究計畫」，曹老師獲邀擔任客座研究員，參與越南史中文資料國際研究計畫的研究工作。一九七八年，曹老師又應荷蘭萊頓大學歐洲發展史研究中心之聘，參加「熱蘭遮城日誌」的編校註疏計畫。藉由這些經歷，曹老師的交遊、視野日漸廣闊，成為國內少數具備國際聲望的歷史學者。

寫作不輟的曹老師，也以其臺灣早期歷史、東西交通史、海洋發展史等多篇論著，受到國內學術界的注目。一九八四年八月，中央研究院三民主義研究所（今人文社會科學研究中心前身）聘請曹老師兼任研究員，臺灣大學歷史系也在同年聘請他兼任教授。對沒有大學學歷的曹老師來說，學院的肯定，可說是對自己堅定志趣、無怨無悔人生最大的鼓勵。

猶如岩生成一博士的無私教育與造就，曹老師對任何一位上門求教的學生，也是親切的傾囊相待，讓年輕人樂意長年相隨，沐浴在他的學養風範下。即使已經九十二高壽，在學生心目中，曹老師永遠是生命活水源源不斷的寶藏。

曹老師的學識、研究與影響，早為眾所公認；院士桂冠加冕以來的種種榮耀，只是使我們替他歡喜：一個像曹老師這般默默讀書、寫作，性情淡泊的學者，卻能締造學術人的成就巔峰，真是一個美好的典範。

# 光與熱：曹永和早期的研究生涯

## ——《近世臺灣鹿皮貿易考》解題

陳宗仁

一九四七年臺灣發生二二八事變，三月八日以後，國民政府增援的部隊陸續來臺。三月份，在戰後初期臺灣政治氣氛最肅殺的時刻，同月十六日，一位二十七歲的年輕人走進軍人站崗的臺灣大學校門，前往圖書館報到，這位圖書館員數十年後將成為中央研究院院士、知名的東亞海域史專家、一位自學成功的典範，他是曹永和老師。

一九三九年曹老師畢業於州立臺北第二中學校，同年進入「士林信用購買販賣利用組合」工作，當時二十歲。六年後，於一九四五年因病辭職，隔年住院一年，一九四七年進入臺大圖書館工作。四年後，寫出一篇史學論文〈近世臺灣鹿皮貿易考〉，時年三十一歲。

六十年後，此稿由其學生們重新編校出版，本文介紹此稿之內容與架構，並探討曹老師寫作的緣起，以及此文在曹老師學術生涯的重要性。

### 一、手稿的內容與架構

《近世臺灣鹿皮貿易考》（以下簡稱《手稿》）全文含注釋約八萬餘字，可能是戰後臺灣人所寫第一篇長篇幅的史學論文。《手稿》共分三章，加上前言、結語，可以分為五個章節，敘述如下：

#### (1) 前言

有日文與中文前言各一篇，兩篇內容不同，日文前言較像全書總序，而中文前言似是第一章的開頭語，因此，以下介紹日文前言。

日文前言可以歸納為下述三個命題：

A 與外界隔絕的臺灣，在近世國際商戰中開始登上世界史舞臺。

B 臺灣原住民的生產型態為漁獵等活動為主的採集經濟與兼營某種程度的鋤耕農業，與外界的交易，主要是狩獲物與自然採集物，因此，鹿皮成為重要交易品。

C 對外的鹿皮交易，最終促進臺灣島上的活躍性拓殖活動，對臺灣的開發經營有重大貢獻。

在A點、C點中，強調臺灣與外界接觸或內在的變動，鹿皮貿易扮演重要角色，而B點則是解釋：為什麼是鹿皮貿易能扮演重要角色，而不是其他產物。

在日文前言的最後一段，敘述全文三章的內容重點。

右圖：老師任職士林信用組合時，臺北州同事們於清晨浸泡冷水，進行日本式的精神訓練。最後一排右一（箭頭指示處）為曹老師。

左圖：一九四六年，曹永和在臺大醫院住院，與一位原住民護士留下這幀合影。

(2) 第一章

本章標題為「臺灣鹿皮輸出之經過」，老師自謂首章重點是：「持續觀察臺灣在國際貿易場裡地位的興衰演變，並探討臺灣鹿皮輸出的經過」。本章共分七節，各節以年代區分，分別是：荷蘭佔據以前、荷蘭佔據以前（一）、荷蘭佔據以前（二）、荷蘭佔據時代、西班牙佔據時代、鄭氏時代、滿清時代。

(3) 第二章

本章標題為「臺灣鹿皮貿易之背景」，寫作重點是：「觀察臺灣內部鹿皮商品集貨過程的關係，藉以考察其對臺灣開發經營產生怎樣的影響？」亦即鹿皮在臺灣島內的獵捕、收集，及其影響。本章共分八節，關注的層面甚廣，亦反映在節的分畫與標題命名中。第一節說明臺灣鹿的種類與數量，第二節敘述鹿對原住民的經濟與社會文化上的重要性，第三節漢人與原住民貿易的活潑化。

第四至第六節則描寫漢人與荷蘭東印度公司如何介入、競爭、經營鹿皮交易，特別是東印度公司推行了贌社制度，確立獨占體制。第七節論鄭、清時代的番餉與贌社性質的轉變。第八節談漢人的開墾導致鹿場的縮減與平地鹿群的消失，進而轉換到農耕時代。

(4) 第三章

本章標題為「臺灣鹿皮貿易之運販與用途」，老師自謂重點是：「略述貿易方法、利益與用途等」。本章談論的是鹿皮貿易的技術性問題，如第一節探討商人使用什麼樣的船隻運送鹿皮？第二節敘述海商的組織，第三節著重日本鹿皮的買賣規定與鹿皮用途。

(5) 結語

老師首先強調，臺灣與外在世界的交易關係，就像美洲原住民「與西歐人以獸皮開始」的關係一樣，接著扼要交待各章重點，強調鹿皮貿易在臺灣經濟史、社會史的意義，前者是指鹿皮成為當時重要的國際貿易商品，後者則說明漢人參與鹿皮貿易，「是漢人的臺灣開拓的前奏」。

《手稿》中論及主題甚多，從鹿的生長環境、數量、種類，寫到獵捕、鹿皮的集中，再寫到運鹿皮的船隻、商人，在日本的販賣與用途等等。從此點看，這篇論文的架構較像一本書，而非討論單一主題的論文，帶有一種整體史的風格，是此後曹老師慣用的寫史手法。

老師自述撰稿的過程，「是先用日文寫下來，再利用字典，轉翻成中文」，現存手稿最末注明完成於「民國四十年七月八日」，但這是全稿重新謄清的時間；據老師表示，原先之手稿業已丟棄，前後大約寫了一、兩年。[1]《手稿》謄清後，曾請臺大植物系于景讓教授修改，[2]但因篇幅太長，于教授選擇修改〈明代臺灣漁業志略〉一文，使得此稿未能立即發表。

《手稿》於民國四十年（一九五一）謄清後，曹老師曾再進行局部文字修改，留下一些紅筆加注的符號或字句；另外，則是補入新資料，如第一章（頁四六）引用兩段有關雞籠、淡水文引的史料，原先出處是寫《東西洋考》，後改為許孚遠的《敬和堂集》。但最主要的改動是補入中村孝志〈台湾における鹿皮の產出とその日本輸出について〉一文中的史料，一九五三年中村孝志在日本發表此文，研究主題與老師相似，曹老師抄錄了甚多未見的史料於手稿中，並曾試圖將中村文字整合入文稿，但似未完成。

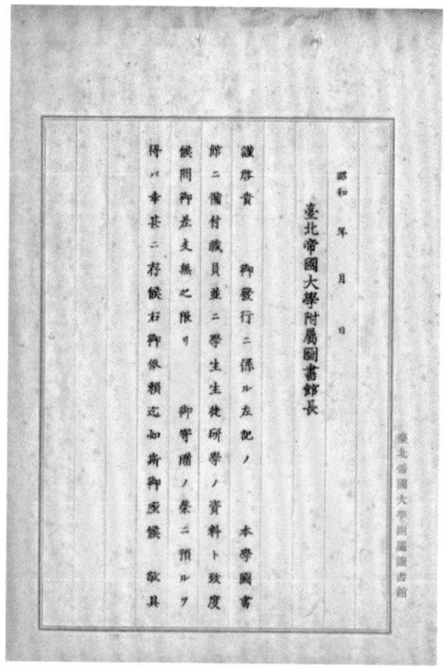


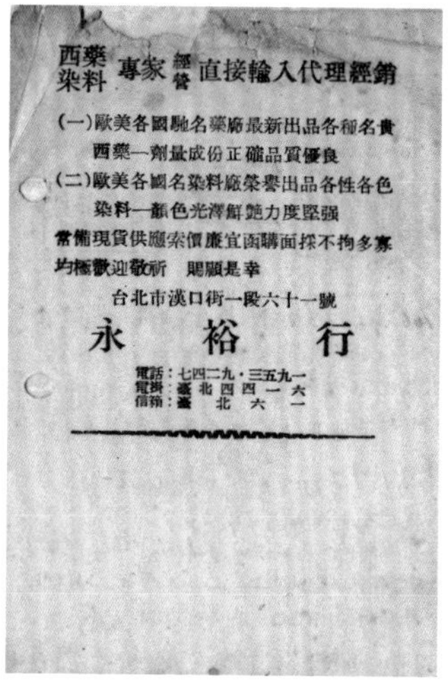


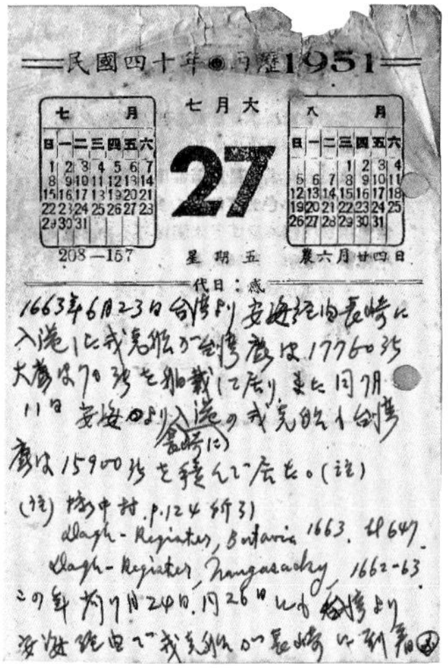


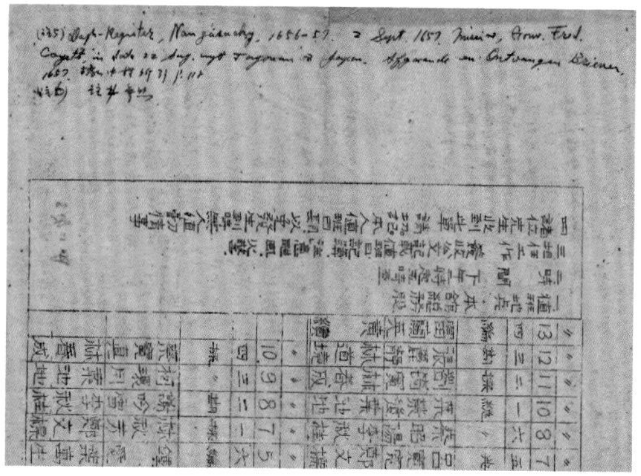

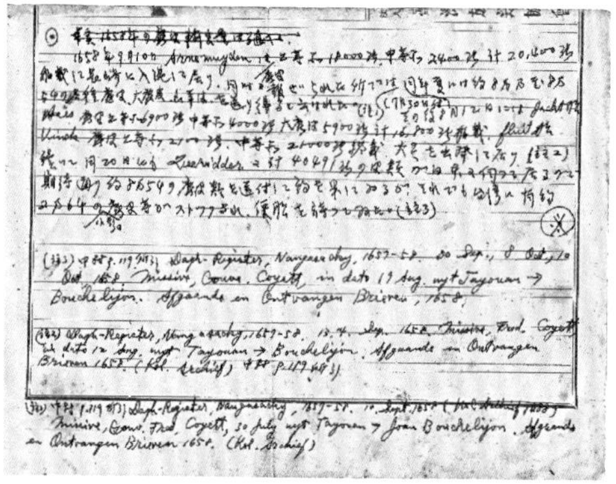

1—2011年6月23日曹永和口述，張隆志記錄。

2—于景讓（1907-1977）是曹老師初至圖書館工作時的館長，日本京都帝大農學部畢業，其生平參見畢中本，〈記植物學家于景讓教授〉，《傳記文學》67卷5期（1995年11月），頁69-74；李學勇、畢中本，〈臺灣生物學史研究先行者——于景讓先生〉，《中華科技史學會學刊》15（2010年12月），頁71-72。于景讓於1947-1949年間擔任圖書館館長，1951年《手稿》完成時，于景讓已卸任，但老師在幾次訪談或行文裡，仍稱于景讓為館長。

曹老師生性惜紙，據其三子曹昌平口述，曹老師是「每張紙都是一用再用，直到沒辦法用才會放棄那張紙，我記得臺灣大學圖書館以前都會有草稿紙，他都正面、反面，一用再用，實在不能用才丟棄」（《曹永和院士訪問紀錄》頁二二四）。《手稿》使用的稿紙亦是一例，手稿使用最多的是臺大圖書館廢棄的公文紙，是臺北帝大圖書館未用的謝函，其次則用桌曆、臺灣大學的職工輪值班表（一九五三年）、日治時期的「社團法人臺灣放送協會」公文紙等。

上右：日治時期臺北帝大圖書館的謝函，戰後廢棄，曹老師使用紙張背面謄清手稿，至於原始稿已丟棄。

上中及上左：增補手稿時，使用永裕行贈送之一九五一年度桌曆，當時其三妹曹菊芬之先生在永裕行工作。

下右：一九五三年七、八月間臺大圖書館之員工值班表，曹老師利用左側空白處及背面抄寫史料。

下左：「社團法人臺灣放送協會」在戰後初期解散，曹師母曾在電臺工作，故有此廢棄之公文紙。

## 二、寫作《手稿》前的經歷

《手稿》完成後，未能刊載，所以這篇作品對臺灣史學而言，可以說毫無影響；但是，《手稿》的寫作，卻是曹老師的學術生涯中一個重大的轉折點，也是「史學家曹永和」最初的重要作品。以下略述曹老師寫作《手稿》前對知識的追求及其相關的活動。

### (1) 年輕的曹永和：祖國夢與鄉土情

曹老師在一九四七年進入臺大圖書館工作時，他可能還沒有想到要成為一名歷史學者，他日後回憶道：

> 我去臺大圖書館工作，一方面是因為想多讀點書，一方面也是希望從事跟學問有關的職業，我的基本想法是雖然自己不能做學問，但選擇和學問有關的職業，多少也可以有點貢獻。再者，我從小就對文科有興趣，對教書也有一些嚮往，雖然沒辦法教書，但圖書館的工作跟書有關，才會選擇去圖書館服務。[1]

在曹老師的口述訪談裡，他常提到年少時去圖書館的記憶，如小時候由父親曹賜瑩帶著到總督府圖書館兒童室看書，就讀臺北州立臺北第二中學時，在學校管理圖書；中學畢業後，有半年的時間，從士林走路至臺北的總督府圖書館看書[2]。讀書一直是曹老師的興趣，據其長子曹昌文回憶童年時，他對父親的印象就是「爸爸唸書，媽媽忙碌」、「爸爸平常就不大講話，最常做的事就是看書」。[3]

曹老師曾描述自己年輕時的讀書傾向，謂：

> 自一九三八到三九年的日治時代開始，我對於文史哲各方面濫讀中，興趣逐漸集中於歷史。一九四一年，讀到了當時任教於臺北帝國大學神田喜一郎教授的〈顯出於中國史學的倫理思想〉（收於《岩波講座倫理學》第十冊），因此託同鄉前輩楊雲萍氏推介，想當神田教授的選科生，卻遇到神田教授似正好前往福建和廣東，遂未果。[4]

曹老師的父親曹賜瑩在八芝蘭公學校擔任訓導時留影。

1—《曹永和院士訪問紀錄》，頁69-70。鍾淑敏、詹素娟、張隆志訪問；吳美慧等紀錄，《曹永和院士訪問紀錄》（臺北：中央研究院臺灣史研究所，2010），頁69-70。按本書以下簡稱《曹永和院士訪問紀錄》。

2—曹銘宗，《自學典範：臺灣史研究先驅曹永和》（臺北：聯經出版公司，1999），頁39-40、44。按本書以下簡稱《自學典範》。

3—《曹永和院士訪問紀錄》，頁194。

4—曹永和，〈後記〉，收入氏著，《中國海洋史論集》（臺北：聯經出版公司，2000），頁347。

一九三八—一九三九年間，大約是曹老師就讀臺北二中五年級時，此時讀理科乙組，但他對於習醫沒有興趣，反而「濫讀」文史哲書籍。[1] 神田喜一郎係當時臺北帝大文政學部東洋文學講座教授，老師讀到的文章是〈支那史學に現はれる倫理思想〉。[2] 老師曾到神田家拜訪，可惜未遇，「無法替我簽名核可，我的選修想法只好作罷」。[3] 老師也曾向楊雲萍借閱當時中國學者的著作，如顧頡剛編的《古史辨》第一冊，還有胡適與馮友蘭各自寫的《中國哲學史》。老師在日後回憶道，「在那個祖國夢的時代，我的讀書方向大多是中國文史哲方面的書籍」。[4] 對曹老師而言，想選修神田的課，其原因也是對當時中國學術的想望。

除了知識的追求，年輕的曹老師也積極參與文史團體，與志同道合的朋友往來，如一九四〇年參與士林協志會，他的同鄉兼二中學長何斌是會長，協志會的名稱由曹老師命名，成員一起聊天、讀書，甚至辦理

上：曹老師（左二）就讀臺北第二中學校，於園藝課時留影。照片背後註記：「昭和十二年二月二十二日月曜日撮」。左：中學校五年級時攝，曹老師自謂此時「濫讀」文史哲書籍。最左：中學校之前，就讀末廣高等小學時攝。

1—《曹永和院士訪問紀錄》，頁 32-33 有類似的記載：讀臺北二中四、五年級時，開始唸一些宗教、歷史與哲學書籍，對佛教史非常關心，「一時之間甚至有些厭世思想」；《自學典範》，頁 49 亦載：「他在臺灣總督府圖書館閱讀很多文學、史學、哲學的書，對中國和印度的哲學很有興趣，尤其被佛學吸引」。

2—神田喜一郎，〈支那史學に現はれる倫理思想〉，收錄於岩波茂雄編，《倫理學》（東京：岩波書店，1941），頁 1-28。按神田氏係京都帝國大學史學科畢業，該文討論中國史籍裡的「倫理性格」，這種倫理性格要求史書須從褒貶、勸誡的角度書寫，神田氏並論述「正統論」的源流，以此作為中國傳統史學倫理思想的例證。

3—《曹永和院士訪問紀錄》，頁 188。

4—《曹永和院士訪問紀錄》，頁 177。

一九四一年，士林協志會人員籌備文化展時合影。後排站立者，右起第六人為曹老師。圖左二穿黑色衣服的是郭琇琮，一九五〇年遭槍決。

公開演講。由於對「地方文化的提昇和啟蒙有使命感」，士林協志會在一九四一年八月二十三至二十五日舉辦文化展，其中「鄉土展」的歷史部份，由曹老師負責。此次展覽引起《民俗臺灣》編輯的注意與重視，後由楊雲萍主編一期「士林專號」，曹永和在此專號發表了〈士林的古碑〉、〈士林的傳說〉、〈士林寺廟志〉、〈士林聽書〉等四篇文章，當時他才二十一歲，是「士林信用組合」的職員。[1] 此次撰寫的文章均是對鄉土文史的調查與整理，呈現了老師的鄉土意識以及歷史癖好。

### (2) 進入臺大圖書館工作的轉變

一九四五年五月曹老師結婚，八月戰爭結束，十月因病辭去工作，[2] 次年在臺大醫院住院，一九四七年病癒，於同年三月進入臺大圖書館工

1—《自學典範》，頁 53-56；《曹永和院士訪問紀錄》，頁 51-55。

2—因初期肺病入院，在病院中，又遭傳染痢疾。見張炎憲、高淑媛採訪記錄，《衝擊年代的經驗：臺北縣地主與土地改革》（臺北：臺北縣立文化中心，1996），頁114。

作。曹老師選擇到圖書館工作，當然與他的讀書嗜好有關，此一選擇應視為是曹老師人生的一重大轉折點，也是他從事學術工作的起點。但曹老師到圖書館工作，不必然就會研究臺灣史，未來他投入臺灣史研究，其轉變應與臺灣當時文化環境變動有關。

首先是一九四五年日本戰敗，中國政府接收臺灣，舊的統治者施行「皇民化」政策，此時則改為「祖國化」、「中國化」的政策，新的統治者試圖對「臺灣文化再構築」，如臺灣省行政長官公署在一九四六年設立《臺灣省編譯館》、同年臺北市長游彌堅發起設立「臺灣文化協進會」，[1]另外，為了籠絡臺灣士紳，一九四八年臺灣省政府設立臺灣通志館，由林獻堂主持。[2]在「祖國化」的潮流中，關注臺灣文化的知識份子卻在這些機構中找到一片發展空間，日治時代的臺灣文化人、學者，如楊雲萍、陳紹馨等在戰後初期極為活躍，以楊雲萍為例，戰爭時期，他參與《民俗臺灣》的編輯與撰文，也投稿《臺灣日日新報》、《臺灣時報》，談論臺灣文獻，批評臺北帝大沒有研究臺灣文史；到了戰後，他先後成為《民報》的編輯與主筆、《臺灣文化》的主編與作者、臺灣省編譯館臺灣研究組主任、《臺灣風物》編輯等，而臺灣通志

---

1—黃英哲，《「去日本化」「再中國化」：戰後臺灣文化重建（1945-1947）》（臺北：麥田出版社，2007），頁223-227；曾士榮，〈戰後臺灣之文化重編與族群關係（1945-1950）：兼以臺灣大學為討論例案〉（臺北：臺灣大學歷史學研究所，1994），頁100-106。

2—許雪姬，〈忘年之交：獻堂仙與雲萍師〉，《臺灣文獻》57卷1期（2006年3月），頁127。

上：一九五〇年代的臺大圖書館，畫面近處是椰林大道，路往校門口延伸。遠處三棟建築物，分別是臺大圖書館的前、中、後三棟。

右：戰後初期曹老師任職的總圖書館，如今已經改為校史館。這個大門口也是曹老師在一九五〇年代經常攝影留念的地方。

館成立時，楊雲萍被聘為顧問，一九四九年通志館改為臺灣省文獻委員會後，楊雲萍又被聘為專任文獻委員，負責擬訂臺灣省通志綱目，在戰後初期臺灣文史領域裡，楊雲萍扮演極其重要的角色。[1]

黃英哲認為戰後初期臺灣的本土研究是在一個歷史斷裂中延續，他以臺灣省編譯館的存廢為例，認為楊雲萍領導的臺灣省編譯館臺灣研究組，「由中、臺、日三地有識之士、學者共同為整理保存戰前的臺灣研究而努力，某種戰前、戰後臺灣研究的人的與知識生產的連續性，也在這個過渡期中呈現」。[2]

在臺灣局勢急遽轉變的年代，曹老師作何應對？在二次大戰末期，曹老師參與的士林協志會漸漸轉型，從一般學生的讀書會變為政治性的秘密團體，曹老師亦為其中核心成員，他們私下閱讀三民主義，向孫文遺囑宣誓。但到了戰後，老師原本懷抱的「祖國夢」破滅，老師自謂：「經由自己的經驗，體會到幻想的中國和現實不一樣」。[3] 一九四七年二二八事件後，士林協志會停止運作，協志會的核心成員何斌前往中國，加入中共軍隊；[4] 至於郭琇琮成為共產黨在臺灣的地下黨員，一九五〇年被國民政府槍斃。[5]

戰後初期，曹老師逐漸與何斌等好友分道揚鑣，其原因固然與一九四五年曹老師結婚、生病，搬離士林有關，不過個性可能是更為根本的原因，政治運動不是曹老師選擇的社會參與形式，他依循的是士林協志會早期的活動方式，透過知識的討論、整理，推動文化啟蒙，於是曹老師走向一條不同的道路，在何斌、郭琇琮以武力反抗國民政府的同時，他到臺大圖書館工作。

曹老師到臺大圖書館以及到圖書館以後轉向臺灣史研究，這些選擇應是受到前述戰後初期的臺灣文史研究風潮影響，特別是楊雲萍對曹老師的影響應該被重視。曹老師為何想進臺大圖書館，能夠進入

1—許雪姬，〈楊雲萍與臺灣史研究〉，《臺大歷史學報》39（2007年6月），頁1-75；林春蘭，《楊雲萍的文化活動及其精神歷程》（臺南：臺南市立圖書館，2002），頁7-24。

2—黃英哲，〈戰後初期臺灣之臺灣研究的展開：一個歷史斷裂中的延續〉，《臺灣文學研究集刊》2（2006年11月），頁116。

3—張炎憲、高淑媛採訪記錄，《衝擊年代的經驗：臺北縣地主與土地改革》，頁112。類似的記載見《自學典範》，頁79。

4—何斌是士林人，曾就讀臺北二中，比曹老師早三屆，他在1947年夏天離臺至北京，後加入中國的第二野戰軍，從事醫務工作，曾任西南軍區抗瘧總隊副隊長、軍事醫學科學院微生物流行病研究所副所長，是瘧疾專家。參見藍博洲，《消失的臺灣醫界良心》（臺北：INK印刻出版公司，2005），頁149。

5—《曹永和院士訪問紀錄》，頁55-57；藍博洲，《消失的臺灣醫界良心》，頁11-104有郭琇琮傳記；藍博洲計劃主持，《五〇年代白色恐怖：臺北地區案件調查與研究》（臺北：臺北市文獻委員會，1998），頁143-148，係郭琇琮夫人林至潔的口述採訪資料。

右圖：曹老師於一九四五年五月結婚，這是新婚時所攝。

中圖：新婚後師母張花子（左二站立者）至臺灣廣播電臺工作，與同事合影，師母旁邊，畫面中央前立者為著名音樂家呂泉生，是師母學習聲樂的老師。

左圖：師母出身大稻埕木材商家，臺北第三高女畢業後，就讀臺北女子高等學院，此圖係當時著名攝影師張才所攝；划船男子是何斌，曹老師好友，二二八事變後，離臺，加入中共軍隊。

圖書館工作，以及日後從事臺灣史，這些都與楊雲萍的鼓吹與協助有關。一九四七年曹老師二十七歲，長子在前一年出生，次子在隔年（一九四八）出生，此時的曹老師在前述的時代背景下，走向自己生涯的新階段，幾年後，在三子出生的次年（一九五一）完成《手稿》。

## 三、《手稿》的寫作過程

曹老師作為一個圖書館員，為何會投入臺灣史的研究，進而關注鹿皮貿易對臺灣早期歷史的影響？由於《手稿》是老師最初撰寫的一篇長稿，卻又遲遲沒有刊印，也許正因為一直掛念著這篇文稿，使得老師在一些回憶早期研究生涯的場合多次談論此一手稿的寫作過程。最早的一次應是一九七七年他準備出版一九五〇年代以來所寫的論文集，即《臺灣早期歷史研究》，在同年九月十八日所寫的〈後記〉裡；到了一九九〇年代，如一九九四年曹老師的好友中村孝志過世，曹老師寫一篇紀念文章，一九九九年前後則有兩部曹老師的口述或採訪紀錄。在這些文章或書籍中，老師從不同的角度談論《手稿》的寫作經過，茲整理其重點如下：

(1) 戰後初期的文化發展觸發研究臺灣史的興趣

曹老師在《臺灣早期歷史研究》的〈後記〉中謂：

> 我記得臺灣光復後，於民國三十七年五月，陳奇祿先生主編的公論報副刊「臺灣風土」開始每周出版。於三十八年臺灣省通志館改組為臺灣省文獻委員會，各縣市文獻委員會也相繼成立，並各有其刊物的發行。加之，又有《臺灣文化》、《臺灣風物》等期刊的出版，於是對於臺灣的歷史，地方文物的研究一時熱鬧起來。因而也觸發了我對研究臺灣歷史的興趣。

曹老師在一九八六年一次記者的訪談中，亦謂：「臺灣風土」的刊行，在臺灣掀起一陣研究和關懷臺灣鄉土事物的熱潮，「我自己也像感染了流行性感冒，開始動手研究臺灣史」。[1]

(2) 選擇研究清代以前臺灣史的原因

曹老師在〈後記〉中又謂：

> 我想臺灣的歷史，其基本性格無疑是國人如何渡海來臺，披荊斬棘，開發經營，建設了漢人社會的過程。所以臺灣的開

右圖：曹老師的三子出生，此時亦是寫作鹿皮手稿之時。
左圖：一九五二年曹老師與長子、次子攝於臺灣銀行南門宿舍（今南門國小對面）。這時他已經完成了《手稿》，正在寫早期漁業的論文。

1—沈英，〈平民學者曹永和〉，《人間》4（1986年2月），頁47。

發史遂成為環繞著我研究的主題。由於先儒如連雅堂先生的《臺灣通史》和日人伊能嘉矩的《臺灣文化志》都頗詳於清代，而清代以前卻較疎，於是我決意先去摸索、追求早期我們先人的活動。當初我選定的題目是〈近世臺灣鹿皮貿易考〉，期以探討農業開發以前的我們先人進入土著民部落交易貿易，作為開發先鋒的情況，而於民國四十年七月勉強完成了初稿。惟那時我的中文發表能力太差，不堪發表，於是至今尚收於篋底。[1]

連橫與伊能嘉矩的著作是日治時期主要的臺灣史作品，楊雲萍在一九四一年〈士林文化展出品の臺灣研究必讀十書〉，首列這兩本書，曹老師是此次士林文化展的籌辦者之一，對這兩部書並不陌生，[2]在一九四五年蜜月旅行時，也在臺中買了一部伊能嘉矩的《臺灣文化志》，[3]因此，曹老師如當時文人一樣，相當重視這兩部書，但他進一步的看法是，這兩部書詳於清代，而對清代以前記載較疏。此一見解的形成可能與曹老師此時期在臺大圖書館的經歷有關。

### (3) 在臺大圖書館經歷的影響

一九四七年曹老師進入臺大圖書館工作，憑藉圖書館員的身份，使他能夠接觸到臺灣大學（臺北帝大）的學術資源，即學校的師資與圖書。一九九四年老師的好友中村孝志過世，中村氏是臺北帝國大學史學科培養出的學生，岩生成一的弟子，與曹老師誼屬同門，曹老師在〈回憶中村孝志〉一文中，縷述與中村孝志交誼的往事，其中亦連帶述及自身與臺北帝大的關係，其文謂：

> 我於一九四七年三月十六日經楊雲萍、陳紹馨二教授的引介，進入臺灣大學圖書館服務。當時我除在編目股工作以外，尚去旁聽桑田六郎教授所開「東西交通史」課程（其時正式上課的學生是宋文薰、何廷瑞與張耀錡三位先生而已）。有時候我也去幫忙桑田六郎教授，將臺大文學院所藏臺灣資料集中整理及敦煌祕籍留真補編的整理工作，所以我較有機會接觸臺灣資

---

1—曹永和，《臺灣早期歷史研究》（臺北：聯經出版公司，1979），頁496-497。

2—楊雲萍之文發表於《臺灣日日新報》1971年8月24日夕刊第四版。1941年士林協志會在士林舉辦文化展，其中鄉土展由曹老師負責，楊雲萍為顧問。鄉土展之下又分三個展示，其中之一即臺灣史入門書十種，書單由楊雲萍開列，書由曹永和等人向臺灣總督府圖書館借展，「從故鄉坐火車，一起到總督府圖書館搬書」，參見《曹永和院士訪問紀錄》，頁52；陳奇祿主講，〈四十年來的臺灣研究〉，《臺灣風物》42卷2期（1992年6月），頁177曹永和的發言紀錄。

3—《曹永和院士訪問紀錄》，頁60。

> 料，同時我也開始涉獵臺灣史的著作。
>
> 其時我在《科學の臺灣》第九卷第一之二號讀到堀川安市〈古文書から見た臺灣の鹿〉一文，引起我研究清代以前的臺灣之興趣。開始拜讀村上直次郎、岩生成一、岡田章雄諸教授之文章，對中村孝志教授在戰前所發表文章，尤其是〈荷蘭時代的臺灣農業及其奬勵〉一文印象頗深。當時我也開始練習寫作，題目是〈近世臺灣鹿皮貿易考〉，是先用日文寫下來，再翻譯成為中文的頗不像樣的文章，一九五一年七月勉強完成。[1]

當曹老師進入臺大圖書館工作時，可能關注臺灣文史，但選擇研究臺灣早期歷史的原因，如前引文所述，與臺北帝大留存的師資與書籍有關。他先是旁聽桑田六郎的「東西交通史」課程，桑田六郎是臺北帝大時期東洋史講座教授，此時臺北帝大史學科的日籍教師如岩生成一、小葉田淳、箭內健次、青山公亮等均已返日，[2] 對於接受殖民地日文教育，以日文思考的曹老師來說，他似乎只能選擇桑田六郎的課。

曹老師於一九四七年三月進入臺大工作，桑田六郎於隔年年底返日，曹老師聽課的時間只有一年多。在另一次的回憶中，曹老師提到他初至臺大圖書館，最先吸引他的，是漢學家 Henry Yule（一八二〇—一八八九）的兩本交通史經典 *Cathay and the Way Thither* 與 *The Book of Sir Marco Polo, the Venetian*，[3] 此時可能是在旁聽桑田六郎課程的時候。

曹老師似乎頗得桑田六郎垂青，聽課之外，還幫忙教授整理圖籍，因而較有機會接觸臺灣資料。此時曹老師讀到一篇期刊論文，即堀川安市的〈古文書から見た臺灣の鹿〉一文，[4] 引起了研究清代以前臺灣的興趣。堀川安市在臺灣各地調查哺乳類動物、蝙蝠、鳥類、蛇類等，曾在臺灣總督府博物館任職，他在一九四一年發表〈古文書から見た臺灣の鹿〉一文，文中除了討論臺灣鹿的種類外，亦引用另一位日本學者岡田章雄所寫〈近世に於ける鹿皮の輸入に関する研究〉（一九三七）。[5] 這兩篇論文遂成為老師研究鹿皮貿易的重要參考資料。

除了堀川安市、岡田章雄的論文之外，老師閱讀到村上直次郎、岩生成一、中村孝志的相關論著；中村孝志雖是岩生成一的學生，但

1—曹永和，〈回憶中村孝志〉，《臺灣風物》44卷2期（1994年6月），頁113-114。

2—吳密察，〈植民地大學とその戰後〉，吳密察、黃英哲、垂水千惠編，《記憶する台湾：帝国との相剋》（東京：東京大学出版会，2005），頁305-309。

3—《自學典範》，頁164。

4—刊於《科學の臺灣》9卷1/2號（1941年5月），頁12-20。

5—岡田章雄，〈近世に於ける鹿皮の輸入に関する研究（一）〉，《社會經濟史學》7卷6號（1937年9月），頁675-693；〈近世に於ける鹿皮の輸入に関する研究（二）〉，《社會經濟史學》7卷7號（1937年10月），頁862-872。

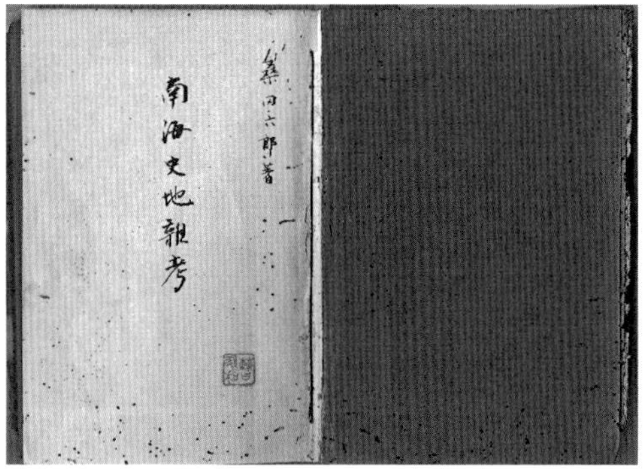


一九四九年桑田六郎離臺前，曹老師將桑田的論文裝訂成書，由桑田親題書名。

上圖：一九四八年曹老師（後排左三）與臺大留用之日本教授們合影，前排左二即桑田六郎、右一為于景讓。後排右一為陳荊和、右二為陳紹馨。在臺大圖書館任職的經歷，對曹老師日後的學術生涯有重要的影響。

下右：一九五七年二月四日，曹老師與臺大圖書館的同事們在圖書館大門前合影。

下左：與圖書館的同事合影，可能攝於研究圖書館。前排左起蘇秀蓮、黃快治，後排左起賴永祥、曹永和、不詳、翁茶餅。

一九三七年他已在《社會經濟史學》雜誌發表一篇論文〈臺灣に於ける蘭人の農業獎勵と發達〉，[1]曹老師自謂對此文「印象頗深」。

上述這些論著均在曹老師的《手稿》中出現，不論資料的引用，觀點的提供，甚至是章節的構成，均有跡可尋，如《手稿》第三章第三節即受岡田章雄前文之影響頗深。而在臺大圖書館，均可讀到這些論著。

### (4) 臺灣史研究必須由我們自己來

一九九八年曹老師獲選為中央研究院院士，次年報社記者曹銘宗採訪老師，寫作《自學典範：臺灣史研究先驅曹永和》一書；同一時期中央研究院臺灣史研究所籌備處在許雪姬帶領下，亦由鍾淑敏、詹素娟、張隆志展開口述歷史訪談，出版了《曹永和院士訪問紀錄》。這兩次的採訪與口述訪談均記錄了曹老師對於《手稿》的回憶，更完整的說明寫作《手稿》的過程，回憶的內容大抵是前面一九七七年〈後記〉、一九九四年紀念中村氏兩文的綜合，但特別強調「臺灣史研究必須由我們自己來」。以下先摘述《自學典範：臺灣史研究先驅曹永和》一書的相關內容如下：

1—中村孝志，〈臺灣に於ける蘭人の農業獎勵と發達〉，《社會經濟史學》7卷3期（1937年6月），頁271-306。按此文於戰後由北叟（于景讓）譯成中文，以〈荷蘭時代之臺灣農業及其獎勵〉為題，刊於臺灣銀行經濟研究室編，《臺灣經濟史初集》（臺北：臺灣銀行，1954），頁54-69。

> 因為在圖書館接觸臺灣資料的關係，開始閱讀村上直次郎、岩生成一、岡田章雄等教授的文章，剛好臺灣史正處於研究傳承的階段，因為日本人回去後，臺灣史研究必須由我們自己來，我就開始做臺灣史研究，並發表臺灣史論文，主要是臺灣開發史。[1]

在同書另一章節裡，則再重述先前已提過的說法，謂：

> 戰後，臺灣在走過歡欣鼓舞的慶祝光復時期，以及悲慘黯淡的二二八事件之後，開始出現一股臺灣本土歷史和文化的熱潮。[2]
>
> 他（指曹老師）認為，臺灣孤懸海外，漢人大量移民來臺拓墾是明末鄭成功領臺以後，在此之前來臺的漢人，不可能立即務農，而是應該從漁業和與原住民的交易開始，在時間上則要推到荷蘭、西班牙時代，甚至更早。
>
> 那時候，他剛好從日文雜誌看到一篇日本東京大學岡田章雄教授寫的文章，論述日本早年向荷蘭人購買臺灣鹿皮，受到了啟發，就選擇從研究臺灣早年的鹿皮出口著手。
>
> 民國四十年七月，曹永和寫成第一篇論文〈近世臺灣鹿皮貿易考〉。由於他從小接受日文教育，一向用日文思考，中文表達能力還不太好，所以這篇論文他先以日文撰寫，自己再翻成中文，然後拜託當時臺大圖書館館長于景讓（江蘇人，留學日本京都大學）代為潤稿。不過，因為這篇論文很長，修改費時，後來他本人也覺得寫得不夠好，所以一直沒有發表。[3]

在曹銘宗的採訪文字裡，曹老師仍提到戰後的文化熱潮、選擇研究早期歷史的想法、以及未能及時發表的原因。在同一時期訪談的《曹永和院士訪問紀錄》中，有專門一節「未發表的研究處女作：〈近世臺灣鹿皮貿易考〉」敘述寫作經過，文意與前述引文類似，引述如下：

> 戰後我到圖書館工作的時候，曾去旁聽桑田六郎先生的課。旁聽之外，有時也會幫忙桑田先生將臺大文學院所藏的臺灣資料集中整理，所以我較有機會接觸臺灣資料，同時也開始涉獵臺灣史的著作。我想日本人已經回去，以後就要靠臺灣人自己做研究。剛好這時各地也都成立文獻委員會，鼓勵做臺灣的研究。但是主要的都是漢人的臺灣開發史，特別是農業方面的開發。我在《科學の臺灣》第九卷第一、二號中讀

1—《自學典範》，頁108。
2—《自學典範》，頁165。
3—《自學典範》，頁166。

到動物學者堀川安市（一八八四—一九七〇）的〈古文書から見た臺灣の鹿〉（從古文書看臺灣的鹿）這篇文章，引起我研究清代以前的臺灣的興趣。

此時我已經開始自修荷蘭文，因為我注意到早期的臺灣史跟古荷蘭文有關。要研究早期的臺灣，就必須接觸古荷蘭文。當時的臺灣開發史，一般都是由清朝開始，清朝以前的研究則闕如。關於荷蘭時代的檔案，荷蘭的長官報告資料，內容比荷蘭總督報告詳細，但是有缺漏較不齊全。日本時代的臺北帝大，便有一部份收藏。帝大為了進行臺灣與南洋的研究，遠赴荷蘭以萊卡（Leica）相機翻拍檔案，攜回臺灣進行研究。

我寫〈近世臺灣鹿皮貿易考〉，是先用日文寫下來，再利用字典，轉翻成中文，在一九五一（民國四十）年勉強完成。文章內容是關於當時據臺荷人對日本的貿易，一部分是鹿皮貿易，另一部分是對臺灣島內開發的關係。鹿皮貿易算是我的第一篇學術文章，但是自己覺得寫不好，一直都沒有發表。其後在一九五二（民國四十一）年一月完成〈明代臺灣漁業志略〉的短文，算是鹿皮貿易的副產品；因為講到海上貿易，就會談到漁業的發展。兩篇都完稿後，我拜託圖書館館長于景讓先生幫我修改。鹿皮貿易那篇因為太長，所以于景讓先生只幫我修改〈明代臺灣漁業志略〉那篇，然後他找臺灣銀行經濟研究室主任周憲文（一九〇〇—一九八九）先生，把我的文章登在《臺灣銀行季刊》，這是我和周憲文認識的開始。[1]

上述這段文字出版的時間最晚，但也最完整的交代老師當年寫作《手稿》的經過。從一九七七年整理早期文稿時的追憶，一直到二〇〇〇年前後的口述訪談，二十餘年的時間裡，老師從戰後的文化環境、自己的學習經歷與思考，以及臺北帝大學術資源的影響等多個角度，分析自己從事鹿皮貿易研究的原因與經過。早期的回憶重外在環境，後期重內心想法。

以下再補述老師此時期有關外語的學習。老師學習外語，主要是為了編目的需要與研究臺灣早期史。

曹老師晚年謂：「我會的語文中，日文可能是最好的，我在中學時，日文就比日本人還行」。戰後初期曹老師寫作《手稿》時，也是以日文思考、日文寫作，再由老師自己譯成中文，因此，現今《手稿》中的詞語、句型其實還是受到日文很大的影響。老師自己也說：「戰後改

1—《曹永和院士訪問紀錄》，頁97。

成中文，我的腦筋變得很混亂，常要先以日文思考後，再翻譯成中文，造成行文時的障礙。這大概也是我寫作速度很慢的原因吧！」[1]

有關中文的學習，老師在中學時的語文課程有漢文課，在戰後，也曾至開南商工學校北京話補習班學「國語」，「當時負責教授的老師，多是從北京來的臺灣人」。[2]

老師在讀臺北二中時是屬理科乙類，要修習德文，也曾跟隨二中的學長張鈺學德文，到了圖書館工作後，又曾進修德文。至於法文，則是在圖書館編目時自學，因圖書分類表使用的是法文。[3]

與老師研究臺灣早期史有關的語文是荷蘭文與西班牙文。

曹老師在臺北市衡陽路的大陸書店買了一本《和蘭語四週間》，朝倉純孝編寫，昭和十四年發行第五版，書價舊臺幣三千五百元，由於老師曾學習德文，自學荷蘭文時較易入手，他回憶道：

> 為了辨識手寫文字，我將以古荷蘭文寫成的《巴達維亞城日記》與村上直次郎的日文翻譯對照，又將傳教士甘為霖（William Campbell, 1841-1921）翻譯成英文的荷蘭傳教檔案與荷蘭文原檔對照，總之，就是以日文和英文學習前人已經整理出來的印刷體古荷蘭文，再去比對日治時期從荷蘭拍攝回來的原檔照片，以印刷體抄寫這些古荷蘭文。[4]

上述這段學習荷蘭文的過程，在《手稿》裡可以看到明顯的跡證。在《手稿》裡最常被引用的史料是村上直次郎的《抄譯バタビヤ城日誌》與 Campbell 的 *Formosa under the Dutch* 二書。至於老師拿來與 Campbell 著作相比對的「印刷體古荷蘭文」，指的應是 J. Grothe 的 *Archief voor de Geschiedenis der Oude Hollandsche Zending* 第三、四冊的史料；至於「從荷蘭拍攝回來的原檔照片」是指一九三七年移川子之藏赴荷蘭海牙檔案館所蒐集的檔案照片二萬五千張。

至於西班牙文，曹老師是向一位耶穌會勞神父（Arturo Rodriguez）學習，當時一起上課的圖書館員柯環月回憶道：當時有一些從中國來臺的耶穌會神父，他們在臺大任教，在教授宿舍內，設立小聖堂「伯達書院」，暑假期間會開授一些語文課，柯環月「和同事

1—《曹永和院士訪問紀錄》，頁92；曹永和，《臺灣早期歷史研究續集》（臺北：聯經出版公司，2000），頁484有類似的記載。

2—《曹永和院士訪問紀錄》，頁57。

3—《曹永和院士訪問紀錄》，頁62。

4—《曹永和院士訪問紀錄》，頁93。類似的描述又見《自學典範》，頁136，謂：根據村上直次郎抄譯的《巴達維亞城日記》與Campbell兩書，從「日文和英文去學習前人已整理出來的印刷體古荷蘭文，然後再與臺大典藏日治時代在荷蘭翻拍原始檔案中的手寫古荷蘭文照片進行比較」。

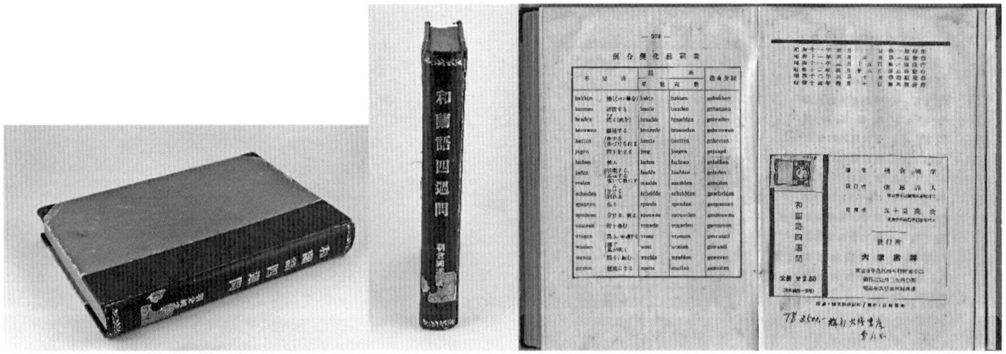


老師學習荷蘭文，就是從這一本《和蘭語四週間》開始自學。

曹永和、張麗靜三人從勞神父學西班牙文，時間雖短，卻很受用」。[1] 在《手稿》中，曹老師使用了 José M. Álvarez 的 *Formosa: Geográfica e Históricamente Considerada* 一書的資料。

## 四、《手稿》完成後的發展

曹老師的《手稿》完成後，一直未發表，一九七七年六月十二日老師在林本源中華文化基金會的演講中，曾解釋其原因，首先是「中文發表能力太差」，上節亦提及請于景讓修改，但因文章太長而作罷；後來獲知中村孝志已發表同一題目的文章，且中村的文章使用未刊的史料，而老師依靠自學，僅使用既刊資料，於是「尚收於篋底」，但一九七七年時，老師說：「關於這個題目希望抽空將此舊稿重新研討改寫」。[2] 但此後，老師一直未再重新整理。

老師在為《臺灣早期歷史研究續集》一書所寫的〈後記〉提到，朋友和學生常催老師把過去的文章結集成書，但老師總覺得：「一是無時間，也難得鼓起心情修改舊稿；二是又覺不如另寫新東西較有意思」，[3] 對於整理出版過的論文，尚覺得猶豫，要整理最早寫成的《手稿》，恐怕難度更大，這也許是此稿一擱六十年的原因。

曹老師的《手稿》未能即時發表，也許可以視為是挫折，但對於歷史的研究生涯卻自此開展，終生未有止息。

一九五三年九月《臺灣銀行季刊》六卷一期登載兩篇曹老師的論文：〈明代臺灣漁業誌略〉與〈鄭氏時代之臺灣墾殖〉，這兩篇文章大約是在《手稿》完成後的兩年間所寫。曹老師認為臺灣當時吸引外人注意的物產，除了鹿皮外，還有沿海豐富的水產，前者是海商主要的交易物，而後者則引起福建沿海漁民前來撈捕，於是針對這兩個主題，分別寫作《手稿》與〈明代臺灣漁業誌略〉；[4] 至於〈鄭氏時代之臺灣墾殖〉，則是強調鄭氏乏糧，故在臺灣推廣屯田，鄭氏在臺墾殖對臺灣史的影響，是使臺灣農業從荷蘭時期重商主義下的栽植農業轉為重視稻米的耕作，因此，老師認為「臺灣崇鄭成功為開山聖王，是不無道理的」。[5]

漁業一文與《手稿》的關連性較為清楚，兩者均是唐人早期來臺的誘因；至於鄭氏一文像是鹿皮貿易之外的新主題，但此文的觀點與

---

1 柯環月口述，林秀美整理，〈我在臺大圖書館四十年〉，收入陳奇祿等著，《從帝大到臺大》（臺北：臺灣大學，2002），頁 357-358；《曹永和院士訪問紀錄》，頁 93。

2 曹永和，〈臺灣荷據時代研究的回顧與展望〉，收入氏著，《臺灣早期歷史研究續集》，頁 331。原文發表於《臺灣風物》28卷1期（1978年3月），頁 18-39。

3 曹永和，《臺灣早期歷史研究續集》，頁 484。

4 刊於《臺灣銀行季刊》6卷1期（1953年9月），頁 169-175。

5 刊於《臺灣銀行季刊》6卷1期（1953年9月），頁 192-207。

內容其實已見於《手稿》第二篇第八節「鹿場與開墾」，是此一章節的延伸與擴大。一九五三年發表的這兩篇論文，使得史學界注意到曹老師的「存在」，也是老師與學術界互動的開始。

曹老師在《臺灣早期歷史研究》一書的〈後記〉，曾描述這兩篇論文發表後的研究狀況，引述如下：

> 我撰寫發表上記兩篇論文之後，開始嘗試荷蘭未刊資料的利用，繼續探索明末臺灣漁業的情況，連帶也追溯荷據前臺灣開發的端緒。
>
> 一九五三年日本的《民族學研究》第十八卷第一、二號合期出版作為臺灣研究的特輯號，我從陳奇祿教授處借閱拜讀。其中有兩篇臺灣史的文章。一篇是桑田六郎教授的〈古代的臺灣〉，另一篇即中村孝志教授的〈臺灣史概要〉。中村孝志教授於臺北帝國大學史學科南洋史畢業後，曾留在臺北帝國大學當副手（助教），戰前返日任職於東京的滿鐵「東亞經濟調查局」，戰後初期一度音訊渺茫，而從這篇文章的附註和後記，獲知他任教於天理大學，並在戰後發表若干篇有關荷據時期臺灣史的研究文章，其中有一篇臺灣鹿皮之出產與對日本的出口，沒想到竟然與我研究同一題目。
>
> 於是我就把我的兩篇文章抽印本寄贈並寫信請教中村先生。他即回信，並送我他的抽印本若干，收到的日期是一九五四年六月八日。收到他的抽印本後才知道，中村先生不但有鹿皮貿易的研究，也有荷領時代臺灣南部之鯔魚漁業的論文發表。雖我的漁業誌略發表比他早一年，不過差不多同一時期個別作同一問題的研究。然對於開始接觸荷蘭資料的我來說，中村教授的研究成果，等於是最好的指南。我吸收了中村教授的成果和他的鼓勵再寫了一篇〈早期臺灣之開發與漁業〉，脫稿於一九五四年十一月二十一日。[1]

上文提及中村孝志的兩篇文章，一篇是〈台湾における鹿皮の産出とその日本輸出について〉，寫於一九五二年十一月；[2] 另一篇是〈臺灣南部の鯔漁業について〉，撰成時間不詳，但這兩篇論文都發表於

---

1—曹永和，〈回憶中村孝志〉，《臺灣風物》44卷2期，頁114-115。

2—此文刊於《日本文化》33（1953年7月），頁101-132，1959年許粵華譯成中文，刊於《臺灣銀行季刊》10卷2期（1958年12月），頁131-147；1991年6月中村孝志補訂，由許賢瑤中譯，收入中村孝志，吳密察等譯，《荷蘭時代臺灣史研究 上卷概說・產業》（臺北：稻鄉出版社，1997），頁81-120。

一九五三年。[1] 中村孝志與曹老師各居日本與臺灣，彼此尚不相識，卻在相同時間同樣寫作鹿皮與臺灣早期漁業的論文，顯示他們觀察到臺灣早期歷史的某些現象，並進行研究。對曹老師而言，他未受過帝大史學科的教育，能有此歷史見識，這點是很值得重視的。

一九五四年六月曹老師收到中村孝志的論文，遂參酌中村之文，在同年年底撰成〈早期臺灣之開發與漁業〉，這也是一篇很長的稿子，後來拆成兩篇論文發表，論文的後半部以〈明代臺灣漁業誌略補

上圖：一九五一年五月五日臺大圖書館全體員工合影，兩個月後，〈近世臺灣鹿皮貿易考〉手稿謄清。圖中第四排右起第四人，戴眼鏡者為曹老師。蘇館長出國後，曹老師於隔年八月調至賴永祥負責的閱覽組。

右圖：曹老師所處位置的局部放大（參照上圖虛線方框位置）。

1—此文載於《天理大學學報》5卷1期（1953年12月），頁19-36。後由北叟（于景讓）中譯為〈荷蘭時代臺灣南部之鯔魚業〉，刊於《臺灣經濟史》二集，後收入中村孝志著，吳密察等編，《荷蘭時代臺灣史研究 上卷概說．產業》，頁121-141。中村孝志另有〈南部臺灣鯔漁業再論〉，刊於《南方文化》11（1984年11月），頁11-12。

說〉為題，發表於一九五五年的《臺灣銀行季刊》，[1]論文的前半部雖經陳奇祿修正，但仍遲了十餘年，才於一九六三年以〈早期臺灣的開發與經營〉為題發表。[2]

一九七七年曹老師將早期論文集結出書時，把前述與鹿皮、漁業有關的四篇文章併為一類，並謂：

> 如此，本書第四篇至第七篇的文章，其誕生經過有一個共同的主題，是臺灣早期開發史的研究。這個主題始終縈纏於我的腦子裡。我仍想對臺灣鹿皮的貿易以及清代農業開發等幾個主要問題繼續摸索下去，希望做到對臺灣開發史能有一系列的探討。[3]

什麼主題一直縈纏在老師的腦海裡？上述這段話在《手稿》刊印後，可以有更清楚的解讀，亦即老師所寫「其誕生經過有一個共同的主題，是臺灣早期開發史的研究」，這個主題其實源於一九五〇年前後寫作鹿皮貿易時的想法。此點甚為重要，因為《手稿》淵源自崛川安市與岡田章雄的論文，也與中村孝志的論文題目相似，但《手稿》雖寫鹿皮貿易，老師的意圖卻是想解答臺灣在清代農業開發之前，唐人在臺活動的原因，以及臺灣如何由鹿皮獵捕與買賣（還有沿海漁業）轉變至農業開墾，這即是老師所謂的「臺灣早期開發史的研究」，此點也是「鹿皮貿易」、「清代農業」兩個不同時代的概念會被老師視為歸屬於一共同主題的原因。

一九五〇年代以後，老師持續以圖書館員身份，投身於歷史研究與臺灣文獻的整理與出版，如參與《臺灣文獻叢刊》的出版工作，與賴永祥合校岩生成一輯錄的《十七世紀臺灣英國貿易史料》，又發表兩篇研究鄭成功的論文以及〈歐洲古地圖上之臺灣〉等文。一九七二年曹老師受邀至美國，參加 Taiwan in Chinese History 研討會，發表論文 "Taiwan as an Entrepôt in East Asia in the Seventeenth Century"，[4]老師自謂：「這篇文章的觀點來自我早年未發表的鹿皮貿易論文」，此文分為三節，第一節是「臺灣的出現」，說明東亞局勢的演變導致臺灣在十六世紀以後處於一個戰略性位置；第二節是「作為東亞轉運站——臺灣的興

1—刊於《臺灣銀行季刊》7卷4期（1955年9月），頁232-263。

2—〈早期臺灣的開發與經營〉為〈早期臺灣之開發與漁業〉一文的前半部，「因篇幅以及與後半部立論方法不同，又其時未找到適當發表的園地」，故未發表，1956年本擬刊於《臺灣研究》第一期，因曹老師覺得尚需補正，又隔七年，在1963年4月刊載於《臺北文獻》3，頁1-51，參見〈早期臺灣的開發與經營〉一文的附記，見曹永和，《臺灣早期歷史研究》，頁156，又見同書，頁498，以及曹永和，〈回憶中村孝志〉，《臺灣風物》44卷2期，頁115。

3—曹永和，《臺灣早期歷史研究》，頁496-497。

4—《曹永和院士訪問紀錄》，頁130。此次研討會由ACLS的Joint Committee on Sino-American Intellectual 舉辦，地點在加州的Asilomar。

與賴永祥（左）、中村孝志（中）攝於台大總圖前。

衰」，敘述荷蘭東印度公司佔領臺灣後，一直至鄭氏降清的過程；第三節則是「清朝統治下的臺灣」，強調海洋貿易的發展對臺灣的影響。全文觀點固然來自《手稿》，特別與手稿第一章各節、第三章第二節相似，但史料的運用、論述的完整性遠比《手稿》成熟。

此文在研討會宣讀後，亦遲遲未能正式發表，也未收入《臺灣早期歷史研究》，隔二十餘年後，才在一九九七年發表於荷蘭萊頓大學歐洲擴張史中心發行的期刊 *Itinerario*。[1] 但這篇文章發表後，似乎頗受學界重視，隔年由陳俐甫、陳宗仁合譯成中文，以〈十七世紀作為東亞轉運站的臺灣〉為題，發表於《臺灣風物》；[2] 二〇〇〇年John E. Wills, Jr. 主編 *Eclipsed Entrepôts of the Western Pacific: Taiwan and Central Vietnam, 1500-1800*，收錄此文，且列為全書首篇，該書亦題獻給曹永和老師；[3] 二〇〇三年故宮博物院舉辦「福爾摩沙：十七世紀的臺灣，荷蘭與東亞」，並出版圖錄《福爾摩沙：十七世紀的臺灣、荷蘭與東亞》，則以此文為全書導論。[4]

## 五、在「臺灣史」學史中的位置

如可看待《手稿》？如果從曹老師學術生涯的角度來看，《手稿》是老師從事臺灣史研究的第一篇論文，其後的早期漁業史、開發史研究，其研究動機、寫作手法均淵源自此稿；換言之，此稿不僅是時間意義上的研究起點，也是老師研究領域、研究取向確立的起點。老師已出版的三本論文集，第一本是一九七九年出版的《臺灣早期歷史研究》，書中有四篇文章直接與《手稿》有關，前已論及；另兩本是二〇〇〇年出版的《臺灣早期歷史研究續集》、《中國海洋史論集》亦可視為是臺灣早期歷史研究的擴展與深化。

由於《手稿》是曹老師學術生涯初期重要的作品，以下試圖探討此稿以及老師學術生涯初期業績在「臺灣史」學史中的位置。

關於「臺灣史」的學術史研究，不少學者曾提出看法，雖然觀看角度不同，不過見解相當近似。本文將聚焦在戰後臺灣史學是否繼承日治時代臺北帝大史學的問題。

---

1—*Itinerario* 21:3（March 1997）, pp. 94-114.

2—曹永和著，陳宗仁、陳俐甫合譯，〈十七世紀作為東亞轉運站的臺灣〉，《臺灣風物》48卷3期（1998年9月），頁91-116，後收入曹永和，《臺灣早期歷史研究續集》，頁113-148。

3—John E. Wills, Jr. ed., *Eclipsed Entrepôts of the Western Pacific: Taiwan and Central Vietnam, 1500-1800*（Aldershot, U.K.; Burlington, VT: Ashgate/Variorum, 2002）, pp. 1-21.

4—石守謙主編，《福爾摩沙：十七世紀的臺灣，荷蘭與東亞》（臺北：故宮博物館，2003），頁13-32。

一九七五年方豪回顧「臺灣史」的研究史，認為臺北帝大文政學部「特別注重南洋史和民族史，臺灣史並不受他們的重視」，而一九四八年至一九五七年的十年間是臺灣研究最熱鬧的時代，但此後則是「由全盛到衰退」。[1]一九八五年李東華在〈一九四九年以後中華民國歷史學研究的發展〉一文中，認為日本人在臺灣的史學發展也是戰後史學的重要淵源，但民國四十年代張美惠、陳荊和先後離職，「南洋史方面的研究固因研究取向改變而中止，但有關臺灣史的研究則因主客觀環境的有利，在光復以後繼續蓬勃的發展」，此處所謂蓬勃發展即方豪前文所說的熱鬧時代，[2]但似乎與臺北帝大關係不大。

一九九九年杜正勝在一場座談會中，謂：

> **日本投降後，學者撤離，原來的一些制度和設施也沒有充分的利用和發揮，所以明治維新以後受西學影響的日本新學術在臺灣沒有留下足以構成學派的影響（至少在人文社會科學如此）。[3]**

二〇〇二年杜正勝在另一篇文章〈新史學之路——兼論臺灣五十年來的史學發展〉中，重述類似的看法，謂：

> **日本的史學在臺灣並沒有生根，當日本戰敗撤離後，臺北帝國大學的史學可謂完全斷絕，到一九四九年乃由從中國來的歷史學者填補這個空缺。[4]**

同年，王晴佳在《臺灣史學五十年：傳承、方法、趨向》一書中承襲上述看法，認為「臺灣的歷史研究，是否與日本人在臺北帝大所建立的傳統存在聯繫，仍然不夠明朗」。[5]二〇〇五年吳密察在〈植民地大學とその戰後〉一文中，比較臺北帝大史學科與臺大歷史系兩者間的轉變，認為從師資的養成、研究的成果、圖書的需求等角度來看，兩者之間完全斷絕。[6]

---

1—方豪，〈臺灣史研究的回顧與展望〉，國立臺灣大學三十週年校慶籌備委員會編，《國立臺灣大學三十週年校慶專刊：學術講演與專題討論》（臺北：國立臺灣大學，1976），頁6-8。

2—李東華，〈一九四九年以後中華民國歷史學研究的發展〉，《中國論壇》241（1985年10月），頁38-40。蓬勃發展的例證有：楊雲萍主持臺灣編譯館臺灣研究組，後來在臺大歷史系教臺灣史，此外是「臺灣風土」、《文獻專刊》等刊物的發行、各縣市設立文獻委員會、臺灣文獻叢刊出版等。

3—杜正勝，〈有山頭無學派〉，收入氏著，《走過關鍵十年（1990-2000）》（臺北：麥田出版社，2000），頁286。此稿原發表於全國人文社會科學會議「問題與觀點」座談會，1999年1月15日。

4—杜正勝，〈新史學之路——兼論臺灣五十年來的史學發展〉，《新史學》13卷3期（2002年9月），頁27。

5—王晴佳，《臺灣史學50年：傳承、方法、趨向》（臺北：麥田出版，2002），頁19。

6—吳密察，〈植民地大學とその戰後〉，吳密察、黃英哲、垂水千惠編，《記憶する

總之，上述學者認為臺北帝大史學科數十年的學術積累與發展，因戰後政權轉移而中斷。二〇一〇年許雪姬在〈臺灣史研究三部曲：由鮮學經顯學到險學〉一文中，討論戰後「臺灣史」這個學門的建立過程，認為楊雲萍是戰後開創臺灣史研究的先驅，[1]且無一語提及臺北帝大史學科的影響。

臺北帝大史學科對戰後臺灣史沒有影響，其中一個例證是兩位臺灣籍畢業生柯設偕與張樑標均未繼續從事史學研究。亦有學者注意到張美惠與曹永和兩人的特殊性，張美惠於一九四四年十月就讀臺北帝大史學科，戰後成為臺大歷史系學生，一九四七年七月畢業，畢業論文是《關於東西洋考中的明代中暹交通》，隨之留校擔任歷史系助教，後升為講師，一九五〇年代出國留學，脫離臺灣學界。而曹永和雖非臺北帝大學生，但仍與臺北帝大有關，如葉碧苓認為曹老師在戰後與岩生成一的特殊師生緣，「不僅彌補了戰前臺北帝國大學史學科臺籍畢業生無人持續從事臺灣史研究此一令人遺憾的現象，也為戰後臺灣史的研究與開展奠定了一定的基礎」。[2]

就形式而言，張美惠雖是臺大歷史系首屆畢業生，但他以帝大學生身份入學，受業於岩生成一、桑田六郎，研究中暹關係，屬於臺北帝大史學科的研究脈絡，視之為帝大史學科傳人，似無不可。而曹老師僅是臺大職員，其身份與臺北帝大史學科無關，但曹老師的史學論著或觀點與帝大史學科有關聯嗎？

曹老師的第一本論文集《臺灣早期歷史研究》於一九七九年出版，同年吳密察在書評中，歸納此書的五項特色：

① 從世界史的觀點把握臺灣史的發展與變動。

② 從中國史整體發展，輔助中文古籍對臺灣記載缺略，以探討臺灣早期歷史。

③ 利用外國文獻，「使荷西乃至鄭氏時代的歷史得以有更廣闊的研究空間」。

④ 兼顧「問題的研究」與「時代的研究」。

⑤「實證、篤實的研究態度……使研究得以精密化、細緻化」。[3]

十年後張隆志談論《臺灣早期歷史研究》的學術史意義，認為臺

---

台湾：帝国との相剋》，頁3325-326。

1—許雪姬，〈臺灣史研究三部曲：由鮮學經顯學到險學〉，《思想》16（2010年10月），頁73-74。

2—葉碧苓，〈臺北帝國大學與京城帝國大學史學科之比較（1926-1945）〉，《臺灣史研究》16卷3期（2009年9月），頁111-113。

3—吳密察，〈評介曹著《臺灣早期歷史研究》〉，《臺灣風物》29卷4期（1979年12月），頁98-108。

北帝大史學者「以精通多種語言，利用多語文原始資料，從世界史及東西交通史觀點進行近世東亞世界專題研究的學術範型，卻隨著『光復』而出現斷層」。張隆志認為曹老師的著作：

> 以世界史觀點及西文資料，開拓荷蘭至明鄭時代研究視野的獨特成就，換言之，本書最具學術典範意義之處……在其以臺灣本地學者立場，對於具有國際視野和多語文資料特色的日據後期學術傳統的繼承與發揚。[1]

二〇〇九年十二月，杜正勝在一場名為「二十世紀臺灣史學」的演講中，亦補充先前的看法，認為「臺大歷史系與帝大史學科卻是斷裂的，僅有陳紹馨（一九〇六—一九六六）與曹永和（一九二〇—）承續帝大的史學傳統」。[2]

曹老師如何看待自己的學術淵源？在《曹永和院士訪問紀錄》一書，他敘述臺北帝大史學科的學術傳承，認為：「以日本東洋史的研究來說，……東大的白鳥庫吉（一八六五—一九四二）則偏向亞洲史，比較注重邊疆、西域及南海方面的研究。京都派最主要的研究材料是中國語文，但白鳥庫吉則除了研究中國語文外，還用其他語文。……臺北帝大基本上屬於東大派」。此外，老師亦提及白鳥庫吉與蘭克、里斯的學承關係。[3]

在《中國海洋史論集》一書的〈後記〉中，老師亦提到此一問題，他敘述臺北帝大「東洋史講座」與「南洋史講座」的設立，介紹講座成員，然後認為：

> 整個臺北帝大史學科，是以對外交通史的研究為一大特色，自古代至近代，都具有相當傲人的成績。當時，雖然因境遇之故，我無緣與這些教授有所接觸，但已熟知其成績，並認真去拜讀相關著作，獲益良多。

再加上戰後老師受桑田六郎、岩生成一的指導，因此，老師自謂：「在學術的脈絡上，我也可以算是繼承了臺北帝大史學科的學統」。[4]

---

1—張隆志，〈期待處女地的再開拓：試論曹著《臺灣早期歷史研究》的學術史意義〉，《臺灣史田野研究通訊》11（1989年6月），頁18。

2—呂雅婷，〈「新史學與臺灣史學二十年」國際學術研討會會議紀實〉，《臺大歷史系學術通訊》7（2010年5月），頁10。按1932年陳紹馨畢業於日本東北大學法文學部社會學科，1942年擔任臺北帝國大學史學科土俗人種研究室的約聘人員（囑託），與史學關係較淡。

3—《曹永和院士訪問紀錄》，頁88。

4—曹永和，《中國海洋史論集》（臺北：聯經出版公司，2000），頁348。

一九六二年二月十日，曹老師攝於臺大圖書館大門前。當時他任職於臺大圖書館，身份與臺北帝大史學科無關，卻能夠接觸、閱讀帝大留下來的書籍、檔案，進而寫作史學論文，終於受到岩生成一教授的關注。

臺北帝大史學科的學統意味著什麼？臺北帝大史學科先後設立五個講座，除了東洋史學、國史學及南洋史學三個專攻的講座之外，還有補助學科性質的「土俗學人種學講座」以及「西洋史學、史學地理學講座」。曹老師上文認為史學科「以對外交通史的研究為一大特色」，吳密察整理東洋史、國史國、南洋史學三個講座的研究成果，亦有類似的看法，[1] 曹老師所謂的學統殆指此而言。

當代日本學界又如何看待這些臺北帝大史學科的學者們？茲舉二例。二〇〇八年東南亞史研究者桃木至朗在《海域アジア史研究入門》一書的總論中，追溯日本學界有關「海域アジア史」的研究史時，謂在二戰前、二戰時，日本的海域史及對外關係史相當令人注目，並稱讚以臺北帝大為據點的岩生成一、小葉田淳分別在朱印船貿易史及南島史的研究上是「巨人的業績」，並提及村上直次郎、中村孝志有關大航海時代史的研究。[2] 二〇〇九年窪寺紘一的《東洋学事始：那珂通世とその時代》書中，謂現代日本有關東南亞史的研究，開始於村上直次郎與藤田豐八，[3] 而這兩人分別是臺北帝大史學科南洋史講座及東洋史講座的首任教授。亦即臺北帝大史學科的學術積累在臺灣雖然中斷了，但史學科的學者們，不管在臺灣或者回到日本後，他們在「南洋史」、「日本對外關係史」、「海域史」、「東南亞史」這些領域中均是著名的研究者。吳密察分析此一現象，認為臺北帝大史學科的學者是日本近

1—吳密察，〈植民地大學とその戰後〉，吳密察、黃英哲、垂水千惠編，《記憶する台湾：帝国との相剋》，頁309-310。

2—桃木至朗編，《海域アジア史研究入門》（東京：岩波書店，2008），頁4-6。

3—窪寺紘一，《東洋学事始：那珂通世とその時代》（東京：平凡社，2009），頁233-234。

代歷史學成立後，接受完整大學教育與訓練的第一世代（藤田豐八、村上直次郎）與第二世代（岩生成一、桑田六郎、小葉田淳、箭內健次），他們在臺北帝大，擁有豐富的圖書與極少的教學負擔，從事自己的專長研究，故能確立在各自領域的學術地位[1]。

1—吳密察，〈植民地大學とその戰後〉，吳密察、黃英哲、垂水千惠編，《記憶する台湾：帝国との相剋》，頁321。

一九五〇年代的臺大圖書館裡，一個毫無史學訓練的年輕人，在圖書館的一個小角落裡，慢慢地耕耘出他的學術天地。

上左一：一九五八年三月四日攝，曹老師當時為閱覽組典藏股長。窗外為中庭，其所坐位置現為校史館資訊室走廊的盡頭（見上排左三圖中圓圈記號）。同一扇窗現在加裝了鐵網，旁邊牆壁也已經斑駁（上左二圖）。

上右一：一九五七年七月四日，在圖書館中的某處閱讀，地點可能在俗稱的「黑書庫」，位於總圖西側。

下右一：圖書館學會於草山（陽明山）舉行，曹老師與同事們上山開會。此圖攝於一九五四年四月十一日，右起曹老師、王瑞徵（閱覽股長）、周駿富。

下中：與閱覽組主任賴永祥、館長蘇薌雨合影於草山。

下左一：一九五三年十月攝於臺大圖書館閱覽組典藏股，曹老師當時為該股股長，座位的地點與左上圖相同，但方向不同。

在戰後初期的動盪中，一個青黃不接的年代，曹老師憑藉臺北帝大遺留的師資與圖書，意外成為臺灣早期歷史研究承先啟後的先行者。

曹老師（右起）與岩生成一、中村孝志三人前往香港參加學術會議時，於機場前合影，本圖攝於一九六四年八月。中村氏是臺北帝國大學史學科培養出的學生，岩生成一的弟子，與曹老師誼屬同門，

曹老師不是帝大史學科的學生，他之所以參與了這個研究學統，除了個人辛勤的學習外，依靠的是帝大史學科成員寫下的研究論著、精心蒐集的圖書、檔案資料，加上桑田六郎的授課，誘引著年輕的曹老師進入這個學統。

曹老師進入臺灣大學圖書館，四年後寫出戰後臺灣人第一篇長篇臺灣史學論文〈近世臺灣鹿皮貿易考〉，接著幾年又發表兩篇論文，就研究取向、資料使用而言，是戰後初期最接近帝大史學科研究傳統的作品；從此一角度來看，一九五〇年代初期，曹老師與中村孝志分隔臺、日兩地，不曾謀面，卻共同選擇鹿皮貿易與早期漁業兩個主題進行研究，這不純然是巧合，而應視作是同一學術脈絡下的合理且應有的發展。而一九六四年岩生成一教授親自來臺，拜見臺大校長錢思亮及教育部長黃季陸，只是為了安排讓一位臺大圖書館館員（曹永和）到日本，參加東洋文庫的研究計畫，但實質上是想教導曹老師，使他成為「留在臺灣的根」，[1] 岩生成一此項安排，恐怕也是在曹老師早年的作品中看到可以傳承其學的可能性。

在戰後初期的動盪中，一個青黃不接的年代，曹老師憑藉臺北帝大遺留的師資與圖書，意外地成為臺灣早期歷史研究承先啟後的先行者，懷抱並散播知識的光與熱，也許微弱，但持續不輟，而《手稿》則是曹永和老師從事研究工作的起點。《手稿》的出版，雖然已在撰稿六十年後，但對曹老師、對臺灣史學界，本書仍有其意義與價值。

1 《曹永和院士訪問紀錄》，頁108-117。「留在臺灣的根」此語是中村孝志1964年來臺與曹老師見面時，轉述岩生成一之意。

# 凡例

一、本書主要內容是曹永和老師〈近世臺灣鹿皮貿易考〉手稿正文與注釋。正文與大部份注釋是一九五一年前後曹老師所寫，加上後來幾年增補的史料；其餘內容如編按、參考書目，以及各種圖像資料，均為編者們整理、添加及編排。

二、手稿正文、注釋之內容與格式均依原稿編排，偶有文字或史實訛誤，或其他值得補述者，編者對此加注說明。故本書中凡與原稿不同或新增文字，均標注「編按」，以便讀者識別。至於標點符號，則為編者依文意所加。

三、本書引用之中文史料均由編者校對過，至於外文史料之中譯文，仍依曹老師原譯文，需要說明時，另行標注按語。

四、書末所附參考書目係編者製作，曹老師在手稿中有記載版本出處者，照錄；手稿未注明出處者，則依臺大圖書館所藏舊籍補入，此部份之版本僅供讀者參考，並加按語說明。至於一九五一年以後之出版品，則大部份為編者整理文稿時之參考論著。

五、本書圖像包含照片、歷史圖像等。前者為曹老師提供，中央研究院臺灣史研究所掃描或拍攝；部份歷史圖像則由相關館藏單位提供，謹致謝意。

六、曹老師手稿寫於六十年前，其後不斷有學者研究鹿皮等相關主題，成果豐碩，見解與使用的史料均有進展；但考量此稿係曹老師首篇史學論文，且從未發表，故本書以原文照刊的方式出版，俾便學者了解曹老師學術生涯初期的研究成果與研究方法。書中不足之處，尚祈大家指正。

# 近世台灣鹿皮貿易考

曹永和 時九十三

# 目次



A 編按—手稿目次有「前言」一項，但實際上，老師寫了兩篇前言，日文與中文各一篇。

B 編按—手稿目次原作「結言」，但手稿內文最末一章則作「結語」，故此處改從內文寫法。

# 近世臺灣鹿皮貿易考

# 前言[A]

鍾淑敏／譯

到了近世，[B]在東亞各國間的工商業發展與西歐商業資本進行世界性的拓展之際，一場一場的國際商戰在遠東地區陸續上演。在此之前與外界處於隔絕狀態的臺灣，開始登上了世界史舞台，成為各國注視的焦點，並作為轉口貿易據點而扮演重要角色。而當時仍為未開拓之地的臺灣，在這段貿易興衰演變的推移期間，促進了開發並達成明顯的發展。

在地理上被捲入這場國際商戰的臺灣，從這時期的出產物來看，鹿皮與砂糖具有重要影響。惟其中的砂糖是漢人開發農業之後才開始輸出的，而與此相反，鹿皮則是在台灣開始與外界接觸時即可見其輸出，之後在臺灣以國際貿易據點地位而被利用的整個期間，鹿皮也都持續輸出。

當初臺灣的居民幾乎全都是土著的原住民，他們尚處於部落共同體社會的階段，其社會的生產型態為漁獵等活動為主的採集經濟與兼營某種程度的「鍬耕農業」（Hack-bau，即鋤耕農業），也就是處於一種封閉性、自給性的自然經濟狀態之下。因此，所到之處，豐沃的林野仍處於未開墾的狀態，其間有各種野獸棲息，特別是鹿，更是大量群棲，是原住民主要的獵獸。

商業的第一階段是交換，但是在初期的幼稚性原始農業階段，其收穫作物只能勉強達到自給程度，在貿易上能作為交易品的狩獵物與自然採集物等，毋寧說具有重要的地位。因此，鹿皮作為原住民的重要交易品，成為處於原始文化狀態的原住民社會與外來高度文化之間各種接觸的媒介，加上當時國際商場對於鹿皮的強烈需求，在對內關係上也促進了所謂的「番產交易」，最終更引發臺灣活潑的拓殖活動，對臺灣的開發經營明顯起了重大影響。

如上所述，鹿皮不只在對外做為國際貿易商場上的商品具有重要性而已，對內方面也具有種種社會史、經濟史上的意義。本文接下來，在第一章將持續觀察台灣在國際貿易場裡地位的興衰演變，並探討臺灣鹿皮輸出的經過；第二章將觀察台灣內部鹿皮商品集貨過程的關係，藉以考察其對臺灣開發經營產生怎樣的影響；在最後的第三章將略微論述貿易方法、利益與用途等，藉以思考鹿皮貿易在初期臺灣歷史上所佔有的地位，希望這些能有助於對近世初期臺灣的理解。

A 編按—這是兩篇前言中的日文前言，其內容較像全書總序，敘述全稿寫作重點，即鹿皮貿易對臺灣的重要性。

B 編按—「近世」是日本史學界的用語，用來指稱界於歐洲中古與現代之間的一個時代，即early modern period，也用來作為日本史、中國史的時代區分，但學者對近世的起迄時間，見解並不一致。本書討論的年代主要在十六至十八世紀，屬於日本學者所稱的「近世」。

# 近世臺灣鹿皮貿易考

曹永和

## 前言

近世に到り、東西諸國間の商工業の發展と西歐商業資本の世界的擴延のうちに、遠東においても目まぐるしい國際商業戰が演ぜられ、台灣は今までの隔絶せる状態より世界史的に浮び上り、列國注視の的となり、仲介貿易の據点として重要な役割を果した。かようにこの間未開拓なりし台灣は貿易の隆替推移のうちに、その開發促進せられ、目覚ましい發展を遂ぐるに至った。

地理的に國際商業戰の渦中に捲き込まれた台灣はこの間土產品にしてこれに関与せるものでは鹿皮と砂糖とが重要である。そのうち砂糖は漢人による農業開發が緒についてから始めて輸出さるやうになったので、それに引きかへ、鹿皮は台灣が外界との接觸を始めるや輸出を見、以後國際貿易據点として利用せられたる全期間に亘って終始輸出されてゐる。

當初台灣の居民は殆んど土着民で、尚ほ部落共同社會の段階に在り、その生產形態は漁獵等採取經濟に兼ねて或る程度の鍬耕農業(Hack-bau)が營まれ、封鎖的自給性の自然經濟の状態にあった。從って尚ほ到る所に豊饒なる林野が未墾のまゝにあり、各種の野獸棲息し、特に鹿は豊富に群棲して居り、土人の主要な獵獸であった。

商業の第一段階が交換であり、幼稚な原始農耕ではその收穫物がやっと自給する程度にしかない時、容易に交易し得る餘穫物や自然採取物が專ら交易品として重要な役割を持つ。かくて鹿皮は土人の重要な交易品として



原始文化の状態にある土人社會と外来の高度文化との種々の接觸を媒介し、加ふるに當時の國際商場における鹿皮に対する熾烈な需要は対内的には所謂「贌社交易」を促進し、終ひには台灣に対する活潑なる拓殖活動を誘發し、台灣の開發經營の目ざましい發展にも多大の寄与をなした。

如上の如く鹿皮は対外的に國際商場の商品として重要であったのみならず、対内的にも種々の社會的、經濟的意義を持つ。以下本稿においては、第一章において近世國際貿易場裡における台灣の地位の隆替推移を觀察しつつ台灣鹿皮輸出の經過を辿り、第二章においては台灣内部における鹿皮の集貨に関する諸関係を眺め、以て台灣の開發經營に如何なる役割を果せるか些か考察し、最後に第三章に於いて貿易方法、利益、用途等に就て少しく述べ、以て鹿皮貿易の初期台灣の歴史に占めた役割を考へ、近世初期における台灣の理解に幾分なりとも資したいと思ふ。

# 前言[A]

自明弘治、正德年間以來，漳泉地方的南海通商頓興盛。後來，到了嘉靖中期，明商船的日本通商也頗興旺；同時倭船也到了浙江雙嶼、漳州月港等處私商互易；又到了嘉靖末期，倭船就開始到呂宋、暹羅等處行販，而經過所謂大、小琉球的航路也頗發達。

在此之前，因要掌握這個巨利的印度[B]貿易，葡萄牙人已經十六世紀初頭，早就占據臥亞（Goa）；再東進，到了一五一一年（正德六年）就占領滿剌加（Malaka）；一五一四年（正德九年）起就出現於中國沿岸。至一五四二年（嘉靖二十一年）——說是一五四三年——因偶然的機會發見抵達日本之航路。以後就不但商人，宣教師也發見他們的活動舞臺於日本。又，由西尋求印度航路的西班牙人也于一五二一年（正德十六年）Fernando de Magallanes 到達菲律賓諸島為開端，一五四二年就著手這些附近植民地之開拓。葡、西之商人所獨占博巨利之遠東海上貿易，到了十七世紀，由葡萄牙、西班牙等舊勢力之掌握，就開始不得不讓於荷蘭、英國等的新勢力。

如此，從來中國、日本、朝鮮等為主的遠東海上關係，自十六、七世紀以來歐洲及其他民族也加入此圈，其範圍也擴展到了南洋，甚至歐、美二洲。

在這個時候，臺灣西與[C]福建相對，南即聯於呂宋、南洋諸島，北就連到琉球、日本的臺灣，到此時就不能孤立於東海上——雖自隋代以來不斷的有漢人之來往，不過並未為人所注目，到此時竟被注目為國際貿易的重要仲繼點。

當時臺灣到處都是豐沃的林野，仍在未墾之狀態，僅其一部分為原住民族之女子之任務被耕，男子則從事戰鬥、狩獵為主。

A 編按—這是兩篇前言中的中文前言，其內容較像第一章的開頭語，強調十六世紀多個國家勢力來到臺灣海域後的變化。

B 編按—此處「印度」一詞與現今之印度半島或國名無關，而是十五世紀以來歐洲人對於亞洲、美洲海域世界的泛稱。

C 編按—原稿作「於」，應為「與」字。

# 前言

自明、弘治、正德年間以來，漳泉地方的南海通商頗興盛。後來、到了嘉靖中期，明商船的日本通商也頗旺盛。同時倭船也到了浙江、雙嶼、漳州月港等地私商互易，又到了嘉靖末期倭船就開始到呂宋、暹羅等地行販，而經過所謂大小琉球的航路也頗發達。

在此以前因要爭奪這個巨有利的印度貿易，葡萄牙人已經十六世紀初頭早就占據臥亞（Goa）。再東進，到了一五一一年（正德六年）就占領滿剌加（Malacca）。一五一四年（正德九年）起就出現於中國沿岸。至一五四二年（嘉靖二十一年）——一說是一五四三年——因偶然的機会發見到日本之航路。以後就不但商人，宣教師也踏到他們的活動舞台於日本。又由西尋求印度航路的西班牙人也於一五二一年（正德十六年），Fernando de Magellanes 到達菲律賓諸島南端，一五四二年就着手進附近的植民地之開拓。後葡西之商人獨占巨利之遠東海上貿易，到了十七世紀，由葡萄牙、西班牙等舊勢力之爭奪，不得不讓於荷蘭、英國等的新勢力。

如此從東中國至日本、朝鮮等海域的遠東的海上關係，自十六、七世紀以來，歐洲及其他民族也加入此圈，其範圍也擴展到了南洋，甚至歐美二洲。

在這個時候，臺灣開始與南洋相對，南即聯絡呂宋、南洋諸島，北就連到琉球、日本的臺灣，到此時就不能孤立於海上。雖自隋代以來不斷的有漢人之來往，不過為人所注目。到此時竟成注目於國際貿易的重要地位矣。

當時臺灣到処都是豐茂的林野，仍在未經開發之狀態，僅其一部分為原住民族之婦女子的任務從事粗放耕，男子從事戰鬥狩獵等生其農業是極幼稚，不使用畜類，不用農具，僅用撞木鍬（pick-axes）攪耕土表——是所謂還在 Hack-bau 的農業形態之階段，所以未墾林野，任各種野獸棲息，特別的鹿類為豐富。商業的第一階段是交易，而農產物只能生產到自給程度的當時，容易可以交易之狩獲物和其他自然採取物，當然在交易上帶著很重要的部份。

因地理上的原因，走進國際貿易漩渦中的臺灣，因之即用其重要產物鹿類之皮革等土產品干與[A]之。以下稍考察由十六世紀後半介入國際貿易之臺灣鹿皮貿易。

A 編按—日文用語，參與之意。

其農業是極幼稚，不使用畜類，不用農具，只僅用掘木鍬（Grab-stock）攪耕土表——是所謂還在 Hackbau 的農業形態之階段。此外未墾林野，在各種野獸棲息，特別的鹿類豐富，稱被樂園狩獵。

商業的第一階段是交易，而農耕產物只能生產剛夠自給的當時，容易可以交易之狩獵物和其他自然出產物，當然在交易上帶着很重要的部份。

因地理上的原因，走進國際貿易漩渦中的臺灣，即因之用其重要產物鹿類之皮革等土產品干與之。以下稍考察由十六世紀後半以入國際貿易之臺灣鹿皮貿易。

# 第一章　臺灣鹿皮輸出之經過[A]

## 一、荷蘭佔據以前（一）[B]

嘉靖中期以來，因自明船的日本私渡，及倭船的南渡變興旺以後，臺灣就以小琉球之名稱屢見於東西諸文獻。當時臺灣已為沿海漁戶採捕之地點，商船的寄舶地、漂著地，或為倭寇及林道乾等海寇的巢穴，[C]但是對於國際貿易場裡的關係到是甚麼程度這是甚不明瞭的，可是鹿皮已經與其他土產品硫黃、金、籐等物一起漸漸的被這些人們注目是不用說的。

因漳泉之海外通商轉盛，而當時下海通商是當局所嚴禁，於是其中發生了甚多的摩擦紛擾，對於開海禁發生了甚多的議論，畢竟到了隆慶元年（一五六七年）福建巡撫塗澤民請開海禁，準〔准〕商販東西二洋，唯嚴禁通往日本。於是成了開禁之制，以後文引制與餉稅制度也隨之整備了。（註一）

文引當初每次給引五十張為率，每國限二、三艘通商，萬曆十七年（一五八九年）依福建巡撫周寀之議，變了八十八張，其他即「又有小番名雞籠淡水，地鄰北港捕魚之處，產無奇貨，水程最近，與廣東、福寧州、浙江、北港船引一例，原無限數，歲有四五隻或七八隻不等往販」（許孚遠，《敬和堂集》卷七〈海禁條約行分守漳南道〉），後又因豐臣秀吉侵擾朝鮮，再行海禁。到萬曆二十一年（一五九三年）又要開海禁時，再加其船數，文引數量合計變為一百張，而「其雞籠淡水歲量以十隻為準」（許孚遠，《敬和堂集》卷七〈海禁條約行分守漳南道〉）。對這個商引管給的時候，徵收了引稅，東西洋每引稅銀三兩，雞籠淡水稅銀一兩，後來再加，東西洋變了稅銀六兩，雞籠淡水二兩。

餉稅有水餉、陸餉、加增餉之三種，水餉就是船舶稅，以船的廣狹為基準，陸餉就是貨物稅，即進口稅，加增餉是

A　編按—章名依據手稿目次補入。

B　編按—節名依據手稿目次補入。

C　編按—林道乾至臺灣乃清代志書說法，曹老師寫作此稿時襲此說，但一九六三年發表之〈早期臺灣的開發與經營〉一文中，已指陳林道乾未至臺灣。見曹永和，《臺灣早期歷史研究》（臺北：聯經出版公司，1979），頁一三九，該文原刊於《臺北文獻》第三期。

註一——小葉田淳，〈明代漳泉商人の海外通商發展——特に海澄の餉稅制と日明貿易に就いて〉，《東亞論叢》四（東京：文求堂書店，1941），頁123-169，及該人著《史說日本と南支那》（東京：野田書房，1942）所收參照。

（註1）參小葉田淳：明代漳泉人の海外通商發展—特に海澄の餉稅制と日明貿易に就いて—（東亞論叢第4輯及該人著「史說 日本と南支那」所收）參照

# 第一章

## 一、

嘉靖中期以來，因自明朝的日本私渡、及倭船的南渡變興旺以後，臺灣就以小琉球之名稱屢見於東西諸文獻。高時已為商船的寄船地，還着地或為倭寇、林道乾等海寇的巢穴。但是對於國際貿易場裡的關係遲到甚麼程度，可是鹿皮與其他土產品硫黃、金、籐等物一起漸漸的被注目是不用說的。

因為漳泉之海外通商是當局所嚴禁，其中發生了甚多的摩擦紛擾。對於開海禁發生了甚多的議論，畢竟到了隆慶元年（一五六七年），福建巡撫塗澤民奏請開海禁，準商販東西二洋，唯嚴禁通往日本。於是成了開禁之制，以後又訂引制與餉稅制度也漸之整備了。（註二）

文引當初每次給引五十張為率，每國限二三艘通商。萬曆十七年（一五八九年）依福建巡撫周寀之議，變了八十八張，其他即「又有小島名雞籠淡水，地隣北港之丸，產無奇貨，水程最近，與廣東福寧州浙江北港船引一例，原無限數，歲有四五隻或七八隻，後不等往販」（[redacted]）後因豐臣秀吉侵擾朝鮮，再行海禁。到萬曆二十一年（一五九三年）又要開海禁，同時便再加船數，文引數量合計變百張，而了其雞籠淡水歲量以十隻為準」（[redacted]）、對這個商引發給的時候徵收了引稅，東西洋每引稅銀三兩，雞籠淡水稅銀一兩，後來再加，東西洋變了稅銀六兩，雞籠淡水二兩。

餉稅有水餉、陸餉、加增餉之三種。水餉就是船舶稅，以船的廣狹為基準，陸餉就是貨物稅即進口稅，加增餉是對於呂宋貿易船所舶載之銀的附加稅，據《東西洋考》說：「西洋船面闊一丈六尺以上者，徵餉五兩，每多一尺加銀五錢，東洋船頗小，量減西洋[A]十分之三。陸餉：胡椒、蘇木等貨計值一兩者，徵餉二分，雞籠淡水地近船小，每船面闊一尺徵水餉五錢，陸餉亦如東西二洋之例」。這個條例是發布於萬曆三年，萬曆十七年據海防同知葉世德的呈議，從價稅的陸餉改為從量稅，其中有關鹿的即：「鹿皮每百張稅銀八分」、「鹿角每百斤稅銀一分四釐」、「獐皮每百張稅銀六分」、「鹿脯每百斤稅銀四分」（《東西洋考》）。在[B]萬曆四十三年減為「鹿皮每百張稅銀六分九釐」、「鹿角每百斤稅銀一分二釐」、「獐皮每百張稅銀五分二釐」、「鹿脯每百斤三分四釐」。[C]（《東西洋考》）由此我們可以看出，已經有雞籠淡水往販的許多事實。

又《東西洋考．東番考》裡對雞籠淡水說：「厥初，朋聚濱海，嘉靖末遭倭焚掠，稍稍避居山後，忽中國漁者從魍港飄至，遂往以為常」，[D]即以從魍港漁人飄到雞籠淡水為漢人往販之端緒，又其中形勝即舉：礦山、沙巴里、大幫坑、大圓、堯港。物產即有薏苡、甘藷、椰、佛手柑、酒、鹿（《名山記》曰：「儦儦俟俟，千百為群」）。又何喬遠撰《閩書．島夷志．東番》即說：「山最宜鹿，千百為群……始皆聚居濱海，嘉靖末遭倭焚掠，乃避居山……居山後，始通中國，[E]今則日盛，漳泉之民充龍、列嶼諸澳，往往譯其語，與貿易，以瑪瑙、瓷器、布、鹽、銅簪環之類易其鹿脯、皮、角」，[F]如此到了萬曆年間，就有至雞籠淡水商販為目的，連年商船開始往來了。

※一五八二年（萬曆十年）五月由墨士哥 Acapulco 開船，經菲律賓到澳門。※一五八四年七月二十四日再由澳門開船的 Fransisco Gualle 的航海記有如下的記載：「我們預備好了以後，對澳門的朋友辭行，七月二十四日

※眉注—須再查※中村氏以航經台灣附近的日期作1582年7月，再查。G

A 編按—手稿無「西洋」二字，據《東西洋考》補入。

B 編按—原稿作「再」，應為「在」字之誤。

C 編按—手稿作「分四釐」，應為「三分四釐」，據《東西洋考》補入。

D 編按—手稿作「往以為市」，應為「往以為常」，據《東西洋考》改。

E 編按—手稿作「後始通中國」，應為「居山後，始通中國」，據《東西洋考》改。

F 編按—《閩書．島夷志》中「漳泉之民充龍，列嶼諸澳」等語，在陳第〈東番記〉中作「漳、泉之惠民、充龍、列嶼諸澳」，二者文字略異，應以陳第之文為是。

G 編按—關於Fransisco Gualle之船隻航經台灣附近的日期，中村孝志在〈台湾における鹿皮の産出とその日本輸出について〉文中作一五八二年，曹老師手稿作一五八四年，因此老師作注「須再查」。又按：F. Gualle是於一五八二年三月自墨西哥港口Acapulco至馬尼拉、澳門，於一五八四年七月由澳門回返墨西哥，依其航海紀錄，是於一五八四年七月下半旬航經台灣、琉球一帶海域，故以一五八四年為是。一九六二年曹老師發表〈歐洲古地圖上之臺灣〉已整理Gualle航海記的相關記載，此文發表於《臺北文獻》創刊號，收錄於氏著，《臺灣早期歷史研究》（臺北：聯經出版公司，1979），頁二九五—三六八。

红 再查 ※ 中村氏．金澤附近航海に附を 1582年7月に
つくる．再查

對於呂宋貿易船舶載銀之的附加稅 據東西洋考說
「西洋船面濶一丈六尺以上者，徵餉五兩，每多一尺加銀五錢，
東洋船頗小，量減十分之三，陸餉胡椒、蘇木等貨計值一兩者，
徵餉二分，雞籠淡水地近船小，每船面濶一尺，徵水餉五錢，
陸餉亦如東西二洋之例」。這個條例是發布於萬曆三年。
萬曆十七年據海防同知葉世德的呈議，從價稅的陸餉
改為從量稅，即「……（其中關有鹿的）鹿皮每百張稅銀八分，鹿角每百斤稅銀
一分四釐，獐皮每百張稅銀六分，鹿脯每百斤稅銀四分」（東西洋考）
再萬曆四十三年減為「鹿皮每百張稅銀六分九釐，鹿角每
百斤稅銀一分二釐，獐皮每百張稅銀五分二釐，鹿脯每百斤
分四釐」。（東西洋考）由此我們可以看出，已經有到了雞籠淡水往販的許多
事實。

又東西洋考東番考說對雞籠淡水說「厥初朋聚濱海，
嘉靖末遭倭焚掠，~~稍~~稍稍避居山後。忽中國漁者
從魍港飄至，遂往以為市」（文本即）即以從魍港漁人飄到雞
籠淡水為漢人往販之端緒。形勝即峯礦山、沙巴里、大幫坑、
大圓、堯港。物產即有薏苡、甘蔗、柳、佛手柑、酒。鹿（名山記曰儀儀，鹿侯侯千百為群）
又何喬遠撰閩書島夷志東番即說「山最宜鹿，千百為群……
始皆聚居濱海，嘉靖末遭倭焚掠，乃避居山……後始通中國，今
則日盛，漳泉之民充龍列嶼諸澳往往譯其語與貿易，以瑪
瑙、瓷器、布、鹽、銅簪環之類易其鹿脯皮角」，如此到了萬
曆年間就有到雞籠淡水商販為目的、連年商船出航
往來了、

又 ※一五八二年（萬曆十年）五月由墨士哥 Acapulco 開船經菲律賓
到澳門 一五八四年七月二十四日 再由澳門開船的 Francisco
Gualle 的航海記有如下的記載，
「我們預備好了以後，對澳門的朋友辭行，七月廿四日

開船，把針路向南東，再向南東東（中略）過了白島（Ilha Branca）以後指望東南東，航走了一百五十里格，就走到了澎湖島的叫做OsBaixos的一個沙灘，和東邊就是到了琉球諸島的發端——那是叫做Ilhas Fermosas 即美麗島。這事是由一個中國人叫做漳州（Chinchon）的Santy 才知道的，而據他說這些諸島是在二十一度 3/4，深度是三十尋，我們雖然沒有看見這個島，不過由高度與水深，知道過了該島，走過了 Ilhas Fermosas 或美麗島，把針路向東，然後再向東北走了二百六十里格，[A] 過了琉球諸島的長，更進了約五十里格。前述的中國人告訴我說，叫做琉球諸島的這些島，其數很多，富於非常良好的停泊處，其住民像呂宋諸島即菲律賓的昆舍耶人，又說這裡有金鑛，他又說他們屢次的於小船或帆船，搭載鹿皮、赤鹿皮（Bucks and Harts Hides）和柱狀的或是極零碎的金，賫到了中國沿岸交易，他使我堅信這些話是很確實的，他說他自己也因要運載這些東西到中國，赴那裡有九次，我是相信這些話的真實性。後來在澳門與中國沿岸詢問了這些事情，我知道了他所說是真實的」。（註一）臺灣據當時的航海知識是想做琉球諸島的一部份，然而鹿皮和鹿脯是與其他黃金、硫黃、籐等土產品，是到臺灣商販的目的。

如此早就輸出到大陸的鹿皮，照原皮或是加工了以後，其大部份再由密商 [B] 運販到日本，在這以前，嘉靖年間王直等輩為中日間的私商還在活躍的時候，已經范表 [C] 的〈海寇議前〉有一段：「歇客之家，明知海賊，貪其厚利，任其堆貨，且為之打點、護送，如銅錢用以鑄銃，鉛以為彈，硝以為火藥，鐵以製刀鎗，皮以製甲，及布帛絲綿油蔴等物，大船裝送，關津略不盤識，明送資賊」的記載。（註二）可見當時日本皮革的不足，由此輩輸入到

A 編按—手稿作「一百六十里格」，據原書，應為「二百六十里格」。

B 編按—「密商」係日文用語，指違法買賣之人，即走私商人。

C 編按—此文係萬表所寫，《金聲玉振集》刊印此文時，名字改作范表。

D 編按—手稿原注誤謂出自 *Hakluyt's Voyages*, vol. IX, pp. 333-334。

---

註一—*Hakluyt's Voyages*, vol. X, p. 296-297，[D] 此事亦載於L. Riess, *Geschichte der Insel Formosa*, p. 417-418.（ドクトルルドウィヒ・リース著、吉國藤吉譯，《臺灣島史》（東京：富山房，1898），頁49-50。

註二—《玄覽堂叢書續集》第15冊所收。

註1) Hakluyt's voyages. vol IX. p333-334.
此事亦載於 Riess, L.: Geschichte der Insel Formosa. S417-418.
リース 台灣島史 吉國藤吉訳 p.49-50.
註2) 玄覽堂叢書續集第15冊所收.

身河形，把針路向南東，再向南東東（中略）過了白島 Ilha Branca 以後，指望東南東，航走了一百五十里格，就走到了澎湖島的叫做 Os Baixos 的一個沙灘，和在這就是到了琉球諸島的發端——那是叫做 Ilhas Formosas 即美麗島，這是由一個中國人叫做漳州 Chinchon 的 Sanches 才知道的，乃據他說這些諸島是在二十一度三/四深度是三十尋。我們雖然沒有看見這個島，不過由高度與水深，知道過了該島。走過了 Ilhas Formosas 或美麗島，把針路向東，然後再向東北走了一百六十里格，過了琉球諸島的長，更進了約五十里格。前述的中國人告訴我說，叫做琉球諸島的這些島，其數很多，富於非常良好的停泊所。其住民係呂宋諸島即菲律賓的呂宋耶人，又說這裡有金鑛。他又說他們屢次的於小船或帆船，搭載鹿皮、赤鹿皮（Bucks and Harts hides）和粒狀的或是極零碎的金，賣到了中國沿岸交易。他使我堅信這是很確實的。他說他自己也因要運載這些東西到中國，赴那裡有九次，我是相信這些話的真實性。後來在澳門與中國沿岸詢問了這些事情，我知道了他這話是真實的」（註一） 台灣據當時的航海知識是想做琉球諸島的一部份，但亦鹿皮與鹿脯是其他黃金、硫黃、籐等土產是到台灣商販的目的。

如此早就輸出到大陸的鹿皮，照鹿皮或是加工了以後，再由其大部份商、運販到日本，在元以前，嘉靖年間，汪直等輩本中日間的私商，還在浙羅的時候，已經范表的海寇議前有一段「歌客之家，明知海賊，貪其厚利，任其堆貨，且為之打點護送，如銅錢用以鑄銃，鉛以為彈，硝以為火藥，鐵以製刀鎗，皮以製甲，及布帛絲綿油麻等物，大船裝送，關津畧不識盤明送資賊」（註二）的記載。可見當時日本皮革的不足由此輩輸入到日本。日本對皮革的需要，到十六世紀後半就已經急增了。「日本人和中國人想把很多的鹿當做商品，由這些島送到日本去了。他們甚求鹿皮，對印尼安，[A]也對基督教徒買收，教徒們有的送與他們，有的出售給他們，對這個往來，須要停止，因為對這裡是有害的，這個牲口專因為要皮的目的被屠殺，於是，終就有絕肉類供給的危險」。（註一）如上所說，到一五八五年（萬曆十三年）就在菲律賓以鹿肉供為食用的西班牙人，對鹿皮輸出到日本為目的的大量捕鹿，感覺了鹿肉的供給被斷的危懼，像這樣可知日本的對皮革的需要激增了。

因此，對這個日本的需要，臺灣的鹿皮也當然與其他菲律賓、暹羅等地的鹿皮一樣，由漳、泉等地行販的船舶運載到大陸，然後再轉販到日本，後來日本對於輸入的皮革也稱著「唐革」，由這句話，我們就可以看到漳、泉海商為主的中國商舶對這個鹿皮貿易，干與到甚麼程度。

A　編按—原文為西班牙文的Indios，西班牙人用來指稱大航海時代亞洲與美洲的住民。

B　編按—此注頁數有誤。此一史料應出自同書頁八四，一五九八年六月八日Antonio de Morga, " Report of conditions in the Philippines"。



註一—Emma H. Blair and James A. Robertson, eds., *The Philippine Islands 1493-1898*（Cleveland, Ohio: The A. H. Clark Company, 1903-1909）, vol. X, p. 12. [B]

（註1）Blair & Robertson: Philippine Islands vol X. p.12.　　I-1-4

日本。日本對皮革的需要，到十六世紀後半就已經急增了。

「日本人和中國人，想把很多的鹿皮做商品，由這些島送到日本去了。他們甚求鹿皮，對印尼安也對基督教徒買收。教徒們有的送與他們，有的出售給他們。對這個往來，須要停止，因為對這裡是有害的。這個牲口專因為要皮的目的被屠殺，於是，終就有絕因類供給的危險」（註二）如上所說，到一五八五年（萬曆十三年）就在菲律賓以鹿肉供為食用的西班牙人，對鹿皮輸出到日本為目的的大量捕鹿，感覺了鹿因的供給被斷的危懼，像這樣日本的對皮革的需要激增了。

因此，對這個日本的需要，臺灣的鹿皮，也當然與其他菲律賓、暹羅等地的鹿皮一樣，由漳泉等地行駛的船舶運載到大陸，然後再輸販到日本。後來日本對於輸入的皮革也稱着唐革。由這句話，我們就可以看到漳泉海商為主的中國商船，對這個鹿皮貿易，干與到甚麼程度。

# 二、荷蘭佔據以前（二）[A]

日本的對明貿易，自瑞佐、宋素卿等的寧波擾亂後，明當局對於貢期、船舶數、人數等項的限制，及對於密商的警戒，變了很嚴，而且日本內部足利幕府的無力化與細川、山名、大內等氏的葛籐[B]所造成的下剋上的世代，移行[C]到群雄割據的戰國時代，終由貢船的日本對明的公貿易，就衰滅了。可是綢緞、生絲及其他中國物產與中國賈舶所供應的南海各地物資，已經變了他們經濟生活上必需物資了。於是由私商互相勾結的密貿易轉盛。嘉靖二十四年前後就有倭船到浙江雙嶼私市，尋之，至漳州月港等處，再進，在南洋各地也可以看到了倭船的往來及倭寇的侵擾。

中日兩國與佛郎機（即葡萄牙）等之互市轉盛的雙嶼、月港，到嘉靖二十七、八年受朱紈的掃蕩，後來海防加嚴，特地對於日本的警戒極嚴，對這事大傷中日兩國的海商，因之嘉靖三十年來卻造成了倭寇、海寇變猖獗的流弊，於是一方面在中國釀成了海禁、開禁的對立論爭，到了隆慶年間才開海禁，又一方面，以土產品為中日海商往販之目的的呂宋、暹羅、安南等地，到了這十六、七世紀交代[D]的時，就變質為中日貿易的會合地。

變為倭寇、海寇的巢穴，或為倭賈船南洋往來的寄泊地的臺灣——其中當然發生過了鹿皮等土產品的交易——到這時，臺灣恐也變成了中日貿易的轉販地。《閩書．島夷志》說：「萬曆壬寅冬倭復據其島，夷及商、漁交病，浯嶼沈將軍有容往勦，余適有觀海之興，與俱，倭破，收泊大員，夷目大彌勒輩率數十人叩謁，獻鹿，餽酒」。壬寅即萬曆三十年（一六〇二年），夷即土人，商、漁當然是鹿皮等土產品

A 編按—節名依手稿目次補入。
B 編按—日文用語，糾葛、糾紛之意。
C 編按—日文用語，轉變、轉移之意。
D 編按—日文用語，交替、轉換之意。

二、

日本的對明貿易，自瑞佐、宋素卿等的寧波擾亂後，明當局對於貢期、船舶數、人數等項的限制，及對於客商的監戒，變了很嚴，而且日本內部由足利幕府的全力化為細川、山名、大內等氏的葛藤，以造成的下剋上的世代，移行到群雄割據的戰國時代，經由貢船的日本對明的公貿易，就衰微了。

可是，綢緞、生絲及其他中國物產與中國貨船所供應的南海各地物資，已經變了他們經濟生活上少不了的物資了。於是由私商互相勾結的密貿易轉盛，嘉靖二十四年前後，就有倭船到浙江、雙嶼私市，擧之至漳州月港等地。再進在南洋各地也可以看到了倭船的往來及倭寇的侵擾。

中日兩國與佛郎機（即葡萄牙）等之互市，轉盛的雙嶼、月港，到嘉靖二十七、八年受朱紈的掃蕩，後來海防加嚴，特別對於日本的警戒極嚴，對這事，大傷中日兩國的海商，嘉靖三十年來即造成了倭寇海寇變猖獗的流弊，就是一方面在中國釀成了海禁開禁的討論爭，到了隆慶年間才開海禁，又一方面，以土產出為中日海商往販之目的的呂宋、暹羅、安南等地，到了這十六、七世紀交代的時，就變爲中日貿易的會合地。

至於倭寇海寇的巢穴、或倭寇南洋往來的寄泊地的臺灣——其中當然發生過了鹿皮等土產的交易——到這時臺灣也變成了中日貿易的轉販地了。閩書島夷志說「萬曆壬寅冬倭復據其島，夷及商漁交病，浯嶼沈將軍有容往勦，適有觀海之興，與俱，倭破，收泊大員，夷目大彌勒輩率數十人叩謁，獻鹿餽酒」。壬寅即萬曆三十年（一六〇二年），大員即大灣，當然是產鹿皮等土產品、為交易，或來臺捕魚的漢人。臺灣當時即變為漢人、日人及土人三種族的所謂交病之地了。

大概從這個時候，臺灣也即受日本某種程度的認識。這個認識，即以豐臣秀吉的高山國招撫計畫顯出。豐臣氏以武力想試打開這個中日公貿易之僵局，失敗後，繼之，德川氏起初也計劃對明的邦交，與附帶的貿易復興及容許日本商船的往販。又嘗試了在琉球等第三地，兩國船互易與交涉，這個時候在慶長十四年二月（一六〇九年，萬曆三七年）有馬晴信受了幕府的內命，[A] 派其所部谷川角兵衛等要到「たかさくん」（即臺灣）時，受了幕府的內命的條則、須知，以及渡航者章程，據這些命令是要開闢「たかさくん國」與幕府的交通，就是第一的主意；其次則日本船可以碇泊的良港調查，中日兩國船的會合貿易的籌策，以及該地的地理、物產的調查。與這個遣使有關，而恐是由有馬晴信所給的翌慶長十五年（一六一〇年，萬曆三八年）閏二月二十七日的渡航者章程中有一條：「たかさくんの內、よきみなとへ船をあひつけ、志々のかは、たくさんにかひとり、きてういたすべき事」（註一）（在高砂國，著船於良港，須買妥甚多鹿皮回國）。當時對於「たかさくん」的事情，雖未必甚明瞭，不過因日本鹿皮的需要，臺灣已經被認為其豐富的產地了。

慶長十七年（萬曆四〇、一六一二年）日本京都商賈津田紹意就領到澎湖島往販的朱印狀。（註二）到了元和年間（元和元年即萬曆四三年）據Cocks的日記書翰，（註三）已經長崎、臺灣間有貿易船的往來，臺日間的交通逐漸頻繁，中日貿易上的臺灣地位，益發揮其重要性。到了元和二年（一六一六年，萬曆四四年）有馬晴信所失敗的嘗試，又被長崎代官村山等安得到幕府的諒解再嘗試。（註四）村山等安次子秋安所率艦隊十三隻，士兵二、三千人，同年三月解纜了長崎。不過遇了颱風四散，又遭失敗。其中明石道友所率二隻，五月到達閩地東湧，擒了來偵探的董伯起，歸還到長崎。其翌年，道友等送伯起到

A 編按─日文用語，密令之意。

B 編按─與臺灣有關的記載，應該是在頁二三、頁五三、頁五六、頁二九八、頁三三二及頁三三九。

註一─東京帝國大學文學部史料編纂所編纂，《大日本史料》v.12之6（東京：東京帝國大學，1906），p. 135-136。

註二─早川純三郎編，《通航一覽》卷211第5（東京：國書刊行會，1912-1913），p. 384。

註三─*Diary of Richard Cocks*, vol.2, p. 266, 23, 56, 298, 338.[B]

註四─岩生成一，〈長崎代官村山等安の臺灣遠征と遣明使〉，《臺北帝大史學科研究年報》第一輯。

(註1) 通航一覽 卷211. 國書刊行會刊本 第5. P.384
(註2) Cocks, Richard: Diary of Richard Cocks. vol.2. p.266. 23. 56. 298. 338.
(註3) 岩生成一：長崎代官村山等安の臺灣遠征と遣明使.（台北帝大史學科研究年報 第1輯）
(註) 大日本史料 v.12 之6. P.135-6.

為交易，或未合捕魚的漢人。臺灣當時即變為漢人、日人及土人三種族的所謂交病之地了。

大概從這個時候，臺灣也即受日本某種程度的認識。這個認識即以豐臣秀吉的高山國招撫計劃，即豐臣氏以武力想試打開這個中日公貿易之疆局，失敗後繼之，德川氏起初也計劃討明的邦交與附帶的貿易復興及容許日本商船的往販。又嘗試了在琉球等第三地，兩國船互易交涉（這個時候在慶長十四年）一月（一六〇九年萬曆三七年）有馬晴信，受了幕府的內命派其部下谷川角兵衛等到「たかさぐん」（即臺灣）時，受了幕府的內命的條則，須知，以及渡航者章程，據這些是命令要同靡「たかさぐん國」與幕府的交通就是第一的主意，其次則日本船可以碇泊的良港調查，中日兩國船的會合貿易的籌策，以及該地的地理、物產的調查。與這個遣使有關，可想是由有馬晴信所給的翌慶長十五年（一六一〇年萬曆三八年）閏二月二十七日的渡航者章程中有一條「たかさぐんの內、より、みぶとへ、あひつけ、しょのかは、たくさんなかひとりきてうりたすべき事」(註)（在高砂國，着船於良港，須買安甚多鹿皮回國）。當時對於「たかさぐん」的事情，雖未少甚明瞭，不過因日本的鹿皮需要，臺灣已經被認為其豐富的產地了。

慶長十七年（萬曆四〇、一六一二年）日本京都商賈津田紹意就領到澎湖島往販的朱印狀。(註二) 到了元和年間（元和元年即萬曆四三年）據 Cocks 的日記書簡(註二) 已經長崎、臺灣間，有貿易船的往來，臺日間的交通逐漸頻繁，中日貿易上的臺灣地位益發揮其重要性。到了元和二年（一六一六年萬曆四四年）有馬晴信以失敗的嘗試，又被長崎代官村山等安，得到幕府的諒解，再嘗試。(註三) 村山等安次子、秋安以率艦隊十三隻、兵三千人、同年三月解纜了長崎，不過遇了颱風，四散又遭失敗。其中明石道友所率二隻，五月到達閩地東湧，擒了來偵探的董伯起，歸還到長崎。其翌年，道友等送伯起到福建，求互市的復興時，海道副使韓仲雍召道友等，審問其來閩情實，這個折衝載於《東西洋考．卷十二逸事考》的〈欵倭詳文〉。對於「何故侵擾雞籠淡水」、「何故謀據北港」的詢問，道友等答說：「自平酋（即豐臣秀吉，因豐臣秀吉自稱平氏出身）物故，國甚厭兵，惟常年發遣十數船，挾帶資本通販諸國，經過雞籠，頻有遭風破船之患，不相救援，反掠我財，乘便欲報舊怨，非有隔遠吞占之志也」、「通販船經由駐泊，收買鹿皮則有之，並無登山久住之意。」可見到了這個時候，臺灣已經成了倭船的碇泊地，而有鹿皮的收買了。

一六一八年二月十五日的 Richard Cocks 的書柬說：「這兩、三年來，中國人——即其一部份住在日本，一部份是住在中國本土的，互相策應——到一個島，叫做 Tacca Sanga，據我們的海圖是稱為 Formosa 島，開始貿易」。（註一）然而這些中國人的頭目，就是住在平戶的李旦（Anderea Dittis）。（註二）李旦與其弟華宇由長崎、平戶派船到南方各地，也至臺灣輸入鹿皮、生絲等物到日本。據岩生成一的研究，李旦等的到臺灣船數即如左：

| 船主 | 開船及歸回日 | 船數 |
| --- | --- | --- |
| 李旦船 | 一六一七．七．七（歸） | 一 |
| 華宇船 | 一六一七（發） | 一 |
| 李旦船 | 一六一八．二．五（發）<br>一六一八．七．二七（歸） | 三 |
| 李旦船 | 一六二二．三．一八（發） | 三 |
| 李旦船 | 一六二二．七．一五（歸） | 一 |
| 李旦船 | 一六二三．四．二二（高砂着）<br>一六二三．七．二四（高砂發） | 一 |
| 李旦船 | 一六二四．一．三（發）<br>一六二五．七．一七（歸） | 一 |

又 Richard Cocks 的日記，在一六一八年七月十二日裡說，據由長崎送來的李旦（Anderea Dittis）的書柬裡說，由臺灣進來長崎的戎克船

註一—W. Campbell, *Formosa under the Dutch*, p. 498.

註二—岩生成一，〈明末日本僑寓支那人甲必丹李旦考〉，《東洋學報》，vol. 23, no. 3

(註1) Campbell, Wm.: Formosa under the Dutch. p.498.
(註2) 岩生成一：明末日本僑寓支那人甲必丹李旦考 (東洋学報 vol.23, no.3)

福建、求互市的復興時、海道副使、韓仲雍召道友等、審問其來閩情實、這個折衝載於「東西洋考」(卷六紅夷考)的「欵倭詳文」。討於「何故侵擾雞籠淡水」、「何故謀據北港」的詢問、道友等答說「往年商[redacted]（即豐臣秀吉、因豐臣秀吉自稱平代出身）將故國王弒矣、惟當年發遣十數船、挾帶資本、通販諸國、經過雞籠、頻有遭風破船之患、不相救援、反搶我財、乘便欲報舊怨、非有涌遠吞占之志也」「通販船經由駐泊、收買鹿皮則有之、並無登山久住之意」。可見到了這個時候、臺灣已經成了倭船的碇泊地、亦有鹿皮的收買了。

一六一八年二月十五日的 Richard Cocks 的書柬說「這兩三年來、中國人、一即其一部份住在日本、一部份是住在中國本土的、互相策應、一到一個島叫做 Tacca Sanga、據我們的海圖是稱為 Formosa 島、開始貿易」。(註1)然而這些中國人的頭目、就是住在平戶的李旦 (Andrea Dittis)。(註2)李旦與其弟華宇、由長崎、平戶、派船到南方各地、也至臺灣輸入鹿皮、生絲等物到日本。據[redacted]山石生[redacted]的研究、李旦等的到臺灣船數即如左、

| 船主 | 開船及歸國日 | 船數 |
| --- | --- | --- |
| 李旦船 | 一六一七、七、七(歸) | 一 |
| 華宇船 | 一六一七、(發) | 一 |
| 李旦船 | 一六一八、二、五(發)<br>一六一八、七、二七(歸) | 三 |
| 李旦船 | 一六二一、三、一八(發) | 三 |
| 李旦船 | 一六二二、七、一五(歸) | 一 |
| 李旦船 | 一六二三、四、二三(高砂着)<br>一六二三、七、四(高砂發) | 一 |
| 李旦船 | 一六二四、一、三(發)<br>一六二五、七、一七(歸) | 一 |

又 Richard Cocks 的日記、在一六一八年七月十二日裡說、據由長崎送來的李旦 (Andrea Dittis) 的書柬裡說、由臺灣進來長崎的戎克船、

齎了皮革與蘇枋木，而這年因中國沒有到貨，所以生絲都沒有舶載來了。（註一）這些皮革很可能的是臺灣產的鹿皮。

如上所說，臺灣到了嘉靖末年至萬曆初的年間，就有漳、泉等地的海商搬出鹿皮，其大部份可能是再轉販到日本。又差不多同一個時候，變了要到南海及閩粵往販的倭船與八幡船[A]的寄泊地，鹿皮也被他們某種程度搬出，嗣之，以中日貿易的仲繼地，被注目利用，而臺灣產鹿皮亦在其中變為重要出口品。後來，被因要對付各各[B]，都有澳門、呂宋為遠東貿易根據地的葡萄牙、西班牙，踵跡擠進來的荷蘭占據，臺灣即為國際貿易的仲繼地，更發揮其在地理上之優點，在國際貿易場裡更活躍。

A 編按—在日本的室町時代，八幡船是指搶奪朝鮮、中國沿岸的海盜船隻，到了江戶時代，則指走私貿易船。此處指海盜船。

B 編按—各各意即各個。



註一—*Diary of Richard Cocks*, vol. 2, p. 53, 56.

（註1）Cocks, Richard: Diary of Richard Cocks. vol 2. p.53. + p.56.



賣了皮革與蘇木（杉木）、而這年因中國沒有到貨、以以生絲都沒有船載來了。（註二）這些皮革、很可能的是臺灣產的鹿皮。

如上所說、臺灣、到了嘉靖末年至萬曆初的年間、就有漳泉等地的海商搬出鹿皮、其大部份、可能是再轉販到日本。又差不多同一個時候、變了要到南海及閩粵往販的倭船與入幡船的寄泊地、鹿皮也被他們某種程度搬出、嗣之、以中日貿易的仲繼地、被注目利用。後來、因要對付各國、都有澳門、呂宋為遠東貿易根據地的葡萄牙、西班牙、踵跡擠進來的荷蘭占據、臺灣即為國際貿易的仲繼地、更[illegible]、發揮其在地理上之優異、在國際貿易史上實踐躍、而臺灣產鹿皮亦在其中算為重要出口品。

## 三、荷蘭佔據時代[A]

一六〇二年（萬曆三〇）三月荷蘭的聯合東印度公司見了創立。一六〇四年就韋麻郎（Wijbraut van Waerwijk）來窺澎湖島，嘗試與明開始貿易，而不得滿足的結果。一六〇九年在日本平戶設立了商館，以後，因為日本的貿易是以中國特產的生絲、綢緞等為主。所以越感覺了獲得中國貿易的必要。當時明當局對外夷的進入大陸貿易是被嚴禁的。所以要站在一個近大陸的地方，為對明貿易的仲繼地，同時也要阻止昌盛起來的明商的馬尼剌通販，也要掩護他們的在遠東的海上交通。因為這些經濟上及軍事上的目的，又對付西班牙的計劃要占先機，Cornelis Reijersen 所率的艦隊到一六二二年七月又再佔據了澎湖島，但是受了明當局的強力的反擊，竟於一六二四年（天啟四年）八月，繼 Reijersen 之後的Sonck轉移到大員（Taijuan，即今之安平）去了。

Sonck 轉移到大員，即著工築城，最初稱為 Orange 城，後來改稱為 Zealandia，又因北線尾砂地沒有清水，不適居住，所以一六二五年一月由[B]對岸的新港社土人，以Cangan布十五疋，買收了赤崁沿川的地所，建築了長官別墅、病院、倉庫等，亦計劃漸漸的移植漢人及日人，使成一個殷賑的街市，稱名為 Provintia。（註一）

當時，臺灣是如上所述已經成了很昌盛的中日兩國的會合貿易地。一六二二年七月，親自來臺灣探檢[C]港灣的 Cornelis Reijersen，在他的七月三十日的日記上敘述了大員港說：「這港是日本人每年以戎克船二、三隻來貿易之地，據中國人所說，這個地方鹿皮很多。日本人由土人買收，又由中國，每年三、四隻的戎克船載綢緞，來這裡與日本人交易。我們沒有看見甚麼人，只看見一隻漁船，不過不能跟這交談」。（註二）又一六二四年一月三日巴達維亞總督府對本國本店的報告書裡面有記載：Reijersen 一六二三年三月派遣小船二隻到大員，與中國商船試行貿易。

註一—Dagh-Register Ggehouden int Casteel Batavia, A° 1624-1629., p. 145；村上直次郎譯，《抄譯バタビヤ城日誌》上卷（東京：日蘭交通史料研究會，1937）序說，p. 30-31 及 p. 62。[D]

註二—村上直次郎譯，《抄譯バタビヤ城日誌》上卷序說，p.19；Van Dam, bl. 370, 690 也有相同的記載；Groeneveldt, bl. 102[E]。

A 編按—節名依手稿目次補入。

B 編按—由應作「向」字，即公司向新港社買地。

C 編按—探檢乃日文用語，即探險、探查之意。

D 編按—此一版本《バタビヤ城日誌》的頁數與一九七二年平凡社出版之中村孝志校注本不同。

E 編按—後兩件史料以紅筆書寫，應是讀了中村孝志之文後，依中村之文頁一六〇註八之資料補入。據鄭維中查考原書，曹老師手稿之引文出自Groeneveldt之書。又Van Dam之書是*Beschryvinge van de Oost-indische Compagnie*（'s-Gravenhage: Nijhoff, 1927）；Groeneveldt之書是*De Nederlanders in China, 1ste stuk: De Eerst Bemoeiingen om der Handel in China en de Vestiging in de Pescadores, 1601-1624*, Taal-, Land- en Volken Kunde 48（1898）。

（註1）Dagh-Register gehouden int Casteel Batavia; A°1624–1629. p.145.
村上譯 バタビヤ城日誌 上卷 序說 p.30–31. 及 p.62.

（註2）同書上卷 序說 p.19.
Van Dam. bl 370. 690. ニも同様な記事を見出し得る。
Groeneveldt. bl 102.

## 三

一六〇二年（萬曆三〇）荷蘭的聯合東印度公司見了創立。一六〇四年就有韋麻郎（Wybrant van Waerwyk）來窺澎湖島，曾試與明開始貿易，而不得滿足的結果。一六〇九年在日本平戶設立了商館，以後，因為日本的貿易，是以中國輸產的生絲、綢緞等為主。所以感覺了獲得中國貿易的必要。當時的當局，對外表的進入大陸貿易是被嚴禁的。所以要站在一個近大陸的地方，為對明貿易的仲繼地，同時也要阻止過盛起來的明商的馬尼剌通販。也要擁護他們的在遠東的海上交通。因為這些經濟上及軍事上的目的。又為對付西班牙的計劃，要占先機。Cornelis Reijersen所率的艦隊到一六二二年七月又再佔據了澎湖島，但是受了明當局的強力的攻擊，竟於一六二四年（天啟四年）八月，繼Reijersen之後的Sonck轉移到大員Taijouan，即今之安平去了。

Sonck轉移到大員，即著手築城，最初稱為Orange城，後來改稱為Zeelandia。又因北線尾，沙地沒有清水，不適居住，所以一六二五年一月由對岸的新港社人，以Cangan布十五匹，買收了赤嵌沿川的地所，建築了長官別墅、病院、倉庫等，計劃漸漸的移植漢人及日人，使成一個殷賑的街市，稱名為Provintia。（註一）

當時，臺灣是如上所述，已經成了很昌盛的中日兩國的會合貿易地。

一六二二年七月，親自來臺灣、探檢澎湖的Cornelis Reijersen，在他的七月三十日的日記上，敘述了大員港說，「這港是日本人，每年以戎克船二三隻，來貿易之地。據中國人所說，這個地方，鹿皮很多。日本人由土人買收，又由中國，每年三四隻的戎克船，載綢緞來這裡，與日本人交易。我們沒有看見甚麼人，只看見一隻漁船，不過不能跟這個交談」。（註二）又一六二四年一月三日，巴達維亞總督對本國東店的報告書裡面有記載，Reijersen一六二三年三月，派遣小船二隻，到大員，與中國商船，試行貿易。

到四月中旬，由中國，戎克船四隻開到，對同月下旬到來的日本船，交了先付的款額的貨物。荷蘭受了日人的周旋，對這些，也購進了少量的生絲與砂糖。（註一）又說：「大員灣連年有數隻的日本船入埠，購進在該地可得的相當量的鹿皮，以及與載漳州、南京及其他中國北沿海各地方所產的生絲、綢緞來台的中國商人交賣買。所購進的貨物即運到日本為常。這年由日本，來到的是只一隻，而且很遲，對這個，來大員的貿易船少是一個理由，又由中國北沿海有小船四十隻開到日本也是一個理由。……前記的日本船一隻，載了鹿皮約一萬八千張及中國貨物少量，僅得到船艙的一半的運品，回歸日本」。（註二）[A]

Reijersen 的後任 Martinus Sonck 在一六二四年八月十八日所開的大評議會，諮議撤退澎湖島，轉移到臺灣的理由裡說：「再要考慮就是中國人已經在大員，跟日本人很興旺的開始貿易。我們如果在那裡定居，就可以防止這個。如果沒有這樣做，就像故 Camps 先生（元平戶商館長）所說過，在日本的生絲貿易，我們所期待的利益終就要喪失了」。（註三）可見在臺灣的中日貿易是相當活潑，致使荷蘭人的刮目。

一六二五年十月二十九日臨時長官 Gerrit Fredericksen de Witt 由大員送寄總督 Carpentier 的書柬裡，對那一年入港的二隻日本船說：「他們到了這裡，第三天就送他們的資金到中國去了。因為載滿了船的錢來，所以中國人以為代價要多少，就可以得多少，三星期間毫無賣出生絲了。他們以一五〇兩至一六〇兩購進。所以這裡的進口顯然的減少，棉價[B]猛漲起來了。（中略）他們的資金今年是六、七萬兩，其大部份投了於生絲、其他中國貨品以及鹿皮」。（註四）[C]

內田銀藏博士從前所介紹的，有寬永十四年（一六三七、崇禎一〇）八月朔日的書跋的「異國渡海船路ノ積」的文書上，有一段臺灣的記載：

A 編按—較新的中文譯文，可參見程紹剛譯註，《荷蘭人在福爾摩沙》（臺北：聯經出版公司，2000），頁二八—二九，惟新譯文中，「泉州」應作「漳州」。

B 編按—手稿作「棉價」，應指絲價而言。

C 編按—此一臺灣長官書信有中文譯本，見江樹生主譯註，《荷蘭臺灣長官致巴達維亞總督書信集》I（一六二二—一六二六）（臺北：南天書局，2007），頁二二五。荷蘭原文見頁二四三。

---

註一—村上直次郎譯，《抄譯バタビヤ城日誌》，上卷序說，p. 27。

註二—長崎市役所編纂，《長崎市史・通交貿易編西洋諸國部》（東京：清文堂，1935），p. 388-389。B. Hoetink, *Verhaal van het vergaan van het jacht de Sperwer en van het wedervaren der schipbreukelingen op het eiland Quelpaert en het vasteland van Korea（1653-1666）met eene beschrijving van dat rijk door Hendrik Hamel*, 1920,（Linschoten XVIII）bl. 123.

註三—村上直次郎譯，《抄譯バタビヤ城日誌》上卷序說，p. 29。

註四—長崎市役所編纂，《長崎市史・通交貿易編西洋諸國部》，p. 390。

（註1）村上直次郎 訳：バタビヤ城日誌 上巻 序説 p.27
（註2）長崎市史；通交貿易編 西洋諸國部. P.388–389.; Hoetink, B.: Verhaal van het vergaan van het jacht „de Sperwer" en van het wedervaren der Schipbreukelingen op het eiland Quelpaert en het vasteland van Korea (1653–1666). Met eene beschrijving van dat rijk door Hendrik Hamel. 1920. (Linschoten XVIII) bl. 123)
（註3）村上直次郎 訳：バタビヤ城日誌 上巻 序説 p.29.
（註4）長崎市史；通交貿易編 西洋諸國部. P.390.

到四月中旬，由中國，戎克船四隻開到，対同月下旬到來的日本船，交了先付的款額的貨物。荷蘭受了日人的周旋，対這些也購進了少量的生絲與砂糖。（註一）又說「大員灣、連年有數隻的日本船入埠，購進在該地可得的相當量的鹿皮，以及與載漳州、南京及其他中國北沿海各地所產的生絲、綢緞，來台的中國商人交易買。所購進的貨物即運到日本去賣。這年由日本、來到的，是只一隻。而且很遲，対這個，來大員的貿易船，少是一個理由，又由中國北沿海，有小船四十隻開到日本也是一個理由。……（中略）：前記的日本船一隻，載了鹿皮約一萬八千張及中國貨物少量，僅得到船貨的一半的運品，回歸日本」。（註二）

Reijersen的後任 Martinus Sonck，在一六二四年（八月十六日）所開的大評議會，討議撤退澎湖島，轉移到臺灣的理由裡說，「兩要考慮就是，中國人已經在大員，跟日本人，很興旺的，開始貿易。我們如果，在那裡定居，就可以防止這個。如果沒有這樣做就係故 Camps 先生（元、平戶商館長）所說過，在日本的生絲貿易，我們以期待的利益，終就要喪失了」（註三）。覓在臺灣的中日貿易是相當活潑、致使荷蘭人的刮目。

一六二五年十月二十九日，臨時長官 Gerrit Frederiksen de Witt 由大員，送壽總督 Carpentier 的書柬裡，対那一年入港的二隻日本船說，「他們到了這裡，方三天，就送他們的資金，到中國去了。因為載滿了銀的錢來，所以中國人以為代價要多少，就可以得多少，三星期間，毫無賣出生絲了。他們以一五○兩至一六○兩購進。所以這裡的進口，雖然為減少，帽價猶漲起來了。（中略）他們的資金、今年是六七萬兩，其大部分，投了於生絲，其他中國貨品以及鹿皮」。（註四）

內田銀藏博士，從前所介紹的，有寬永十四年（一六三七、崇禎十）八月朔日的書跋的「異國渡海船路之積」的文書上，有一段臺灣的記載。

雞頭籠（タカサゴ）此所，先年由亥年初次御朱印舟往販，五百里。

一、此所北端，稱淡水之處，有呂宋之南蠻人居住，南方稱大員之港，日本人往賣買，荷蘭亦居住。因近大明國，生絲類在此所買之，因荷蘭居住，亦有天竺、南蠻方物。雞頭籠之地，所有之物，即惟鹿皮。

一、由日本載往其地之物，即銅、鐵、泡藥壺，其他日本物少量，但此非為多加佐古之人發賣，是因為大明人發賣。（註一）[A]

這樣當時，來臺灣行販的日本船是以中日貿易的性格發達，加之以日本的需要甚高的土產品——鹿皮關與[B]這個國際貿易。

以上所述，萬曆末年以來，臺日間的貿易關係頻繁起來，像由李旦等日本僑寓的漢人的仲繼貿易以外，日本船也連年的來臺灣，與中國商人會合貿易。據岩生教授的研究，自一六一七年（萬曆四五）至一六三六年（崇禎九年）的鎖國為止，日本的海外往販的船數如左（註二）：

| | | | | | |
|---|---|---|---|---|---|
| 交趾 | 三六 | 東京 | 二四 | 東埔寨 | 一八 |
| 暹羅 | 一七 | 占城 | 一 | 高砂 | 三五 |
| 呂宋 | 一七 | | | | |
| 合計 | 一四八 | | | | |

即臺灣次於交趾，佔第二位，其內開即：

| | | | |
|---|---|---|---|
| 一六一七 | 二 | 一六二五 | 三 |
| 一六一八 | 四 | 一六二六 | 二 |
| 一六一九 | ○ | 一六二七 | 二 |
| 一六二○ | 一 | 一六二八 | 二 |
| 一六二一 | 三 | 一六二九 | ○ |
| 一六二二 | 一 | 一六三○ | ○ |
| 一六二三 | 三 | 一六三一 | 五 |
| 一六二四 | 一 | 一六三二 | 三 |
| 一六三三 | 三 | | |
| 計 | 三五 | | |

註一—內田銀藏，〈三百年前日本と台灣との經濟的關係に就いて〉，《史林》第2卷第2號。

註二—岩生成一，《南洋日本町の研究》，p. 4-5。

A 編按—引文中的「多加佐古」是日本人使用萬葉假名表記「タカサゴ」，亦作「高砂」，是十六世紀末以來日本人對臺灣島的稱呼。又按：發賣乃日文用語，銷售、發售之意。

B 編按—日文用語，參與之意。

（註1）内田銀蔵：三百年前日本と臺灣との經濟的関係に就きて　（史林 第2巻第2號）
（註2）岩生成一：南洋日本町の研究　p.4-5.



鷄頭籠（タカサゴ）　此所、先年[illegible]亥年、初次御朱印船往販、五百里。

一、此所北埔、稱淡水之処、有呂宋之南蠻人居住、南方稱大員之港、日本人往賣、荷蘭亦居住。因近大明國、生絲類、在此所買之、因荷蘭居住、亦有天竺、南蠻物。鷄頭籠之地、所有之物、即惟鹿皮。

一、由日本載往其地之物、即銅、鉄、泡茶壺、其他日本物少量、

但此非爲多如佐古之人所賣、是因爲大明人所賣（註一）

這樣當時來臺灣行販的日本船、是以中日貿易的性格爲主、加之以日本的需要甚高的土産品、鹿皮、關與這個國際貿易。

以上所述、萬曆末年以來、臺日間的貿易關係、頻繁起來、像由李旦等日本僑寓的漢人的仲繼貿易以外、日本船也逐年的來臺灣、與中國商人會合貿易。據岩生教授的研究、自一六一七年（萬曆四五）至一六三六年（崇禎九年）的鎖國爲止、日本的海外往販的船數如左（註二）

| | | | |
|---|---|---|---|
| 交趾 | 三六 | 東京 | 二四 |
| | | 東埔寨 | 一八 |
| 暹羅 | 一七 | 占城 | 一 |
| 呂宋 | 一七 | 高砂 | 三五 |

合計　一四八

即臺灣次於交趾、佔第二位、其內開即

| | | | |
|---|---|---|---|
| 一六一七 | 二 | 一六二五 | 三 |
| 一六一八 | 四 | 一六二六 | 二 |
| 一六一九 | 一 | 一六二七 | 二 |
| 一六二〇 | 一 | 一六二八 | 二 |
| 一六二一 | 三 | 一六二九 | 一 |
| 一六二二 | 一 | 一六三〇 | 一 |
| 一六二三 | 三 | 一六三一 | 五 |
| 一六二四 | 一 | 一六三二 | 三 |
| | | 一六三三 | 三 |

計　三五

除了一六一九年及一六二九、三〇年以外，連年都有來航，一六二九、三〇年當然是濱田彌兵衛事件的餘波。荷蘭佔據臺灣的一六二四年至日本的關閉門戶，[A] 其間是二十一隻，可見是自荷蘭佔據臺灣的前後以來，倭船的臺灣會合貿易頗轉盛。

這樣頻繁的日本船來航，使在大員設商館，與中國交買賣、轉販到日本及其他諸國為目的的荷蘭人，競爭上，採辦的價格要昂貴，反之販賣價格要下落，利益也減少，使變了他們荷蘭人的障害。[B] 看了這樣情形，荷蘭人要獨占這個地方的生絲、砂糖的轉販與鹿皮貿易的利益起見，禁止旅日華僑的來臺，以及對臺灣貿易的進出口品課了十分之一的輸出入稅，來阻止自由貿易。（註一）於是早就一六二五年七月對這年入埠的日本船二隻，課了一成的稅金，這個為發端，在大員的日本的自由貿易與在這裡要實行獨占貿易的荷蘭衝突，竟釀成了一六二八年的濱田彌兵衛事件。

在這以前，一六二六年京都的商賈平野藤次郎與長崎代官末次平藏以三〇萬 ducat[C] 的資本，載到臺灣，購進了一千 picul[D] 的綢緞、一大批的鹿皮，以及其他的中國商品。不過受了這個時候頓抬頭起來，變成海上的一大勢力的一官，即鄭芝龍的妨礙，不敢開船，對荷蘭的長官 de Witt 請求保護，以及戎克船的借用，都受了 de Witt 的拒絕，不得已在大員越冬。濱田彌兵衛對這個抱怨要報復，誘了新港社土人理加等十六名回去日本，由末次平藏的周旋，十二月十二日（農曆十一月五日）被將軍父子的引見，受了種種的賜品，又使由他們的口裡說出大員的主權要讓渡日本的意向。（註二）同年十一月五日使日的新臺灣長官 Nuyts 要謁見將軍被拒絕，同年十二月二十四日回到臺灣。到了翌二十八年五月，平藏的船二隻又到大員，兩船都搭載鎗、刀、槍、弓矢等，彌兵衛為魁首，水手共達四百七十名。這以前有平戶商館長

A 編按—日本關閉門戶之年為一六二八年，此年濱田彌兵衛等人回日本後，幕府下令關閉平戶的荷蘭商館，禁止荷蘭人至日本貿易。

B 編按—日文用語，障礙之意，指日本人是荷蘭人推展貿易的障礙。

C 編按—Ducat，貨幣名，源於十二世紀的西西里島，後來成為歐洲貿易使用的貨幣，最先為金幣，後來亦有銀幣。此處之ducat可能指guilder，待考。

D 編按—一picul等於臺灣的一百斤或公制的六十公斤。

E 編按—此書有日譯本，參見ナホッド著、富永牧太譯，《十七世紀日蘭交涉史》（奈良：養德社，1956）。

---

註一—Oskar Nachod, *Die Beziehungen der Niederländisch en Ostindischen Kompagnie zu Japan im Siebzehnten Jahrhundert* (Leipzig: R. Friese, 1897), p. 189, Beilage cxxii. [E]

註二—Ibid., p. 200-201.

(註1) Nachod, O.: Die Beziehungen der niederländischen ostindischen Kompagnie zu Japan, im siebzehnten Jahrhundert. Lpz. 1897. p.189. + Beilage CXXII

(註2) Ibid p.200–201

除了一六一九年及一六二九、三〇年以外、連年、都有來航。一六二九、三〇年當然是濱田彌兵衛事件的餘波。荷蘭佔據台灣的一六二四年至日本的鎖國閉門戶、其間是三十一隻。可是、自荷蘭佔據台灣的前後以來、倭船的台灣會合貿易頓轉盛。

這樣頻繁的日本船來航、使在大員設商館、與中國交買賣、轉販到日本及其他諸國為目的的荷蘭人、競爭上、採辦的價格要昂貴、反之販賣價格要下落、利益也減少、使變了他們荷蘭人的障害。看了這樣情形、荷蘭人要於占這個地方的生絲、砂糖的轉販與鹿皮貿易的利益起見、禁止旅日華僑的來台、以及對台灣貿易的進出口品、課了十分之一的輸出入稅、來阻止自由貿易。(註一) 於是平戶一六二五年七月、對這年入埠的日本船二隻、課了一成的稅金、這個措施、在大員的日本的自由貿易與在這裡要實行獨占貿易的荷蘭衝突、竟釀成了一六二八年的濱田彌兵衛事件。

在這以前、一六二六年平戶的商賈、平野藤次郎與長崎代官末次平藏、以三〇万 ducat 的資本、載到台灣、購進了一千 picol 的絹緞、一天批的鹿皮、以及其他的中國商品、不過受了這個時候、頓擾起來、變成海上的一大勢力的一官、即鄭芝龍的妨礙、不敢開船、對荷蘭的長官 Nuyts 請求保護、以及戎克船的借用、都受了 Nuyts 的拒絕、不得已在大員越冬。濱田彌兵衛對這個抱怨要報復、誘了新港社夫理加等十六名、回去日本、由末次平藏的周旋、十二月十五日(舊曆十一月五日)、被將軍父子的引見、受了種種的賜品、又使由他們的口裡說出大員的主權要讓渡日本的意向。(註三) 同年十月五日使日的新台灣長官 Nuyts、要謁見將軍、被拒絕、同年十二月二十四日回到台灣。到了翌二十八年五月、平藏的船二隻、又到大員、兩船都搭載鎗、刀、槍、弓矢等、彌兵衛為船首、水手共達四百七十名。這以前有平戶商館長

Neyenrode 對臺灣長官喚起注意說，平藏殿（Fesidonne）在大阪募一百人的兵士，他的戎克船載了數門的大砲，與二百枝以上的火鎗，所以，前々的長官所扣押[A]的生絲，[B]今年必須撥還日本人。（註一）危懼日本人的暴動，所以日本人到臺就禁止上陸，其間彌兵衛屢次差人交涉乞市，Nuyts 答道，須彌兵衛親來才合禮。嗣之，來交涉的時候，彌兵衛被抑留，[C]其間派兵臨檢船中，押收武器，說，在日本對荷蘭船所做一樣，在這裡也須遵這裡的規定，查船收留武器，到出港時才退還。又監禁了便乘[D]回來的新港社土人，沒收將軍的賜品。在這以前，出示了禁牌，禁止鹿皮由這島運出到外國。在那時候，在船中也查獲了若干的鹿皮，不過因為數量也不大多，不大要緊，所以沒有糺問[E]容隱了。（註二）於是，因要裝載生絲，要到中國，申稟購買七、八隻的戎克船或借用，不過因中國水手們不肯乘船，不成被拒，遂申請回歸日本也被拒，終爆發演成了六月二十九日的日人動武、擒 Nuyts 的事件。如上所說，出名的濱田彌兵衛事件裡，貿易品雖生絲為主，但是鹿皮也有關與這個事件。

不久，日本因自一六三三年以來，數次的出海禁令，變了海外往來的制限，到一六三六年的禁令，完成了關閉門戶的體制，即所謂鎖國。以後就不見日本人的出海經商，於是荷蘭即獨占了臺灣貿易的利益，又日本的鎖國為轉機，荷蘭也容易的除了唯一的商敵中國，打敗了商敵葡、西兩國[F]，壟斷了對日本的中繼貿易。從此以後，臺灣完全變了荷蘭的中繼貿易上的一個重要的結節點。例之一六三七年開到日本的荷蘭十四隻所舶載的運貨，以發貨別看起來即如左（註三）：

| | | | |
|---|---|---|---|
| 臺灣 | 二，〇四二，三〇二盾 | 一四 | 九 |
| 巴達維亞 | 一，二三一，一六四 | 五 | 四 |

---

註一—Oskar Nachod, *Die Beziehungen der Niederländisch en Ostindischen Kompagnie zu Japan im Siebzehnten Jahrhundert*, Beilage LXXXIII-LXXXVI.

註二—Francois Valentijn, *Oud en Nieuw Oost-Indiën, vervattende een naaukeurige en uitvoerige verhandelinge van Nederlands mogentheyd in die gewesten, 1724-1726*, deel 4, p. 54. 1628 年 6 月 16 日 Nuyts 寄至平戶 Nyenrode 的書柬；James W. Davidson, *The Island of Formosa: Past and Present*, 1903, p. 17.

註三—岩生成一，《近世初期の對外關係》（東京：岩波書店，1934），p. 44。

A 編按—疑為扣押之誤。

B 編按—Sonck長官在一六二五年時曾私自拿取日本商人十五 picul（即一千五百斤）的生絲，他於同年九月溺斃，由de Witt代理，一六二七年再由Pieter Nuyts擔任臺灣長官，故一六二八年談論是否歸還生絲之事時，曹老師稱是「前々的長官」所扣押。

C 編按—日文用語，拘留、扣押之意。

D 編按—日文用語，搭便車之意。

E 編按—日文用語，追查之意，「容隱」指隱瞞之事。

F 編按—此句指打敗了葡、西兩國，尚有中國為荷蘭之商敵。

（註1）Nachod, O.: Die Beziehungen der niederländischen ostindischen Kompagnie zu Japan, im siebzehnten Jahrhundert. Lpz. 1897. Beilage. LXXXIII–LXXXVI

（註2）Valentyn, F.: Oud en nieuw Oost-Indiën, vervattende een naaukeurige en uitvoerige verhandelinge van Nederlands Mogentheyd in die gewesten. 1724–1726. deel 4. p.54. 1628年6月16日 Nuyts寄平戶Nyenrode的書柬.

Davidson, J. W.: The Island of Formosa; past and present. 1903. p.17.

（註3）岩生成一：近世初期の對外關係 p.44.

~~Nuyts~~對臺灣長官，喚起注意說，平藏殿（　　）在大阪募一百人的兵士，他的戎克船，載了數門的大砲，與二百枝以上的火鎗。所以前々的長官所扣押的生絲，今年少須撥還日本人。（註二）若懼日本人的暴動，所以日本人到台灣禁止上陸。其間彌兵衛屢派差人交涉互市。Nuyts答道，須彌兵衛親來才合禮，嗣之，來交涉的時候，彌兵衛被押留，其台派兵臨檢船中，押收武器說，在日本對荷蘭船也做一樣，在這裡也須遵這裡的規定。查船的留武器，到出港時才退還。又禁了便乘回來的新港社土人，沒收將軍的賜品。在這以前出示了禁牌，禁止鹿皮由這島運出到外國。在那時候，在船中也查獲了若干的鹿皮。不過因為數量也不大多，不大要緊，所以沒有糾問容隱了。（註三）都是因要裝載生絲，要到中國，申寧購買七八隻的戎克船或借用。不過因中國水手們不肯乘船，不敢被拒。遂申請回歸日本也被拒。終爆發演成了六月二十九日的日人動武，擒Nuyts的事件。如上所說出名的濱田彌兵衛事件，貿易品雖生絲為主，但是鹿皮也有關與這個事件。

不久，日本，因自一六三三年以來，數次的出海禁令，變更海外往來的制限，到一六三六年的禁令，完成了閉關門戶的体制，即所謂鎖國。以後就不是日本人的出海經商，都是荷蘭即獨占了臺灣貿易的利益。又日本的鎖國為轉機，荷蘭也容易的除了唯一的商敵中國，打敗了商敵葡萄兩國，截斷了對日本的中國繼貿易。從此以後，臺灣完全變了荷蘭的中繼貿易上的一個重要的結節點。例之一六三七年開到日本的荷蘭十四隻所船載的運貨，以其貨別看起來，即如左。（註三）

臺灣　二、四四二、三四二盾 — 一四 — 九

巴達維亞　一二三、一六四 — 五 — 四

| | | | |
|---|---|---|---|
| 暹羅 | 五六，四九六 | 一五 | 八 |
| 東京 | 一八八，七〇八 | 一〇 | 八 |
| 東埔寨 | 四七，七二三 | 一六 | 八 |
| 廣南 | 二，三三六 | 五 | 二 |
| 合計 | 二，四六〇，七三二 | 八 | 〇[A] |

即臺灣居首，佔其大部份。一六四九年度的各地荷蘭商館的純利，比較起來即如左：（註一）

| | | | |
|---|---|---|---|
| 日本 | 七〇九，六〇三盾 | 四 | 一五 |
| 臺灣 | 四六七，五三四 | 一八 | 一〇 |
| 波斯 | 三二六，八四二 | 六 | 七 |
| Suratt | 九二，五九二 | 九 | 四 |
| Sumatra | 九三，二八〇 | 一五 | 三 |
| Malabar | 四二，九六四 | 一七 | 〇 |
| Makassar | 四三，五二三 | 一六 | 六 |
| Wingurla | 二五，七八〇 | 六 | 一〇 |
| Jambi | 二〇，五二六 | 五 | 九 |
| Atjeh | 二，九五三 | 〇 | 六 |

台灣在荷蘭的東洋貿易上，所佔的地步如何的重要，我們可以看出了。然而臺灣土產的鹿皮是與砂糖，跟由對岸來的生絲、綢緞，與由南洋來的蘇枋木、胡椒、鮫皮等一起，為了重要的貨物搬到日本行販了。

我們由許多的文獻，可以看見從臺灣連年的輸出多量的鹿皮到日本。而已經說過，荷蘭據臺的當時，就已由中、日兩國人運出去，年有二十萬張。

臺灣鹿皮貿易當然後來荷蘭所獨占，※一六三七年因其統治圈擴大Vavorolang北至Gilin的，故鹿皮的供給增加。一六三八年就有一五一四〇〇〇張輸出到日本去了。（註二）一六四〇年十月二十三日在臺的荷蘭牧師Junius寄給巴達維亞的總督Antonius van Diemen的信裡，有報告因船腹不足，有數千的鹿皮不能送去日本。（註三）《巴達維亞城日誌》在一六四〇年十二月六日裡有記載

註一—岩生成一，《近世初期の對外關係》（東京：岩波書店，1934），p. 46-47。

註二—N. MacLeod, *De Oost-Indische Compagnie als Zeemogendheid in Azie*, deel 2, 1927, bl. 307-308.

註三—W. Campbell, *Formosa under the Dutch*, 1903, p. 187; J. Grothe, *Archief voor de Geschiedenis der Oude Hollandsche Zending*, deel 3, Formosa 1628-1643, p. 210.

A 編按—此處數字的寫法分三層，數字單位分別是gulden，stuiver，penninge，其比值是1個gulden值二十stuiver，一個stuiver值十六penninge。

※ 浮貼頁

荷蘭人在一六二四年佔領台灣不久後，就將台灣鹿皮送到日本，由一六二五、一六二六、一六三〇等年在日本賣出的皮革類中，出現了高砂鹿皮、台灣鹿皮等的名稱即可明瞭。（註一）又一六二九年八月十三日自漳州港駛向平戶的Awartenst號，載有若干污損的台灣島的鹿皮（hertevellen vant landt Formosa）。（註二）

註一—Pieter van Dam, *Beschryvinge van de Oostindische Compagnie*, uitgegeven door F.W. Stapel, 1931, Book 2, deel I, bl. 415-416.

註二—據中村孝志所引General Missive van Jac. Specx in dato 15 Dec. 1629（Kol. Archief）。

(註1) 岩生成一：近世初期の對外關係 P.46-47.
(註2) Mac Leod, N: de Oost-Indische Compagnie, als zeemogendheid in Azië; deel 2. 1927. Bl. 307-308.
(註3) Campbell, Wm.: Formosa under the dutch. 1903. P.187. Grothe, : Archief voor de geschiedenis der oude Hollandsche zending. deel 3: Formosa, 1628-43. P.210.

暹羅 五六、四九六｜一五｜一八
東京 一八八、七〇八｜一〇｜八
東埔寨 四七、七二三｜一六｜八
広南 二、三三六｜五｜二
合計 二、四六〇、七三二｜八｜〇

即臺灣居首，佔其大部份。一六四九年度的各地荷蘭商館的
總利比較起來即如左（註二）

日本 七〇九、六〇三 盾｜四｜五
臺灣 四六七、五三四｜一八｜一〇
波斯 三二六、八四二｜六｜七
Surat 九二、五九二｜九｜四
Sumatra 九三、三八〇｜五｜三
Malabar 四二、九六四｜一七｜〇

19-1

══民國四十年●西曆1951══

| 十 | | | 月 | | | |
|---|---|---|---|---|---|---|
| 日 | 一 | 二 | 三 | 四 | 五 | 六 |
| | 1 | 2 | 3 | 4 | 5 | 6 |
| 7 | 8 | 9 | 10 | 11 | 12 | 13 |
| 14 | 15 | 16 | 17 | 18 | 19 | 20 |
| 21 | 22 | 23 | 24 | 25 | 26 | 27 |
| 28 | 29 | 30 | 31 | | | |

279—86

十月大

6

星期六

| 十 | 一 | | | 月 | | |
|---|---|---|---|---|---|---|
| 日 | 一 | 二 | 三 | 四 | 五 | 六 |
| | | | | 1 | 2 | 3 |
| 4 | 5 | 6 | 7 | 8 | 9 | 10 |
| 11 | 12 | 13 | 14 | 15 | 16 | 17 |
| 18 | 19 | 20 | 21 | 22 | 23 | 24 |
| 25 | 26 | 27 | 28 | 29 | 30 | |

農九月六日

代日：魚

荷蘭人が臺灣を佔據して(1624年)間もなく臺灣鹿皮を日本に送つてゐることは1625.26.30年等に日本で壹部分を鹿皮集中に高砂鹿皮(Tagasamse hartevellen)とか台灣鹿皮(Tayoanse vellen)とかの名稱で呼ばれてゐることで判明する(註)

(註) Vandam. Beschryvinge van de Oostindische Compagnie. 2de Boek. dl 1. blz. 415-416.

臺灣鹿皮貿易當然後來、荷蘭所獨佔
一六三八年就有
趕大量的 …… 鹿皮 …… 嚮臺的鹿 …… 年的輸 …… 一起運了 …… 的岸來的 …… 要。我們可
一五一、四〇〇張，輸出到日本去了（註二） 一六四〇年十月二十三日，在臺
的荷蘭牧師 Junius 寄給巴達維亞的總督 Antonio van
Diemen 的信裡，有報告因船腹不足，有數千的鹿皮不能
銷送去日本。（註三） 巴達維亞城日誌，在一六四〇年十二月份裡，有記載

Vavorolang 地 Gilim 的自 捕鹿皮的供給 等 Dec

長官 Paulus Traudenius 的報告說，因船腹不足，不能送到日本的商品中，有鹿皮六六，○○○張

大鹿皮七二，二七二斤。（註一）

又同年九月十五日開出了臺灣的戎克船 Goede Hoop 遭風船破的時候，該船搭載的價格值三，九一七盾的鹿皮全部喪失了。（註二）一六四一年八月開出了大員要到日本的 fluit 船 Oastcappel 也遭遇猛烈的颶風，因浸水，鹿皮八千張被淹，腐敗了。（註三）

據長崎出島的荷蘭商館日誌，由平戶移轉到長崎的一六四一年，[A] 入埠的荷蘭船，以及搭載的鹿皮數量如左：（註四）

| 入港日 | 船名 | 發船地或經由地 | 鹿皮搭載數量 |
|---|---|---|---|
| 七．二二 | Roch | 巴達維亞、臺灣 | 九，○○○張 |
| 七．二二 | Orangieboem | 同 | 一五，二三八 |
| 八．一 | Cominghinne | 暹羅 | 五○，三七○ |
| 八．二九 | Buys | 巴達維亞、臺灣 | 臺灣鹿皮二二，○六○ |
| 九．一四 | Meerman | 東京 | 無 |
| 一一．六 | Zaijer | 巴達維亞、臺灣 | 二六，三八○ |
| 計 | | 六隻 | 一二三，○四八 |
| 另外 | Orangieboem | | 虎皮及大鹿皮三張 |

六隻之中，經由臺灣四隻，其鹿皮舶載數量七二，六七八張，其中Buys所載的二二，○六○張，只表上有明記臺灣鹿皮，另外三隻的舶載量五○，六一八張之中，雖有別的地方的鹿皮，一定臺灣的鹿皮佔了其相當數量，是不難設想。一六四二年入埠有五隻，其中有記載鹿皮舶載數量即：

| | | | |
|---|---|---|---|
| 七．二七 | Nassauw | 暹羅 | 五二，一九○ |
| 八．二四 | Pauw | 臺灣 | 一九，一四○ |
| 九．一一 | Zaijer | 柬埔寨 | 四六，六四○ |
| 合計 | | | 一一七，九七○ |
| 另外 | Pauw | | 大鹿皮一，一五○張 |

註一—Dagh-Register Gehouden int Casteel Batavia, A° 1640-41, bl. 112。村上直次郎譯，《抄譯バタビヤ城日誌》中卷，p. 7。

註二—Dagh-Register gehouden int Casteel Batavia, A° 1640-41, bl. 118。村上直次郎譯，《抄譯バタビヤ城日誌》中卷，p. 25。

註三—Dagh-Register gehouden int Casteel Batavia, A° 1640-41, 1900, bl. 59。村上直次郎譯，《抄譯バタビヤ城日誌》中卷，p. 166。

註四—村上直次郎譯，《出島蘭館日誌》上、中（東京：文明協會，1938-1939）。

A 編按—此年幕府要求荷蘭商館從平戶移至長崎的出島。

(註1) Dagh-Register gehouden int Casteel Batavia A. 1640-41. BR. 112.
村上直次郎訳：バタビヤ城日誌．中卷．p.7.
(註2) Dagh-Register. 1640-41 BR 118. 同書 p.25.
(註3) Ibid. A° 1641-42. 1900. p.59.
村上訳書 中卷 p.166.
(註4) 村上直次郎訳 出島蘭館日誌．上、中．

長官 Paulus Traudenius 的報告說，因船腹不足，不能送到日本的商品中，有鹿皮 六六，〇〇〇張、大鹿皮 七，二七一斤（註一）

又同年九月十五日，開出了臺灣的戎克船 Grol 等，遭風船破的時候，該船搭載的價格值三，九一七盾的鹿皮全部丟失了。（註二）

一六四一年八月，開出了大員要到日本的 fluit 船 Castricum，也遭遇猛烈的颶風，因浸水，鹿皮八千張被淹壞敗了。（註三）

據長崎出島的荷蘭商館日誌，由平戶移轉到長崎的一六四一年，入埠的荷蘭船，以及搭載的鹿皮數量如左。（註四）

| 入港日 | 船名 | 發船地或經由地 | 鹿皮搭載數量 |
|---|---|---|---|
| 七、二一 | Rooh | 巴達維亞、臺灣 | 九、〇〇〇張 |
| 〃 | Orangieboom | 同 | 一五、二三八 |
| 八、一 | Coninghinne | 暹羅 | 五〇、三七〇 |
| 八、二九 | Burg | 巴達維亞、臺灣 | 臺灣產二二、〇四〇 |
| 九、四 | Meerman | 東京 | — |
| 一一、六 | Zaijer | 巴達維亞、臺灣 | 二六、三八〇 |
| 計 | 六隻 | | 一二三、〇四八 |
| 另外 | Orangieboom | 虎皮及大鹿皮 | 三張 |

六隻之中，經由臺灣四隻，其鹿皮船載數量七二，六七八張，其中 Burg 所載的二二，〇六〇張，只用表上有明記臺灣鹿皮，另外三隻的船載量五〇，六一八張之中，雖有讀[?]別的地方的鹿皮，一定臺灣的鹿皮佔其相當數量，是不難設想。

一六四二年入埠有五隻，其中有記載鹿皮船載數量即

| | | | |
|---|---|---|---|
| 七、二七 | Maasaaw | 暹羅 | 五二、一九〇 |
| 八、二四 | Pauw | 臺灣 | 一九、一四〇 |
| 九、一一 | Zaijer | 柬埔寨 | 四六、六四〇 |
| 合計 | | | 一一七、九七〇 |
| 另外 | Pauw | 大鹿皮 | 一、一五〇張 |

一六四三年六隻之中即：

| | | | |
|---|---|---|---|
| 七．三一 | Capelle | 臺灣 | 五四，八〇〇 |
| 八．一〇 | Swaen | 暹羅 | 五四，四四〇 |
| 八．一〇 | Orangieboem | 柬埔寨 | 二〇，九九〇 |
| 一〇．一〇 | Waterbond | 臺灣 | 臺灣鹿皮六，七八〇 |
| 計 一三七，〇一〇 | | | |
| 另外 | Capelle | | 大鹿皮 三，二一三斤 |

一六四四年：

| | | | |
|---|---|---|---|
| 八．一 | Castricum | 臺灣 | 九，〇〇〇 |
| 八．三〇 | Swaen | 暹羅 | 六二，八〇〇 |
| 八．三〇 | denBeer | 臺灣 | 八，九一〇 |
| 九．一七 | Lillo | 臺灣 | 一三，二三〇 |
| 一〇．六 | Capelle | 臺灣 | 臺灣鹿皮七，八八〇 |
| | | | 暹羅鹿皮三，八四四 |
| | 計 | | 一〇四，八六四 |
| 另外 | Lillo | | 大鹿皮 四一，五四七斤 |

如此每年由荷蘭船輸入日本的鹿皮都超過了十萬張，而臺灣、暹羅佔了其大部份。

因明清鼎革，自一六四六年以後，臺灣長官 Caron 有報告說，在臺灣的，要送到日本的中國商品的輸入狀況，變了甚微，因之，向對日本的貨物減少。不過鹿皮也仍與這些東西一起，送到日本了。（註一）滿清的大陸席捲與鄭氏的抗清，中國貨的入手越使困難。於是一六五七年，荷蘭當局遣了何廷斌等務使打解這個中國貿易的僵局。對這個，《被閑卻的臺灣》裡說：「因這個好運氣的再開中國貿易，使在台灣的諸情形——從前一六五二年至一六五七年是在很可憐的情形——現在以新的約束再開始——因之由中國商品的賣買與狩獲了大量的皮革、獵獸及砂糖，使得了比從前的長官治政中所未獲的多大的利益」。（註二）

如此大量的鹿皮與砂糖及中國大陸物資一起，興販到日本，獲得了甚多的利益。

---

註一—W. Campbell, *Formosa under the Dutch*,1903, p. 62-63; Francois Valentijn, *Oud en Nieuw Oost-Indiën, Vervattendeeen Naaukeurige en Uitvoerige Verhandelinge van Nederlands Mogentheyd in die Gewesten, 1724-1726*, deel 4, p. 73.; 村上直次郎譯，《出島蘭館日誌》，下卷，p. 35-36，41-42。

註二—C. E. S., *'t verwaerloosde Formosa, of Waerachtig Verhael*…, 1675, 1ste deel, p. 20; W. Campbell, *Formosa under the Dutch*, 1903, p. 389.

I-3-8

(註一) Campbell, Wm.: Formosa under the Dutch. 1903. p.62–63.
Valentyn, F.: Oud en nieuw Oost-Indiën, vervattende een naauwkeurige en uitvoerige verhandelinge van Nederlands Mogentheyd in die gewesten. 1724–1726. deel 4. p.73.
村上直次郎譯. 出島蘭館日誌 下卷 p.35–36. 41–42.
(註二) C.E.S.: 't Verwaerloosde Formosa, of waerachtig verhael, ---- 1675. 1ste deel Bl 20.
Campbell, Wm: Formosa under the Dutch. 1903. p.389.

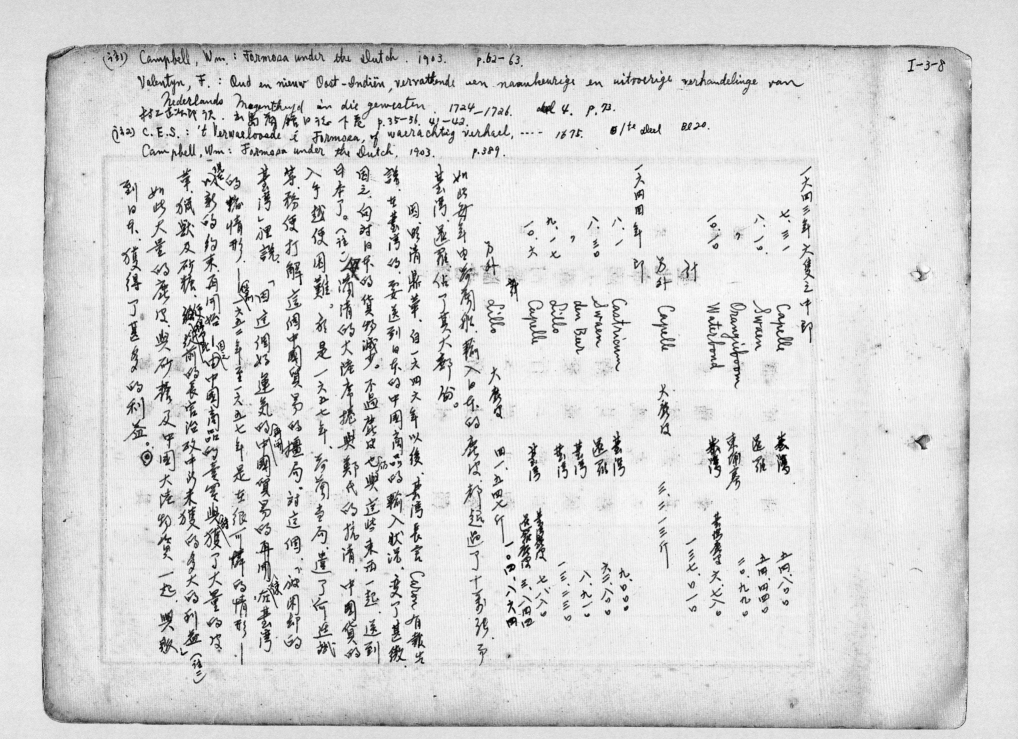

一六四三年六隻之中印

七、三一 Capelle 臺灣 五四、八〇〇
八、一〇 Swaen 暹羅 五四、四四〇
〃 Orangieboom 東埔寨 二〇、九九〇
一〇、一〇 Waterhond 臺灣 臺灣鹿皮 六七、八〇〇
計 一三七、〇一〇
另外 Capelle 大鹿皮 三、三一三斤

一六四四年印

八、一 Castricum 臺灣 九、〇〇〇
八、三〇 Swaen 暹羅 六三、八〇〇
〃 den Baer 臺灣 八、九一〇
九、一七 Lillo 臺灣 一三、三三〇
一〇、六 Capelle 臺灣 臺灣鹿皮 七、八八〇 暹羅鹿皮 三、八四四〇
計 一〇四、八六四
另外 Lillo 大鹿皮 四一、五四七斤

如此每年由荷蘭船輸入日本的鹿皮，都超過了十萬張，而臺灣、暹羅佔了其大部份。

因明清鼎革，自一六四六年以後，臺灣長官 Caron 有報告說，在臺灣的，要送到日本的中國商品的輸入狀況，變了甚微。因之，向對日本的貨物減少。不過鹿皮也與這些東西一起，送到日本了。（註二）清的大陸席捲與鄭氏的抗清，中國貨物的入手越使困難。於是一六五七年，荷蘭查而遣了何斌等務使打解這個中國貿易的僵局。對這個，已被閉卻的臺灣長官說：「因這個好運氣的中國貿易的再開，在臺灣的情形，——一六五二年至一六五七年是在很可憐的情形——以新的約束再開始，因之中國商品的豐富與獲了大量的皮革，獵獸及砂糖，前的長官治政中所未獲的多大的利益」（註三）如此大量的鹿皮，與砂糖及中國大陸物資一起，輸販到日本，獲得了甚多的利益。◎

又同書所載，一六六〇年十月十五日，在長崎的 J. Bouchejon 寄臺灣長官的書信裡說：「Spreenwe號於先月十一日，一路平安到這裡來了。我們收到了其舶載的六四，八九〇張的皮——是乾燥以及在好々的情形下的。又收到了八月十六號的閣下的高興的貴信」。（註一）如此，到了荷蘭時代的末年，鹿皮也是他們荷蘭的重要的臺灣出口品。

在中文資料上，我們也可以看到甚多的記載。

> 日本之人，多用皮以為衣服包裹及牆壁之飾，歲必需之。紅夷以來，即以鹿皮興販。（《臺海使槎錄・卷八引諸羅雜識》）
>
> 迨崇禎間，為紅毛荷蘭人所據，就安平大港建臺城三層以防海口，教習土番耕作，令學西洋文字，取鹿皮以通日本。（《海國聞見錄》）
>
> 臺灣始見於明之中葉，前無可考，明季屬荷蘭，歲貢倭鹿皮三萬張。（《諸羅縣誌》卷六）
>
> 既而荷蘭國人舟遭颶風至此，愛其地，借居之，遂與倭約，盡有臺灣之地，而歲輸鹿皮三萬。（《香祖筆記》卷一）。

如此，中文資料上荷蘭的據臺興販的性格，都是以臺灣鹿皮貿易理解的。我們可以看出怎樣荷蘭佔據時代，臺灣貿易上鹿皮所佔的地位是很重要的。

如上所述，臺灣的鹿皮連年由荷蘭船輸出至日本，現在轉載中村孝志教授據長崎的《出島蘭館日誌》所做統計表。

---

註一—C. E. S., *'t verwaerloosde Formosa……Authentijcke bewijsen*, bl, 12, no. 16; W. Campbell, *Formosa under the Dutch*, 1903, p. 468.

I-3-9

（註一）C. E. S. 't Verwaerloosde Formosa, .... Authentijcke bewijsen. Bl 12. No 16.
Campbell. P.468.

又同書此載、一六六〇年十月十五日．在長崎的 J. Boucheljon 寄臺灣長官的書信裡說「Zeeuw 號、於先月十一日、一路平安到達這裡來了。我們收到了其船載的大四、八九〇張的皮—是乾燥以及在好久的情形下的。又收到了八月十六號的閣下的高興的貴信」（註二）如此、到了荷蘭時代的末年、鹿皮也是我們荷蘭的重要的臺灣出口品。

在中文資料上我們也可以看到甚多的記載。

「日本之人多用皮以為衣服包裹及牆壁之飾、歲必需之。紅夷以來即以鹿皮興販」（臺海使槎錄卷八引諸羅雜識）

「迨崇禎間、為紅毛荷蘭人所據、就安平大港砌臺城三層以防海口、設理土番耕作、令學西洋文字、收鹿皮以通日本。」（海國聞見錄）

「臺灣始見於明之中葉、前無可考。明季為荷蘭、歲貢倭鹿皮三萬張」（諸羅縣志卷六）

「既而荷蘭國人、舟遭颶風至此、愛其地、借居之、遂與倭約、盡有臺灣之地、而歲輸鹿皮三萬」（香祖筆記卷二）

如此、中文資料上、荷蘭的據臺興敗的性格、都是以臺灣鹿皮貿易為理解的。我們可以看出在荷蘭佔據時代、臺灣貿易上、鹿皮所佔的地位是很重要的。

以上の如く遠年台湾の鹿皮は荷蘭の手によって日本に輸出されたが、今中村孝志教授が長崎出島荷蘭館日誌によって計量せる表を転載すると次の通り。

表I-3-8-1：臺灣產革皮載運表（荷蘭船所載）

| 年次 | 各種鹿皮 | 大鹿皮 | 山羊皮 | 獐皮 |
|---|---|---|---|---|
| 1633 | 58,320張 | 斤、張（1） | 張 | 張 |
| 1634 | 111,840 | | | |
| 1635 | 70,060 | 2,800斤 | | |
| 1636 | 60,440 | | | |
| 1637 | 81,700 | | | |
| 1638 | 151,010 | | | |
| 1639（2） | 130,010 | 14,392斤 | 10,560 | |
| 1640 | 66,000 | 72,271斤 | | |
| 1641 | 48,440 | | | |
| 1642 | 19,140 | 1,150斤（290張） | 1,330 | |
| 1643 | 61,580 | 3,212斤（842張） | 550 | |
| 1644 | 39,020 | 41,547斤 | 1,764 | |
| 1645 | 47,304 | 13,279張 | 1,320 | |
| 1646 | 40,000 | | | |
| 1647 | 63,000 | | | |
| 1648 | 55,000 | | | |
| 1649 | 6,241 | | | |
| 1650（3） | 66,534 | 24,222斤 | 9,770 | |
| 1651 | 80,040 | 17,933斤+400張 | 4,109 | 1,010 |
| 1652 | 91,963 | 26,360斤（6,920張） | | |
| 1653 | 54,700 | 2,000張 | | |
| 1654 | 27,240 | 4,880張 | | |
| 1655 | 103,660 | 31,995斤（8,000張） | 1,274 | 450 |
| 1656 | 73,022（含大鹿、山羊） | | | |
| 1657 | 51,464 | 4,980張 | 3,443（含Cordvan皮） | |
| 1658 | 99,891 | 6,380張 | 4,937 | |
| 1659 | 73,110 | | 15,400 | |
| 1660 | 64,898（含大鹿） | | 600 | |
| 1661 | | 2,180張 | | |

備考：（1）大鹿皮原則上以重量表示的場合居多，同時以張數表示時則加上括弧。
（2）送到日本的鹿皮中，庇物18,876張（上等7,341張、中等6,782張、下等4,642張）合計雖不一致，暫從此記載。
（3）這一年出島收到的鹿皮數雖作82,874張，今暫從臺灣送給東印度公司總督的報告。

編按：此表原載於中村孝志，〈台湾における鹿皮の産出とその日本輸出について〉，《日本文化》33，(1953.7)，頁119-120。但1991年時中村孝志補訂舊稿，此表之資料亦有更動、增加，見中村孝志，《荷蘭時代臺灣史研究 上卷概說・產業》（臺北：稻鄉出版社，1997），頁109。本書引用新版之統計表。

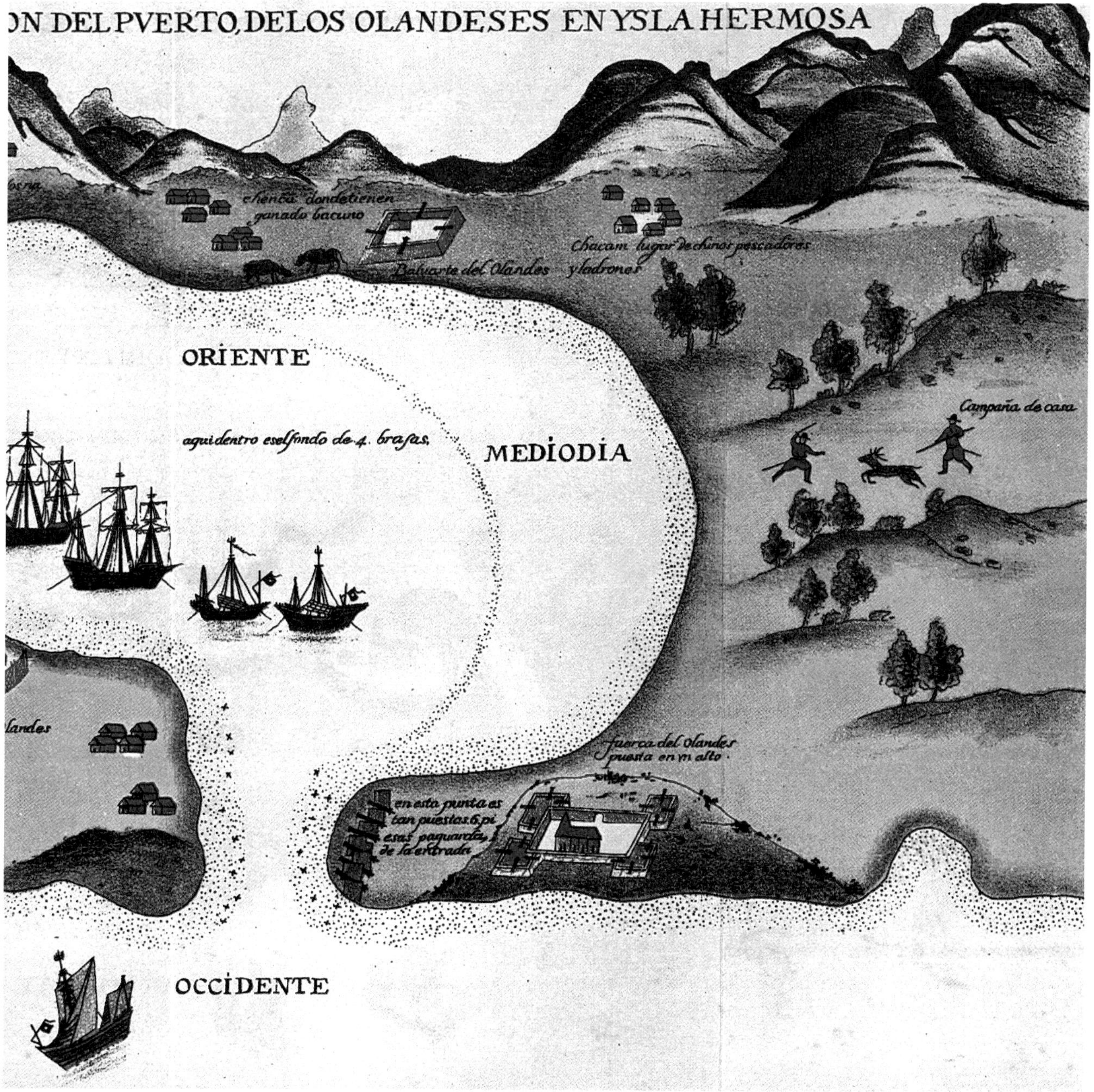


一六二六年西班牙人描繪的大員港灣地圖，右邊的大圖僅是原圖的右半側，最下方是熱蘭遮城，海灣是臺江內海，過了海灣即是赤崁地區。此圖的右側是南方，繪有兩名荷蘭東印度公司的人員在捕鹿，人物旁有文字：Campaña de casa(caza)，意為：「獵場」。圖中鹿角分歧，身上有班點，應為梅花鹿。上圖即是該場景的局部放大。（資料來源：José M. Álvarez, *Formosa: Geográfica e Históricamente Considerada*, tomo II, pp. 416-417.）

284.
Wir lauffen in die Wett und traben gantze tagen
Nach unser Klincker klangk, die wir in händen tragen,
Wir leben von der Jagt, er jagt, wer jagen kan,
Und wenn wir schießen fele, so gehn die hunde dran.
Ein FORMOSAN.

上圖是荷蘭人佔領大員港灣初期繪製的圖，畫者站在北線尾，往南望向大員島。圖的最近側是北線尾岸邊，往前之水域是進入左側臺江內海的水道。圖的右上方是還在建設中的熱蘭遮城，城的外側用木柵欄圍住。圖的左上方是大員市鎮，今安平老街所在。荷蘭人當年收集的鹿皮均集中到大員，再輸出日本。（國立臺灣歷史博物館提供）

左上圖是一六四八年時，在臺灣工作的荷蘭東印度公司人員史瑪卡爾登（Caspar Schmalkalden）所繪，他的著作《東西印度驚奇旅行記》留存至今。書中描述臺灣島與島上居民，也有多張珍貴的手繪圖像，如這幅賽跑中的福爾摩沙人，手腕處帶著鐵環，奔跑時會發出聲響。（國立臺灣歷史博物館提供）

左圖標題是「福爾摩沙人」，即臺灣原住民，但裝扮較像美洲原住民，十九世紀作品。（國立臺灣歷史博物館提供）

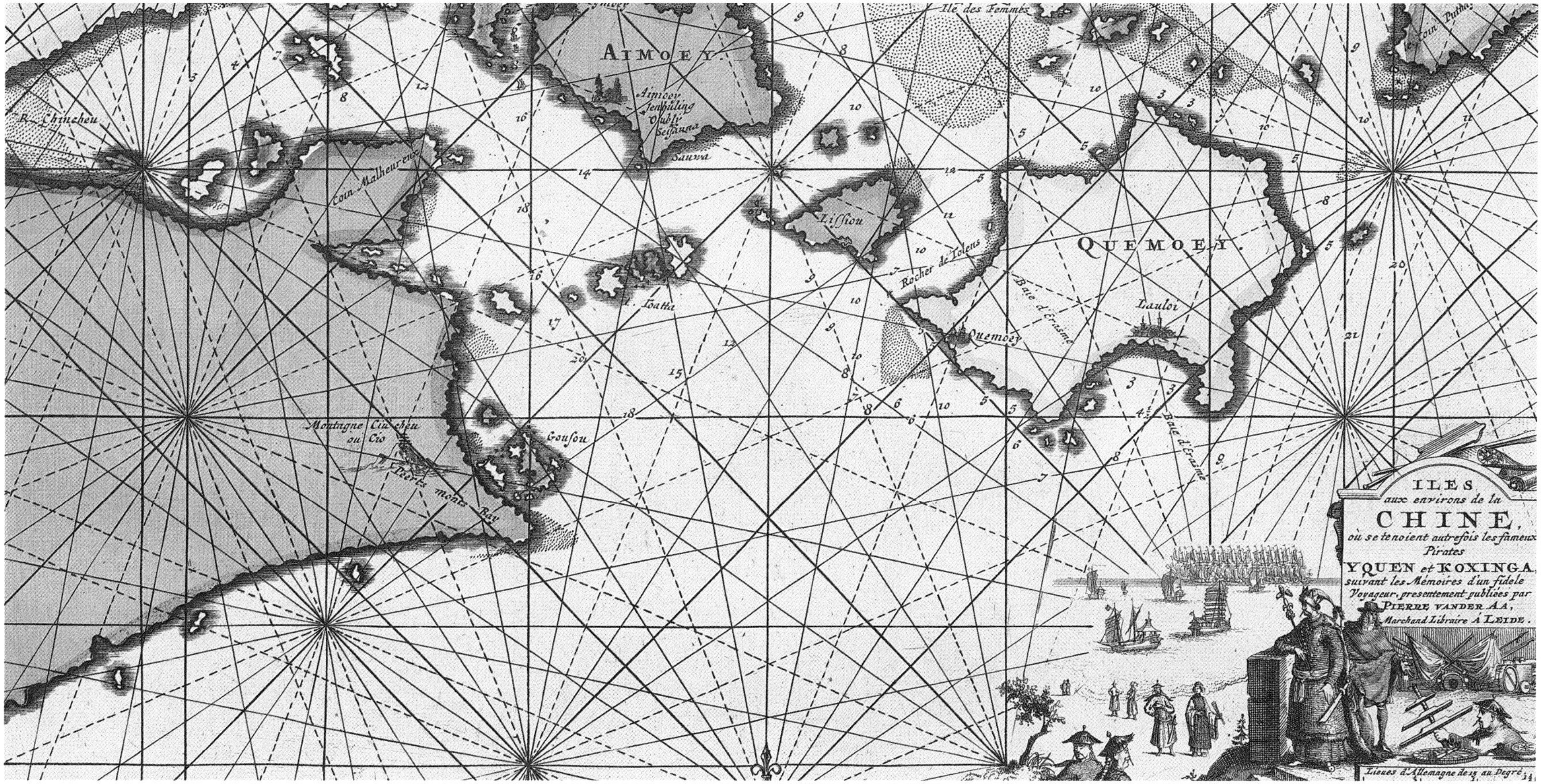


左圖原是一幅描述鄭芝龍、鄭成功及其據點（金門、廈門）的古地圖，刊於十七、十八世紀之際。本圖僅取其右下角的局部，包含金、廈兩島及人物場景。當時歐洲人稱鄭芝龍為「Yquan」（一官），稱鄭成功為「Koxinga」（即國姓爺）。此圖右下角人物場景中有兩位身形最顯著的人物，持權杖倚牆而立者為鄭芝龍，其背後作俠客打扮的是鄭成功，兩人的服飾穿著均是歐洲人的想像。（國立臺灣歷史博物館提供）

本書第三章（頁二四〇）提及康熙五十三年（一七一四）耶穌會士馮秉正等來臺測繪地圖，右上圖即是其成果之一，刊於一七三五年。當時臺灣是福建省的一府，故被畫入「福建省圖」，但傳教士只測繪政教所及的臺灣西半部，使得台灣島形相當奇特。（國立臺灣歷史博物館提供）

十八世紀中葉清朝在臺官員請畫工繪製的「番社采風圖」，其中有上幅的捕鹿圖，描繪臺中、苗栗、新竹一帶的原住民，於「秋末冬初」聚眾捕鹿的情景。圖中之鹿亦屬梅花鹿。（中央研究院歷史語言研究所提供）

在十八世紀初〈康熙臺灣輿圖〉中，繪有五處鹿群或捕鹿的圖像，左上圖描繪的地點在新竹地區、有原住民獵鹿；左中圖地點在嘉義一帶，左下圖在彰化一帶。圖中的獵鹿者均為持弓箭、標槍的原住民，其周邊田園、屋舍圍繞，此即老師所謂「鹿場轉為農田」的時期。（國立臺灣博物館提供）

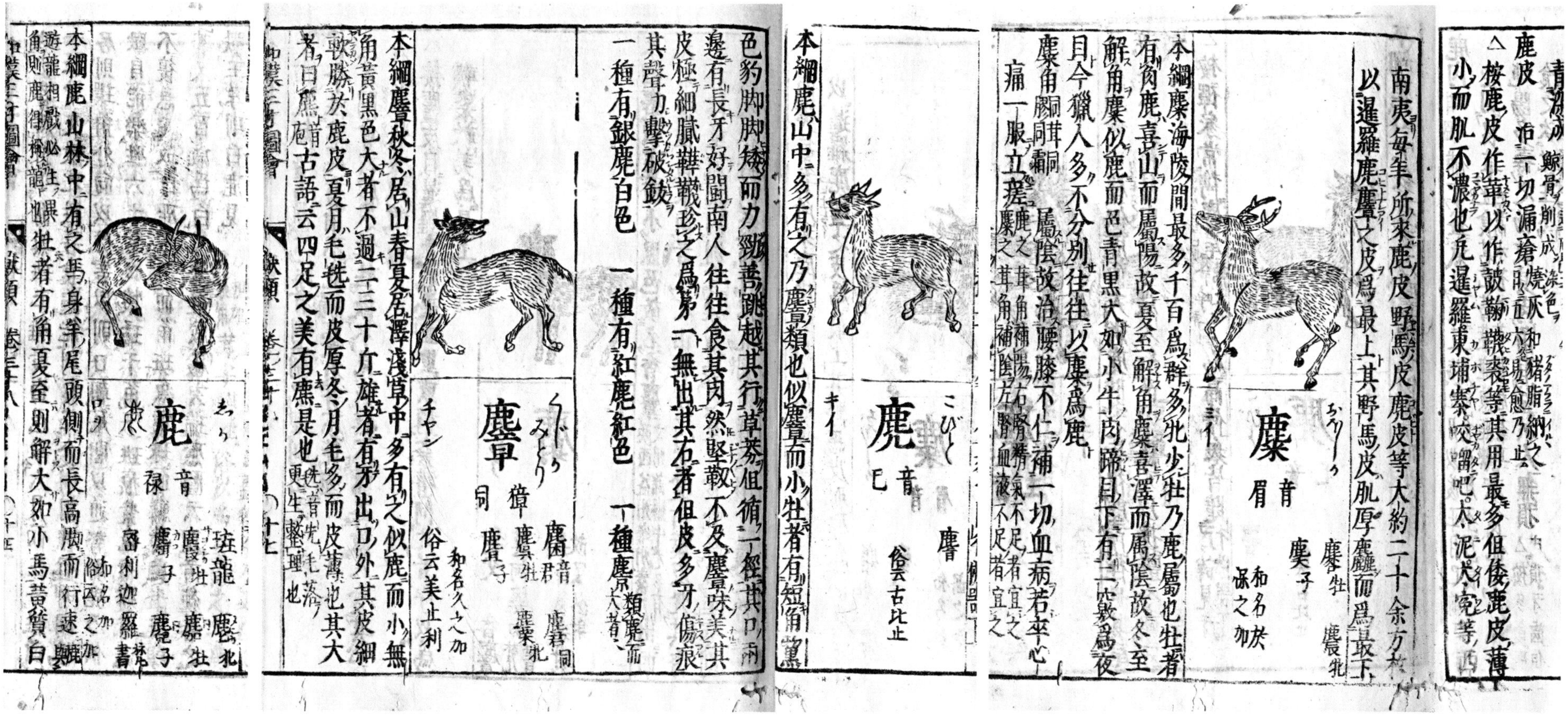

這幾幅鹿類動物圖出自十八世紀日本人所編的《和漢三才圖會》，除了圖像的描繪，亦有文字說明其名稱、讀音、形體、作息等，如謂鹿是「馬身羊尾」，麞「似鹿而小」、「其皮細軟勝於鹿皮」，至於麂，「其皮極細膩，韡韈珍之為第一，無出其右者」（參閱本書第三章第三節）。（臺灣大學圖書館提供）

## 四、西班牙占據時期[A]

荷蘭的佔據臺灣，刺激了馬尼剌政廳，西班牙人也一六二六年五月五日，派司令官 Antonio Carreño de Valdes 帶了二隻的 galleon 船、十二隻的戎克船，出發 Cagaian港，一面探檢，由東海岸北上，到了雞籠，稱名為 Santissima Trinidad，在社寮島西南角，開始築造 San Salvador 城，經過了數年才完工。一六二八年也佔領淡水，築造 Santo Domingo 城。（註一）鄰近的諸社，受了宣教師的教化，遠及到蛤仔難地方。然而雞籠在留者，因風土病罹斃甚多，中國船的入港也意外的少，日本船的海外往販，到一六三五年也被禁絕，所以當作貿易港的雞籠、淡水的價值，顯明的減少；終於一六三八年壞了淡水城，雞籠的守備也節減。到了一六四二年八月，荷蘭以船艦七隻，戰鬪員、海員等六百九十名攻擊時，即僅五天就投降，於是，西班牙的佔據臺灣就結束了。

元來，西班牙的東洋貿易是與其本國的利害是互相矛盾的。其對日關係，關聯著禁教，其交際缺了圓滑的西班牙，對菲律賓經營，只是對於中國貿易為根據地之益處以外，即沒甚麼經濟的意義。然而當時菲律賓還在未開發的情形，食糧等諸物資須仰於近鄰的中國、日本等的資給。馬尼剌是當作遠東貿易的中心點，由中國購了綢緞等，送到新西班牙（Nueva España 即墨士哥），由新西班牙載了銀，送給中國、馬尼剌，當時則以這個腰站[B]得利。於是新西班牙的銀，不流入到本國，而經菲律賓，大量的流入到中國。這個事實，即以新西班牙為唯一的銷路的西班牙本國綢緞業，使他輸出減少，[C]點致銀的本國流入也減少，與其西班牙本國利益衝突，所以遇了屢次的東洋貿易限制的敕令的發布，（註二）因此十七世紀初期的西班牙菲律賓經營是消極的。

西班牙的佔據臺灣是因為要保持其在呂宋的勢力及擁護其貿易。在這以前，因要應付了豐臣秀吉的南侵政策，早就有

A 編按—節名依手稿目次補入。

B 編按—中間站之意，指菲律賓的馬尼拉市。

C 編按—意即使西班牙本國輸出至美洲的綢緞減少。

---

註一—Emma H. Blair and James A. Robertson, *The Philippine Islands 1493-1803*, vol. xxii, p. 98.

註二—關於西班牙本國之對中國、菲律賓之貿易之限制，參看 Emma H. Blair and James A. Robertson, *The Philippine Islands 1493-1803*, vol. 6, "Measures regarding trade with China", Felipe II, and other, Madrid and Manila, June 17- November 15 1586, p. 279-289.

(註1) Blair & Robertson: Phil. Is. vol XXII. p.98.
(註2) ~~Ibid. vol VI. : June 17. 1586.~~
關於西班牙本國之對中國進出貿易之限制。參看 Blair, E. M. & Robertson, J. A.: Philippine Islands. vol 6. Measures regarding trade with China. Felipe II, and others; Madrid and Manila; June 17 - November 15. (1586). p.279–289.



四、

荷蘭的佔據臺灣，刺戟了馬尼剌政廳，西班人也一六二六年五月五日派司令官 Antonio Carreño de Valdes，帶了二隻的 galleon 船、十二隻的戎克船，出發 Cagayán 港，一面探檢，由東海岸北上，到了雞籠，稱為 Santissima Trinidad，在社寮島西南角，開始築造 San Salvador 城。經過了數年才完工，一六二八年也佔領淡水，築造 Santo Domingo 城（註二）。濱近的地方，受了宣教師的教化，遠及到蛤仔難地方。但西雞籠在留者，因風土病罹患甚多，中國船的入港也意外的少，日本船的海外往歇，到一六三五年也就禁絕，所以當作貿易港的雞籠、淡水的價值，顯明的減少。終於一六三八年壞了淡水城，雞籠的守備也節減，到了一六四二年八月，荷蘭以船艦七隻，戰鬥員海員等六百九十名攻擊時，即僅五天就投降。於是，西班牙的佔據臺灣就結束了。

元來，西班牙的東洋貿易是與其本國的利害是互相矛盾的。其對日關係，為關聯着禁教，其交際欲了圓滑的西班牙，對菲律賓經營，只是對於中國貿易為根據地之意義以外，即沒甚麼經濟的意義。但西當時菲律賓，還在未開發的情形，食糧等諸物資須仰賴近隣的中國、日本的資給。馬尼剌是當作遠東貿易的中心点，由中國購了綢緞等，送到新西班牙（Nueva España 即墨西哥），由新西班牙載了銀，送給中國、馬尼剌當時則以這個媒介得利。於是新西班牙的銀，不流入到本國，而經菲律賓大量的流入到中國，這個事實，即以新西班牙為唯一的銷路的西班牙本國，絹緞業，使他輸出減少，致銀的本國流入也減少，與其西班牙本國利益衝突，所以遇了屢次的東洋貿易限制的勅令的發布（註三）因此十七世紀初期的西班牙菲律賓經營是消極的。

西班牙的佔據臺灣是因為要保持其在呂宋的勢力及擁護其貿易。在這以前，因要應付了豐臣秀吉的南侵政策，早就有總督 Don Francisco Tello de Guzman 等，商議了佔據臺灣事宜。（註一）一六一九年七月，英、荷兩國間訂結了防守同盟，一六二〇年七月，在遠東也編成了聯合艦隊，出動到澳門、馬尼剌方面，襲擊或拿捕葡、西的商船以及由大陸沿海要開到馬尼剌的中國船。馬尼剌政廳因為要對抗敵艦隊，維持他們的馬尼剌、澳門間的中國貿易以及日本貿易，自一六二一年來，深切的感覺要佔據臺灣的一港的必要。（註二）這個對本國的臺灣佔領的建議，因要開到 Malacca 的船被荷蘭拿捕，[A] 就被荷蘭的巴達維亞總督府知悉，荷蘭即要獲得他們的根據地，攻了澳門不成，又據了澎湖，遭中國強力的反擊，終於一六二四年佔據臺灣。嗣之，對應荷蘭據臺，到一六二六年即成了西班牙據臺。西班牙的據臺，到是這樣，自當初就因要保持菲律賓為主要目的，然而菲律賓的貿易本已經與本國利益衝突，加之在臺灣的情形也不如所期，所以西班牙的據臺以及經營，除了熱心的傳道以外，都是消極的。因此極容易的被荷蘭所驅逐。

可是在北部的此地，中日貿易與鹿皮貿易也自佔據前以後，不絕的往來。據當時在淡水傳道的 Teodore Quirós，即一個部落就有三、四個中國商人的棚寮，對西班牙人供給米與物資，以及用布類、雜貨等物與土人交易硫黃、珍貴的棺材（sepulcros）、鹿皮、鹿角及若干的藥草。（註三）然而由日本也一六三一年開來了二隻，一六三二年有三隻的船來販，如此連年的也來收買鹿皮，一六三二年在淡水的 Jacinto Esquivel師的報告裡，對漢人交易說了以後，也說「三隻的日本船到這裡，滿載了鹿皮，從日本人聽說，在本國的利益，鹿皮比綢緞還高」。（註四）如此西班牙佔據下的北部臺灣，鹿皮也是重要的出口品。

A 編按—荷蘭東印度公司在一六二二年初，俘獲九艘往來馬尼拉、澳門的船隻，獲知上述西班牙人的建議，詳見陳宗仁，〈一六二二年前後荷蘭東印度公司有關東亞貿易策略的轉變——兼論荷蘭文獻中的Lamang傳聞〉，《臺大歷史學報》三五期（2005年6月），頁二八三—三〇八。

---

註一—Emma H. Blair and James A. Robertson, *The Philippine Islands 1493-1803*, vol. x, p. 46-47.

註二—Ibid., vol. xx, p. 127.

註三—José M. Álvarez, *Formosa: Geográfica e Históricamente Considerada*, Tomo II, p. 44, nota.

註四—Ibid., Tomo II, Apendice III, p. 427.

(註1) Blair & Robertson: Phil. Isls. vol X. p46-47.
(註2) Ibid. vol XX. p127
(註3) Alvarez, J.M.: Formosa. tom II. p.44. nota.
(註4) Ibid. tom. II. Apendice III. p. 427

總督 Don Francisco Tello de Guzman 等，商議了佔據臺灣事宜。(註一)一六一九年七月，英荷兩國曾訂結了防守同盟，一六二〇年七月在遠東也編成了聯合艦隊，出動到澳門、馬尼剌方面，襲擊或拿捕葡、西的商船以及由大陸沿海要開到馬尼剌的中國船。馬尼剌政廳因為要對抗敵艦隊，維持他們的馬尼剌、澳門間的中國貿易以及日本貿易，自一六二一年來，深切的感覺要佔據臺灣的一港的必要(註二)。這個對本國的臺灣佔領的建議，因要開到 Malacca 的船被荷蘭拿捕，就被荷蘭的巴達維總督知悉，荷蘭即要獲得他們的根據地，攻了澳門不成，又據了澎湖，遭中國強力的反擊，終於一六二四年佔據臺灣。嗣之，對抗荷蘭據臺，到一六二六年即成了西班牙據臺。西班牙的據臺，到是這樣，自當初就因要保持菲律賓為主要目的，然而菲律賓的貿易為本，已經與本國利益衝突，加之在臺灣的情形也不如所期，所以西班牙的據臺，以及經營，除了教會的傳道以外，都是消極的。因此即容易的被荷蘭所驅逐。

可是在北部的此地，中日貿易與鹿皮貿易也，自佔據前以後，不絕的往來。據當時在淡水傳道的 Teodoro Quirós，即一個部落就有三四個中國商人的棚寮，對西班牙人供給米與物資，以及用布類、雜貨等物與土人交易硫黃、珍貴的籐枝、鹿皮、鹿角及若干的藥草。(註三)然而由日本也一六三一年開來了二隻，一六三二年有三隻的船隻來販，如此連年的也來收買鹿皮。一六三三年在淡水的 Jacinto Esquivel 師的報告裡，對漢人交易說了以後也說「三隻的日本船，開到這裡，滿載了鹿皮。從日本人聽說，在日本國的利益，鹿皮比絹緞還高」(註四)。如此西班牙佔據下的北部臺灣，鹿皮也是重要的出口品。

# 五、鄭氏時代[A]

一六六二年二月，荷蘭被鄭成功所逐，臺灣變了復明的策源地，在臺灣的貿易之利，也即鄭氏所專掌。元來，鄭氏之所以能夠三十數年之久奉明的正朔，毅然的不屈清朝，一者是思想上，即大義名分，本於他的思明復國的熱情。二者，軍事上，即擁有強力的艦隊，把持了浙、閩、粵三省沿岸的制海權。第三是經濟上，靠海通販東、西二洋，因是即可以調達[B]他們的軍資財用。

從此以前，天啟年間，鄭芝龍就已經在臺灣海峽上，變了一個不能不著眼的大勢力。明朝據了福建巡撫熊文燦的建策，崇禎元年（一六二八年）招撫他，於是，明室的運命與鄭氏的海上勢力結合起來了。

從前，荷蘭獲得了明當局的明船到臺灣貿易的諒解，撤退澎湖，遷到臺灣。不過因在臺灣，中國貨物的入手不如所期，於是要打開這個困難。荷蘭企圖在漳州沿岸開闢自由貿易，又透過了鄭芝龍，嘗試與明當局交涉，又與劉香（Jan Glauw）等海寇的勢力提攜，務使打解這個臺灣貿易的僵局，獲得對日貿易的物資。對這個荷蘭，[C]鄭芝龍即在大陸，因要保持他的勢力，一面剿蕩了劉香等競爭勢力；因要控制了貿易之利，一面在居中要斡旋荷蘭與明當局間的交涉，或妨礙其他的到臺灣貿易。然而鄭芝龍受了明招撫的崇禎元年（一六二八年），就與臺灣的荷蘭訂結了有三年間的生絲等的賣買契約。過了後年，與臺灣長官 **Hans Putmans** 協定，約了對鄭氏船隻的保護。又崇禎十三年（一六四〇年）與 **Paulus Tradenius** 締結了對日貿易的互惠協約。（註一）

《巴達維亞城日誌》一六三二年十一月二十四日裡有一段記載，即：「長官的巴達維亞逗遛中，大員的貿易額不多。只得了砂糖的四〇〇 picul、

A 編按—節名依手稿目次補入。
B 編按—日文用語，供應之意。
C 編按—「對這個荷蘭」似閩南語說法，意即對於荷蘭尋求突破僵局，與各股勢力結合。

註一—岩生成一，《近世初期の對外關係》（東京：岩波書店，1934，「岩波講座・日本歷史」第15卷第3編）。

## 五　鄭氏時代

一六六二年二月，荷蘭被鄭成功所逐，台灣變了復明的策源地，在台灣的貿易之利，也即鄭氏所專掌。元來，鄭氏之所以能夠三十數年之久，奉明的正朔，毅然如一的不屈清朝，一面是思想上即大義名分，在於他的思明復國的熱情，二面軍事上，即擁有強力的艦隊，把持了浙、閩、粵三省沿岸的制海權。第三是經濟上，靠海通販東西二洋，因是即可以調達他們的軍資財用。

從此以前，天啟年間，鄭芝龍就已經在台灣海峽上，立了一個不能不着眼的大勢力。明朝採了福建巡撫熊文燦的建議，崇禎元年（一六二八年）招撫他，於是明室的運命與鄭氏的海上勢力結合起來了。

從前，荷蘭獲得了明當局的，以販到台灣貿易的諒解，撤退澎湖，遷到台灣。不過因在台灣中國貨物的入手不如所期，於是要打開這個困難，荷蘭企圖在漳州開闢自由貿易，又透過了鄭芝龍，嘗試與明商人交涉，又與劉香（Jan Glauw）等海寇的勢力提攜，務使打解這個台灣貿易的障碍，獲得對日貿易的物資。對這個荷蘭、鄭芝龍即在大陸，因要保持他的勢力，一面剿蕩了劉香等諸勢力。因要控制了貿易之利，一面在居中斡旋荷蘭與明商人間的交涉，或妨碍其他的到台灣貿易。然而鄭芝龍受了明招撫的崇禎元年（一六二八年），就與台灣的荷蘭，訂結了有三年間的生絲等的賣買契約，過了幾年，與台灣長官 Hans Putmans 協定，給了對鄭氏船隻的保護。又崇禎十三年（一六四〇年）與 Paulus Traudenius 締結了對日貿易的互惠協約。（註）

巴達維亞城日誌，一六三二年十一月二十日裡有一段記載，即「長崎的巴達維亞這邊中，大員的貿易額不多。只得了砂糖四[illegible]

用糖醃的生薑二〇〇picul，以及駐該地的一官的夥計 Ghamphea（Champhea, Equansfactor aldaer）帶來了兩次的向日本的商品而已」。（註一）如此，鄭芝龍即派了代理人駐於臺灣，對荷蘭供給了大陸的對日貿易物資。

荷蘭的臺灣貿易，是一者在巴達維亞等所集的南海物產，經售到中國大陸與日本，一者中國物產，經售到日本、南海及其他地方的中繼貿易。所以對這個荷蘭的貿易，由鄭氏方面看起來，一面是可以當作鄭氏的對日貿易與其他地方的貿易，荷蘭在臺灣為根據地，替鄭氏代辦。

長崎出島的荷蘭商館日誌在一六四一年六月廿六日裡說，中國船一隻入港，該船是官人一官所派遣的。據中國人們說，要售其搭載的貨物，先入港到大員（Taijouan），不過該地的長官說，貿易所要用的金銀，一點兒也沒有，勸誘等待由巴達維亞的船來。這個事情報知他們的主人，而受了用該戎克船渡過到日本的命令，所以在大員逗遛二十天以後，由該地費十二天到了當地。（註二）又對同年七月一日入港的第二船說：「以上的船跟後續的戎克船三隻，都到大員，應該是要銷賣所載的貨物，而因聽到該地沒有現款，抱了可以得到更多的利益的希望，渡過了這裡來了。又官人一官，因公司沒有現款，拒了貿易，所以獲了到日本往販的藉口，很滿意」。（註三）如此從前依據鄭氏與荷蘭的協約，到臺灣貿易的鄭芝龍，由一六四一年以來，即直接派遣他的商船到長崎了。頻繁的鄭氏的日本往販，就貿易上有變為強力的商敵的憂懼，巴達維亞當局對這個頗懸念，屢次的也有想得了長崎奉行的諒解，對鄭芝龍行使武力。（註四）不過一官的勢力甚大，而鄭氏與日本的關係也甚密接，與日本的感情也甚融洽，所以對鄭氏的勢力以及由此

---

註一—Dagh-Register Gehouden int Casteel Batavia, A° 1631-1634, p. 118；村上直次郎譯，《抄譯バタビヤ城日誌》上卷，p. 135。

註二—村上直次郎譯，《出島蘭館日誌》上卷，p. 3。

註三—同書，上卷，p. 9。

註四—同書，中卷，p. 3-4。

(註1) dlagh-Register gehouden int Casteel Batavia — A° 1631–1634. p.118.
村上直次郎譯 バタビヤ城日誌 上卷 p.135.
(註2) 村上直次郎譯：出島蘭館日誌．上卷 p.3.
(註3) 同書上卷 p.9
(註4) 同書 中卷 p.3–4.

用糖醃的生薑二〇〇 picol，以及駐該地的一官的夥計(Champhea
(Champhea, Equans factoor aldaer)帶來了兩次的，個日本的商
品而已」（註一）如此，鄭芝龍即派了代理人駐於臺灣，對荷蘭
供給了大港的對日貿易物資。

荷蘭的臺灣貿易，是一面在巴達維亞所集的南海物產，
經售到中國大陸與日本，一面中國物產，經售到日本，南海及
其他地方的中繼貿易。所以對這個荷蘭的貿易，由鄭氏方面
看起來，一面是可以當作鄭氏的對日貿易與其他地方的
貿易，荷蘭在臺灣為根據地，替鄭氏代辦。

長崎出島的荷蘭商館日誌，在一六四一年六月廿六日記
說，中國船一隻入港，該船是官人一官所派遣的。據中國人
們說，要出售其搭載的貨物先入港到大員(Tayouan)，不過
該地的長官說，貿易所要用的金銀，一點兒也沒有，勸誘
等待由巴達維亞的船來。這個事情報知他們的主人，而
受了用該戎克船，渡過到日本的命令，所以在大員逗留二十
天以後，由該地費十二天到了當地。（註二）又對同年七月一日
入港的第二船說，「以上的船，跟後續的戎克船三隻，都到
大員，想該是要銷賣所載的貨物，而因聽到該地沒有現
款，拒了可以得到更多的利益的希望，沒過了這裡來了。
又官人一官，因公司沒有現款，拒了貿易，所以獲了對日本往販的
藉口，很滿意」（註三）如此從前依據鄭氏與荷蘭的協約，
到臺灣貿易的鄭芝龍，由一六四一年以來，即直接派遣他的
商船到長崎了。頻繁的鄭氏的日本往販，就貿易上有
變為強力的商敵的憂懼，巴達維亞當局，對這個嫉妒
屢次的也有想得了長崎奉行的諒解，對鄭芝龍行使
武力。（註四）不過一官的勢力甚大，而鄭氏與日本的關係也
甚密接，與日本的感情也甚融洽，所以對鄭氏的勢力以及由此

可能惹起的日本感情的惡化等的懸念，被這些制肘，究竟不能實行了。

然而一六四一年六月廿六日，長崎入港的鄭芝龍船搭載品目中，有鹿皮一五〇張。（註一）同七月廿四入港的，有鹿皮一七、〇〇〇張的舶載。（註二）今據同年十月十一日的「由大、小戎克船九十七隻，本一六四一年中國人齎來到長崎市場的貨物的覺書」，由這些船隻所舶載的鹿皮數量如左：（註三）

| | | |
|---|---|---|
| 中國船 | 八九隻 | 三三、五五〇張 |
| 柬埔寨船 | 二隻 | 四、〇〇〇張 |
| 廣南船 | 三隻 | 四、〇〇〇張 |
| 一官船 | 六隻 | 臺灣鹿皮二、〇五〇張 |

一官即鄭芝龍，我們可以知道由鄭芝龍以及其他的中國船，鹿皮也相當舶載到日本，而臺灣產當也有夾雜於其中。

自一六四四年（崇禎十七年）起，因明清鼎革，鄭芝龍的營利為目的的貿易，因抗清，其貿易的性格也變質了。（註四）即隆武元年（一六四五，順治二年）二月送信給長崎奉行，十一月求援兵，十二月遣康永寧到安南借兵，又遣崔芝往日，乞兵三千、堅甲二百，而硫磺、鉛等變了重要貿易品，其所需要也甚多。

鄭芝龍的應清受撫以後，鄭成功也繼了其父芝龍的餘業，由直屬的五大商行等，辦了日本以及南海貿易，又控制了沿海的通海行販，依據了徵餉與貿易之利，為作抗清復明的財源。

在臺灣，因明清鼎革，中國本土的戰亂，荷蘭的貿易也不振，生絲、綢緞等物的入手也很困難。一六四六年的出島的荷蘭商館日誌裡說：「據（臺灣）長官 Francois Caron 的書信，中國商品的輸入狀況很不好」。（註五）又在同年九月十二日裡，生絲價格決定的席上，對日本所詢的平戶時代，年有輸入二十萬斤，而現在年只有八百斤乃至一千斤的質問，回答其理由說，第一是因中國的戰爭，別的方面是因被一官，[A] 大員

A 編按—原文是「有懷著惡意的一官」。

---

註一—村上直次郎譯，《出島蘭館日誌》上卷，p. 3-5。
註二—同書，上卷，p. 37。
註三—同書，上卷，p. 132, 141。
註四—關於鄭芝龍的貿易，參看石原道博，〈鄭芝龍の日本南海貿易〉（上、下），《南亞細亞學報》第1-2號，昭17-18（1942-1943）。
註五—村上直次郎譯，《出島蘭館日誌》，下卷，p. 35。

(註1) 村上直次郎譯：出島蘭館日誌 上卷 p.3-5.
(註2) 同書 上卷 p.37.
(註3) 同書 上卷 p.132-141
(註4) 關於鄭芝龍的貿易參看，石原道博：鄭芝龍の日本南海貿易(上・下)． 號17-18． (南亞細亞學報 第1－2號)
(註5) 村上直次郎譯：出島蘭館日誌 下卷 p.35.

可能惹起的日本感情的惡化等的懸念，從這些剝財，究竟不能實行了。

然而一六四一年六月廿日，長崎入港的鄭芝龍船搭載品目中，有鹿皮一五〇〇張，(註二) 同七月廿四入港的，有鹿皮一七〇〇〇張的船載。(註二) 今據同年十月十日的「由大小我東船九十七隻，在一六四一年中國人齎來到長崎市場的貨物的覺書」由這些船隻以船載的鹿皮數量如左。(註三)

| | | |
|---|---|---|
| 中國船 | 八九隻 | 三三、五〇〇張 |
| 東埔寨船 | 二隻 | 四、〇〇〇張 |
| 広南船 | 三隻 | 四、二〇〇張 |
| 一官船 | 六隻 | 臺灣產 二〇、五〇〇張 |

我們可以知道由鄭芝龍(一官即鄭芝龍)以及其他的中國船，鹿皮也相當船載到日本。而臺灣產的也有夾雜於其中。

自一六四四年(崇禎十七年)起，因明清鼎革，鄭芝龍的營利等目的的貿易，因抗清，其貿的性格也變質了。鄭氏即隆武元年(一六四五順治二年)二月送信給長崎奉行，十月求援兵，十二月遣康永寧，到安南借兵，又遣崔芝往日本乞兵三千，堅甲二百。而硫磺、鉛等變了重要貿易品，其必需要也甚多。

鄭芝龍的降清受撫以後，鄭成功也繼了其父芝龍的餘業，由直屬的五大商行等，辦了日本以及南海貿易，又控制了沿海的通海行販，依據了徵餉與貿易之利，為作抗清復明的財源。

在臺灣，因明清鼎革，中國本土的戰亂，荷蘭的貿易也不振。生絲綢緞等物的入手也很困難。一六四六年的出島的荷蘭商館日誌裡說「據(臺灣)長官，François Caron的書信，中國商品的輸入狀況很不好」(註五) 又在同年九月十三日，生絲價格決定的席上，對日本的詢的平戶時代，每年有輸入二十万斤，而現在每年只有八百斤乃至一千斤的貿易，回答其理由說第一是因中國的戰爭，剝的方面是因爲一官、大員的輸入杜絕。」（註一）一六四八年九月十五日裡說：「大員的長官以及評議會的書信說，中國商品的輸入，幾乎杜絕，輸出還相當多」。（註二）一六五四年及五五年中，由中國到臺灣的貿易非常少，當時的長官 Caesar 就對在臺灣的漢商調查，即其理由是鄭成功又與清軍再開始戰爭。在中國的船舶被拿捕，因他的目的，阻其貿易。（註三）要打開這個臺灣貿易上的窮局，一六五七年新長官 Coyett 遣使，對鄭成功修交求商。（註四）而係「因先年我洋船到彼，紅夷每多留難，本藩遂刻示，傳令各港澚並東、西夷國州府，不准到臺灣通商。繇是禁絕兩年，船隻不通。」（楊英《從征實錄》）。這樣，鄭成功站在供給者的方面，控制了臺灣的貿易，所以臺灣的鹿皮也與鄭芝龍時一樣，一定也被鄭成功認識與注目，恐怕也有辦過了。

尋之，乾坤一擲，鄭成功所拼的南京攻略失敗回歸，雖擊敗了南下的達素所率的清軍，終逼蹙於金、廈之地。因要保持著其勢力，可以變為海上勢力的據點的對岸臺灣、呂宋等，差不多由這個時候，可能更被鄭成功的注目。這個時候，在臺替鄭成功代行徵餉的何廷斌，被荷蘭當局發覺，到大陸對鄭成功建議攻臺，遂變了一六六一年四月的攻臺，雖荷蘭力戰而無法，至一六六二年 Coyett 投降。於是，臺灣變了鄭氏的復明基地。鄭成功繼之雖有致力經略呂宋的意圖，而不幸翌年逝世，其後，子鄭經即繼之。

鄭經亦承父親的遺業，連續留心於明室復興、臺灣經營；同時也致力於貿易，圖財政的安定，派了其使節及商船，至日本、暹羅等近鄰諸國。

恰在這時，企圖在開始有利的遠東貿易的英國東印度公司，一六七〇年八月，由 Bantam 支店，派了二隻船，同年九月十日，與鄭經訂結修交通商的條約，而其第三條即

---

註一—村上直次郎譯，《出島蘭館日誌》，下卷，p. 52。

註二—同書，下卷，p. 352。

註三—W. Campbell, *Formosa under the Dutch*, p. 461‧C. E. S., *'t verwaerloosde Formosa, ......Authentijcke bewijsen*, bl. 3-4, no. 5.

註四—W. Campbell, *Formosa under the Dutch*, p. 389, 462‧C. E. S., Iste deel, bl. 20, & Authentijcke bewijsen, bl. 5, no. 7‧夏琳，《閩海紀要》二卷（雅堂叢刊），頁22‧楊英，《延平王戶官楊英從征實錄》（北平：國立中央研究院歷史語言研究所，1931），頁87。

(註1) 村上直次郎譯：出島蘭館日誌 下卷 p.52.
(註2) 同書下卷 p.352
(註3) Campbell. Wm: Formosa under the Dutch. p.461. C.E.S. ~~(…)~~ 't Verwaarloosde Formosa, — Authentijcke bewijsen. Bl 3-4, no.5.
(註4) ~~Ibid~~ Campbell. p.389. p.462. C.E.S. 1ste deel Bl 20. + Authentijcke bewijsen. Bl.5. no.7
夏琳：閩海紀要 (雅堂叢刊) p.22.
延平王戶官 楊英從征實錄 第87頁.

的輸入杜絕。」(註一)

一六四八年九月五日裡說「大員的長官以及評議會的書信說，中國商品的輸入幾乎杜絕，輸出畧過相當多」。(註二) 一六五四年及五五年中，由中國到臺灣的貿易非常少，當時的長官Caesar就到在臺灣的漢商調查，即其理由是鄭成功又與清軍再開始戰爭，在中國的船舶被拿捕，因絕的目的，阻其貿易。(註三) 要打開這個臺灣貿易上的窮局，一六五六年新長官Coyett遣使，對鄭成功修交求商(註四)，而係「因為年前我洋船到彼，紅夷每多留難，本藩遂刻示傳令各港澳，并東西夷國州府，不准到臺灣通商。語是禁絕兩年，船隻不通。」(楊英從征實錄) 這樣，鄭成功站在供給者的方面，控制了臺灣的貿易，所以臺灣的荷蘭人也與鄭芝龍時一樣，一定也被鄭成功認識其注目，恐怕也有辦過了。

尋之，乾坤一擲，鄭成功所抒的南京攻略失敗，回歸，雖擊敗了南下的達素以華的清軍，終遁處於金廈之地。因要保持着其勢力，可以變為海上勢力的據點的對岸臺灣、呂宋等，差不多由這個時候，可能更被鄭成功的注目。這個時候，在臺替鄭成功代行徵餉的何斌，被荷蘭當局察覺，到大陸對鄭成功，建議攻臺，遂變了一六六一年四月的攻臺。雖荷蘭力戰，而無法至一六六二年Coyett投降。於是臺灣變了鄭氏的復明基地。鄭成功之雖有致力經略呂宋的意圖，而不幸翌年逝世，其後，子鄭經繼之。

鄭經亦承父胞的遺業，連續留心於明室復興，臺灣經營。同時也致力於貿易，圖財政的安定，派了其使節及商船至日本、暹羅等近鄰諸國。

恰在這時，企圖在開始有利的遠東貿易的英國東印度公司，一六七〇年八月，由Bantam支店，派了二隻船，同年九月十日，與鄭經訂結修交通商的條約，而其第三條即有規定：「英國人得以鹿皮、砂糖及其他此島產物，輸出至日本、馬尼剌及其他地方」。（註一）又基了這個條約，要開始貿易，鄭經有所附的五件條件，（註二）其中即有：

**第四、公司平常為國王（即鄭經）因擲彈及其他砲火等事宜，須留二名砲手。**

**第五、公司平常因鑄造國王之大砲，須留一名鍛冶工。**

又要求英國東印度公司年年輸入火藥二百樽、火鎗二百枝、英鐵一萬斤，及其他胡椒、織品等。如此，鄭氏與英國結合是圖了軍火等的接濟與貿易之利。更進一步，即要補充軍火以外，同時也要預防荷蘭與清軍的再結合，即與荷蘭的對手英國結合了。

臺灣的在國際貿易上，地理的優位，以及是豐富的鹿皮供給地，早就也英國所認識了。如前所述，一六一八年的 Cocks 的書信與日記裡，我們已經看見平戶的英國商館已經由李旦知悉了某種程度的臺灣事情與臺灣的鹿皮——因當時，平戶的英商館極力想得著李旦的周旋，要與中國樹立貿易關係。其後英國東印度公司也不斷地對臺灣注目為中國貿易的仲繼點。一六三二年，蘇格蘭人而荷蘭所傭過的 William Campbell 提議臺灣的植民與開始對中國的貿易。而據這個建議，「在那裡，食糧很豐富，有利的商業是與未開人，用一點兒的白洋布，與只差不多是四便士而拿到日本就值三先令以上的鹿皮交易。」（註三）這個建議，終不至實現了。

如此到了一六七〇年，與臺灣的鄭經締結了條約，開始貿易為好機，英國東印度公司想再開對日貿易。一六七一年九月派遣了 Return、Experiment 二隻船，一六七二年五月初到了 Bantam，同年六月中旬出發了 Bantam，與戎克船 Camel 同航，七月十五日到了臺灣。Experiment 即同年十一月中、Camel 即翌年

---

註一—W. Campbell, *Formosa under the Dutch*, p. 501.
註二—Ibid., p. 502.
註三—Ibid., p. 499.

(註1) Campbell, Wm: p.501
(註2) Ibid. p.502
(註3) Ibid. p.499.



有規定着「英國人得以鹿皮、砂糖及其他此島產物，輸出至日本、馬尼剌及其他地方」（註一）。又基于這個條約要開始貿易，鄭經有此附的五件條件（註二）其中即有

第四、公司平常為國王（即鄭經）因擲彈及其砲火等事宜，須留二名砲手。

第五、公司平常因鑄造國王之大砲，須留一名鍛冶工。

又要求英國東印度公司，年年輸入火藥二百桶、火鎗二百枝、英鐵一萬斤、及其他胡椒、織品等。如此，鄭氏與英國結合是圖了軍火等的接濟與貿易之利。更進一步即要補充軍火以外，同時也要預防荷蘭與清軍的再結合，即與荷蘭的對手、英國結合了。

臺灣的在國際貿易上、地理的優位，以及是豐富的鹿皮供給地，早就也英國所認識了。如前所述，一六一八年的Cocks的書信與日記裡，我們已經看見平戶的英國商館已經由李旦、知悉了某種程度的臺灣事情與臺灣的鹿皮。一因當時，平戶的英商館，極力想得着李旦的周旋，要發與中國樹立貿易關係。其後英國東印度公司也不斷把對臺灣注目為中國貿易的仲繼點。一六三二年，蘇格蘭人、而荷蘭所僱過的William Campbell提議臺灣的植民與開始對中國的貿易。而據這個建議，「在那裡，食糧很豐富，有利的商業是與未開人，用一點兒的白洋布與只差不多是四便士，而拿到日本，就值三先令以上的鹿皮交易」。（註三）這個提議終不至實現了。

如此到了一六七〇年，與臺灣的鄭經締結了條約、開始貿易為好機，英國東印度公司想再開對日貿易。一六七一年九月派遣了Return、Experiment二隻船，一六七二年五月即到了Bantam，同年六月中旬，出發了Bantam，與戎克船Camel同航，七月十三日，到了臺灣。Experiment即同年十一月中，Camel即翌年

正月中出帆，向 Bantam 走了，而不幸被荷艦所捕。Return 即在大員港，移載了Experiment的向日本的載貨，到澎湖島等待風期，一六七二年六月十日出帆，同月二十九日到了長崎。當時搭載的貨物中有鹿皮二千張。（註一）這個可能是臺灣產的。英國的日本貿易再開的嘗試，雖因荷蘭所劃策失敗，不過英國東印度公司一六七五年在大員設置商館，決駐社員五名，書記四名，派遣新造的 Frigate 船 Formosa，而翌年因鄭經的勸誘，設辦事處於廈門，派遣新造 Frigate 船 Taywan。如此，英國東印度公司對臺灣輸出物資的土產鹿皮、砂糖的價值也有認識，如砂糖等，即與荷蘭時代一樣，遠即送到波斯了。

其間，清朝於一六六一年（順治十八年）發布了遷界令，沿海居民移徙到內地，嚴格的檢察出海通商。因之，中國船的長崎入埠船數，多的時候，年有五、六十隻至一百隻，這個遷界令為轉機，其船隻激減，遷界令發布後，不出四年，就中國沿岸開出的船隻，減下去到十隻內外。一六七二年（康熙十一，寬文十二）即中國沿岸發三隻、臺灣發十六隻、東京三隻、交趾六隻、柬埔寨四隻、暹羅四隻、大泥一隻、咬𠺕吧一隻。一六八一年（康熙二〇，天和元年）即中國沿岸零、臺灣五隻、柬埔寨二隻、暹羅一隻、咬𠺕吧一隻。如此，這個期間通販日本的船隻，大部份都是鄭氏的，或者其所控制的南海往來的中國船。

這些據臺灣的鄭氏船舶的載貨，是與對岸密貿易[A]所得的生絲、綢緞，其他即南海的物資，以及臺灣出產的砂糖、鹿皮。特地這個鹿皮與砂糖是鄭氏的重要對外輸出物資。

註一—B

旭又別遣商船前往各港多價購船料，載到臺灣製造洋艘、鳥船，裝白糖、鹿皮等物，上通日本；製造銅熕、倭刀、盔甲，並鑄永曆錢，下販暹羅、交趾、東京各處以富國。

（《臺灣外記》）

A 編按—日文用語，即違法的走私貿易。

B 編按—原注空白。關於Return號的貨物內容，英文史料似未記載，而日本的〈山角氏覺書〉則有品項、數量的資料，其中有鹿皮二千張，參見《通航一覽》第六，卷二五三，頁三六一。

（註1）



六月中出帆，向Bantam走了。而不幸被荷蘭所捕。Return即在大員港，積載了Experiment的向日本的載貨，到澎湖島，等待風期，一六七二年六月十日出帆，同月二十九日到了長崎。當時積載的貨物中有鹿皮二千張（註二）這個可能是臺灣產的。

英國的日本貿易再開的嘗試，雖因荷蘭的劃策失敗，不過英國東印度公司，一六七五年在大員設置商館，派駐職員五名，書記四名，派遣新造的Bright號Formosa，而翌年因鄭經的勸誘，設辦事處於廈門，派遣新造Bright號Taywan。如此英國東印度公司，對臺灣輸出物資的土產鹿皮、砂糖的價值也有認識，如砂糖等，即與荷蘭時代一樣，遠遠的送到波斯了。

其間清朝，於一六六一年（順治十八年）發布了遷界令，沿海居民，移徙到內地，嚴格的檢察出海通商，因之，中國船的長崎入港船數，多的時候，年有五、六十隻至一百隻，這個遷界令為轉機，其船隻激減，遷界令發布後，不出四年，就中國沿岸開出的船隻，減下去到十隻內外，一六七二年（康熙十一、寬文十二）即中國沿岸發三隻，臺灣發十隻，東京三隻，交趾六隻，東埔寨四隻，暹羅四隻，大泥一隻，巴達維亞（咬噹吧）一隻。

一六八一年（康熙二〇、天和元年）即，中國沿岸、零，臺灣五隻，東埔寨二隻，暹羅一隻，咬噹吧一隻，如此，這個期間通販日本的船隻，大部份都是鄭氏的，或者其所控制的南海往來的中國船。

這些據臺灣的鄭氏船所載貨，是與對岸貿易所得的生絲、綢緞，其次即南海的物資，以及臺灣出產的砂糖、鹿皮。特地這個鹿皮與砂糖是鄭氏的重要對外輸出物資。

「旭又洞遣商船前往各港，多價購船料，載到臺灣，興造洋艘鳥船，裝白糖、鹿皮等物，上通日本，製造銅熕倭刀盔甲並鑄永曆錢。下販暹羅、交趾、東京各處以富國」（臺灣外記）

[A] 一六六三年六月二十三日從臺灣經由安海至長崎入港的戎克船，載有臺灣鹿皮一七七六〇張、大鹿皮七〇張；另外，於同年七月十一日從安海至長崎入港的戎克船也載來臺灣鹿皮一五九〇〇張。（註一）此年七月二十四日、二十六日又有從臺灣經由安海抵達長崎的戎克船，

註一—據中村，p. 124 所引：Dagh-Rregister, Batavia 1663, bl. 647; Dagh-Register Nangasacky, 1662-1663.

載運貨物中，鹿皮類三三四四〇張、山馬三二二五張、小人一二五〇張。[B]（註一）這些鹿皮並未明記是臺灣產物，想必也包含了南洋產物，但可知有相當數量的臺灣鹿皮經由鄭氏船舶輸出至日本。

註一—Dagh-register Nangasacky, 1662-1663.據中村，p. 124 所引。

A 編按—這兩張增補資料的內容是相銜接的。曹老師未說明置於手稿何處，編者據文意，置於此處。

B 編按—小人即獐皮。

==民國四十年●西曆1951==

十一月小

| 十一月 | | | | | | |
|---|---|---|---|---|---|---|
| 日 | 一 | 二 | 三 | 四 | 五 | 六 |
| | | | | 1 | 2 | 3 |
| 4 | 5 | 6 | 7 | 8 | 9 | 10 |
| 11 | 12 | 13 | 14 | 15 | 16 | 17 |
| 18 | 19 | 20 | 21 | 22 | 23 | 24 |
| 25 | 26 | 27 | 28 | 29 | 30 | |

# 3

| 十二月 | | | | | | |
|---|---|---|---|---|---|---|
| 日 | 一 | 二 | 三 | 四 | 五 | 六 |
| | | | | | | 1 |
| 2 | 3 | 4 | 5 | 6 | 7 | 8 |
| 9 | 10 | 11 | 12 | 13 | 14 | 15 |
| 16 | 17 | 18 | 19 | 20 | 21 | 22 |
| 23 30 | 24 31 | 25 | 26 | 27 | 28 | 29 |

307—58　星期六　農十月五日

代日：江

(※)してをり、搭載物貨の中に鹿皮類33440張山羊皮3225張小人1250張積んでゐる。この鹿皮類は台湾産と明記してない故、南洋産も含んでゐると思はれるが、相当数量の台湾鹿皮が鄭氏船舶により日本に輸出されたことが判る(註)

(註) Dagh-Registers, Nangasacky, 1662-63
據中村 p.124 所引

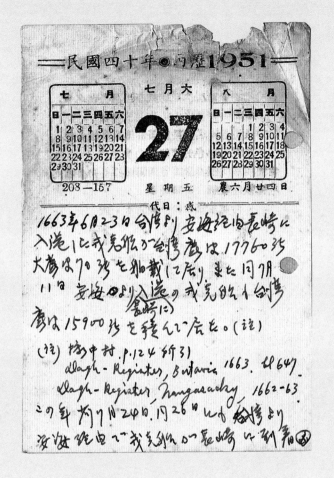

==民國四十年●西曆1951==

七月大

| 七月 | | | | | | |
|---|---|---|---|---|---|---|
| 日 | 一 | 二 | 三 | 四 | 五 | 六 |
| 1 | 2 | 3 | 4 | 5 | 6 | 7 |
| 8 | 9 | 10 | 11 | 12 | 13 | 14 |
| 15 | 16 | 17 | 18 | 19 | 20 | 21 |
| 22 | 23 | 24 | 25 | 26 | 27 | 28 |
| 29 | 30 | 31 | | | | |

# 27

| 八月 | | | | | | |
|---|---|---|---|---|---|---|
| 日 | 一 | 二 | 三 | 四 | 五 | 六 |
| | | | 1 | 2 | 3 | 4 |
| 5 | 6 | 7 | 8 | 9 | 10 | 11 |
| 12 | 13 | 14 | 15 | 16 | 17 | 18 |
| 19 | 20 | 21 | 22 | 23 | 24 | 25 |
| 26 | 27 | 28 | 29 | 30 | 31 | |

208—157　星期五　農六月廿四日

代日：感

1663年6月23日台湾より安海経由長崎に入港した戎克船が台湾鹿皮17760張大鹿皮70張を搭載して居り、また同7月11日安海より長崎に入港の戎克船も台湾鹿皮15900張を積んで居た。(註)

(註) 據中村 p.124 所引
Dagh-Registers, Batavia 1663. blz 647.
Dagh-Register, Nangasacky, 1662-63.

この年約7月24日、同26日にも台湾より安海経由で戎克船が長崎に到着(※)

一六七二年六月九日，由 Bantam 支店送到英國本店的報告裡說，對派遣到臺灣的船隻，當先發出的指令中有本店命令在臺灣投資於砂糖與鹿皮，從該地雇傭戎克船，送到日本，「但是 Bantam 支店對此事不能以為這個判斷對公司是有利益的，蓋這些商品都是國王[A]所專賣的，而且，日本是他的主要貿易地」。（註一）又一六七三年的報告裡說「Experiment 號到了臺灣，明白了砂糖、獸皮即日本市場的重要商品，是由國王獨占的」。（註二）

如上所說，臺灣的鹿皮與砂糖一起，是鄭氏的重要出口品，掌握於其手中，壟斷這個利益，以資其財用。

A 編按—指鄭經，下同。

註一—岩生成一，〈三百年前に於ける台灣砂糖と茶の波斯進出〉所引〔Fac. Rec. China and Japan. No. 1, p.142〕，《南方土俗》vol. 2, no. 2, p. 9。

註二—W. Campbell, *Formosa under the Dutch*, p. 504.

(註1) 岩生成一：三百年前に於ける臺灣砂糖と茶の波斯進出 所引 [Fac. Rec. China and Japan. no 1. p142] (南方土俗 Vol 2. no 2 p9.)
(註2) Campbell. Wm: p.504.



一六七二年六月九日，由 Bantam 支店，送到英國東店的報告裡說，對派遣到臺灣的船隻，當先發出的指令中有本店命令在臺灣投資於砂糖與鹿皮，從該地僱備戎克船，送到日本。「但是 Bantam 支店對於這件事情，以為這個判斷對公司是有所益的，蓋這些商品都是國王的專賣的，且日本是他的主要貿易地」(註一)

又一六七三年的報告裡說「Experiment 號到了臺灣，明白了砂糖獸皮即日本市場的重要商品，是由國王獨占的」(註二)

如上所說，臺灣的鹿皮與砂糖一起是鄭氏的重要出口品，掌握於其手中，壟斷這個利益，以資其財用。

# 六、滿清時代

康熙二十二年七月鄭克塽降清，臺灣遂歸入清室的版圖，起初，臺灣的領有，清廷對這個棄留不定，而施琅對清廷持了臺灣領有的意見，詳陳棄留的利害。在其疏中說了臺灣的物產：「臣奉命征討，親歷其地，備見野沃土膏，物產利溥，耕桑並耦，漁鹽滋生。滿山皆屬茂樹，遍處俱植修竹。硫磺、水籐、糖蔗、鹿皮以及一切日用之需，無所不有。」（《靖海紀事》卷下）（註一）翌二十三年清廷命福建督、撫、提、鎮詳議去留。（註二）同年四月部臣蘇拜會同福建督、撫、提督等詳議的結果，設置一府三縣，於是臺灣即歸入了清朝的版圖了。（註三）得了臺灣的清廷當然考慮過臺灣的財政，鑑了鄭氏時代的鹿皮、砂糖興販的財政上的重要性，清朝即咨詢蘇拜及福建督撫等，臺灣應得的錢糧數目若干，白糖、鹿皮可否興販。所以依省議決定了照例歲辦鹿皮九千、白糖二萬擔，行販到日本，不足的砂糖即聽其在省內採買。對這個議決，施琅也上疏說：「本省之去臺灣，已隔兩重汪洋。以臺灣所產白糖配臺灣興販船數，固為安便。若就本省湊買白糖，涉重洋而至臺灣，方興販東洋，則今四方蕩定，六合為一，在臺灣可以興販東洋，何本省而不可興販，必藉臺灣之名買白糖赴彼興販？此皆部臣蘇拜等慮彼中之錢糧不敷，婉為籌度湊足良法。可知臺灣錢糧一時未能裕足故也。」（《靖海紀事》下卷〈壤地初闢疏〉）

翌二十四年（貞享二年）七月二十六日從福州及廈門十三隻的官船，同船有兩個文武官員入港了長崎。一個是新任臺灣府海防同治梁爾壽，一個是管理興販洋船左都督江君開。據他們的陳述，鄭克塽降伏以後，到北京謁康熙帝時，對臺灣的情形有下問：臺灣位於海外邊土，發了遷界令，由大陸封鎖，想杜塞軍用、糧道，而長年間怎麼能夠敵對？鄭克塽對這個詢問說：從臺灣派出商船到諸國，以商販之利充軍用，特地對日本派了大

註一—據台灣大學所藏伊能嘉矩手抄本。
註二—《聖祖實錄》，卷114。
註三—同，卷115。

(註1) 據伊能嘉矩著臺灣文化志斷片。
(註2) 聖祖實錄卷114.
(註3) 同卷115.

## 六、滿清時代

康熙二十二年七月，鄭克塽降清，臺灣歸入清國的版圖。[redacted]起初臺灣的領有，清廷對這個棄留不定，而施琅對清廷持了臺灣領有的意見，詳陳棄留的利害。在其疏中說了臺灣的物產，「臣奉命征討，親歷其地，備見野沃土膏，物產利溥，耕桑并耦，漁鹽滋生，滿山皆属茂樹，遍處俱植修竹，硫磺、水藤、糖蔗、鹿皮以及一切日用之需，無所不有」（靖海紀事卷下）（註一）翌二十三年清廷命福建督撫提鎮，詳議去留（註二）同年四月部臣蘇拜會同福建督撫提督等詳議的結果，設置一府三縣，於是臺灣即歸入了清朝的版圖了。（註三）得了臺灣的清廷，當然考慮過臺灣的財政。鑑了鄭氏時代的鹿皮砂糖興販的財政上的重要性，清朝即咨詢蘇拜及福建督撫等，臺灣應得的錢糧數目若干、白糖、鹿皮可否興販。所以依省議決定了照例變辦鹿皮九千、白糖二萬擔，行販到日本。不足的砂糖即聽其在省內採買。對這個議決，施琅也上疏說「京省之去臺灣，已隔兩重汪洋，以臺灣所產白糖、鹿皮，臺灣興販貿易，固為安便，若就京省湊買白糖，涉重洋而至臺灣方興販東洋，則今四方蕩定，大合為一，在臺灣可以興販東洋，何者而不可興販。又藉臺灣之名買白糖、赴彼興販，此皆部臣蘇拜等從中之錢糧不敷，姑為籌度，湊足良法，可知臺灣錢糧一時未能裕足故也」（靖海紀事下卷，壤地初闢疏）

翌二十四年（貞享二年）七月二十六日，從福州及廈門，十三隻的唐船，同船有兩個文武官員，入港了長崎。一個是新任臺灣府海防同知梁爾壽，一個是管理興販洋船左都督江君開。據他們的陳述，鄭克塽降伏以後，到北京，謁康熙帝時，對臺灣的情形有下問。臺灣位於海外邊土，發了遷界令，由大陸封鎖，想在臺軍用、糧道，而長年苦慮能夠徹底討鄭克塽。對這個詢問說，從臺灣派出商船，到諸國，以商數之利充軍用，特地對日本派了大部份的商船，輸出了土產品糖二百萬斤、鹿皮九萬張，又由大陸沿岸，以走私，獲了生絲、綢緞等充貿易。於是康熙帝即命福州的總督部院王國安與廈門的靖海侯施琅照例辦。所以王國安、施琅合議的結果，因要充守駐臺灣的軍資，命這兩個人搭載了臺灣的砂糖與鹿皮到長崎。（註一）然而當時日本的關閉政策的體制已經確立，德川幕府不喜歡格外的重新與外國官方的正式交涉，即八月廿八日使這些船隻歸帆。載回的這些臺灣特產，翌康熙二十五年改賣下民間，再由民間船載到日本。（註二）康熙二十六年正月二十八日入來長崎的廈門船所說的風聲書裡說：施琅現今曉諭人民，隨意可以出海通販，所以像我這樣商賈，出船渡過海來了。又說由臺灣例年出產的白砂糖、鹿皮，從前是官廳之貨物，而現今即商賈可以自由買賣，所以這些東西，載到廈門，夏天大概可以從廈門運到日本。（註三）

由臺灣，也如例年往販到日本，在日本即以臺灣船或大寃船，留在記錄上。康熙二十七年七月七日長崎入港的臺灣船說：遭了東北的烈風，難航，搭載的鹿皮因之大都弄濕了。（註四）又據康熙三十年六月二十日長崎入港的船人說：去年載回的鹿皮，因被蟲子蛀，所以斷念了渡航，然意外的買得了新皮，才與砂糖一起渡過來了。（註五）另外康熙二十九年的四十三號船、（註六）康熙三十四年的二十二號船（註七）等，也說搭載來的東西是臺灣的土產鹿皮、砂糖。或者對搭載的貨物雖沒有提起，不過對臺灣的情形陳述時，說砂糖、鹿皮為土產物。（註八）

如此，臺灣的鹿皮由臺灣，從這些船隻運販到日本以外，像前引康熙二十六年的九號廈門船所說：鹿皮先搬到廈門等地，再轉販到日本。康熙二十六年四十八號臺灣船說：「從廈門要購進臺灣土產之皮、砂糖，小船不絕地來臺灣」。（註九）又丁丑年，即康熙三十六年的五十二號以及六十號的臺灣船也說：

---

註一—早川純三郎編，《通航一覽》卷198（國書刊行會本），第5冊，p. 228-234。
註二—林春勝、林信篤編，《華夷變態》，卷11之中，66番廈門船。
註三—同書，卷12之上，9番廈門船。
註四—同書，卷15之2，134番台灣船。
註五—同書，卷18之下，67番台灣船。
註六—同書，卷17之2，43番台灣船。
註七—同書，卷22之中，22番台灣船。
註八—同書，卷12之中，30番船；卷16之中，39番船；卷17之2，56番船；卷19之中，26番船等。
註九—同書，卷12之中。

部份的商船，輸出了土產品糖二百萬斤，鹿皮九万張。又由泉沿岸以走私，獲了生絲、綢緞等來貿易。於是康熙帝即命福州的總督新覺王国安與廈门的靖海侯施琅，照例辦。此以王国安、施琅合議的結果，因要充當駐臺灣的軍資，命這兩個人，搭載了臺灣的砂糖與鹿皮到長崎。（註一）然而當時日本的閉關政策的條例已經確立，德川幕府不喜歡格外的重新與外國官方的正式交涉，即（八月廿八日）使這些船隻，降帆、載回的這些臺灣特產，望康熙二十五年，改爲下民的。再由民間船載到日本。（註二）

康熙二十六年正月二十八日，入來長崎的廈门船所說的風聲書裡說施琅，現今曉諭人民，隨意可以出海通販，所以像我這樣商賣、出船渡過海來了。又說由臺灣例年出產的白砂糖，鹿皮，從前是官廳之貨物，而現今即商賣可以自由買賣，所以這些東西、載到廈门，夏天，大概可以從廈門運到日本。（註三）

由臺灣也，如例年往返到日本，在日本即以臺灣船或大寬船，留在記錄上。康熙二十七年七月十日，長崎入港的臺灣船說、遭了東北的烈風，難航，搭載的鹿皮，因之大部弄濕了。（註四）又據康熙三十年六月二十四日，長崎入港的船人說，去年，載回的鹿皮，因被蟲子蛀，所以斷念了渡航，然意外的買得了新皮才與砂糖一起渡過來了。（註五）另外康熙二十九年的四十三番船（註六）康熙三十四年的二十二番船（註七）等也說，搭載來的東西是臺灣的土產，鹿皮、砂糖。或者對於搭載的貨物雖沒有提起、不過對臺灣的情形隨便說說砂糖、鹿皮為土產物（註八）

如此臺灣的鹿皮，由臺灣從這些船隻運販到日本以外，像前引康熙二十六年的九番，廈門船所說，鹿皮先搬到廈門等地，再轉販到日本。康熙三十六年四十八番臺灣船說「從廈門、要購進臺灣土產之皮、砂糖，小船不絕地來臺灣」（註九）又丁丑年即康熙三十六年的五十二番以及六十番的臺灣船也說

（註1）通航一覽 卷198. 國書刊行会本、第5冊 p.228–234.
（註2）華夷變態 卷十一之中. 六十六番廈门船
（註3）同書卷十二之上. 九番廈门船.
（註4）同書卷十五之二. 百三十四番臺灣船.
（註5）同書卷十八之下 六十七番臺灣船.
（註6）同書卷十七之二. 四十三番臺灣船.
（註7）同書卷二十二之中 二十二番臺灣船.
（註8）同書卷十二之中. 三十番船. 卷十六之中三十九番船 卷十七之二五十六番船. 卷十九之中二十六番船等.
（註9）同書卷十二之中

「從諸地方要購妥臺灣出產的鹿皮、砂糖類，有數船渡過來了」。（註一）康熙二十九年的六十五號漳州船說：「到四月的時候，總沒有可載來的貨物，所以想當夏不渡過海來，然而到了五月的時候，從臺灣，鹿皮類載到了漳州，購進了這些皮類，依是買添漳州出產的砂糖類……由漳州出船來了」。（註二）又同年的八十八番廈門船說：「我們沒有可載來貴地於合式的貨物，[A]所以想要開到寧波的時候，至六月間，從臺灣鹿皮并砂糖類到了廈門，所以想著合式於貴地的貨物，要開到寧波的決心於是變更，向貴地渡過來了」。（註三）又康熙四十八年入港的廈門船，即四月一日從廈門開船到臺灣，四月六日到了臺灣購收了砂糖等貨，至五月十二日臺灣發，十四日歸到廈門，十六日再由廈門開船向日本，至五月二十七日才到了長崎。

如上所說，鹿皮也由對岸廈門、漳州等地運販到日本以外，從另外的地方，也有船隻寄舶於臺灣，載添這些貨物。康熙二十七年一百六十一號的海南船說：「五月二十五日海南島發，因搭載的貨物少量，六月十一日寄港於臺灣，買了砂糖、鹿皮等物，於七月三日臺灣發，走到這裡來了」。（註四）又康熙三十八年三十五號的高州船說：「從寧波，二月到高州做買賣，而貨物意外的少，加之海邊流賊起，貨物很難入手，所以五月二日高州出發，六月二日到臺灣，買妥了出產之砂糖、鹿皮等類，六月十六日臺灣出發，到這裡來了」。（註五）可見臺灣的鹿皮，鄭氏降伏後到滿清時代，也是臺灣的一個重要出口品，與砂糖等一起由臺灣以及其他等地，運販到日本了。

如上所說，自明中葉，漳、泉的下海通販活潑起來以後，臺灣也以豐富的鹿皮登臺於國際商場裡，至荷蘭據臺前後就年有出了差不多二十萬張，以後雖有船隻關係，

A 編按—意指沒有合適於日本販賣的貨物。

註一—《華夷變態》，卷24之中。
註二—同書，卷17之3。
註三—同書，卷17之4。
註四—同書，卷15之3。
註五—同書，卷26之下。

（註1）華夷變態卷二十四之中.
（註2）同書卷十七之三.
（註3）同書卷十七之四.
（註4）同書卷十五之三.
（註5）同書卷二十六之下.

「從諸地方、要購買臺灣出產的鹿皮、砂糖類、有數船渡過來了」（註一）康熙二十九年的六十五番漳州船說「到四月的時候、總沒有可載來的貨物、所以想當夏天不渡過海來、然而到了五月的時候、從臺灣鹿皮類載到了漳州、購進了這些皮類、於是要添漳州出產的砂糖類、由漳州出船來了」（註二）又同年的八十八番廈門船、「我們沒有可載來貴地合式的貨物、所以想要開到寧波的時候、至六月六日、從臺灣鹿皮等砂糖類到了廈門、所以想着合式於貴地的貨物、要開到寧波的決心、於是變更、向貴地渡過來了」（註三）又康熙四十八年入港的廈門船、即四月一日從廈門街船到臺灣、四月六日到了臺灣購收了砂糖等貨、至五月十六日、臺灣發、十四日歸到廈門、十六日再由廈門開船向日本、至六月二十七日才到了長崎。

如上所說、鹿皮也由對岸廈門漳州等地運販到日本以外、從另外的地方也有船隻寄舶於臺灣、載添這些貨物。康熙二十七年第一百六十一番的海南船說「五月二十五日海南島發、因搭載的貨物少量、六月十二日寄港於臺灣、買了砂糖、鹿皮等物、於八月八日、臺灣發走、到這裡來了」（註四）又康熙三十八年三十五番的高州船說「從寧波、二月到高州做買賣、而貨物意外的少、加之海邊流賊起、貨物很難入手、所以五月六日、高州出發、六月二日到臺灣、買妥了出產之砂糖、鹿皮等類、六月十六日臺灣出發、到這裡來了」（註五）可見臺灣的鹿皮、鄭氏降伏後、到滿清時代、也是臺灣的一個重要出口品、與砂糖等一起、由臺灣以及其他等地、運販到日本了。

如上所說、自明中葉、漳泉的下海通販、活潑起來以後、臺灣也以豐富的鹿皮、登臺於國際商場裡、至荷蘭據臺前後、就每年有出了差不多二十萬張、以後、雖有船隻關係、每年所出的數量也不一定，而臺灣的開拓的進行，逐漸的，這個鹿皮的數量也減少起來，有的說年產七、八萬張，（註一）有的說年五萬張；（註二）至於中文文獻對荷蘭所運販鹿皮數量，即說五萬張，或三萬張。由此可見，荷蘭的末年、鄭氏初年，是差不多年產有三萬張內外，到了滿清時代，就年產大約是九千張，到了雍正年間，平地的開墾進捗〔步〕，[A]終因鹿皮減少，就不能對國際商場裡出口了。

A 編按—日文與用語，進展之意。

註一—Pieter van Dam, *Beschryvinge van de Oostindische Compagnie*, boek II, deel I, p. 710.

註一—N. MacLeod, *Oost-Indische Compagnie als Zeemogendheid in Azie*, deel II, 1927, p. 364.

(註1) Van Dam, Pieter: Beschryvinge van de Oost indisch Compagnie: Boek II. deel 1. P.710.
(註2) MacLeod, N.: de Oost. Indisch Compagnie, als zeemogendheid in Azië.; deel 2. 1927. P.364



每年出的數量也不一定。而臺灣的開拓的進行，逐漸的這個鹿皮的數量也減少起來。有的說每年產七、八万張(註一)，有的說每年五万張(註二)。至於中文文獻對荷蘭所運販鹿皮的數量，即說五万張，或二万張。由此可見荷蘭的末年，鄭氏初年是差不多每年產有三万張內外。到了滿清時代，就年產大約是九千張，到了雍正年間，年代的開墾進步，致因鹿皮減少，就不能對國際商場運出了。

# 第二章　臺灣鹿皮貿易之背景[A]

## 一、臺灣鹿之種類[B]

臺灣現在有如下三種的鹿棲息：

花鹿：Cervus taiouanus（Blyth，一八六〇）[C]

肩高九〇公分，頭胴一五〇公分，尾一三公分，鏡斑白，鹿皮斑文甚多，角是四尖三枝，現在幾乎沒有野棲，因採取鹿茸、鹿鞭，只在小琉球、火燒島等處，圍柵飼養。

水鹿：Cervus swinhoei[D]（Sclater，一八六二）

現在棲息於一五〇〇—二五〇〇公尺的高地，比花鹿還大，而且結實，肩高一公尺，頭胴一八〇公分，尾一五公分，幼仔時也沒有鹿皮斑文，角向後彎曲，憨又短，第一枝長大，不大好看。

羌：Muntiacus reevesi micrurus（Sclater，一八六二）

棲息於平地至三、四〇〇公尺的高地，頗小，肩高三五公分，頭胴七〇公分，尾九公分，全身深濃的黃褐色，角短小，比擔角突起還要短，在根，只又出了小小的肬狀的突起。

另外暹羅鹿也被認曾棲息的。

十六、七世紀時候，到有甚麼種類的鹿棲息於臺灣，不能明白。《諸羅縣誌》卷十物產志，在毛之屬即記載：「鹿、麋鹿之大者、麞似鹿而小……」、《續修臺灣府志》卷十八即舉：「……麋、鹿、麂、麢即麞、麕似鹿而大」。這些是相當於現在的何種？要判定這個問題，似屬危險，不過假如以現棲種類看起來，好像鹿就現在的花鹿，麋就水鹿，麞就是羌，而現在棲息的這些種，羌是最多，花鹿是最少。

黃叔璥的古地圖，[E]有五個地方，繪十四隻的鹿。據堀川安市先生說，角有枝，毛有斑點，體軀也大，繪於四個地方，十一隻。還有小形，角沒有枝，也沒有斑點，[F]繪在差不多現在的新竹市海岸一所，三隻。前者就是花鹿，後者就是羌。（註一）差不多一六二六年間西班牙人所繪的當時的安平港圖上，也有繪

註一—堀川安市，〈古文書から見た臺灣の鹿〉，《科學の臺灣》，vol. 9, no. 1-2, p. 18。

A　編按—章名依據手稿目次補入。

B　編按—節名依據手稿目次補入。

C　編按—Cervus taiouanus 是梅花鹿的學名，較完整的寫法是 Cervus nippon taiouanus：Blyth 是命名的學者，一八六〇是命名年代。以下水鹿、羌兩條均同。

D　編按—水鹿完整的學名是 Cervus unicolor swinhoei。

E　編按—此古地圖即日治時代所稱之〈黃叔璥台灣番社圖〉，惟一九三〇年代山中樵認為此圖繪製年代在康熙中葉，而非康熙末葉，戰後相關研究者亦支持此說，認為此圖非黃叔璥所繪，參見鄭喜夫，〈康熙臺灣輿圖內容年代新考〉，《臺灣文獻》五二卷一期（2001年3月），頁四七三—四九三以及翁佳音計畫主持，《康熙臺灣輿圖歷史調查研究報告》（臺北：國立臺灣博物館，2007），頁二六—三九。

F　編按—崛川安市說新竹海岸三隻鹿沒有枝角、無斑點，此說誤，此三隻有角與白色斑點，並非山羌，見左側附圖。

〈康熙臺灣輿圖〉（摹本）中之澗仔力社以南（即今新竹地區）原住民捕鹿圖。（國立臺灣博物館提供）

一、

臺灣現在有如下三種的鹿棲息、

花鹿 Cervus taiwanus Blyth 肩高九〇公分，頸胴一五〇公分，尾一三公分，體斑白，鹿茸斑文甚多，角是四尖三枝，現在幾乎沒有野棲，因採取鹿茸，鹿鞭，只在小琉球，火燒島等知，圈柵飼養。

水鹿、Cervus Swinhoei Sclater 現在棲息於一五〇〇—三五〇〇公尺的高地，比花鹿還大，而且強壯，肩高一公尺，頸胴一八〇公分，尾五五公分，幼仔時也沒有鹿皮斑文，角，向後彎曲，亂又短，另一枝長大，不大好看。

羌 Muntiacus reevesi micrurus Sclater 棲息於平地至三、四〇〇〇公尺的高地，頗小，肩高三五公分，頸胴七〇公分，尾九公分。全身深濃的黃褐色，角短小，牙擴角突起還要短、在根，只是出了小小的肬狀的突起。

另外暹羅鹿也被認曾棲息的。

十六七世紀的時候，到有甚麼種類的鹿，棲息於臺灣，不能明白，諸羅縣誌卷十物產志左毛之鹿，即記載「鹿，麋（麋之大者……）、麖、麂、麞（似麞而小……）」。據修臺灣府誌卷十八卯峯「、麋、麂、麑、麕即麞，麕（似麞而大）」。這些是相當於現在的何種，要判定這個問題似乎危險，不過假如以現棲種類看起來，好像鹿就是現在的花鹿，麋就是水鹿，麞就是羌，而現在棲息的這些種，羌是最多，花鹿是最少。

黃叔璥的古地圖，有五個地方，繪十四隻的鹿。據堀川安市先生說，角有枝，毛有斑點，体軀也大，繪在四個地方十一隻。還有小形，角沒有枝，也沒有斑點，繪在差不多現在的新竹市海岸一部，三隻。前者就是花鹿，後者就是羌。(註二) 差不多一六二六年的，西班牙人所繪的當時的安平港圖上也有繪著二個荷蘭人在捕鹿的情形。所繪的鹿，即有枝，也有斑點，可能是花鹿的。（註一）鄒族 Tsou 的 Utchina及Yasiungu 兩氏族，古昔大概是在現在的嘉義苗圃之東，觸口附近，從事捕鹿。現在那個地方，他們稱為 Poftoga-byobyo，意即「把花鹿趕出去陷的崖」。（註二）花鹿是狩獵的主要對象，幾乎代表了鹿，顯然的，往時花鹿在數量上，比另外的種類還多。

一六二七年以來，在臺傳道的 Georgius Candidius 在他的關於臺灣島的敘述裡說：「這裡也有許多種的野獸，其殘存動物中，像鹿有角的，土人們稱 Olavangh」。（註三）又當時由荷蘭載到日本的一般的鹿皮以外，特地也有大鹿皮 elant shuijden。這些Olavangh或是大鹿（elant）是甚麼種類的鹿，當然我們很難推定的。

臺南縣的左鎮，有出土很多的哺乳動物化石，這些化石中，關於化石鹿，據鹿間時夫氏所載，（註四）這些化石鹿是屬於鮮新世，八種之中，可疑是於現棲種同，有二種，內一種是島外種、四種是新種，然而這些化石中，Cervus（Sika）taivanus（？）Blyth，即可疑是花鹿的，也在數量上最多。雖然這些化石鹿，不能斷定先史時代進到了歷史時代也都殘存的，但是我們可以推測，到了十六、七世紀的時候，在臺灣棲息的鹿的種類，可能是比現在還得多，而且花鹿是比他種在數量上還特別多。

鹿因其種類，有的在高嶺山岳地方棲息，有的在平原曠野生活，有的喜歡在濕潤的地方，然而一般的是棲息於一部份是平野，接之有相當的密林的地方，在天然原生的情形的幽靜的森林是他們最喜歡的棲息地。食飼：反芻類的通性，都是吃植物質的；按時節，牠們的嗜好也有變更，大概嫩葉、嫩芽是他們喜歡的餌料，特地喜歡闊葉樹的葉、芽與禾本科類的草。另外豆類、根菜類，以及蘚苔、地衣

A 編按—原稿誤作草間時夫。

---

註一—José M. Álvarez, *Formosa: Geográfica e Históricamente Considerada*（Barcelona: Librería Católica Internacional, 1930）, tomo II, 插在 p. 416-417間之附圖。

註二—台北帝大土俗人類學研究室，《臺灣高砂族系統所屬の研究》，本篇，p. 13。

註三—W. Campbell, *Formosa under the Dutch*, p. 9; J. Grothe, *Archief voor de Geschiedenis der Oude Hollandsche Zending*, deel III, bl. 1.

註四—鹿間時夫，A〈化石鹿より観たる臺南州新化郡左鎮庄の化石哺乳動物層の地質時代に関する一考察〉，《臺灣地學記事》8卷10/12期（1937），頁120-125。

(註1) Alvarez, José M.: Formosa, geográfica e históricamente considerada. t.2. 插在 p.416-417 之附圖.
(註2) 台北帝大·土俗人類学研究室：臺灣高砂族系統所屬の研究. 本篇 p.13.
(註3) Campbell, Wm.: Formosa under the Dutch. p.9
Grothe, : Archief voor de geschiedenis der oude Hollandsche zending; deel III. p.1.
(註4) 草间时夫：化石鹿より觀たる臺南州新化郡左鎮庄の化石哺乳動物層の地質时代に関する一考察
(台湾地学記事 vol 8. no. 10/12, 1937) p.120-125.

着二個荷蘭人，在捕鹿的情形，所繪的鹿，即有枝也有班点。可能是花鹿的。(註一) 鄒族 Tsou 的 Mtchina 及 Yasiungu 兩氏族，古昔大概是在現在的嘉義菌甫之東，觸口附近，從事捕鹿。現在那個地方，他们稱為 Pohton-bypbyo 意即「把花鹿趕出去的崖」(註二) 花鹿是狩獵的主要对象，幾乎代表了鹿，顯然的往时花鹿在數量上比另外的種類還多。

一六二七年以來，在台傳道的 Georgius Candidius 在他的關於台灣島的敘述裡說，這裡也有許多種的野獸，其残存動物中，像鹿有角的，夫们稱 Olavangh 」(註三) 又當时由荷蘭載到日本的一般的鹿皮以外，特地也有大鹿皮 「Lanto huijden 」這些 Olavangh 或是大鹿是甚麼種類的鹿，當然我们很難推定的。

台南縣的左鎮，有出土很多的哺乳動物化石，這些化石中，関於化石鹿，據草间时夫氏報(註四)，這些化石鹿是属於鮮新世，八種之中，可疑是於現棲種同，有二種(內)種是屬外種，四種是新種，然而這些化石中 Cervus (Sikas) taiwanus (?) Blyth 即可疑是花鹿的，也在數量上最多。雖然這些化石鹿，不能斷定先史时代迄到了歷史时代也残存的。但是我们可以推測，到了十六、七世紀的时候，在台灣棲息的鹿的種類，可能是比現在還得多，而且花鹿是比他種，在數量上還特別多。

鹿因其種類，有的在高嶺山岳地方棲息，有的在平原曠野生活。有的喜歡在濕潤的地方。然而一般的是棲息於一部份是原野，接之有相當的密林的地方。在天然狀態的情形的幽靜的森林是他们最喜歡的棲息地。食物，依屬類的通性，都是吃植物質的。按时節，牠们的嗜好也有變動。大概，嫩葉，嫩芽是他们喜歡的餌料，特地喜歡濶葉樹的葉，芽，嫩禾，草料類的草。另外豆類，根菜類，以及蘚苔地衣類等也很喜歡的吃。晝夜都活動，特地夜間更活動，牠們的性質溫順又怯懦，對敵獸幾乎都沒有甚麼抵抗的武器，不過就是遁走而已。所以很小心，平常多數結群棲息，然而群中的一隻老鹿領群，在牠的領導下，逍遙、取食或者橫臥。領群的老鹿素常沒有採食，在警戒，要吃的時候，就有別的老鹿替牠警戒，覺知了危險，就傳達全群警戒，離散的鹿也漸漸的聚集起來，為一團，內中一隻開始逃走，別的就都接後逃走。

牠們的棲息地，大略也有一定的領域，不會到太遠的地方出遊，只於交尾期不得配偶的時候，才時有的逍出到遠的地方。又棲息地、食料以及氣候等的關係上，常常要變更其棲息地，有的夏天在山岳地方或在北部，冬天就在山麓、原野或在南部，有的選在乾燥的地方，有的移到濕潤的地方。交尾期是秋、冬，分娩期是晚春、孟夏的時候。一牡多牝，一隻的分娩數大概都很少，通常一胎是生一隻，一胎生兩、三隻是罕見的。所以假若濫獲，就顯著的減少。

臺灣，由動物的地理區分上，是屬於有鹿區（Region der Hirsch）的異稱的東洋區（Orientalische region），又十六、七世紀的當時，到處都有暢茂、高及身的未開拓的荒埔草地，也有千古沒有加過斧鉞的鬱蒼的闊葉樹的原生林，也有濕潤沼澤的地方，環境上是很適於鹿的棲息，所以當時連平地都有很多的鹿群棲息。關於這個，在萬曆末年的中文史籍中，已經有對臺灣一致的記載，其中提到聚集許多鹿。[A]

山最宜鹿，儦儦俟俟，千百為群。（《東西洋考》）（註一）

山最宜鹿，千百為群。（《島夷志》）[B]

另外，在西洋方面的文獻，例如一六二二年六月十九日，Coen 對 Reyersen 的訓令中，謂小琉球雖有豐富的木材、石頭、鹿，但居民兇暴。（註二）

---

註一—幾乎同樣文字也見於陳第的〈東番記〉，據中村孝志，〈台湾における鹿皮の産出とその日本輸出について〉所引，即陳第的〈東番記〉被收入黃承玄的《閩海通談》卷二中。陳第的〈東番記〉在方豪〈……〉介紹，在台灣沒有目睹的機會。」[C]

註二—中村，p. 103→Colenbrander dl. 3, bl. 201.。

A 編按—手稿原文不易辨識，記於此，以供參考：「これについては萬曆末年の中文史籍に既に台湾文獻に纏った記述があり、その中に鹿の群棲を□□□いる」。

B 編按—原稿未補入文字，僅寫「島夷志」，據文意，應為《閩書．島夷志》有關鹿之文字，故據該書，補入相關文字。

C 編按—文中之《閩海通談》乃指沈有容及其後裔所編《閩海贈言》，東京大學東洋史研究室藏有此書，作者誤植為黃承玄，書名亦誤作《閩海通談》，曹老師在中村孝志之文中讀到此書，遂寫此一補注。一九五五年冬方豪取得全書影像，次年公布，學界始知書名為《閩海贈言》。又曹老師未寫出方豪文章篇名，一九五六年方豪發表〈陳第東番記考證〉一文前，另有一九五〇年五月發表的〈台灣文獻的散佚與今日的迫切工作〉論及陳第寫作〈東番記〉，故知應指此文。

(註) 中村孝志「…台湾における鹿皮の産出とその日本輸出について」… 所引による。
因みに 陳第の東番記は … 「閩海贈言」に收められてゐる … 台湾における目睹する描写を得てゐない。
(は 沈有容撰「閩海贈言」卷之に所収されてゐるものである。陳第の東番記は)

顏等也很善獸的嗎。晝夜都活動，特別夜間更活動，牠們的
性質，溫順又怯懦，對敵獸幾乎都沒有甚麼抵抗的武器，
不過就是逃走而已，所以很小心，平常多數結群棲息，無論
群中的一隻老鹿領群，在牠的領導下，通過取食或者棲臥，
領群的老鹿，素常沒有採食並警戒，要吃的時候，就有
別的老鹿替牠警戒，覺知了危險，就伝遞全群警戒，
離散的鹿也漸漸的聚集起來，成一團，內中一隻開始逃走，
別的就都接後逃走。

牠們的棲息地，大略也有一定的領域，不會到太遠的地方去
遊。只於交尾期，不得配偶的時候，才時有的逃去到遠的地
方。又棲息地，食料以及氣候等的關係上，常常要變更其
棲息地，有的夏天在山岳地方，或在北部，冬天就在山麓平
野或在南部。有的選在乾燥的地方，有的移到濕潤的地方。
交尾期是秋冬，分娩期是晚春或夏的時候，一牡多牝，一隻
的分娩數，大概都很少，通常一胎是生一隻，一胎生兩三隻
是罕見的。所以假若濫獲，就顯著的減少。

臺灣，由動物的地理區分上，是屬於有鹿區（Region de [illegible]
(Kitah)）的東洋區（Oriental Region）。又十六七世紀的
當時，到处都有暢茂高及身的未開拓的荒埔草地，也有
千古後有加過斧鉞的鬱蒼的闊葉樹的森林，也有濕潤
沼沢的地方，環境上是很適於鹿的棲息，所以當時(遍)平地都
有很多的鹿群棲息。これについては … 本省的記述 …
「山最宜鹿，儦儦俟俟，千百為群」（東西洋考）…
… 群棲鹿を示す … 記述 …

又 西洋例の文献 … 一九二二年六月十九日 Colem の Pegerow に対する訓令の中 … (Pegerow) には 木材，石，鹿皮の多量にあるが … 伝へて居る … → Colenbrander dl.3, bl.201
(馬天之)

## 二、土人與捕鹿[A]

鹿肉、脂肪少、味淡白、又軟，野獸肉中頂容易消化的，而且肉量也豐富，所以自太古以來，世界各地都有以鹿肉食用。然而，古昔很多蓄殖，又捕鹿比別的牲口是容易的，特地在原始社會裡，狩獵器具、武器等很簡單，要捕獲別的鳥獸類，還更困難。比起來，捕鹿是很簡單的，加之沒有兇猛，所以自古以來，鹿是很重要的人類的狩獵獸。早就在舊石器時代Aurignacian期以後，[B]我們可以看出太古人所雕的鹿類。在中國，也舊石器時代的遺址的出土，下了時代，[C]在卜辭中，也有很多的捕鹿記錄，捕獲多的時候就有三百八十四隻。又據《禮記・內則》，鹿脯也是一個美食；在日本，也自古代就有鹿肉的食用，日本話，肉的古語「しし」的語源是鹿的古語「しし」來的。可見，未開化階段的人類，鹿肉是很重要的動物性食餌。

臺灣各地的先史遺跡所出土的獸骨、骨器，其大部份也是鹿的。臺灣先史時代的生產的狀況，據金關丈夫博士等說：「就是所謂 **Hack-bau** 的文化，而實際上，諒必同時併用著原始性的 **Pflug-bau**，有類似 **Hand-pflug** 的犁形石器的伴出，故可知之。但在另一方面，還有狩獵漁撈生活的遺留乃不待言者。（此事由于石鏃、石槍等狩獵具、鹿、野豬等野獸的遺骨以及石錘的伴出，而可推定之）」。[D]如此是農耕狩獵併用時代的。

到了荷蘭佔據時代，原住土人大概也是還在同一程度的階段。生產型態上，狩獵時代的階段的結束，蓋以狩獵的有無多寡所決定。還狩獵很豐富的當時，狩獵是原住者們的很※重要的生業，而且是很重要的娛樂，呪術的色彩，強烈地會影響原始產業時，由這看起來，狩獵也是一個他們的很重要的社會的行為。

當時的狩獵方法，據何喬遠所撰《閩書》卷一四六〈島夷志・東番〉裡說：「人精用鏢，鏢竹插鐵鏃，長五尺，有咫，銛甚，出入

A 編按—節名依據手稿目次補入。

B 編按—舊石器時代Aurignacian期係指以法國Aurignacian為代表性遺址的考古文化層，距今四萬五千至三萬五千年前，分布於歐洲與亞洲西南部。他們使用的骨器之中，有一種典型的鹿角工具，稱為split-base antler point，參見P. Mellars, "Archeology and the Dispersal of Modern Humans in Europe: Deconstructing the Aurignacian", *Evolutionary Anthropology*, vol. 15 (2006), pp. 167–182.。

C 編按—「下了時代」可能是「下個時代」之意。

D 編按—此一引文出自金關丈夫、國分直一等著，張樑標譯，〈臺灣先史時代靴形石器考〉，臺灣光復文化財團人文科學委員會編，《人文科學論叢》第一輯（臺北：編者刊行，1949），頁九七。金關丈夫此稿完成於一九四六年，後又增補，由臺北帝大史學科之畢業生張樑標中譯，刊於一九四九年，日文版則在三十年後，收於金關丈夫、國分直一著，《臺灣考古誌》（東京：法政大學出版局，1979），頁一八〇—二四〇。日文版內容略有不同，如曹老師所引之文，刪去石錘一詞。

E 編按—曹老師此處眉註的用意，可能是想在日後補上一段與「原始社會經濟」有關的文字。

※眉註—加原始社會經濟。[E]

加入鹿的社會組織



二、

鹿肉、脂肪少，味淡白，又軟，野獸肉中頂容易消化的。而且肉量也豐富，所以自太古以來，世界各地都有以鹿肉食用。然而古昔很多蕃殖，又捕獲比別的牲口是容易的。特地在原始社會裡，狩獵器具、武器等很簡單，要捕獲別的鳥獸類，還更困難，比起來，捕鹿是很簡單的，加之沒有兇猛，所以自古以來，鹿是很重要的人類的狩獵獸，早就在舊石器時代 Aurignacian 期以後，我們可以看出太古人所彫的鹿類。在中國也舊石器時代的遺址的出土。下了時代，在卜辭中也有很多的捕鹿記錄，捕獲者的時候就有三百八十四隻。又據於禮記內則，鹿脯也是一個美食。在日本也自古代就有鹿肉的食用，日本語，肉的古語「しし」的語源是鹿的古語「しし」來的。可見，未開化階段的人類，鹿肉是很重要的動物性食餌。

臺灣各地的先史遺蹟，所出土的獸骨、骨器，其大部份也是鹿的。臺灣先史時代的生產的狀況，據金關丈夫博士等說，「就是所謂 Hackbau 的文化，而實際上，諒大同時併用着原始性的 Pflugbau。有類似 Handpflug 的犁形石器的伴出，故可知之。但在另一方面，還有狩獵漁撈生活的遺留乃不待言者。（此事由于石鏃、石槍等狩獵具，鹿、野豬等野獸的遺骨以及石錘的伴出，而可推定之）」如此是是農耕狩獵併用時代的。

到了荷蘭佔據時代，原住民大概也是還在同一程度的階段。生產型態上、狩獵時代的階段的結束，蓋以獵獸的有無多寡以決定。還獵獸很豐富的當時，狩獵是原住者們的很重要的生業，而且是很重要的娛樂，咒術的色彩，強烈地含影響着原始產業時，由這看起來，狩獵也是一個他們的很重要的社會的行為。

當時的狩獵方法，據何喬遠所撰閩書卷一四六島夷志東番記說：「人精用鏢，鏢竹棒鐵鏃，長五尺有咫，銛甚，出入攜自隨……居常禁不許私捕鹿，冬，鹿群出，則約百十人即之，窮追既及，令圍裏之，[A]鏢發命中」。《東西洋考》的雞籠，也是差不多一樣的記述。（補註）Candidius的記載更詳細：

在狩獵，他們有三個方法獲得他們的獵獸。用陷機、鏢（assegayen）或弓箭。陷機再有二個方法，一個方法是安張於鹿與野豬平常要通過的森林或場所。於是包圍了鹿，向陷機，驅出了鹿，這個是用籐或竹作的；另外的方法是，這個陷機或安於小路或安於平埔，把一枝竹安置很深，又堅固地插地土中，然後彎曲，用一個小小的木材緊繫之。陷機以後縛於那個竹，些微的用土隱覆起來，於是二、三百隻，往往有成千的鹿群，在原野逍遙的時候，觸了陷機，竹就跳向後，成為直立的姿勢，而鹿的脚就為所縛。土人然後接近，即用鏢殺斃之。用這個方法，每年有數千的被捕。他們用鏢狩獵的時候，全社的男子，往往有二、三社一起聚集起來，每人都帶了二、三枝鏢，也又帶了狗去打獵，到了指定的原野，他們就編成了一個圓圈。圈的周圍，約有一哩或半哩之長，然即每人向圓心移動、獵獸，這些被包圍，很少的有逃走的機會，一隻牲口一旦用鏢被刺，通常都被獲的。鏢因為要射鹿，特別是這樣的柄是有人身的長（Campbell英譯本即作有六呎長），用竹作的。帶著小鈴，縛了長的繩，這條繩又緊縛了鐵，這個鐵附有三、四個鈎刺，既而鹿堅執的被刺，就不能再脫下。然而這個柄設有堅固的繩繫着鐵，這柄落下，然鹿曳着繩纏結，使妨礙牠的逃走。或出血，不能再走至斃，這個小鈴指示獵人，始終可以聽見鹿逃到那個地方。用這個方法，也捕了很多。用弓箭，這個方法也可以的。單身或二、三個人去到鹿場，簡便的追

A 編按—原手稿作「令圍裏之」，惟何喬遠編撰，廈門大學古籍整理研究所歷史系古籍整理研究室《閩書》校點組校點，《閩書》（福州：福建人民出版社，1994-1995），頁四三六一與《閩海贈言》（臺北：臺灣銀行經濟研究室，1959，臺灣文獻叢刊第56種），頁二六所收〈東番記〉均作「合圍衷之」。

補註—中村一文中所引陳第〈東番記〉裏也有同樣的記事。

(識語) 中村孝志 中研院 台灣第三卷第三號 にも既にて同様の記事を載せている。



携自遠、、居常禁不許私捕鹿、冬處摩去，則約百十人即之窮追既及，合圍衷之，鏢發命中」。東西洋考的雞籠、也是差不多一樣的記述。(鏢鎗) Candidius的記載更詳細。

「在狩獵，他們有三個方法獲得他們的獵獸。用陷機、鏢（assegayen）或弓箭。陷機再有二個方法，一個方法是安張於鹿與野豬平常要通過的森林或場所，就是包圍了鹿，向陷機驅出了鹿。這個是用藤或竹做的。另外的方法是，這個陷機或[illegible]安於小路或安於平埔，把一枝竹安置很深又堅固地插地上中，然後彎曲可一個小小的木樁緊繫之，陷機以後縛於那個竹，此繳的用土隱覆起來。於是二、三百隻，往往有成千的鹿群，在平野通過的時候，觸了陷機，竹就跳向後，成為直立的姿勢，而鹿的脚就為此縛。然後接近，即用鏢殺斃之。」用這個方法，每年有數千的被捕。他們用鏢，狩獵的時候，全社的男子往往有二、三社一起聚集起來，每人都帶了二、三枝鏢，也又帶了狗去打獵。到了指定的原野，他們輪流成了一個圓圈。圓的周圍約有一哩或半哩之長，然即每人向圓心移動，鹿獵獸，這些被包圍，很少的有逃走的機會。一隻離口，一旦[illegible]用鏢被刺，通常都被獲的。鏢因為要射鹿，是這樣的，柄是有人身的長（Campbell 英譯即作有大吹長）用竹作的。帶着小鈴，縛了長的繩，這條繩又緊緊縛了鐵，這個鐵附有三、四個鈎刺，既而鹿堅執的被刺，就不能再脫下。然而這個柄，沒有堅固的纏繫着鐵，這柄落下，然鹿或着繩纏繞，便妨礙牠的逃走，或出血，不能再走至叢林。這個小鈴指示獵人，始終可以聽見鹿逃到那個地方。用這個方法，也捕了很多。用弓箭、這個方法，也（而）以的。單身或二、三個人，去到鹿場，偷使的追

跑着鹿——因他們可以跑了幾乎如鹿一樣的快——連續的發射了箭，至牠受着致命的創傷。用這個方法也射了不少的鹿。（註一）

出草，先開火路，以防燎原，諸番圍立如堵，火起焰烈，鹿獐驚逸；張弓縱狗，小大俱殪。（《諸羅縣誌．卷八風俗志番俗考雜俗》）

荒野開窟，蒙頭以草，[A]夜潛窟中作鹿鳴。鹿以為群也，呦呦而至，前而射殺之。（同書）

昔年地曠人稀，麋鹿蝗聚，開大阱，覆以草，外椓杙竹篾疎維如柵。鹿性多猜，角觸篾動不敢出圍，循杙收柵而內入；番自外促之，至阱皆墜矣。有剝之不盡至腐者。（同書）

鹿場多荒草，高丈餘，一望不知其極，逐鹿，因風所向，三面縱火焚燒，前留一面，各番負弓矢、持鏢槊，俟其奔逸，圍繞擒殺。（《臺海使槎錄．卷八番俗雜記》）

自萬曆年間以來，至滿清時代，其間土人的狩獵法是沒有甚麼異，只加之火鎗，為狩獵器具。

鹿之生也，或斑而文，或黧而黝；忽散忽聚，乍往乍來，於是弓矢殪之，鏢槊搦之，罟穽伏之，鉛礮擊之。（《臺海使槎錄》卷四所引李麒光〈客問〉）

原始的經濟社會的特質，外表上，即在狹小的經濟領域，是自主的、孤立的；而內面上，在其社會內，都是平等的精神橫溢，充滿有運命的連帶觀念與相互扶助的精神。對這事，在狩獵的時候最顯明的。在共同所有的獵場，協同狩獵，又享受了共同的狩獵利益。鹿又有如上述群棲的性質，所以捕鹿方法，雖有個人或數人舉行，而特地適於集團趕出去的狩獵法。因此鹿是連帶的呪術的意義，強烈地所反映的原始社會裡的重要獵獸。舉行了集團的狩獵，所獲的牲口，即聚集，共同飲食，以後才分配。

A 編按—手稿作「蒙頭以革」，據原書，應為「蒙頭以草」。

---

註一—W. Campbell, *Formosa under the Dutch*, p. 11-12; J. Grothe, *Archief voor de Geschiedenis der Oude Hollandsche Zending*, deel 3, p. 6-7.

(註1) Campbell. p.11-12. Grothe, deel 3. p.6-7.

跑着鹿——因他們可以跑了幾乎如鹿一樣的快——連續的發射了箭，至使受着致命的創傷。用這個方法也射了不少的鹿」。(註)

「出草先開火路以防燎原。諸番圍立如堵，火起焰烈，鹿獐驚逸，張弓縱狗，小大俱殪」(諸羅縣志卷八風俗志番俗考雜俗)

「荒野開窟，常頸以草，夜潛窟中作鹿鳴，鹿以為羣也，呦呦而至，前而射殺之」(同書)

「昔年地曠人稀，麋鹿嗟聚，開大阱，覆以草，外椽杙竹篾，疎維如柵，鹿性多猜，角觸籬動，不敢出圍，循杙收柵而內入，番自外從之，至阱皆墜矣。有剩之不盡至樹內者」(同書)

「鹿場多荒草高丈餘，一望不知其極，逐鹿因風所向，三面縱火焚燒，前留一面，各番負弓矢，持鏢槊，俟其奔逸，圍繞擒殺」(臺海使槎錄卷八番俗雜記)

自荷蘭時代以來至滿清時代，其間大的狩獵法是沒有甚麼異，只加之火槍為狩獵器具。

「鹿之生也，或雌而文，或犢而黝，忽散忽聚，倏往倏來，於是弓矢殪之，鏢槊擒之，罟穽伏之，鉛礮擊之」(臺海使槎錄卷四所引季麒光客問)

原始的經濟社會的特質，外表上，即在狹小的經濟領域，是自主的孤立的，而內面上，在其社會內，都是平等的精神橫溢，充滿有運命的連帶觀念與相互扶助的精神。討這事，在狩獵的時候，最顯明的。在共同的有的獵場，協同狩獵，又享受了共同的狩獵利益。 鹿又有如上述，群棲的性質，所以捕鹿方法，雖有個人或數人舉行，而特地適於集團的追出去的狩獵法。因此鹿是連帶的呪術的意義，能最地從反映的原始社會裡的，重要獵獸。舉行了集團的狩獵，共獲的獵口，即收集，共同飲食，以後才分配。

如此，所獲的鹿是他們的重要的動物性營養物，另外，也供於種種的用途。他們的鹿的利用，大概如下：

一、鹿肉及臟腑為食用

鏢發命中，所獲連山，社社無不飽鹿者，取其餘肉，離而臘之，篤嗜鹿腸，剖其腸中新咽草旨啖之，名曰百草膏。（《東西洋考》卷五）

他們也吃了在這裡有很多的鹿肉。（註一）

土人很少留藏牠（即鹿），他們留了內臟，吃這個帶着汗穢的，倘使他們獲了太多，就那麼汗穢的以鹽醃。這個他們以為好風味的食物。他們也吃了一片的未煮的肉，從在那裡新屠的鹿割來的，血一邊兒從他們的嘴滴下。從老鹿的軀幹裡覓得的幼鹿，無論成長與未成長，都連皮、頭髮貪食。（註二）

獲鹿即剝割，群聚而飲，臟腑醃藏甕中名曰膏蚌鮭。（《臺海使槎錄》番俗六考 北路諸羅番一）

二、鹿皮為衣飾、其他器用

土番初以鹿皮為衣。（《諸羅縣志》卷八）

衣用鹿皮、樹皮，橫聯於身，無袖，間有著布衫者，捕鹿時，以鹿皮搭身，皮帽、皮鞋，馳逐荊棘中。（《臺海使槎錄》番俗六考 北路諸羅番七）

貓霧捒、岸裏以下諸社，俱衣鹿皮，并以皮冒其頭，面止露目。（同書，北路諸羅番八）

他們的牀，沒有褥子，也沒有枕頭；為褥子的代替，墊了一張鹿皮，又為枕頭的代替，頭部放了一個木材。床是用竹作的，安置了一片板，而板上敷了一張鹿皮，或者單單在地板上，敷了一張皮。（註三）

---

註一—Dagh-Register Gehouden int Casteel Batavia ...A° 1624-1629, 1896, p. 23; 村上直次郎譯，《抄譯バタビヤ城日誌》，上卷，昭12，p. 30。

註二—J. Grothe, *Archief voor de Geschiedenis der Oude Hollandsche Zending*, deel III, p. 7; W. Campbell, *Formosa under the Dutch*, p. 12.

註三—J. Grothe, *Archief voor de Geschiedenis der Oude Hollandsche Zending*, deel III, p. 18; W. Campbell, *Formosa under the Dutch*, p. 19.

(註1) Dagh-register gehouden int Casteel Batavia ... A°1624-1629. 1896. p.23. [redacted]

[redacted]

村上直次郎訳：バタビヤ城日誌 上巻 昭12. p.30.

(註2) Grothe : deel III. p.7. Campbell. p.12.

(註3) Grothe : deel II. p.18. Campbell. p.19.

如此，以獲的鹿是他們的重要的動物性產物、另外也供於種々的用途，他們的鹿的利用大概如下。

一、鹿肉及臟腑為食用

「鏢鏦命中以獲達山社社無不飽鹿者、取其餘肉、離而腊之、篤嗜鹿腸、剖其腸中新咽草旨啖之、名曰百草膏」（東西洋考卷五）

「他們也等了在這裡有很多的鹿肉」（註一）

「土人很少留藏牠（即鹿），他們留了內臟，吃這個帶着污穢的。倘使他們獲了太多，就那麼污穢的以鹽醃。這個他們以為好風味的食物。他們也吃了一片的未煮的肉，從在那裡新屠的鹿割來的。血一邊兒從他們的嘴滴下。從老鹿的軀幹裡覓得的幼鹿，無論成長與未成長，都連皮、頭髮貪食。」（註二）

「獲鹿即剝割，群聚而飲，臟腑醃藏甕中，名曰膏蚌鮭」（臺海使槎錄、番俗六考、北路諸羅番一）

二、鹿皮為衣飾其他器用

「土番初以鹿皮為衣」（諸羅縣志卷八）

「衣用鹿皮、樹皮、橫聯蔽身，無一袖，間有著布衫者。捕鹿時，以鹿皮搭身，皮帽麂皮鞋，馳逐荊棘中」（臺海使槎錄番俗六考北路諸羅番七）

「貓霧揀山岸裏以下諸社，湯衣鹿皮，并以皮冒其頭，面止露兩目」（同書、北路諸羅番八）

「他們的牀沒有褥子也沒有枕頭，為褥子的代替墊了一張鹿皮，及為枕頭的代替，頸部放了一個木材。牀是用竹作的。安置了一片板，而板上敷了一張鹿皮，或者單々在地板上敷了一張皮」（註三）

出入負鹿皮，日藉以坐，夜則寢之，道路風寒，則披之于背。（《諸羅縣志》卷八）

無棺槨塋域，裹以鹿皮。（同書）

## 三、其他鹿脂、鹿血等

塗鹿脂，以禦風雨。（同書）

用鹿、豕脂潤髮，名「奇馬」，恐髮散垂。（《續修臺灣府志》卷十四番俗，鳳山縣）A

室中壺盧，纍纍以百十許，多為富，大者容二斗……澤以鹿脂，摩娑既久，瑩赤如漆。（《諸羅縣志》卷八）

捕鹿，弓箭及鏢俱以竹為之，弓無弰背，密纏以籐，苧繩為弦，漬以鹿血，堅韌過絲革。（《臺海使槎錄》番俗六考，北路諸羅番二）

或以鹿尾束脛，曰「打割」。（《臺海使槎錄》南路鳳山瑯嶠十八社三）

馬芝遴番，頭帶木梳，或插竹簪、或插螺簪、鹿角簪，名曰「夏基網」。（《續修臺灣府志》卷十五）B

如上所舉，對於衣、食、住一切的方面，對土人的生活的充足，鹿的需要很廣闊，而其他對於個人生活方面以外，在土人的社會生活上，鹿皮及其他由鹿所作的器物，用於贖罪、禮物等。

### 一、贖罪

這些刑罰，未嘗採用監禁、鏈銬或任何其他的體刑的方式，祇依照罪過，科以一件衣服，或一張鹿皮，或少量的米，或一瓶的他們的強酒。（註一）

一年的某一定的時期，土人須受三個月間處於全裸體的情形，他們表明說，假如他們沒有脫了全裸，他們的神明一點雨也決不給他們，於是，就沒有米來收成，所以假如這些委員（Raedtspersoonen, councillor）遇了穿衣服，他就有權取了這個衣服，或兩張鹿皮、或米、或若干的其他的罰科。（註二）（按英譯本與荷文本有些不同，英譯本即：「罪犯所穿的無論甚麼，他有權脫下，而科了兩件好的小衣服，或兩張鹿皮」，而沒有米及其他的罰科的記載）

---

註一——J. Grothe, *Archief voor de Geschiedenis der Oude Hollandsche Zending*, deel III, p. 13; W. Campbell, *Formosa under the Dutch*, p. 16. 英譯本沒有罰米的記載。C

註二——J. Grothe, *Archief voor de Geschiedenis der Oude Hollandsche Zending*, deel III, p. 13; W. Campbell, *Formosa under the Dutch*, p. 16.

A 編按——此段文字亦見《臺海使槎錄》卷七、番俗六考，頁一四四。

B 編按——此段文字亦見《臺海使槎錄》卷五、番俗六考，頁一〇六。

C 編按——本頁有關贖罪的三段史料均出自一六二八年十二月二十七日Candidius 牧師的敘述，曹老師比對原始史料與 Campbell 的譯文，指出英譯本的譯文略有訛誤。較新的譯文可參見林偉盛譯，包樂史等編《邂逅福爾摩沙：台灣原住民社會紀實　荷蘭檔案摘要第一冊1623-1635》(臺北：行政院原住民族委員會，2010)，頁七二—七四。

(註1) Groth. deel III. p.13. Campbell. p.16. 英譯本沒有罰米的記載。
(註2) Groth. deel III. p.13 Campbell. p.16.

「出入負鹿皮，日藉以坐，夜則寢之。道路風寒則披之于背」(諸羅縣志卷八)

「亦擅樹叢城，裹以鹿皮」(同書)

三、其他。鹿脂、鹿血等

「塗鹿脂，以禦風雨」(同書)

「用麋鹿脂潤髮，名曰香膏，恐髮散垂」(續修臺灣府志卷十四、番俗風土條)

「室中甕盧，盛以百十許多爲富，大者容二斗……。澤以鹿脂，摩娑既久，瑩赤如漆」(諸羅縣志卷八)

「捕鹿弓箭及鏢，俱以竹爲之，弓無弰背，密纏以藤，苧繩爲弦，漬以鹿血，堅韌過絲革」(臺海使槎錄，番俗六考，諸羅番二)

「或以鹿尾、束腔曰打剌」(同書南路鳳山瑯嶠十八社三)

「屋宇遮高，頸帶木梳，或插竹簪，或插螺錢，鹿角簪，名曰夏基網」(續修臺灣府志卷一五)

如上所舉，對於衣、食、住一切的方面，對夫人的生活的充足鹿的需要很廣闊，而其他對於個人生活方面以外在夫人的社會生活上，鹿皮，及其他由鹿所作的器物用於贖罪，犯罪的等。

八、贖罪

這些刑罰，未嘗採用監禁、鏈銬，或任何其他的体刑的方式，祇依照罪過科以一件衣服，或一張鹿皮，或少量的米，或一瓶的他們的酒」(註一)

「一年的某一定的時期，丈夫須受三個月含忍於全裸体的情形，他們表明說，假如他們沒有脫了全裸，他們的神明一點雨也決不給他們，於是就沒有米來收成。所以假如這些委員(Raadspersoonen, conseillers)看過了穿衣服，他就有權取了這個衣服，或兩張鹿皮，或米，或若干的其他的罰科」(註二)

(據英譯本與荷文本有些不同，英譯本即「罪犯所穿的無論甚麼，他有權脫下，而拜了兩件好的小衣服，或兩張鹿皮」，而沒有米及其他的四刑科的記載)

一個人被殺的時候，行刺者與被害者雙方的朋友會合，而事件用交納多數的豚或鹿皮調解，而被害者方面有滿意，行刺者就被允許回去了。（註一）（英譯本沒有豚的字眼）

## 二、結婚的聘禮

以下是他們的開始結婚或求愛的方法，一個青年對一個年輕的女子感覺了好意，最他要做的就是遣他的母親姊妹、叔伯姊妹，或其他的女朋友，到他那個女子的住宅，同時送了禮物，即定了她為妻子。他的使者就對父親、母親，或朋友求乞女子嫁於青年，而誇示了所帶去的為做婚資的東西；假如父母或其他的朋友對這個求婚滿足，禮品就留在家裡，而親事就定了，沒有別的甚麼儀式的必要，這裡也沒有婚禮，然後青年可以過了他所選的隨後的夜。

作婚資的禮物的價值相當有差異。大家都依照自己的財產，送了比別人更多。最富的送了七、八件裙，甚多的衣服，三、四百個的手釧是用竹作的，又十個至十二個的戒指，這些戒指是用金屬或用鹿角作的，而每個都如蛋切了頂與底的一樣大，因這樣寬，所以完全包了指的關節。為裝飾，他們用了這樣的戒指，這就用了犬毛作的小的紅繩捲着的，他們用了這些戒指的時候，他們的指，因戒指這樣大，甚至可能的脫下，或致使很痛苦。這並不使手美麗，但是據他們的觀念，是以為很雅緻的。禮品又包含了四、五件很粗俗的亞麻布製的腰帶、十至十二個的小小的犬毛作的衣服，即他們稱為etharao、二、三十的cangan或漢衣，價錢是一個值荷蘭的3/8 real。一大簇的犬毛，他們的話叫着ayam mamiang，而極為他們所寶貴的。一個用稻稈、犬毛作的頭飾，像僧正的法冠，美麗精製的，與四、五雙的鹿皮製的長襪，沒有做熟皮的，

---

註一—J. Grothe, *Archief voor de Geschiedenis der Oude Hollandsche Zending*, deel III, p. 17; W. Campbell, *Formosa under the Dutch*, p. 14-15.

(註1) Campbell. P.17. Grothe: deel III. p.14–15. 

「一個人被殺的時候，行刺者與被害者双方的朋友會合，而事件用交納多數的豚或鹿皮調解，而被害者方面有滿意，行刺者就被允許回去了」(註1)

(其次不說有豚的字眼)

二、結婚的聘禮

「以下是他们的開始結婚或求愛的方法，一個青年對一個年青的女子，感覺了好意，最他要做的就是遣他的母親、姊妹、叔伯姊妹，或其他的女朋友，到他那個女子的住宅，同时送了禮物，即定了她為妻子。他的使者就對父親、母親，或朋友求乞女子嫁於青年，而詩言了此举去的為做婚資的東西。假如父母或其他的朋友对這個求婚滿足，禮品就留在家裡，而親事就定了。沒有別的甚麼儀式的舉些這裡也沒有婚禮，然後，青年可以過了他所選的适後的夜。

作婚資的禮物的價值相當有差異。大家都依照自己的財產，送了比别人更多。最高的送了七、八件鋁、甚多的衣服，三、四百個的手釧，是用竹作的，又十個至十二個的戒指，這些戒指是用金屬或用鹿角作的，而每個都如層切了頂與底的一樣大。因這樣寬，所以完全包了指的関節。為裝飾他們用了這樣的戒指，這就用了犬毛作的小的紅繩捲着的。他们用了這些戒指的時候，他們的指因戒指這樣大甚至可能的脫下，或致使很痛苦。這並不使手美麗，但是據他們的觀念，是以為很雅緻的。禮品又包含了四、五件，很粗俗的豆麻布製的腰帶、十至十二個的小小的犬毛作的衣服，即他們稱為 ethahao。二三十的 Cangan 或漢衣，價錢是一個值為蘭的 [illegible] real。一大簇的犬毛，他们的話叫着 ayam mamniqa、而稱為他们所寶貴的。一個用編釋、犬毛作的頸飾，像僧正的法冠、美麗精製的，與四、五双的鹿皮，製的長襪，沒有做甚麼巧的。

祇用粗糙的皮，來紮縛了腳為護腿。這些東西是最富的所送的，而全部的價格將值荷蘭的四十real。

另外，沒有這樣富的，就送了三、四個竹製的手釧，二、三件裙，與甚多的小衣服，一起合起來，值二、三real，中流就還要送多些，與他們想為合宜的與可能支給的。（註一）

如上所說，鹿是對土人，在其個人生活上、社會生活上都其需要甚廣闊，而且對土人的經濟上、社會上，其作用與關係甚密接的。

---

註一—W. Campbell, *Formosa under the Dutch*, p. 18-19; J. *Archief voor de Geschiedenis der Oude Hollandsche Zending*, deel III, p. 16-17.

(註一) Campbell. p.18-19. Groth: deel III: p.16-17.



祇用粗糙的皮、來紮縛了腳為護腿。這些東西是最富的所送的，而全部的價格，將值荷蘭的四十盾。另外沒有這樣富的，就送了三、四個竹製的手釧、二三件裙、與甚多的小衣服，一起合起來值二、三盾。中流就還要送多些，與他們想為合宜的與「可能支給的」（註二）

如上所說，纔是對丈夫，在其個人生活上、社會生活上都其需要甚廣闊，而且對丈夫的經濟上、社會上，其作用與關係甚密接的。

## 三、漢番交易[A]

如上所說，捕獲的鹿，供於各種用途以外，鹿皮等物是他們土人的重要的、幾乎是唯一的經濟財，供於交易之用。特地，這些鹿皮與同民族以外的高度文化民族開始交易時，其社會上、經濟上的意義，就更要重要。元來在於原始民族，經濟財要轉換其占有者或所有者，即大概以掠奪、贈與、交易的三原態實行。

別人的所有權暗中偷偷的纂奪，即所謂窃盜，是在甚麼社會也習俗上或法律上都禁止的。不過假若以強力，公公然然的纂奪，即所謂掠奪，就不必在習俗上或法律上禁止。在歐洲，這個事情也在某種形式上，被認為合法的，如中世的強奪騎士（Ranbritter）、近世的海上的掠奪及私掠艦等是很顯然的例子。在原始社會上，掠奪即毫無被禁，寧以爭鬪方式的強奪，拿回當為戰利品，卻以為勇武，是一個示眾的標識，反倒是名譽的。然而他們的居住地，經濟地理上，在於孤立、惡條件的地方，往々這個掠奪在他們的經濟生活上，是一個獲得外貨的機會，持有重要意義。在臺灣自古以來，有過很多的對漂流船的蓄害掠奪，是人家所周知的。

贈與的動機，不用說，是對受贈者懷有好意的表明，而普遍在習俗上，對贈與是不能拒的。而且，受贈者也對這個須要回禮是普通的。如此，對外來者的贈與，終即比表明好意，寧對受返回贈與的期待為動機，重要起來，返回贈與即變了他們的一個重要的外來物資獲得的手段，而在這個時候，語言以及其他的緣故，相方[B]的意志，缺了疏通，就變了蓄害掠奪。或者對返回贈與的物資與數量，有過了商議、斟酌，利得目的比美意、儀禮為主；祇一次的、隨便的行為的贈與，於是變了反覆性的行為，兩者之間，那時就樹立了交易關係。

A 編按─節名依據手稿目次補入。
B 編按─日文用語，對手、對方之意。

三

如上所說，捕獲的鹿，供於各種用途以外，鹿皮等是他們之物的重要的，幾乎是唯一的經濟財，供於交易之用。特於這些鹿皮、與同民族以外的高度文化民族，開始交易時，在社會上經濟上的意義就更重要。元來在於原始民族，經濟財要點換其占有者或所有者，即大概以掠奪、贈與、交易的三手段實行。

別人的所有權，暗中偷偷的奪取，即所謂的竊盜，是在甚麼社會也習俗上或法律上都禁止的。不過假若以強力、公公然然的奪取的所謂掠奪，就不在習俗上、或法律上禁止，在歐洲這個事情也在某種形式上被認為合法的。如中世的強奪騎士 Raubritter、近古的海上的掠奪、及私掠船等是很顯明的例子。於社會上，掠奪即毫無被禁，寧以爭鬥方式的強奪，拿回去為戰利品，卻以為是個武勇的標識，反倒是名譽的。然而他們的居住地，經濟地理上，在較孤立、惡條件的地方，往往這個掠奪在他們的經濟生活上，是一個獲得外貨的機会，持有重要意義。在台灣，自古以來，有過很多的對漢流私的蕃害，掠奪，是人所周知的。

贈與的動機，不用說，是對受贈者懷有好意的表明。而普通在習俗上，對贈與是不能拒的。而且受贈者也對這個須要回禮是普通的。如此，對外來者的贈與，終即也表明好意，寧對受反回贈與的期待為動機，重要起來，反回贈與即變了他們的一個重要的外來物資獲得的手段。而在這個時候，語言以及其他的緣故，相方的意志缺了疏通，就變了易言掠奪，或者對反回贈與的物資與數量，有過了商議斟酌，利得目的比美意、儀禮為主，將一次的隨便的行為的贈與，於是變了反覆性的行為。兩者之間，就樹立了交易關係。

在臺灣，對這樣情形的掠奪，現在可以覓見最早的例證，恐怕是一五八二年七月由澳門向日本的二隻葡萄牙人的戎克船，其中一隻遇了三次的暴風，僅免了破船，入船於口津，另外一隻即在臺灣沿岸遭船破。坐在這船，想於由日本要回到馬尼剌的耶穌會士P. Alonso Sánchez，一五八三年所寫的中國往訪報告書裡，對這個遭難的經過有如下的記載：（註一）

> 我們從澳門向日本航走了八天至十天，其間，激甚的故障頻出，蓋這海洋上，因為有強烈的粗風暴雨，如人家說，即歸帆時，毫無有沒有失去帆架、舵等的船隻。這個海，在半途的航程上，有一島稱Hermosa，這個名稱是從在這個島與中國沿岸的中間，遠望高峻而美麗的山嶽的一面所表示的美麗的外貌所由來的。葡萄牙人到日本，已經有四十年之久，然而沒有認識這個島，也沒有到達這裡。這次的航海中，定針人的不謹慎與因暴風，某禮拜天夜半，余所乘的、很大的戎克，即船，就那麼載著從澳門的商貨，擱了淺了。前走的一船，船小又載貨也少量。我們有的用板，有的涉水離船，有的溺死了。這個大的戎克，化變了碎片，裝載的貨物散逸，在島的沿岸腐朽了。不大的功夫，裸體的土人帶了弓箭出現，沒有發了一句話，也沒有傷了一個人，以非常的大膽與決心，進來我們裡頭，悉奪了救取來的商貨。以後，我們因自衛，曬了身，到武備了必需品，[A]每天，特地夜間，頻繁的土人訪來我們，所以數名用箭被殺，又出了多數的負傷者。於是到了用破船的斷片，造了一隻小船，其間用了若干的米。過了三個多月，二百九十名有餘的我們，全員祇五、六瓶的水與少量的米以外，沒有底貨，也沒有糧食，乘了這個小船；因為我們要開出的港口很淺，又沿岸很嶮峻，所以載貨多就很難開出去。用這僅少的

A 編按—「我們因自衛，曬了身，到武備了必需品」一語，西班牙文作" nos enjugamos y pertrechamos para defendernos"，意即我們弄乾了身體，為了自衛而武裝我們自己。引文見José E. Borao et al. eds., *Spaniards in Taiwan*（Taipei: SMC Publishing, 2001）, vol. I, p. 11.

註一—Alonso Sánchez, "Relación breve de la jornada que el P. Alonso Sánchez, de la Compañia de Jesus, hizo desde la Isla de Luzon y Ciudad de Manila a los Reinos de la China".（Archivo de Indias, 68-I-37），今據岡本良知，《十六世紀日歐交通史の研究》，p. 435-436所引。

（註二） Sánches, Alonso: ~~Relo~~ Relación breve de la jordada que el P. Alonso Sánchez, de la Compañia de Jesus, hizo desde la Isla de Luzon y ciudad de Manila a los Reinos de la China. (Archivo de Indias, 68-I-37)
今據岡本良知：十六世紀日歐交通史の研究 p.435—436 所引.

在臺灣，對這個情形的報導，現在可以覓見最早的例証，恐怕是一五八二年七月由澳门向日本的二隻葡萄牙人的戎克船，其中一隻遇了三次的暴風，僅免了破船，入船於口之津。另外一隻即在臺灣沿岸遭船破，坐在這船，想從由日本，要回到馬尼剌的耶穌會士 P. Alonso Sanchez，一五八三年所寫的中國往訪報告書裡，對這個遭難的經過有如下的記載。（註二）

「我們從澳门向日本航走了八天至十天，其間激甚的故障發出。這海洋上，因為有猛烈的颶風暴雨，船人亦議，即歸帆時，竟有沒有失去帆架，船等的船隻。這個海，在半途的航程上，有一島稱 Formosa。這個名稱是從在這個島與中國沿岸的中間，遠望，高聳而美麗的山嶽的一面，以表示的美麗的外貌而由來的。葡萄牙人到日本，已經有四十年之久，然而沒有認識這個島，也沒有到達這裡。這次的航海中，走針人的不慎與因暴風，某禮拜天夜半，我們乘的很大的戎克船，即船就所滿載着從澳門的商貨，擱了淺了。前走的一船，船小又載貨也少量。我們有的用板，有的泅水，雖船，有的溺死了。這個大的戎克，化變了碎片，裝載的貨物散逸，在島的沿岸堆積了。不大的工夫，獰惡的土人帶了弓箭出現，沒有答了一句話，也沒有傷了一個人，以非常的大膽與決心，進來到我們裡頭，憑奪了救取來的商貨。以後我們因自衛，讓了身，到至備了少需品。每天特地設詢，頻繁的土人跳來我們，所以數名用箭被殺，又去了多數的負傷者。於是到了用破船的斷片造了一隻小船，其間用了若干的米，過了三個多月。二百九十名有餘的我們，全員，於五大瓶的水與少量的米以外，沒有存貨，也沒有糧食，乘了這個小船。因為我們要開出的港口，很淺又沿岸很險峻，所以載貨多就很難開出去。用這僅少的

> 貨物，也不容易通過的，所以船造了以後，不使船破碎，要開出的時機與計劃就費了一個月，而且其間也對要吃人肉的那蠻人，沒有甚麼防衛性，逼留了。[A] 然後我們出發，上帝也賜給順風，所以七、八天就到了澳門。

又《東西洋考》雞籠淡水的交易裡面說：「夷人至舟，無長幼，皆索微贈，淡水人貧，然售易平直；雞籠人差富而慳，每携貨易物，次日必來言售價不準，索物補償，後日復至，欲以元物還之，則言物已雜不肯受也，必疊捐少許，以塞所請，不則諠譁不肯歸」。這些事實顯然是說明當時的外來者與土人的接觸——掠奪以及交易的狀況的。

與臺灣土人，最初由外界來的交易者是漢人，這個是不用說的，「忽中國漁者從魍港飄至，遂往以為常」。（《東西洋考》）這一句雖然是說來南部臺灣魍港等地捕魚的漁船，漂到北部的雞籠淡水，以為成了到雞籠淡水行販的緣故，不過最初來魍港的也是可能以一樣的經路來的。如此，華南海面以為活躍舞台的賈舶、漁舟、海寇等，由漂著、寄泊等的偶然的機會所開始的交易關係——而且臺灣所產鹿茸、鹿鞭等是為中藥，重要又高貴，鹿脯也是一個好的食料品——變了反覆性的，而持有經濟上的意義。那以後就出現了專以交易為目的商人的來往，而當時的這些人的交易是專在港口交易的。

可是由交易所發生的漢蕃的經濟關係緊密化，於是就有了替來港口要搭載蕃產物的商人，更進到了內部，專與土人交易、集貨、交海商的媒介人的出現。這些人們就到了蕃地定居，漸々的在土人的經濟社會裡，築造了堅固的地盤。蓋像臺灣這樣的島嶼，原始民族與外來民族的接觸，是當然在港口，再逐漸的浸潤[B] 到內部的。然而《東西洋考》對臺灣的地名，雞籠、淡水以外，列舉

A 編按—「而且其間也對要吃人肉的那蠻人，沒有甚麼防衛性，逼留了。」一句，據西班牙原文，可以譯為「絕望地成為野蠻人的美味食物，而我們知道他們會吃人肉」，見José E. Borao et al. eds., *Spaniards in Taiwan*, vol. I, p. 11.

B 編按—日文用語，有擴張、滲透之意。

貨物，也不容易通過的。所以殺道了以後，不使船破碎，要開去的時機與計劃，就費了一個月，而且其間也對要跪人因的所需人，沒有甚麼防衛的，逗留了。然後我們出發，上帝也賜給順風，所以七、八天就到了澳门」。

又東西洋考雞籠淡水的交易裡面說「夷人至舟，無長幼，皆索微贈。淡水人貧，然售易平直。雞籠人差富而慳，每攜貨易物，次日必來言售價不準，索物補償；後日復至，欲以元物還之，則言物已雜，不肯受也。必疊捐少許以塞所請，不，則諠譁不肯歸」。這些事實顯然是說明當時的外來者與土人的接觸——撫摩以及交易的狀況的。

與臺灣土人最初由外界來的交易者是漢人，這個是不用說的。「自中國漁者從魍港飄至，遂往以為常」（東西洋考）。這句雖然是說東南部臺灣魍港等地捕魚的漁船漂到北部的雞籠淡水，以為成了到雞籠淡水行販的緣故。不過最初來魍港的也是可能以一樣的經路來的。如此以華南海面為活躍舞臺的貿船、漁舟、海寇等，由漂着、寄泊等的偶然的機會，以商人姿的交易関係——而且以臺灣的產鹿革、鹿鞭等是為中藥重要又高貴、鹿脯也一個好的食料品——變了反覆性的，而持有經濟上的意義。所以後就出現了專以交易為目的的商人的來往。而當時的這些人的交易是專在港口交易的。

可是由交易所發生的漢、蕃的經濟関係，繁密化，就是就有了替來港口要搭載蕃產物的商人，更進到了內部，專與土人交易集貨，交換商的媒介人的出現。這些人們就到了蕃地定居，漸漸的在土人的跨擠社會裡，築造了堅固的地盤。蓋從臺灣這樣的島嶼，而始民族與外來民族的接觸，是當然在港口，再逐漸的浸潤到內部的。然而東西洋考對臺灣的地名，雞籠淡水以外別等了「沙巴里、大幫坑、大圓、堯港」。何喬遠撰《閩書・島夷志》即增加列舉了「魍港、加老灣、大員、堯港、打狗嶼、小淡水、雙溪口、加哩林、沙巴里、大幫坑」等地。這些是當時的漢人對臺灣地理的知識的程度，也可能是漢人的活動區域在這些地方，可以想已經自萬曆年間以來，漢番的交易關係活潑化起來。

然而，這些貿易者是「……始通中國，今則日盛，漳泉之民、充龍、烈嶼諸澳，往々譯其語，與貿易」。（《閩書・島夷志》）如此，來臺灣與土人交往的是地域上最密邇，而且早就在海上活動的漳、泉等地為中心的華南地方的人們，這是不待論的。因經濟地理上的條件，閩南地方人們須要出海謀生，又大陸的飢荒、戰亂等因，在大陸不能維持他們的生活，富於生活力的這些漢人，加之為在台灣與土人交易的利益所刺激，到這個時候，就定居於處女地臺灣的人們逐漸的增多。終就不但與土人交易，也有人定居從事農耕了。

原始人，一般他們的生活所需要的充足，是直接從自然中發見、採取，或是靠了自己的勞働、勞作產生出來。這樣自給自活階段的他們所欲的交易品，寧是由審美的衝動，想要所有，而與他們的嗜好關聯著的，或是持有咒術的意義等的頸環、鐲釧及其他的裝飾品；或是在這裡，他們土人沒有產出或不能製作的必需品。然而他們土人所交出的是，因農耕產物祇會生產到自給的程度，所以當然是硫磺、籐、鹿皮、鹿脯等自然採取物或狩獲物為主的——其中若與漂流船交易的時候，交易物是食糧物為主，這是不必論的。

> 以瑪瑙、瓷器、布、鹽、銅簪環之類，易其鹿脯、皮、角，間遺之故衣，喜藏之，或見華人一著，旋復脫去，得布亦藏之。（《閩書・島夷志》）

> 所獲的獸肉即與中國人交換木材、衣料及其他貨物。（註一）

註一——W. Campbell, *Formosa under the Dutch*, p. 12; J. Grothe, *Archief voor de Geschiedenis der Oude Hollandsche Zending*, deel III, bl. 7.

(註) Campbell. W.m. p.12. Grothe deel III. bl. 7.



了「沙巴里、大幫坑、大圓、麥淵」。何喬遠撰閩書島夷志、記述了「雞籠、加老灣、大員、堯港、打狗嶼、小淡水雙溪口、加哩林、沙巴里、大幫坑等地」。這些是當時的漢人對臺灣地理的知識的程度(也可說是漢人的活動區域)。這些地方，可以想見自萬曆年間以來漢人的交易關係活潑化起來

然而，這些貿易者是「……始通中國、今則日盛，漳泉之民、充龍、烈嶼、諸澳、往往譯其語，與貿易」(閩書島夷志)如此，未臺灣與大陸交往的是地域上最密邇，而且早就在海上活動的漳泉等地為中心的華南地方的人們，這是不待論的。因經濟地理上的條件，閩南地方人們，須要出海謀生又大陸的饑荒戰亂等因，在大陸不能維持他們的生活富於生活力的這些漢人，加之到臺灣與土人交易的利益的刺戟，到這個時候，就定居於処女地臺灣的人們逐漸的增多。終就不但與土人交易，也有人定居從事農耕了。

原始人一般他們的生活所需要的究竟是直接從自然中發見採取，或是靠了自己的勞働，勞作產生出來？這樣自給自活經營的他們所欲的交易品，寧是由審美的衝動，想要所有，而與他們的嗜好關聯着的，或是持有呪術的意義等的頸環、鐲釧及其他的裝飾品，或是在這裡他們土人沒有產出或不能製作的必需品。然而他們土人所交出的是因農耕產物而生產到自給的程度，所以當然是鹿皮、鹿茸、鹿脯等自然採取物，或狩獲物為主的。——其與漂流船交易的時候，交易物是食糧物為主，這是不必論的。

「以瑪瑙、磁器、布、鹽、銅、簪環之類，易其鹿脯、皮、角，間遺之故衣，喜藏之，或見華人一着，旋復脫去，得布亦藏之」(閩書島夷志)

「所獲的獸肉即與中國人交換木材、衣料及其他貨物」(註)

他們自己的華美的服裝是用他們的米、鹿肉、鹿皮賣出或以交易，由中國人所得的。（註一）

從中國人受米及塩的供給。……鹿很多，他們射之，弄乾了其肉以及皮，中國人賤價的買收，或與物交換。他們不知道金錢，該社男子所居住的地方，就有一、二、三名的，有時候就五、六名的中國人同居，壓迫他們。……他們很怕中國人，假若沒有下手從事工作，就不得食料，中國人脅以要斷塩的供給，欺負。依是很服從的。（註二）

如此，瑪瑙、簪環、裝飾品類及塩等必需品是土人所欲的東西，對這個，他們所交出的，就是鹿皮、鹿脯為大宗。然而，布是「至見華人，則取平日所得華人衣，衣之，長者為裏衣，而短者蒙其外，凡十餘襲，如襜帷，颺之以示豪侈，別去，仍掛於壁。」（《東西洋考》）如此，對布的用途明明是裝飾的，用以誇示他們的富奢的，而不是實用的，布變了他們的實用必需物資是後來的事情。

這些交易人是據前引的《巴達維亞城日誌》一六二四年二月十六日的記述所說：「男子所居住的地方，就有一、二、三名的，有時候就五、六名的漢人同居」，或Teodoro Quirós師所報，有三、四個人的漢人散在於各社。而漢番交易關係變了密接，對於他們的生活充足上不可缺的存在的時候，就這些漢人，逐漸的持有對他們土人的生活上很大的影響力與作用。當時各社，漢人所定居的，只是數名，所以壓迫了數量上壓倒的多數的土人，為事實上，想起來是靠不住的。拓殖開拓的時候，最初拓殖者少，原住者的勢力強大的時候，拓殖者對原住者的態度是協調的。處於土人之對策是互相依存、共存共榮的。拓殖者的數量多起來到了某種程度，其勢力可以互相拮抗的時候，或勝了土人的時候，壓迫才可能的。況且當時移居來的漢人沒有甚麼母國的政治的後盾，是自由拓殖，所以自當時就有漢人壓迫土人的荷蘭的記述，或者是對於漢番間

---

註一—W. Campbell, *Formosa under the Dutch*, p. 21.

註二—Dagh-Register, Casteel Batavia, A° 1624-29, bl. 23-24; 村上直次郎譯，《抄譯バタビヤ城日誌》上卷，p. 31。

(註1) Campbell. W. p.21
(註2) Dagh-Register, Casteel Batavia, A°.1624-29. bl.23-24.
村上訳書上卷. p.31



「他們自己的華美的服裝是，用他們的米、鹿肉、鹿皮賣出我以交易，由中國人所得的」(註一)

「從以中國人受米及鹽的供給，……鹿很多，他們射之，弄乾了其肉以及皮，中國人賤價的買收，或與物交換，他們不知道金錢，該社男子所居住的地方，約有一、二、三名的，有時候，約五、六名的中國人同居，壓迫他們，……他們，很怕中國人，假若沒有了中國人，從事工作，就不得食料，中國人會以要斷鹽的供給，欺負。故是很服從的」(註二)

如此，瑪瑙、磐環、裝飾品類及鹽等少量品，是土人所欲的東西，對這個，他們所交出的，就是鹿皮、鹿脯等大宗。然而，布是「至是華人，則取平日所得華人衣衣之長者為裹衣，而短者蒙其外，凡十餘襲，如褌袴、腿之以示豪侈，剝去，仍掛於壁」(東西洋考)。如此對布的用途，明明是裝飾的，用以誇示他們的富裕的，而不是實用的。布變了他們的實用必需物資，是後來的事情。

這些交易人是據前引的巴達維亞城日誌一六二四年二月十六的記述所說「男子所居住的地方，就有一、二、三名的，有時候就五、六名的漢人同居」或 Teodoro Quiros 師所報，有三四個人的漢人散在於各社。而漢商交易關係，變了密接，對於他們的生活完是上不可缺的存在的時候，就這些漢人逐漸的持有對他們土人的生活上，很大的影響力與作用。當時各社，漢人所定居的，只是數名，所以壓迫了數量上，壓倒的多數的土人，為事實上，想起來是靠不住的。招殖開拓的時候，最初招殖者少，原住者的勢力強大的時候，招殖者對原住者的態度，是協調的。然於土人之對策是互相依存，共存共榮的。招殖者的數量多起來，到了某種程度，其勢力，可以互相抗抗的時候，或勝了土人的時候，壓迫才可能的。況且當時移居來的漢人，沒有甚麼母國的政治的後楯，是自由招殖，所以自當時就有漢人壓迫土人的荷蘭的記述，或者是對於漢番間經濟上的依存很密接的事實。因新來者荷蘭人與漢人的利害是相反的，由此所致的對事實的某種程度的誇張、歪曲或是對事情生疏所致的誤解，無論那個，都是對事實未免有失實。

荷蘭築城砦於大員的時候，「關於土人，最初是表明了好意，又幫助竹及其他的必要物——中國人要給錢也不肯拿來——允許自由伐採；土人又請我國人上陸，希望到他們的住處結交友好，對這個承諾實行。然而因漢人的煽動，土人一會兒就改變了對我們的態度，因要伐竹所遣的兵士，用槍及弓箭襲擊，其中射殺了三名我國人。不拘這個，繼續築城，已經完成了其防備，如此土人與我國人交鋒的原因，可以歸於漢人。因為他們不喜歡我們與土人開始鹿皮貿易，加之，不喜歡我國人在該地築造城砦，要妨害其進行，竭了種々的手段」。（註一）又說：「漢人不悅我們來到臺灣，對我們，煽動土人，蓋因為危惧我們對於他們的鹿皮、鹿肉及魚類的貿易，要妨礙的。聽說鹿皮每年可得二十萬張，乾枯的鹿肉以及干魚也多量，可以供給相當數量…（中略）…大員灣有戎克船約一百隻，由中國渡來捕魚，又買了鹿肉，要輸出到中國，這些戎克船載了要進入內部買收鹿皮、鹿肉等的多數的漢人」。（註二）如此，漢人所煽動的這樣蓄害，據荷蘭人，其原因是荷蘭人的鹿皮貿易的介入。土人——漢人交易人——中日海商，或是土人——中日海商，這樣型態的緊密的連鎖，隨後，荷蘭人進來也要營與中日人同性質的貿易，其間新來與舊來兩者之間，利害互相衝突，發生了種々的漢人的阻害工作，這是理當然的，而我們須要留意，就是最初土人即與漢人很緊密連繫，抵抗了荷蘭。

在臺灣，堅固了地步的荷蘭，以自由貿易的形式所舉行的中、日、台貿易連鎖，要解體，致力使臺灣變成他們的中國、南海物資的中、日媒介貿易的仲繼地，這是不用說的。又已經在暹羅及其他南海各地，向日本輸出大量的鹿皮的荷蘭，在臺灣此地，由中、日海商所辨的鹿皮貿易的

---

註一—Dagh-Register, Casteel Batavia, A° 1624-1629, bl. 21; 村上直次郎譯，《抄譯バタビヤ城日誌》上卷，p. 26-27。

註一—Ibid., A° 1624-1629, bl. 145-146; 村上直次郎譯，《抄譯バタビヤ城日誌》上卷，p. 64-65。

（註1）Dagh-Register, Casteel Batavia, A'1624-1629. bl. 21. 村上訳書．上巻 p. 26-27.
（註2）Ibid. A'1624-1629. Bl. 145-146. 村上訳書 上巻 p. 64-65.

経濟上的依存，很密接的事實，因新來者荷蘭人與漢人的利害是相反的，由此所致的對事實的某種程度的誇張歪曲，或是對事情生疏所致的誤解，無論那個，都是對事實未免有失真。

荷蘭築城此於大員的時候，「關於夫，最初是表明了好意。又幫助竹及其他的必要物。——中國人要給錢也不肯拿來——允許自由伐採。土人又請我國人上陸，希望到他們的住処結交友好，對這個承諾實行。然而因漢人的煽動，夫一會兒就改變了■對我們的態度，因要伐竹所遣的兵士，用槍及弓箭襲擊，其中射殺了三名，我國人不拘這個，繼續築城，已経完成了其防備，如此土人與我國人交鋒的原因，可以歸於漢人。因為他們不喜歡我們與夫人開始鹿皮貿易，加之不喜歡我國人在該地築造城砦，要妨害其進行，講了種々的手段」。（註一）又說「漢人不悅我們來到臺灣，對我們煽動夫人。蓋因為危懼我們，對於他們的鹿皮，鹿肉及魚類的貿易。要妨礙的。聽說鹿皮每年可得二十萬張，乾枯的鹿肉，以及干魚也多量，可以供給相當數量；（中略）…大員灣有戎克船約一百隻由中國渡來，捕魚，又買了鹿肉，要輸出到中國。這些戎克船，載了要進入內部，買收鹿皮，鹿肉等的多數的漢人」。（註二）如此，漢人所煽動的這樣事實，據荷蘭人，其原因是荷蘭人的鹿皮貿易的介入。夫人——漢人交易人——中日海商，或是夫——中日海商。這樣形態的緊密的連鎖，隨後，荷蘭人進來，也要與中日人同性質的貿易，其間新來與舊來兩者之間，利害互相衝突，發生了種々的漢人的阻害工作，這是理由如此的，而我們須要留意，就是最初夫人即與漢人很緊密連繫，抵抗了荷蘭。

在臺灣，堅固了地步的荷蘭，以自由貿易的形式，此舉行經的中日臺貿易連鎖，要解体，致力使臺灣變成他們的中國，南海物資的中日媒介貿易的仲繼地，這是不用說的。又合経在暹羅及其他南海各地，向日本，輸出大量的鹿皮的荷蘭，在臺灣此地，由中日海商所辨的鹿皮貿易的利益，也不會不著眼的。於是他們荷蘭人因要獨占貿易，壟斷其利益，首先在臺灣課了一成的輸出、入稅，對鹿皮禁止搬出。對這個荷蘭的處置，中國人以如上述的方法反撥[A]，日本海商即於濱田彌兵衛事件爆發，土人即以種々的蓄害反抗之。然而臺灣佔據的根本原因是要在臺灣招致中國商人，受了生絲為大宗的中國物資供給，把這些要轉販到日本及其他各地為目的的荷蘭，在臺灣倒須要阻止日人的經商與貿易，對於中國人即認為他們的物資供給源，寧中國人由大陸來，是他們所歡迎的，而且也是他們所獎勵的。關於撤退澎湖島，轉移到臺灣，與明福建當局的交涉，荷蘭的最關心事也是，是否會允准大陸中國人的到臺灣行販，見了種々的折衝，與福建當局的協約第一條項是規定：「中國人須要對我們所帶來的資本相當的商品以及綢緞，持到大員」。（註一）又一六二五年一月由新港社購買了赤崁的土地，也是要獎勵漢人的移住，建設一個殷賑的街市。所以從日本鎖國以後，沒有日人所引起的禍患，荷蘭當局就對中國人的渡臺誘引、獎勵，對反抗的土人，即討伐、彈壓或依基督教的教化，於是與荷蘭的行政勢力的增大相聯關，荷蘭逐漸的樹立了他們所意圖的連鎖貿易體制。

A 編按—日文用語，抗拒、排斥之意。

註一—Dagh-Register, Casteel Batavia, A° 1624-29, bl. 19; 村上直次郎譯，《抄譯バタビヤ城日誌》，上卷，p. 21。

(註1) Dagh-Register, Casteel Batavia. A°1624-29. bl.19.
村上訳. 上卷. p.21.



利益，也不會不着眼的。於是他們荷蘭人因要獨佔貿易，壟斷其
利益，首先在臺灣課了一成的輸出入稅，對此曾禁止搬出。對
這個荷蘭的處置，中國人以逃出的方法反擊，日本海商即於
濱田彌兵衛事件爆發，之人即以種種的舊言反抗之。然而
臺灣佔據的根本目的，是要在臺灣招致中國商人，受了生
絲為大宗的中國物資供給，把這些要轉販到日本及其他各地
為目的的荷蘭，在臺灣到須要阻止日人的跑商與貿易，對於
中國人即認為他們的物資供給源。穿中國人由大陸來，是他們所歡
迎的，而且也是他們所獎勵的。關於撤退澎湖島，轉移到臺
灣，與明朝建當局的交涉，荷蘭的最關心事也是，是否會
允准大陸中國人的對臺灣貿販。果了種種的折衝，與明建當局
的協約第一條就是規定「中國人須要對我們所帶來的貨品，相
當的商品以及網緞，持到大員」(註2)。又一六二五年一月，由新港社
購買了赤崁的土地，也是要獎勵漢人的移住，建設一個殷賑的
街市。所以從日本鎖國以後，沒有日人所引起的禍患[illegible]，對中國人
的開發臺灣誘引獎勵，對反抗的土人即討伐，彈壓，或依基督教的
教化，於是與荷蘭的行政勢力的增大相伴樹立了他們所意圖荷蘭逐漸的
的連鎖貿易體制。

# 四、漢人之從事捕鹿[A]

荷蘭對外即濱田彌兵衛事件也收場，日本的關閉政策的體制也確立；對內部蔴豆、蕭壠等社的勦蕩也告了一段落以後，對臺灣也實心的開始經營。

在農業方面，因要謀取公司的糧食的自給自足計，即對米及其他作物；又因其貿易利益起見，對砂糖等獎勵耕作。技術上與習俗上，對土人的定着農耕的獎勵，有種種的困難，所以當為荷蘭的企業即進行的不順手，寧對移居到臺灣的、持有優秀的農業技術而且很勤勞的漢人，獎勵他們的從事農業，比較有利。於是荷蘭即對漢人獎勵墾殖，直接用公司的船隻由大陸運送漢人到臺灣，那麼樣獎勵了漢人的土地開拓。（註一）

跟這個一樣，土人的捕鹿，比企業的面，還是他們的習俗上的行事的面比較重要，[B] 所以荷蘭的鹿皮貿易，不能只依存於土人的捕獲，於是就有荷蘭人、漢人的從事捕鹿。關於荷蘭人的捕鹿，據一六四四年九月九日星期五的Zeelandia城的決議錄說：「明天要與Simon van Breen氏一起到北部的二名傳道師與六名兵士，是因要學習在那個地方所講的語言，幫助他的宗教的職責的，據他們自己的要請，因為北部地方是非常瘦薄的，又沒有出產，為要捕獲獵獸，資為食料，獲准了帶二隻獵犬」。（註二）又一六五四年二月十七日至十一月六日的Formosa日誌的鈔錄中，也有一段記載：「各牧師及各司法官員，今可以飼養三隻，而各學校教員可以飼養一隻的獵犬（英譯本是二隻），致使可以獲獵獸於他們的廚房，而不准這以上」。[C]（註三）像這些例子，駐在各地勤務的荷蘭人，因要獲得他們的動物性的糧食，有從事捕鹿，而其皮革當為公司之輸出物資。另外，為公司的一個企業，好像也有荷蘭人從事捕鹿，即《巴達維亞日誌》一六三一年四月二日裡：

---

註一—中村孝志，〈台灣に於ける商人の農業獎勵の発達〉，《社会經濟史學》，vol. 7, no. 3.參照。

註二—W. Campbell, *Formosa under the Dutch*, p. 202; J. Grothe, *Archief voor de Geschiedenis der Oude Hollandsche Zending*, deel IV, bl. 10.

註三—W. Campbell, *Formosa under the Dutch*, p. 297; J. Grothe, *Archief voor de Geschiedenis der Oude Hollandsche Zending*, deel IV, bl. 178.

A 編按—節名依據手稿目次補入。

B 編按—此處「面」字似是閩南語用詞，即比起企業買賣活動那一方面，習俗上的行事這一方面比較重要。

C 編按—此條資料可見江樹生譯註，《熱蘭遮城日誌》第三冊（臺南：臺南市政府，2004），頁三五〇。學校教員可飼養一隻獵犬，英譯本作二隻是不正確的。

※浮貼頁

關於荷蘭人的獵鹿，在一六四四年九月九日的 Zeelandia 城的決議錄（註一）與一六五四年二月十七日—十一月六日間的台灣日誌的鈔錄中，（註二）駐在各地方工作的荷蘭人，為取得那動物性糧食（註三）而從事獵鹿，這些皮透過公司收集後被輸出；另外將獵鹿作為一個企業，公司本身有獵人來從事獵鹿的工作。

註一—W. Campbell, *Formosa under the Dutch*, p. 202; J. Grothe, *Archief voor de Geschiedenis der Oude Hollandsche Zending*, deel IV, bl. 10.

註二—W. Campbell, *Formosa under the Dutch*, p. 297; J. Grothe, *Archief voor de Geschiedenis der Oude Hollandsche Zending*, deel IV, bl. 178.

註三—後述第二章鹿脯條參照。[D]

D 編按—第二章並無專節討論鹿脯，但第六節「鹿皮貿易與荷蘭的財政」與第七節「鹿皮貿易與鄭、清時代番餉」均有涉及鹿脯的討論。

(註1) 中村孝志：台湾に於ける蘭人の農業奨励の發達 (社会経済史学 vol 7. 203) 参照.
(註2) Campbell, Wm. p.202. Grothe, deel IV. Bl 10.
(註3) Campbell. p.297. Grothe, deel IV. Bl 178.



四、

荷蘭，對外即濱田彌兵衛事件也收場，日本的閉關政策的條例也確立。對內部新港、蕭壠等社的動蕩也告了一段落，討臺灣也實心的開始經營。

在農業方面，因要講求公司的糧食的自給自足，對米及其他作物又因其貿易利益起見，對甘蔗等獎勵種作。有種種的困難，技術上、與習俗上，對土人的定着農耕的獎勵，所以為荷蘭的企業所進行的不順手。寧對移居到臺灣的持有優秀的農業技術，而且很勤勞的漢人，獎勵他們的從事農業比較有利。於是荷蘭即對漢人獎勵移殖，直接用公司的船隻由大陸運送漢人到臺灣，那麼樣獎勵了漢人的土地開拓(註)

跟這個一樣，土人的捕鹿，比企業的面還是他們的習俗上的行事的面比較重要，所以荷蘭的鹿皮貿易，不能只依存於土人的捕獲，於是就有荷蘭人漢人的從事捕鹿。

…月九日…荷蘭人的捕獲…九日星期五的…的大議錄說「明天要與 Simon van Breen 氏一起到北部的二名…

…的語言。因為北部…獻資為…月十七日至十…「各牧師及…可以飼養…於他們的…各地勤務…有從事捕…一個企業…日諺一六三一…

(註1) Campbell p.202. Grothe IV:10
(註2) Campbell p.297 Grothe IV:178.
民國四十年●西曆1951
(註3) 後出第二章…の項參照
九月小

| 九月 | | | | | | |
|---|---|---|---|---|---|---|
| 日 | 一 | 二 | 三 | 四 | 五 | 六 |
| | | | | | | 1 |
| 2 | 3 | 4 | 5 | 6 | 7 | 8 |
| 9 | 10 | 11 | 12 | 13 | 14 | 15 |
| 16 | 17 | 18 | 19 | 20 | 21 | 22 |
| 23 | 24 | 25 | 26 | 27 | 28 | 29 |
| 30 | | | | | | |

6

| 十月 | | | | | | |
|---|---|---|---|---|---|---|
| 日 | 一 | 二 | 三 | 四 | 五 | 六 |
| | 1 | 2 | 3 | 4 | 5 | 6 |
| 7 | 8 | 9 | 10 | 11 | 12 | 13 |
| 14 | 15 | 16 | 17 | 18 | 19 | 20 |
| 21 | 22 | 23 | 24 | 25 | 26 | 27 |
| 28 | 29 | 30 | 31 | | | |

219—116 星期四 農八月六日
代日：魚 初八白露

荷蘭人の狩猟については、1644年9月9日 Zeelandia 城の決議錄(註1)や1654年2月17日—11月6日間の日誌中に(註2)各地方に駐在勤務の荷蘭人が其の動物性食料を得んため(註3)狩猟に從事したが、これらの皮は當該各地の手に集められて輸出されたのである

56-1

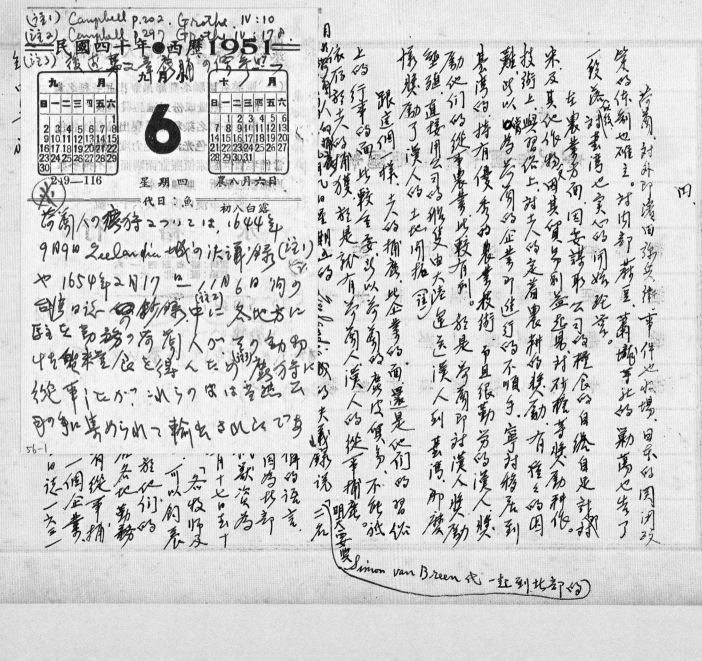

在大員（Taijoan）留於海上並陸上人員如左：

駐守於 Zeelandia 城、Zeeburch 砦，以及赤崁、新港的家屋　二一〇名

商員、補助員、職工，以及四隻戎克船的船上的人　九四

獵夫（Wiltschutten）　六

jacht 船 Wieringen 與 Assendelft 的船員　九〇

合計　四〇〇（註一）

如此有六名的獵夫記載。又同一六三六年四月二十一日也有如下的記載：

二月四日以後 Taccarejangh、Tamsuij、Tapoeliangh 及 Sataliouw諸社的委員、七名的酋長，承認他們過去的惡行的憑據，拉了七隻豚，要做和平的交涉，來大員（Taijouhan）。於是對這些委員，依與麻豆及蕭壠等締結的契約的形式，提示他們所須服從的條項，他們將其條項通知各自的村社，他們高興承認這個，言明將服從之，所以這個和平是有望的。收了這個效果，依是不啻戎克船或帆船漂著的時候，沒有如從前，被該所的居民殺戮的危險，捕鹿以及其運送獲了甚多的方便，而且捕鹿不出大員的南方三哩的範圍，以後可以擴展到十四、五哩。（註二）

又前已經說過，差不多一六二六年至一六三〇年間西班牙人所繪的安平港圖（Descripcion del puerto de los Olandeses en ysla Hermosa）也有在大員的南方有二名的荷蘭人捕鹿的情形。

然而荷蘭人的從事狩獵，人數也少，又狩獵區域也衹限於他們的勢力鞏固的臺南平野附近原野。漢人的居住還少，散在於各部落的時候，寧在各部落為交易人，而逐漸的，人數也增加，在赤崁附近，荷蘭獎勵下，開始從

註一—Dagh-Register, Casteel Batavia, $A^{o}$ 1631-34, bl. 10; 村上直次郎譯，《抄譯バタビヤ城日誌》，上卷，p. 106-107。

註二—Dagh-Register, Casteel Batavia, $A^{o}$ 1636, bl. 75-76; 村上直次郎譯，《抄譯バタビヤ城日誌》，上卷，p. 311-312。

（註1）Dagh-Register, Casteel Batavia .. A°1631-1634. Bl 10.
村上訳書 上巻 p.106-107.
（註2）Dagh-Register, Casteel Batavia , A°1636. Bl 75-76.
村上訳書 上巻 p.311-312.



「在大員 Taiyouan 留於海上並陸上人員如左

駐守於 Zelandia 城、Zeeburch 堡、以及赤崁、新港的守卒　二一〇名
商員、補助員、職工、以及四隻戎克船的船上的人　九四
獵夫　六
Jacht 船 Wieringen 與 Assendelft 的船員　九〇
合計　四〇〇」（註一）

如此有文名的獵夫記載。又同一六三六年四月二十一日也有如下的記載。

「十二月以後、Taccarejangh、Tamsuy、Tapoeliangh、及 Sataliouw 諸社的委員七名的酋長、承認他們過去的惡行的憑據、拿了七隻豚、要做和平的交涉、來大員 Tai-youan。於是對這些委員、依與蕭壠等締結的契約的形式、提示他們必須服從的條項。他們將其條項、通知各自的村社、他們高興承認這個、言明將服從之。所以這個和平是有望的。收了這個效果、依是不受戎克船或帆船停着的時候、沒有如從前、被該些的居民殺戮的危險、捕鹿以及其運送獲了甚多的方便、而且捕鹿不出大員的南方三哩的範圍、以後可以擴展到十四、五哩」。（註二）又紀錄說過。差不多一六二六年至一六三〇年的西班牙人所繪的安平港圖（Descripción del puerto de los Olandeses en Isla Hermosa）也有在大員的南方有二名的荷蘭人捕鹿的情形。

然而荷蘭人的從事狩獵、人數也少、又狩獵區域也只限於他們的勢力範圍的臺南平野附近平野。漢人的居住還少、散在於各部落的時候、寧在各部落為交易人、而逐漸的人數也增加、在赤崁附近、荷蘭領域下開始從

事農耕開墾。而鹿數量多的時候，其食害也應之很利〔厲〕害，所以為開墾上也須要驅除，於是見了漢人的定着農耕，同時也有漢人的捕鹿。況且沒有甚麼資本，赤手空拳由大陸渡來到臺灣的漢人，當時狩獵是一個最簡便、很有利的生業。在荷蘭，不能祇依存土人的狩獵，又荷蘭人的直接狩獵的從事，受了人數以及其他的制約，其狩獲量也有限度。於是富有進取性的漢人捕鹿，在荷蘭方面，與其他的經濟面上一樣，是一個甚歡迎的事態。於是遂如「初窮民至其處，不過規漁獵之利已耳」（《續修臺灣府誌》卷一建置附考引《春明夢餘錄》），捕鹿是移居到臺灣的漢人的一個很重要的生業。荷蘭對這個漢人的捕鹿也發了狩獵許可證，課了狩獵稅，以圖公司的收入的增加。

漢人用陷穽或罠捕獲，而每年多量的捕獲的結果，鹿年年著明的減少。一六四〇年十月三十三日，Junius 送寄巴達維亞總督Antonius van Diemen的信裡說：「漢人要狩獵的時期再開始了，而已經也有人來請求許可證，但是據我的意見，我也想要他的贊成，已經對長官說過，就是今年若不允許狩獵證較為好」。而其理由的第二項說：「因為鹿不絕的被打獵，顯著的減少，假如下十二個月間禁獵，牠們就急速的增加起來，於是，這個將使漢人每年打獵的鹿場所有者們的很大的歡喜」。（註一）而依這個 Junius 的建議，好像有實施了一年間的用陷穽的禁獵。在《巴達維亞城日誌》一六四〇年十二月六日裡頭有如下的記載：「鹿因三年間不絕的被捕獲，非常減少，再六年間就不能達到原數，於是從一致的決議，一年間禁止不得掘穴、張網，期土人不會因貪慾的漢人榨取至盡」。（註二）又同書一六四四年四月二十四裡也有記載：「臺灣島的鹿，顯著的減少起來，所以長官思念數年間鹿皮從暹羅及柬埔寨供給日本，為對公司有利」。（註三）又一六四五年

---

註一—W. Campbell, *Formosa under the Dutch*, p. 186-187, J. Grothe, *Archief voor de Geschiedenis der Oude Hollandsche Zending*, deel III, bl. 209-210.

註二—村上直次郎譯，《抄譯バタビヤ城日誌》，中卷，p. 19; Dagh-Register Gehouden int Casteel Batavia, A° 1640-1641, bl. 116.

註三—村上直次郎譯，《抄譯バタビヤ城日誌》，中卷，p .294; Dagh-Register Gehouden int Casteel Batavia, A° 1643-1644, bl. 148.

(註1) Campbell, p.186-187. Grothe, deel III. Bl.209-210.
(註2) 村上訳. 中巻 p.19. Dagh-Register gehouden int Casteel Batavia. A°1640-41. Bl 116.
(註3) 同書 中巻 p.294. Dagh-Register gehouden int Casteel Batavia A°1643-1644. Bl.148.

平農耕開墾。而鹿數量多的時候，其食害也應之很利害，此以為開墾上也須要驅除，就是為了漢人的定着農耕，同時也有漢人的捕鹿，況且沒有甚麼資本，赤手空拳由大陸渡來到臺灣的漢人，當時狩獵是一個最簡便，很有利的生業。在荷蘭，不能依存大的狩獵。又荷蘭人的直接的狩獵的從事，受了人數以及其他的制約，其狩獲量也有限度。於是富有進取性的漢人捕鹿，在荷蘭方面，與其他的經濟面上一樣，是一個甚歡迎的事態。於是遂如「初窮民至其地，不過規漁獵之利已耳」（臺灣府誌卷一建置附考引春明夢餘錄）。捕鹿是移居到臺灣的漢人的一個很重要的生業。荷蘭對這個漢人的捕鹿也發了狩獵許可證，課了狩獵稅，以圖公司的收入的增加。

漢人用陷穽或罠捕獲，而每年多量的捕獲的結果，鹿年年著明的減少。一六四〇年十月二十三日，Junius 送寄巴達維亞總督 Antonio van Diemen 的信裡說：「漢人要狩獵的時期再開始了，而已經也有人來請求許可證，但是據我的意見，我也想要他們贊成，已經對長官說過，就是今年若不允許狩獵比較為好」，而其理由的第二項說「因為鹿不絕的被打獵，顯著的減少。假如下十二個月皆禁獵，牠們就急速的增加起來，於是這個將使漢人每年打獵的鹿場也有著們的很大的歡喜」（註一） 而依這個 Junius 的建議，好像有實施了一年間的用陷穽的禁獵。在巴達維亞城日誌一六四〇年十月六日裡頭有如下的記載：「鹿因三年來不絕的被捕獲，非常減少，再六年間亦不能達到原數，於是從一致的決議，一年間禁止不得掘穴張網，期大人不會因貪慾的漢人擾形至盡」。（註二） 又同書一六四四年四月二十四日裡也有記載：「臺灣島的鹿，顯著的減少起來，此以長官思念數年間鹿皮從暹羅及柬埔寨供給日本，為對公司有利」（註三） 又一六四五年三月十一日裡即有記載：「為鹿獵所準備的許可證有四百通，而共其中三百六十四通，即北部三百三十一通，南部三十三通交付而已。其原因是鹿的減少。因為二十年來，每年捕獲了五萬、七萬、或至十萬，顯著的減少，變至僅在少數的空地生存而已，所以Caron氏思想二年間打獵，第三年假如沒有休止，即要全滅了」。（註一）於是，荷蘭因要維持鹿皮貿易，預防鹿的減少，或規定獵期，或一時的禁獵，或自一六三八年以來，用陷穽的捕獲的禁止或制限等的措置。（註二）蓋因使用陷穽，即與母獸一起同走的幼獸也被捕，所以預防繁殖率甚少的鹿的減少，禁止陷穽的使用或制限。

而他們制定之獵期，即據《巴達維亞日誌》一六四四年十二月二日裡說：「鹿獵，據總督的意見，自十一月中旬開始，可以獲得必要的數量，每年如此，可以繼續了」。（註三）或在一六四四年十二月十二日裡，有記載：「鹿獵，從去年十五日開始，下二月末日就應該告終」，（註四）又Junius的狩獵許可證販賣的收入報告是一六三八年十月至一六三九年三月末日為止的。（註五）如此獵期，大約是十、十一月起，至翌年的二、三月，約半年間。

漢人的狩獵活潑的時候，這個狩獵是土人的重要行事，有呪術的意義，部族外的鹿場侵入是禁忌，於是在習俗上與利害上，也與土人衝突，即變了頻繁的對漢人的蓄害。而荷蘭因維持鹿皮貿易，一面規定獵期或一時的禁獵等防鹿的減少，慰撫了土人，一面對鹿皮收貨及狩獵，預防蓄害，保護這些漢人，對加害土人討伐。《巴達維亞城日誌》一六三七年二月十日裡有記載：「據在麻豆的牧師Junius的書柬，右記的Vavorolang人，前的一月十一日，殺了漢人獵夫一名，傷了數名，奪去許可證，又擒一名去了。要使他們受了正當的懲罰，van der Burgh氏計劃等到由日本諸船到着，才率兵士

---

註一—村上直次郎譯，《抄譯バタビヤ城日誌》，中卷，p. 421-422; Dagh-Register Gehouden int Casteel Batavia, A° 1644-1645, bl. 163.

註二—《巴達維亞日誌》1640年12月6日（（Dagh-Register Gehouden int Casteel Batavia, A° 1640-41, bl. 116; 村上直次郎譯，《抄譯バタビヤ城日誌》，中卷，p. 19），1642年1月28日（Dagh-Register Gehouden int Casteel Batavia, A° 1640-41, bl. 110.; 村上直次郎譯，《抄譯バタビヤ城日誌》，中卷，p. 240）.; Ludwig Riess, Geschichte der Insel Formosa, p. 427（リース著，吉国籐吉譯，《臺灣島史》，p. 90）等參照。據 Junius 的1637年10月至1638年5月間的狩獵稅收入報告中，陷穽的收入比較多，翌年就陷穽的使用限定二個月，收入錢額也少。從此，可知陷穽使用的制限是1638年開始的。

註三—村上直次郎譯，《抄譯バタビヤ城日誌》，中卷，p. 376.; Dagh-Register Gehouden int Casteel Batavia, A° 1644-45, bl. 144.

註四—村上直次郎譯，《抄譯バタビヤ城日誌》，中卷，p. 391.; Dagh-Register Gehouden int Casteel Batavia, A° 1644-45, bl. 150.

註五—W. Campbell, *Formosa under the Dutch*, p. 174-176; J. Grothe, *Archief voor de Geschiedenis der Oude Hollandsche Zending*, deel III, bl. 185-188.

三月十日裡即有記載「存應獵之準備的許可証，有四百通，即共其中三百六十四通，即北部三百三十一通，南部三十三通交付了。」其主因是鹿的減少。因為二十年來，每年捕獲了五萬、七萬，或至十萬，顯著的減少，要至僅在少數的空地生存而已。所以Caron氏，思想二年或三年打獵，第三年假如沒有休止，即要全滅了」（註一）於是荷蘭因要維持鹿皮貿易，預防鹿的減少，或規定獵期，或一時的禁獵，或自一六三八年以來用陷穽的捕獲的禁止，或制限等的措置。（註二）蓋因使用陷穽，即與母獸一起（同其子的）仔獸也被捕，所以預防繁殖率甚少的鹿的減少，禁止陷穽的使用或制限。

（它們規定之）獵期，即（據）巴達維亞日誌一六四四年十月二十日裡說「鹿獵據總督的意見，自十一月中旬開始，可以獲得必要的數量，每年如此，可以繼續了」（註三）或在一六四四年十月十七日裡，有記載「鹿獵，從去年十五日開始，下一月十七日就應該告終」（註四）又Yunius的狩獵許可証販賣的收入報告是一六三八年十月至一六三九年三月末日停止的。（註五）如此獵期，大約是十、十一月起至翌年的二、三月，約半年間。

漢人的狩獵，溯源的時候，這個狩獵是土人的重要行事，有妨礙的意義，部族外的鹿場侵入是禁忌，於是在理論上與利害上也與土人衝突，即受了頻繁的對漢人的苦害。而荷蘭因維持鹿皮貿易，一面規定獵期，或一時的禁獵等防鹿的減少，想起了土人一面對鹿皮收貨及狩獵，預防苦害，保護這些漢人，對加害土人討伐。巴達維亞城日誌一六三七年二月十日裡有記載「據在蕭壠的牧師Yunius的書柬，在記的Vavorolang人，前的一月十七日，殺了漢人獵夫一名，傷了數名，奪去許可証，又搶了一名去了。要使他們受了正當的懲罰，van der Burgh氏，計劃等到由日本諸船到着，才率兵士

（註1）村上訳 中巻 p.421–422. Dagh-Register Casteel Batavia. A°1644–45. Bl.163.

（註2）巴達維亞城日誌 1640.12.6.（Dagh-Register. Batavia. 1640–41. Bl.116）（村上訳 中巻 p.19） 1642.1.28.（Dagh-Register Casteel Batavia A°1641–42. Bl.110. 村上訳中巻 p.240）
（リース台湾島史 吉國藤吉訳 p.90 等参照. Riess, L.: Geschichte der Insel Formosa. p.427）
據Yunius的1637年10月至1638年5月的狩獵稅收入報告，陷穽的收入比較多。翌年，該陷穽的使用限定二個月，收入錢數也少。從此，陷穽使用的制限是1638年開始的。

（註3）村上訳書 中巻 p.376. Dagh-Register C. Batavia A°1644–45. Bl.144

（註四）村上訳書 中巻 頁三九一. Dagh-Register. C. Batavia. A°1644–45. Bl.150.

（註五）Campbell. p.174–176. Grothe deel III. Bl.185–188.

約一百七十名與同盟者的援兵，襲擊他們，對如此敵對行為報復，以兵力強制服從」。（註一）同年四月二十八日，有記載 Vavorolang 剿蕩的計劃，接之說那是由這個，公司可得利益。由 Gueren 及其他還未知的各地方，可得數千的鹿皮。（註二）又一六四一年四月二十一日有記載：「Davole 常常要對漢人加害，而近來暫時沒有聽到這樣消息，但是，儘着往快的要處罰他們，以為別的警戒」。（註三）

一六三八年至一六三九年三月的 Junius 的狩獵許可證收入報告書裡面也有：「漢人 Songo 與三十名在諸羅鹿場，十月八日至十一月八日打獵，然而他們被 Vavorolang 人所逐。……Theiting 買了三十張的許可證，在諸羅鹿場，十月八日至十一月八日打獵，他也被逐。……Simhoi 自十月二十六日至十一月十日，即半個月，買了四十張，然後不得不逃……」等的記載。（註四）一六四〇年一月二十三日的牧師 Junius給與總督 Antonius van Diemen 的信裡面，建議狩獵許可證的停止發售的第三條理由說：「第三，因為這個頂重要的理由，就是假如我們允准漢人狩獵，就會很損害我們的感化及名聲，因為 Davole 的居民，大概 Vavorolang 也一樣，不斷地，從他們的村社出來驅逐這些狩獵者，甚至偷或殺戮這些人，而與大員相隔太遠，我們不能預防他們的攻擊」。（註五）如此，我們可知對捕鹿的漢人的蓄害，很頻繁的發生。

---

註一—Dagh-Register Gehouden int Casteel Batavia, A° 1637, bl. 37-38.；村上直次郎譯，《抄譯バタビヤ城日誌》，上卷，p. 364-365.

註二—Ibid., A° 1637, bl. 152-153.；村上直次郎譯，《抄譯バタビヤ城日誌》，上卷，p. 402.

註三—村上直次郎譯，《抄譯バタビヤ城日誌》，中卷，p. 145.；Dagh-Register Gehouden int Casteel Batavia, A° 1640-41, bl. 266.

註四—W. Campbell, *Formosa under the Dutch*, p. 174-176, Grothe, *Archief voor de Geschiedenis der Oude Hollandsche Zending*, deel III, bl. 185-188.

註五—W. Campbell, *Formosa under the Dutch*, p. 187, Grothe, *Archief voor de Geschiedenis der Oude Hollandsche Zending*, deel III, bl. 210.

(註1) Dagh-Register, Casteel Batavia. A° 1637. Bl 37-38. 村上譯書 上卷 p.364-365.
(註2) Ibid. A° 1637. Bl 152-153. 村上譯書 上卷 p.402.
(註3) 村上譯書 中卷 P.145. Dagh-Register. C. Batavia. A° 1640-1641. Bl. 266
(註4) Campbell. p.174-176. Grothe, deel III. Bl 185-188.
(註5) Campbell. p.187. Grothe. deel III. Bl.210.

約一百七十名與同盟者的援兵，能襲擊他們，對如此敵對行為報復，以兵力剿制服從」(註一)同年四月二十八日，有記載「Lamey剿蕩的計劃，這個公司可得到利益。由Gulien及其他還未知的各地方，可得數千的鹿皮。(註二)又一六四一年四月二十六日有記載「Lamey、常常要對漢人加害，而近來暫時沒有聽到這樣消息，但是儘著往快的要處罰他們，以為別的警戒」。(註三)

一六三八年至一六三九年三月的Junius的狩獵許可證收入報告書裡面也有「漢人Longo與三十名去諸羅嶚場，十月一日至十一月一日打獵，然而他們被Vavorolang人所逐。……Theiting買了三十張的許可證去諸羅嶚場，十月一日至十一月一日打獵，他也被逐……Sinkan自十月二十六日至十一月十日，即半個月，買了四十張，然後不得不逃……」等的記載。(註四)

一六四〇年一月二十六日的牧師Junius給與總督Antonius van Diemen的信裡面，建議將狩獵許可證的停止發售的第三條理由說「第三，因為這個頂重要的理由，就是假如我們允准漢人狩獵，就會很損害我們的感化及名聲，因為Lamey的居民，大概Vavorolang也一樣，不斷地從他們的村社出來驅逐這些狩獵者，甚至偷，或殺戮這些人，而與大員相隔太遠，我們不能預防他們的攻擊」(註五)如此，我們可知對捕鹿的漢人的毒害，很頻繁地發生。

## 五、荷蘭之鹿皮集貨與漢番[A]

當時的貿易的性格是所謂運送貿易（Carrying Trade），不是輸出自國的生產物，而介在生產地，媒介互相的交換，由雙方的生產地榨取為他們的主要利益。接西、葡兩國後，擠進到東洋貿易的海運國荷蘭，對由王室強力統制的競爭國的貿易，以零碎的資本自由競爭，當然不得勝。於是變了諸商業資本的聯合的東印度公司的設立，由國會賦與對東洋貿易廣泛的特許權。所以東印度公司最大的職能是貿易的獨占，其活動的究極目的是商利。

鹿皮貿易是一個公司的有利且重要的貿易，荷蘭對這個鹿皮的集中、獨占努力是不用說的。荷蘭大約是依如下的方法集貨鹿皮。

一、由土人

1 貢納

2 罰金、贖罪

3 交易

二、由漢人

1 由交易人收買

2 由漢人之狩獲收買

3 對交易人或捕鹿之漢人收買鹿皮為業的牙子收買

4 漢人之諸公課的當替物

三、荷蘭人自己的狩獲

商利的追求為本來的目的的東印度公司，當初的活動是因獨占，惦記各地方的貿易特權，所以公司所作的政治上的活動，不外是商業上獲得利益的手段。臺灣佔據也不是因領土欲所引起的，是要確保貿易據點的意圖所為的。所以由澎湖島轉移到臺灣的荷蘭，因要控制貿易，其支配先施於港口，築造 Zeelandia 城，課了輸出、入稅，如此，東印度公司先控制港灣。不過要保持這個據點，逐漸的，對隣接地也掌握了必要的特權，況且，這個貿

A 編按—節名依據手稿目次補入。

五、

當時的貿易的性格是以謂(經)遞貿易 Carrying Trade，不是輸出自國的生產物，而介在生產地、消費地互相的交換。由双方的生產地搾取為他們的主要利益。據西葡兩國後，擠進到東洋貿易的海運國荷蘭對由王室強力統制的競爭國的貿易，以零碎的資本自由競爭，當然不得勝。於是，要了諸商業資本的聯合的東印度公司的設立。由國會賦與對東洋貿易廣泛的特許權。所以東印度公司，最大的職能是貿易的獨占，其活動的究極目的是商利。

鹿皮貿易，是一個公司的有利且重要的貿易，荷蘭對這個鹿皮的集中獨占勢力是不用說的。荷蘭大約是依如下的方法集貨鹿皮。

一、由夫
1. 貢納
2. 罰金、贖罪
3. 交易

二、由漢人
1. 由交易人收買
2. 由漢人之狩獲收買
3. 對交易人或捕鹿之漢人收買鹿皮為業的牙子收買。
4. 漢人之諸公課的當替物

三、荷蘭人自己的狩獲

商利的追求為東來的目的的東印度公司，當初的活動是因獨占、據記各地方的貿易特權。所以公司所作的政治上的活動，不外是商業上獲得利益的手段。基隆佔據也不是因領土欲所引起的，是要確保貿易據点的意圖所導的。所以由澎湖島轉移到臺灣的荷蘭，因要控制貿易，其又既先施於港口，築造 Zeelandia 城，護了輸出入稅。如此東印度公司，先控制灣。不過要保持這個據点，逐漸的對隣接地也拿控了必要的特權，況且，這個貿易基地背後的地方所出產鹿皮是重要的物資的時候，掌握這個特權是必要不可缺的。於是，雖公司沒有領土欲，必要所迫，荷蘭逐漸的擴大他的支配領域。但是，東印度公司不會像後世列強在阿弗利加洲[A]分割的時候所示的積極的擴大他們的勢力範圍，蓋祇為利才行動的公司，決不應越過了商館的限度，行使統治權所招致的負擔。

荷蘭因確保勢力圈、防衛自己利益起見，對於蕃害、其他的阻害，或對歸順社的別的氏族的蕃害、爭鬪等，對這樣的部落，卻以武力等彈壓、討伐。一六二二年在大員築造假城時，[B]最初，諸部落表了親睦的態度，後來因漢人的煽動，受了目加溜灣社的攻擊，出了三名的死者、八名的重傷者，而荷、蕃的接觸一時斷絕。一六二四年八月由澎湖島轉移到大員，最初復與荷蘭接觸的是新港社。因當時蔴豆社可以出征的戰鬪員有二千名，蕭壠社、目加溜灣社各有一千名，而對這個，新港社只有四〇〇名可以當作戰鬪員。（註一）因之，新港社常被隣社壓迫，所以樂意的處於荷蘭的保護下。而他社也漸々的服從荷蘭，可是濱田彌兵衛事件為開端，對荷蘭相繼抱了反感。至於蔴豆社，即殺戮五十二名的荷蘭兵士，對他社誇張其勇武，對荷蘭的討伐，新港社先襲服于其武力，到一六三一年即約悉從荷蘭的命令。（註二）繼之，一六三五年由巴達維亞增援的兵士到著，於是長官Putmans帶兵，同年十一月先襲擊蔴豆社，燒其村社，嗣之攻蕭壠社，又討伐了Taccarejangh社，無論那個都獻檳榔、椰子的幼樹，表示服從，而蔴豆等諸社，即約從荷蘭所提示的以下的協約：

協約

第一、我們 Tavoris、Tuncksuj、Tilulogh 及 Tidaros 代表了我們蔴豆社全社民，依其名，從我們的習俗當為裝飾掛在、又依存於我們之間的被殺戮荷蘭人的

註一—Dagh-Register Gehouden int Casteel Batavia, A° 1624-29, bl. 145：村上直次郎譯，《抄譯バタビヤ城日誌》，上卷，p. 63。（日譯本蔴豆社以為三千名，今從原文）。

註一—Ibid., A° 1631, bl. 51; 村上直次郎譯，《抄譯バタビヤ城日誌》，上卷，p. 116.

A 編按—即非洲。

B 編按—據荷蘭文獻記載，Cornelis Reyersen 在一六二三年十月二十五日率領十六名士兵和三十四名班達人到大員港灣，在港灣南側入口處，用砂土和竹子建造一個堡壘。參見雷爾松寄總督卡本提耳函，一六二四年一月二十五日，收入江樹生主譯註，《荷蘭臺灣長官致巴達維亞總督書信集（一）》，頁七五—七七。假城之假乃暫時、臨時之意。

(註1) Dagh-Register, Casteel Batavia Aº1624–1629, Bl. 145. 村上訳書 上卷 p.63. 日訳本 蔴豆社以為三千名，今從原文。

(註2) Ibid Aº1631. Bl 51. 村上訳書 上卷 p.116.

易基地，背後的地方出產鹿皮是重要物資的時候，要擴這個特權是必要不可缺的。於是雖公司沒有領土欲也要如此，荷蘭逐漸的擴大他的支配領域。但是如卿的公司不會像後世列強在阿弗利加洲分割的時候那樣的積極的擴大他們的勢力範圍，蓋該為利才行動的公司，決不應越過了商館的限度，行使統治權以招致的負擔。

荷蘭因確保勢力圈，防衛自己利益起見，對于為害其他的住民，或對歸順他的別的氏族的為害，爭鬥者，討這樣的部落，即以武力等彈壓、[illegible]討伐。一六二二年在大員築造假城時，最初諸部落表了親睦的態度，後來因漢人的煽動，受了目加溜灣社的攻擊，去了三名的死者，八名的重傷者，而荷蘭[illegible]舊的接觸一時斷絕。一六三四年一月，由澎湖島転移到大員，最初復與荷蘭接觸的是新港社。因當時蔴豆社可以出征的戰鬪員有二千名，蕭壠社，目加溜灣社各有一千名，而村這個新港社只有四百名，可以作戰鬪員（註1）因之，新港社常被蕭壠社压迫，所以樂意的如託荷蘭的保護下。而他社也漸々的服從荷蘭，可是濱田彌兵衛事件為間諜，對荷蘭相繼抱了敌感。至於蔴豆社，即殺戮五十二名的荷蘭兵士，對他社誇張其勇武，討荷蘭的討伐，新港社先歸服于其武力，到一六三一年即約束從荷蘭的[illegible]命令。(註2) 繼之，一六三五年，由巴達維亞增援的兵士到着長官Putmans帶兵，同年十一月先襲擊蔴豆社，燒其村社，蒯之攻蕭壠社，又討伐了Taccarejangh社，無論那個都獻檳榔、椰子的幼樹，表了服從，而蔴豆等諸社，即約從荷蘭所提示的如下的協約。

協約

第一，我們，Taroeo、Tunckanij、Tilulogh 及 Tilissos 代表了我們蔴豆社全社民，依其名，從我們的習俗，曾為裝飾，掛在又依存於我們之間的殺戮荷蘭人的頭骨及其他的骨頭，就對社中各人聚集，于最初的機會，交付新港牧師 Junius；又在我們之間，可發見的火鎗及其他銃器並衣服也約定要同樣做。

第二、我們呈植在土中的椰子及檳榔的小樹，來對聯合荷蘭諸州的國會，我們自祖先以來，於蔴豆社及附近平地而現所屬的土地，東即至山地，西至海，北及南即到我們的命令所及的地方，由祖先繼承或得領有權的地域，表示完全移讓。

第三、我們今後不再對荷蘭國人或對其同盟者戰鬪，反之，承認前記的國會，且尊敬，又認為我們的保護者，樂意的服從之，而萬事要辦妥，要都聽從四名的領袖所命令（對這個，希望長官由我們長老中選任二倍的額數）。又我們的主要教堂四所中的一所，每三個月輪流揭出爵旗，若發生了甚麼顯著的事件，即我們的領袖及村社的長老們聚集這裡協議。

第四、長官若與將他社或與本島土人戰鬪時，我們每常都為荷蘭國民的黨與戰鬪，對這個也期待荷蘭人依據公司規定所批准的範圍了援助我們。（這是只限於基於道理上，得了長官的承認，決定要打仗的時候。）

第五、我們對在魍港及其他的地方，要燒石灰的漢人，或對鹿皮及其他交易，感覺要使用平地的漢人毫不加害，任他自由通行到指望的地方。但是，中國的海賊、脫走的荷蘭人或奴隸，不引置於家中，反之，有要求的時候，即刻引渡他們或親自解到砦。

第六、警吏對個人或對公眾出示公爵的笏仗（因要辯明甚麼的事情或要服役），命令即刻赴新港社或頭骨及其他的骨頭，就對於中各人聚集，于最初的機會，交付我港牧師，又在我們之間，可發見的火鎗，及其他銃器，至衣服也約定要同樣做。

第二，我們呈植在土中的椰子及檳榔的小樹，來對聯合荷諸州的國會，我們自祖先以來於蘇里北及附近平地，而現此處的土地，東即至山地，西至海，北及南即到我們的命令所及的地方，由祖先繼承，我得領有權的地域，表示完全移讓。

第三，我們今後不再對荷蘭國人，或對其同盟者，戰鬪，且又承認前記的國會，且尊敬，又認為我們的保護者，要意的服從之，而為要辦安，要都聽從四名的領袖所命令（對這個，希望長官由我們長老中選任二倍的額數），又我們的主要社會四社中的一社，每每三個月，輪流揭公爵旗，若發生了甚麼嚴大的事件，即我們的領袖及社的長老們聚集這裡協議。

第四，長官若與將他社，或與東島夫人，戰鬪時，我們每常都為荷蘭國民的意與戰鬪，這個，也期待荷蘭人依據公司規定的批准的範圍，援助我們（這是只限於基於道理上得了長官的承認決定要打仗的時候）

第五，我們對在雞籠及其他的地方，要燒石灰的漢人，或對旅行及其他交易，或竟要使用牟地的漢人，毫不加害，任他自由通行到指望的地方。但是中國的海賊，脫走的荷蘭人或奴隸，不引置於家中，反之有要求的時候，即刻引渡他們，或視自解到城此處。

第六，警吏對個人或對公眾出示公爵的籐杖（因要辯明甚麼的事情或要服役），命令，我即刻赴新港此處或城砦的時候，趕緊的就應之。

第七、我們承認殺戮荷蘭人的罪過，發生此事的當日，每年拿了大的牝牡的豚到長官，而長官對這個為友交連續的憑據，賜了我們四流[A]的公爵旗。

一六三五年十二月十八日於Zeelandia城

Hans Putmans簽名（註一）

而在第五條，即因獲得鹿皮的關係，對鹿皮交易者的漢人保護。以後互相在鬩的各部落中，比較軟弱的部落，因對強力的隣近部族的壓迫，自發的立於荷蘭的保護下，或者用討伐，漸々的歸順。一六三六年二月即達了二十八社，一六四八年即將近達了三百社。（註二）這些大約是締結了與蔴豆社同一條項的協約。（註三）

對這些土人，牧師Candidius一六二七年渡臺後，居住於新港社，學習土語，著手布教。一六二九年牧師Junius也渡臺，協心努力布教。一六三六年諸社的歸順式後，在新港社開辦學校，聚集兒童七十名，教授羅馬字、基督教要理，大目降、目加溜灣等隣近的諸社，也做了這個，就也設立學校，建置教堂，於是與歸順番社數的增加一起，牧師、教員的配置數也增加。當初牧師教化以外，也受命從事于政務，後來南北數所派駐政務員，當繳稅及取締等任務。如此，公司對歸順的土人要維持秩序、確保貿易及生產等實利的目的以外，也有當時對未開地傳道的時代潮流，與牧師對布道的個人的熱心等因，荷蘭的臺灣土人統治就緒了。

荷蘭後來對這些歸順諸社，年々徵收了貢納。又，不上學或不去教堂的怠慢的土人及其他不服從、犯法等，課了罰銀，《巴達維亞城日誌》一六四四年十二月二日裡有記載，同年三月Goed Hoop出帆了以後，照例在赤崁開催諸番社代表會議，傳達公

A 編按—四隻公爵旗。

---

註一—Dagh-Register, Casteel Batavia, A° 1636, bl. 20-21; 村上直次郎譯，《抄譯バタビヤ城日誌》，上卷，p. 278-280。

註二—村上直次郎，〈蘭人の蕃社教化〉（《台灣文化史說》所收，p. 115）。

註三—如1637年2月10日裡有記載，Taraquangh 等七社與 Putmans 訂結了與蔴豆同一的協約。（Dagh-Register, Casteel Batavia, A° 1637, bl. 37; 村上直次郎譯，《抄譯バタビヤ城日誌》，上卷，p. 362。）

（註1）Dagh-Register, Casteel Batavia, A° 1636. Bl.20-21. 村上訳書 上巻 P.278-280.
（註2）村上直次郎：蘭人の蕃社教育（台湾文化史説 昭和. P.115）
（註3）如 1637.2.10 裡有記載 Taraquangh 等七社 與 Putmans 訂結了與麻豆同一的協約.（Dagh-Register, Casteel Batavia. A° 1637. Bl.37. 村上訳書 上巻 P.362）

城砦的時候，趕緊的訴愁之。
第七、我们承認殺戮荷蘭人的罪過，帶些此事的豬。
每年拿了大的牝豬的豚，到長官，而長官對這個
為通友交連續的憑據，贈了我们四流的公爵旗。
一六三五年十二月十八日，於 Zeelandia 城
Kano Putmans 簽名」（註二）

而在第五條，即因獲得麻豆的同條，對麻豆支配者的漢人保護。以後互相在閱的各部落中比較勢弱的部落，因討強力的隣近部族的壓迫，自發的立於荷蘭的保護下，或者用討伐，漸々的歸順。一六三六年二月即達了二十八社，一六四八年即將近達了三百社（註三）這些大約是締結了與麻豆社同一條項的協約。（註三）

對這些土人，牧師 Candidius 一六二七年渡台後，居住新港社，學習土語，着手布教，一六二九年，牧師 Junius 也渡臺協心努力布教，一六三六年，諸社的歸服或教化新港社，開辦學校，聚集兒童七十名，教授羅馬字，基督教要理，大目降，目加溜灣等隣近的諸社也倣了這個，就也設立學校，建造教堂，於是與歸順為社教的增加一起，牧師、教員的配置數也增加。直到牧師教化以外也受命從事于政務，後來南北數些派駐政務員，當徵稅及取締等任務，如此公司對歸順的土人要維持秩序，確保貿易及生產等實利的目的以外，也有當時對未開地傳道的時代潮流，與牧師對布道的個人的熱心等因，荷蘭的臺灣土人統治就緒了。

荷蘭後來對這些歸順諸社，年々徵收了貢納，又不上半或不去教堂的怠慢的土人，及其他不服從等課了罰金，巴達維亞城日誌一六四四年十二月二日裡有記載，同年三月 Gaelz 率了出帆了以後，照例在赤嵌，開催諸番社代表會議，傳達公

司的命令與意向。對這個經過，當時的長官 le Maire 在其報告裡說：「不去學校或教堂，怠慢者審判後，由長官課了一定的罰銀，使履行其義務」、「服從，從今以後，交納鹿皮或米穀（若可能時）以表這個事情。山地的諸社因初次歸服，所以本年免貢，對明年起要交納；但是東、西 Salmo、大 Dovale 及 Valapais 諸社，因為結夥海賊 Kunwangh，所以為罰銀，須要交納二倍的貢物」。（註一）又北部的西班牙撤退後，因對淡水地方歸順諸社，要聚集土目，諭示他們須竭力遂行義務，交納貢物，與要構築淡水堡壘及其他事務，由南部大員派遣了大尉 Boon，而附近二十四社的長老來到淡水城，對 Boon 歸順，約納貢皮，然後納這些皮，再送到南部大員。（註二）又大尉 Boon 遠征哈仔難地方的時候，對該地方的土人，告訴遠征的理由，其時又說：「如欲與其地臺灣土人一樣歸順公司者，為證據，要拿鹿皮來表示服從，然就可以受好遇，若不然，須要期待我們的武力制裁」。（註三）又當初對土人的就學，是給與若干的米、衣服等物獎勵，（註四）後來荷蘭的勢力確立，變了強制的，如上述，課了罰銀，或其他的犯法也罰了錢銀。而這些罰銀，當然大部份用鹿皮交納。一六五四年三月十日長官 Verburg 的關於臺灣傳道事業的報告裡說：「我對不到學校的土人，不以為處罰是絕對必要的，現在罰款是以鹿皮交納。」（註五）對於蕃害或其他的犯法，即罰課了像前引的東、西 Salmo、大 Dovale 及 Valapais 等社的貢納的倍加，《巴達維亞城日誌》一六四二年五月八日裡也有記載對 Favorolangh 的歸順，因殺害了助理商務員 Hans Ruttens 外二名，二月二十三日長官諭示各項事情，加之因三次的破約，所以罰課了各戶一年稻十把、鹿皮五張，交納公司。（註六）

如上所說，土人的貢納、罰課等，對於荷蘭的鹿皮集貨，所資甚大。雖然如此，比這個還重要的部份是由漢人的。

---

註一—村上直次郎譯，《抄譯バタビヤ城日誌》，中卷，p. 334-335，Dagh-Register, Casteel Batavia, A$^{o}$ 1644-45, bl. 125-126。

註二—同書，中卷，p. 338-339，Dagh-Register, Casteel Batavia, A$^{o}$ 1644-45, bl. 127-128。

註三—同上 p. 348，Dagh-Register, Casteel Batavia, A$^{o}$ 1644-45, bl. 131.

註四—W. Campbell, *Formosa under the Dutch*, p. 149, 167; J. Grothe, *Archief voor de Geschiedenis der Oude Hollandsche Zending*, deel III, bl. 135, 174.

註五—W. Campbell, *Formosa under the Dutch*, p. 296; J. Grothe, *Archief voor de Geschiedenis der Oude Hollandsche Zending*, deel III, bl. 175.

註六—Dagh-Register, Casteel Batavia, A$^{o}$ 1641-42, bl. 151，村上直次郎譯，《抄譯バタビヤ城日誌》，中卷，p. 265。

(註1) 村上直次郎譯 巴達維亞城日誌 中卷 p.334-335. Dagh-Register. C. Batavia. A°1644-45. Bl. 125-126.
(註2) 同書 中卷 p.338-339 Dagh-Register, C. Batavia A°1644-45. Bl 127-128.
(註3) 同上 p.348. Ibid. A°1644-45. Bl 131
(註4) Campbell. p.149. & p.167. Grothe deel III. Bl. 135 & Bl 174.
(註5) Campbell. p. 296 Grothe deel IV. Bl. 175.
(註6) Dagh-Register, Casteel Batavia. A°1641-42. Bl. 151. 村上譯書 中卷 p.265.

司的命令與意向。對這個地區，當時的長官 Le Maire 報告說「不去學校或教堂怠慢者，審判後，由長官課了一定的罰銀，使履行其義務」。「服從，從今以後，交納鹿皮，或米穀（若可能時）以表這個事情。此地的諸社，因初次歸服，此以來每年應貢。對此年起要交納。但是東西 Salmo、大 Davole 及 Valapais 諸社，因為往殺海賊 Kuwarangh 此以為罰銀，須要交納二倍的貢物」（註一）又北部的西班牙撤退後，對淡水地方歸順諸社，要聚集青，諭于衍須義務，竭力遂行，交納貢物。構築淡水小堡壘及其他事務，由南部大員派遣大尉 Boon、而附近二十四社的長老對 Boon 來到淡水歸順，約納貢皮，然後這些皮送到南部大員。（註二）又大尉 Boon 對哈仔說：如難於遠征的時候，對該地方的夫人告訴遠征的理由，欲與其他臺灣夫人一樣歸順公司者，為要承據，要拿鹿皮來表示服從，就可以受好遇。若不然，須要期待我們的武力制裁」（註三）

又當時，對夫人的就學，是給與若干的米、衣服等物獎勵（註四）後來為商的勢力確立，變了強制的，如上述課了罰銀，或其他的服法也罰了錢銀，而這些罰銀，當然是大部份用鹿皮交納。

一六五四年三月十日，長官 Verburg 的關於臺灣傳道事業的報告說「我對不到學校的夫人，不以為如罰是絕對必要的。現在罰款是以鹿皮交納」。（註五）對於舊害或其他的服法，即罰課了從前行的東西 Salmo、大 Davole 及 Valapais 等社的貢納的情況，巴達維亞城日誌。一六四二年五月間，也有記載對 Favorlang 的歸順，因殺害了助理商務員 Hans Ruttens 外二名，二月二十三日，長官諭于各項事情，加之因三次的破約，此以罰課了各戶年稻十根，鹿皮五張，交納公司。（註六）

如上所說，夫人的貢納罰課等，對於為商的鹿皮集貨所資甚大，雖然如此，比這個還重要的部份是由漢人的。

如前已經說過，自荷蘭渡來以前，就有漢番交易，後來漢人也從事捕鹿，特地漢人的交易人，常々還比荷蘭的勢力範圍外，在頭裡走，浸潤去。而當初荷蘭的勢力範圍只限於安平、臺南附近一帶的時候，荷蘭的鹿皮集貨，對這個漢人所依存，也還要關切。所以對蔴豆社及諸社所締結的協約中，也有一條保護漢人的鹿皮交易，又對漢人的狩獵，荷蘭的保護在前節已經考察過了。如此，由漢人集貨是一個極重要的荷蘭的鹿皮集貨手段。所以關於這個的蓄害，荷蘭保護自己利益起見，為漢人，屢々討伐了土人。然而這個討伐變了荷蘭勢力範圍的擴大，也變了土人貢納增加，又致使漢人的活動範圍擴大，鹿皮集貨範圍也擴大起來。而這個鹿皮集貨範圍的擴大，又變了蓄害的原因。這樣看起來，由鹿皮交易所引起的這個循環關係、因果關係，也可以算是荷蘭的勢力圈擴大的一個動因，也是一個重要因素。

漢人對於荷蘭，是如此為荷蘭與土人間的仲介者，退[A]需要的。而且農業、狩獵及其他的富源開發時，是一個不可缺的勞力供給源，又漢人的海商是荷蘭的貿易物資供給源，在臺灣的零零碎碎的零售商的漢人也是荷蘭人的日常生活不可缺的。然而沒有怎麼危險力，又勤勉精勵，所以荷蘭對漢人的移居臺灣是很歡迎的事，因要獎勵移居，早就由新港社，買收赤崁地方，另外，荷蘭的漢人臺灣移植的獎勵，在《巴達維亞城日誌》也有如下的記載：

> Sonck 想由巴達維亞派數戶來到這裡，以為公司的利益，但是要制限有貿易的能力。如此，就可以增加公司的資本，也可以誘到別的地方的漢人到大員（Taijouwan），又可以全然從敵人（即西、葡兩國人）奪了中國貿易。（註一）據 Putmans 的意見，要漸々誘致漢人到大員（Tajoan），

A 編按—疑為「最」字之誤。

註一—Dagh-Register, Casteel Batavia, A$^{o}$ 1624-29, bl. 145.；村上直次郎譯，《抄譯バタビヤ城日誌》，上卷，p. 63，1625年4月9日。

（註1）Dagh-Register, Casteel Batavia. A° 1624-29. bl 145. 村上訳書上巻 p.63. 1625年4月9日.



如前已經說過，自荷蘭領來以前，就有漢人交易，後來漢人也從事捕鹿，特從漢人的交易人，常常還比荷蘭的勢力範圍外，在頭裡走，浸潤去，而在荷蘭的勢力範圍，只限於安平、臺南附近一帶的時候，荷蘭的鹿皮集貨，對這個漢人的依存也還要關切。所以對蕭壟北及諸社所締結的協約中也有一條係保護漢人的鹿皮的交易，又對漢人的狩獵，荷蘭的保護在前節已經考察過了。如此由漢人集貨是一個極重要的荷蘭的鹿皮集貨手段，所以關於這個的舊案，荷蘭保護自己利益起見，為漢人屢屢討伐了土人。然而這個討伐變了荷蘭勢力範圍的擴大，也變了更大的貢納增加，又致使漢人的流動範圍擴大，鹿皮集貨範圍也擴大起來。而這個鹿皮集貨範圍的擴大，又變了舊案的原因，這樣看起來，由鹿皮交易所引起的這個循環關係，因果關係，也可以算是荷蘭的勢力圈擴大的一個動因，也是一個重要因素。

漢人對於荷蘭是如此，為荷蘭與土人間的仲介者還需要的，而且農業狩獵及其他的富源開採時是一個不可缺的勞力供給源，又漢人的海商是荷蘭的貿易物資供給源，在臺灣的零零碎碎的零雜商的漢人也是荷蘭人的日常生活不可缺的。然而沒有急歷危險力，又勤勉精勵，所以荷蘭對漢人的移居臺灣是很歡迎的事，因要獎勵移居，早就由新港北買收赤嵌地方，另外荷蘭的漢人臺灣移殖的獎勵在巴達維亞日誌也有如下的記載。

「Sonck 想由巴達維亞派數戶來到這裡，以為公司的利益，但是要制限有貿易的能力，如此，就可以增加公司的資本，也可以誘到別的地方的漢人到大員 Taijouwan，又可以全然從敵人（即西葡兩國人）奪了中國貿易」（註二）

據 Putmans 的意見，要漸漸誘致漢人到大員 Taijoan

即如在巴達維亞施行一般，守備兵的薪水，每月用現款支給，使每日的食料品，由漢人購進。（註一）

又：

長官 Putmans 及 van der Burch 發了在台灣米及糖其他的農產物的命令，又因要供給東部地方，設置米倉，考慮是否下四年間，在臺灣所收成的米，都以一last四十real收納，如此這樣做，就可能招致多數的中國貧民到臺灣島，從事砂糖、米的栽培，蘇明崗（capiteijn Bencon）就是因這個目的，與相當的人數居住該地。（註二）

或如同日誌一六三一年四月二日的記載，有一百七十名的中國人，便乘公司船，而「假如還有餘地，就使來的中國人要更多。長官的意見是，假若使用中國人有利益的時候，就因輸送的目的，要派一、二隻大帆船，還有成千的中國人要求許可，因沒有餘地，不得輸送」。（註三）如此，用公司的船舶輸送，對漢人商賈、勞働者等，荷蘭很歡迎移居臺灣[A]。

這些漢人除了一部份海商，大概都是貧民，據 Junius 寄送給總督 Antonius van Diemen 的一六四〇年十月二十三日的書信裡說：「對許可證也不能納付銀款，像這樣非常貧寒的很多的漢人，對我託求金錢的先支，約束狩獵時期告終的時候，大小形形色色的混合，按一百張十real計算，要給我。而前長官，假如漢人逃亡或破產的時候所受的損失，自己要引責的條件，允許我們這樣辦」。當時漢人間互相貸借的利息是一個月要四‧五%。（註四）又荷蘭當時對漢人一個月徵收1/4 real的人頭稅。在同一信裡 Junius 又說，這些漢人主張照前例，不用現款，要用鹿皮支付，「住於各社的這些漢人非常貧困，每月1/4 real也恐怕不能支付」。（註五）如此住於各社的漢人，大概都是窮寒貧苦，而對公課沒有現款支付，像這樣，捕鹿是這些漢人的重要生業。

然而他們所捕獲的鹿皮，荷蘭用直接的或間接的方法，由這些人們

---

註一—Dagh-Register, Casteel Batavia, A$^{0}$ 1631-1634, bl. 10（村上直次郎譯，《抄譯バタビヤ城日誌》，上卷，p. 105），1631年4月2日。

註二—Dagh-Register, Casteel Batavia, A$^{0}$ 1636, bl. 286；村上直次郎譯，《抄譯バタビヤ城日誌》，上卷，p. 335，1636年11月26日。

註三—Dagh-Register, Casteel Batavia, A$^{0}$ 1631-34, bl. 10-11；村上直次郎譯，《抄譯バタビヤ城日誌》，上卷，p. 108，1631年4月2日。

註四—W. Campbell, *Formosa under the Dutch*, p. 187; J. Grothe, *Archief voor de Geschiedenis der Oude Hollandsche Zending*, deel III, bl. 210.

註五—W. Campbell, *Formosa under the Dutch*, p. 187; Grothe, *Archief voor de Geschiedenis der Oude Hollandsche Zending*, deel III, bl. 211.

A 編按—前引巴達維亞城日誌之文，乃指荷蘭船隻運送唐人至巴達維亞城，進而討論是否要再運送唐人至巴城，似與唐人移居臺灣無關。感謝林偉盛教授提供此一意見。

(註1) Dagh-Register, Casteel Batavia. A° 1631-1634. Bl 10. (村上訳書 上卷 P105). 1631年4月2日.
(註2) Ibid. A1636. Bl 286. 村上訳書 上卷 P.335. 1636年11月26日.
(註3) Ibid. A° 1631-34. Bl 10-11. 村上訳書 上卷 p.108. 1631年4月2日.
(註4) Campbell. P.187. Grothe: deel III. Bl. 210.
(註5) Ibid P.187. 〃 Bl 211



即如在巴達維亞施行一樣，守備兵的薪水，每月用現款支給，使每日的食料品，由漢人購進。」（註一）

又「長官Putmans及van der Burch留了在臺灣來，及顧其他的農產物的命令，又因要供給其郡地方，穀類米倉，考慮是否下四年，合在臺灣所收成的米，都以一last，四十real收納。如此這樣做，就可能招致多數的中國貧民，到臺灣島，從事於稻米的栽培。蘇明崗（Capitein Bencon）就是因這個目的，與相當的人數，居住該地」（註二）

或如同日誌一六三一年四月二日的記載，有一百七十名的中國人，便乘公司船，而「假如還有餘地，就便來的中國人，要更多。長官的意見是假若使用中國人，有利益的時候，就因輸送的目的，要派一、二隻大帆船，還有成千的中國人，要求許可，因沒有餘地，不得輸送」（註三）。如此，用公司的船舶輸送，對漢人商賈勞働者等，荷蘭很歡迎移居到臺灣。

這些漢人，除了一部份海商，大概都是貧民，據[illegible]寄送給總督Antonio van Diemen的一六四〇年十月二十六日的書信裡說：「對許可証也不能納付銀款，像這樣非常貧窮的很多的漢人，對我托求金錢的先支，約未待滿時期去終的時候，大小形形色色的混合，按一百兩十real計算，要給我，而前長官，假如漢人逃亡，或破產的時候，所受的損失，自己要引責的條件，不許我們這樣辦」。當時漢人之互相貸借的利息是一個月要四、五%（註四）。又荷蘭當時對漢人一個月徵收¼real的人頭稅。在同一信裡[illegible]又說，這些漢人，主張照以前例，不用現款，要用鹿皮支付，住於各社的這些漢人，非常貧困，每月¼real也恐怕不能支付」（註五）。如此住於各社的漢人，大概都是窮苦貧苦，而對公課，沒有現款支付，像這樣捕鹿是這些漢人的重要生業。

然而他們以捕獲的鹿皮，荷蘭用直接的或間接的經由這些人們收買。這個價格即：「一六三三年至一六四一年間，臺灣島的課稅還少的時候，是一百張，上等品十三兩，中等品十一兩八，下等品五兩四。至一六四二年，依前記價格買收了很多的鹿皮，以後，前長官Traudenius到了同年末，看了日本的市價下落，中國人也躊躇，所以與帳簿參照，以上等品一百張十兩，中等品八兩（但是因品質不太好，若不然就有九兩的價值），下等品四兩，買收了少量。而Traudenius對le Maire訓令，將來不要收買比這個價錢高，這個訓令應該要遵守，但是鹿皮受授的時候，增徵了領帖課錢，稻耕稅由二十分之一，陞為十分之一，又載塩、米以及罠，要到鹿場的三板船一隻，課了一real的稅金。不但如此，從前可以用陷穽，而現在只要用可以獲少量的罠捕鹿，所以獵夫擱不住，鹿獵衰微，這樣，漢人哀訴，於是聽從他們的願意，稍々的其代價調整了。即：

| | | | | | |
|---|---|---|---|---|---|
| 上等品 | 十五real | 即 | 十兩 | 九錢 | 五分[A] |
| 中等品 | 十二半real | | 九兩 | 一 | 二半 |
| 下等品 | 六1/4 real | | 四兩 | 五 | 六1/4（註一） |

又據一六三六年平戶荷蘭商記錄，他們所辦的商貨行情表中，也有記載臺灣鹿皮的購買價格，即如左：

| | | | | |
|---|---|---|---|---|
| 上等品 | 一百張 | 購買價格 | 四六盾 | 三（stuiver） |
| 中等品 | 一百張 | 購買價格 | 三九盾 | 六（stuiver）八（penninge） |

（註二）

而當時的在臺灣匯率是一兩即七十一stuiver（二十stuiver是一盾gulden，一stuiver是十六pfenninge）。照這個匯率算起來，即：

| | | | |
|---|---|---|---|
| 上等品 | 四六盾三（stuiver） | | 即十三兩 |
| 中等品 | 三九 | 六（stuiver） | 八（penninge）即十一兩 ○ 七 |

與前記，大約無差的。又前記的Junius所說，由他手裡先支的，就一百張大小，攙雜在一塊兒，是按十real集貨的。一real，當時在臺灣的

註一—《巴達維亞城日誌》1644年12月2日（村上直次郎譯，《抄譯バタビヤ城日誌》，中卷p. 374-375），Dagh-Register, Castel Batavia, A° 1644-45, bl. 143-144。

註二—村上直次郎，《貿易史上の平戶》，p. 87。

A 編按—原稿作九分五厘，應為九錢五分。

(註1) 巴達維亞城日誌 1644年12月2日；（村上譯書中卷 p.374–375） Dagh-Register, Casteel Batavia. A° 1644–45. B1643–1644.



(註2) 村上直次郎：貿易史上の平戶. p.87.

收買。這個價格即，「一六三三年至一六四一年間，臺灣鹿的
鹿皮還少的時候，是一百張，上等品十三兩，中等品十一兩八，
下等品五兩四。至一六四二年依前記價格，買收了很多的鹿
皮，以後前長官 Traudenius 到了同年末，看了日本的市價
下落，中國人也躊躇，所以與帳簿參照，以上等品一百張
十兩，中等品八兩（但是因品質不太好，若不然，就有九兩的價值），
下等品四兩，買收了少量。而 Traudenius 對 le Maire 訓令
將來不要收買，先這個價錢高，這個訓令應該要遵守，
但是從鹿皮受損的時候，增徵了領帖課錢，稻耕稅由二十分
之一，陞為十分之一。又載鹽米，以及民要到鹿場的三板船一隻，
課了一里的稅金。不但如此，從前可以用陷穽，而現在只
要用可以獲少量的罠捕鹿，所以獵夫們不住，鹿獵衰
微，這樣漢人衰許，都是聽從他們的願意，稍稍的其代
價調整了。即

上等品 一五里 即 一〇兩 九分五厘
中等品 一三半、 九 一 二半
下等品 六、 六、 四、 五、 六六」（註一）

又據一六三六年，平戶荷蘭商館記錄，他們所辦的商貨行
情表中也有記載臺灣鹿皮的購買價格，即如左，

上等品 一百張 購買價格 四六盾 三
中等品 三九 六八 （註二）

即當時的在臺灣匯率是兩即七十一 stuiver（二十 stuiver 是一
盾 gulden）stuiver 是十六 penningen）。照這個匯率算起來，即

上等品 四六盾三 即 一三兩
中等品 三九、六、八 即 一一兩、〇、七

與前記大約無差的。又前記的 Yunius 所說，由他手裡先支的就
一百張，大小混淆，是換十里算貨的，一里當時在臺灣的

據說雜在一塊兒

匯率是七十三 condrijn，即七分三厘銀（一兩 Tael 是十錢 maas，即一百分 condrijn），[A] 照這個算起來是十 real 即值七兩三錢，不到中等品的價格。

一六三〇年七月十日的臺灣評議會決議錄裡有決定，建置一座 Candidius 居住的家屋。（註一）一六三一年十月十一日的臺灣長官 Hans Putmans 寄給總督 Specx 的書柬中說：「不但基督教的前進需要，因要制肘別的部落的目的，也必要在新港建築一軒家屋，然而從新港社的荒廢解救，也想為需要的。別的理由是，將來由這裡可收大量的鹿皮，這個家屋是我們的很多的利益的源泉，同時恐怕 Candidius 已經對您說過，也有種々的利益的源泉。」（註二）而《巴達維亞城日誌》一六三一年十一月二十日裡有記載這個新港家屋的落成。（註三）一六三七年一月十二日也有 Junius 報告目加溜灣的居民自發的建築教堂及牧師住宅。（註四）《巴達維亞城日誌》一六三七年四月二十八日裡也說：「我們的居民都很熱心，大目降及隣近的各社都不用公司的經費，非常的熱心建築了教堂、傳道師的住宅及要教授他們的子弟的學校」。（註五）又一六五七年十月五日的在大員所開的教會議事錄中有一個建議，在蔴豆社建設一個神學校的建議，比在另外的村社還適當，這個選擇理由中有一段如下的記載：「又蔴豆，比蕭壠及新港，占在近鹿場的地位，所以可以比容易的獲得新鹿皮的多」。（註六）《巴達維亞城日誌》一六四四年十二月二日裡又說：「卑南覓的駐在員 Cornelis van der Linden 死亡，該社六月全燒（不知道由甚麼人），因之，公司的家屋及要收購鹿皮，積存於該地的貨物二百七十六盾十四 stuiver 十二 penninge 也燒失，搶救出了的殘品，價值是甚少。戎克船 de Breeg 幸而早一點兒，載了貢納及收購的皮與米穀，輸送去大員了」。（註七）據這些例子，我們可以看出荷蘭的鹿皮集貨，是先集於在各地的教堂、牧師館、

---

註一—W. Campbell, *Formosa under the Dutch*, p. 101; J. Grothe, *Archief voor de Geschiedenis der Oude Hollandsche Zending*, deel III, bl. 52.

註二—W. Campbell, *Formosa under the Dutch*, p. 105; J. Grothe, *Archief voor de Geschiedenis der Oude Hollandsche Zending*, deel III, bl. 60.

註三—Dagh-Register, Casteel Batavia, $A^{o}$ 1631-34, bl. 51.；村上直次郎譯，《抄譯バタビヤ城日誌》，上卷，p. 115。

註四—W. Campbell, *Formosa under the Dutch*, p. 155; J. Grothe, *Archief voor de Geschiedenis der Oude Hollandsche Zending*, deel III, bl. 149; Dagh-Register, Casteel Batavia, $A^{o}$ 1637, bl. 37.；村上直次郎譯，《抄譯バタビヤ城日誌》，上卷，p. 363。

註五—Dagh-Register, Casteel Batavia, $A^{o}$ 1637, bl. 152.；村上直次郎譯，《抄譯バタビヤ城日誌》，上卷，p. 400。

註六—W. Campbell, *Formosa under the Dutch*, p. 307; J. Grothe, *Archief voor de Geschiedenis der Oude Hollandsche Zending*, deel III, bl. 197.

註七—村上直次郎譯，《抄譯バタビヤ城日誌》，中卷，p. 337-338.；Dagh-Register, Casteel Batavia, $A^{o}$ 1644-45, bl. 127。

[A] 編按—手稿作「七分三厘」，應為「七錢三分」。

(註1) Campbell, p.101. Grothe. deel III. Bl.52.
(註2) Ibid. p.105. 〃 deel III. Bl.60.
(註3) Dagh-Register, Casteel Batavia. A°1631-34. Bl.51 村上譯書上卷 p.115.
(註4) Campbell. p.155 Grothe. deel III. Bl.149. Dagh-Register, Casteel Batavia A°1637. Bl.37 村上譯上卷 p.363.
(註5) Dagh-Register, Casteel Batavia A.1637. Bl 152. 村上譯書上卷 p.400.
(註6) Campbell. p.307. Grothe, deel IV. bl 197.
(註7) 村上中. p.337-338. Dagh-Register. Casteel Batavia, 1644-45. Bl 127

匯率是七十三 Condrijn 即七分三厘銀（一兩 Tael 是十分 Maas 即一百厘 Condrijn）。照這個算起來是十 real 即值七兩三分，不到中等點的價格。

一六三〇年七月十日的臺灣評議會決議錄裡有決定建造一座 Candidius 居住的房屋。（註一） 一六三一年十月十日的臺灣長官 Hans Putmans 寄給總督 Specx 的書柬中說「不但基督教的前途需要，因要剝削別的部落的目的，也必要在新港建築一所房舍，然即從新港社的荒廢解救，也想象需要的。別的理由是將來由這裡可收大量的鹿皮。這個房屋是我們的很多的利益的源泉。同時想怕 Candidius 已經對您說過。也有種種的利益的源泉」（註二）而巴達維亞城日誌一六三一年十月二十日裡有記載這個新港家屋的落成。（註三） 一六三七年一月十二日，也有 Junius 報告目加溜灣的居民，自發的建築教堂及牧師住宅。（註四）巴達維亞城日誌一六三七年四月二十八日裡也說「我們的居民都很熱心，大目降及其近的各社都不用公司的經費，非常的熱心建築了教堂，傳道師的住宅及要教化們的子弟的學校」（註五） 又一六五七年十月五日的在大員所開的政務會議事錄中有一個建議，在蕭壟社建設一個神學校的建議，此在另外的村社還適當。這個選擇理由中有一段如下的記載。「又蕭壟、北蕭壟及新港、已在近鹿場的地位、所以可以比容易的獲得新鹿皮的多」。（註六） 巴達維亞城日誌一六四四年十月二日裡又說「卑南覓的駐在員 Cornelis van der Linden 死亡，該社六月，全燒（不知道由甚麼人），因之公司的家屋及要收購鹿皮、積存於該地的貨物二百七十六個，十四、十二也燒失，搶救出了的殘品，價值是甚少。戎克船 de Braeg 幸而早一點開，載了貢納及收購的皮與米穀輸送去大員了」（註七） 據這些例子，我們可以看出荷蘭的鹿皮集貨，是先集於在各地的教堂、牧師館。

駐在處等家屋，再集中於大員，等待風期輸出到日本，而這些家屋大部分都是由土人的勞工建置的，也可以算是荷蘭的對土人的一種徭役，或是由漢人捐錢建置的。再前引的例子中，我們須要注意的，就收購鹿皮用的積存物資的燒失，這一條與一六三六年五月十五日的臺灣評議會日誌裡說的：「假如公司與這裡（即瑯嶠）的交易，可以辦了真正生產的，的時候（物々交換的主要東西將是鹿皮），可以希望基督教的進步。」[A]（註一）的這一條一起，我們也可以推想漢蕃交易以外，可能也有公司直接與土人的交易。

現在鹿皮也從台灣各地送到大員來，在大員商館日誌[B]有若干例子，如左：

一六三四．三．五為鹿皮、肉貿易而派遣兩艘戎克船至淡水、北港。

一六三四．三．六　從南部來的兩艘戎克船，載來相當數量的鹿皮、稻穀以及少量的魚乾。

一六三四．四．三　從淡水來的一艘戎克船，載來三十捆的土產籐、稻穀、七十五張鹿皮。

一六三四．四．二二　從淡水來的五艘舢舨船載來鹿皮。

一六三四．八．四—五　運送鹿皮至澎湖島。（註二）

一六三五．六．二七　從魍港來的三艘戎克船載來一萬張鹿皮。（註三）

一六三七．八．一二　從北部運來上等品、中等品、下等品鹿皮四千張。（註四）

一六三九．七．一　從二林運來鹿皮若干[C]。

一六三九．七．一一　從放繂運來鹿皮三百張。（註五）

---

註一—W. Campbell, *Formosa under the Dutch*, p. 115; J. Grothe, *Archief voor de Geschiedenis der Oude Hollandsche Zending*, deel III, bl. 84.

註二—中村，p. 107-108 所引 Extract-Daghregister weegens het gepasseerde op de custe van China als 't Comptoir Tayouan van 5 July 1633-26 Oct. 1634.（Kol. Archief 1026）

註三—中村，p. 107-108 所引 Extract-Daghregister des Comptoir Tayouan van 28 Sept. 1634-20 Oct. 1635.（Kol. Archief 1029）

註四—中村，p. 107-108 所引 Daghregister des Comptoirs Tayouan van 1 Nov. 1636-17 Oct. 1637.（Kol. Archief 1035 bis）

註五—中村，p. 107-108 所引 Vervolch Daghregister des Comptoirs Tayouan, 't sedert 18 Maert 4 Nov. 1639.（Kol. Archief）

A　編按—此語的意思是荷蘭東印度公司與瑯嶠居民的交易具有成效以後，有助基督教信仰的擴張。

B　編按—即今譯《熱蘭遮城日誌》。

C　編按—此條資料，中村孝志於一九九一年六月補訂鹿皮之文時，修改為「七月五日　戎克船一艘自二林載來鹿皮三〇五〇張」。見中村孝志，許賢瑤等譯，《荷蘭時代臺灣史研究 上卷概說．產業》，頁九一。

(注1) Campbell. p.115. Grothe. deel III. Bl 84

(注2) ~~[illegible]~~ 中村引 Extract-Dagh registers wegens het gepasseerde op de custe van China als 't Comptoir Tayouan van 5 July 1633 – 26. Oct. 1634 (Kol. Arch. 1026) 1029
p.107-8

(注3) 同 Extract-Daghregister des Comptoirs Tayouan van 28 Sept. 1634 – 20. Oct. 1635 (Kol. Arch.)

(注4) 同 Daghregister des Comptoirs Tayouan van 1 Nov. 1636 – 17. Oct. 1637. (Kol. Arch. 1035 bis)

(注5) Vervolch Dagh-register des Comptoirs Tayouan, 't sedert 18 Maert 4 Nov. 1639 (Kol. Arch.)

驻在地等来唐、再集中于大员、等待风期、输出到日本、命运
些东西大部分都是由土人的劳工建置的，也可以算是苦窘
的对土人的一种差役，或是由汉人捐钱建置的。再前引
的例子中我们须要注意的就收购皮用的积存物资的烧
失。这個一條與一六三六年五月十五日的台湾評議會日記裡
说的「假如公司與這裡（印卯嶼）的交易，可以辦了真正生
產的，的时候（物々交換的主要东西将是鹿皮），可以希望
基督教的進步。」（注二）的这一條一起，我们也可以推想漢商
交易以外，可能也有公司直接與土人的交易。

今台湾各地から大員へ送付されて来る鹿皮の若干の例を大員商館日誌に見ると左の通り。

一六三四、三、五 鹿皮肉を交易すべく淡水、北港に二艘の船を派す。
〃 三、六 南部より二ジャンク船相当量の鹿皮、数少量の干魚を積み来る
〃 四、三 淡水より一戎克船三十束の土產鹿数七五枚の鹿皮を積み来る
〃 四、二 淡水より五隻の舢板船 鹿皮を積み来る
〃 八、四—五 鹿皮を澎湖島へ輸送 （注二）
一六三五、六、二七 閩港より三戎克船 一万張の鹿皮を積み来る（注三）
一六三七、八、一三 小部より上等品十束、下等品の鹿皮四〇〇〇張来る（注4）
一六三九、七、一 二林より鹿皮若干来る
〃 七、二 放縤より鹿皮三〇〇枚来る（注5）

荷蘭佔據末期，鹿皮依然集中在大員裝載，這只要看 Zeelandia 城日誌即可知道，今舉例如下：（註一）

一六六一年三月二日，五艘船從臺灣北部駛來大員，裝載的貨物中有：

| | | | |
|---|---|---|---|
| 鹿脯肉 | 七六擔 | 鹿筋 | 一六束 |
| 鹿皮 | 二五〇張 | 大鹿皮 | 一六張 |

一六六一年三月四日，兩艘舢板船從臺灣北部駛來大員，裝載的貨物中有：

| | | | |
|---|---|---|---|
| 鹿脯 | 九〇擔 | 鹿筋 | 一三束 |
| 鹿皮 | 五五〇張 | 大鹿皮 | 一二張 |

一六六一年三月八日，一艘經許可的舢舨船從麻豆駛來，裝載的貨物中有：

| | | | |
|---|---|---|---|
| 鹿皮 | 一，二五五張 | 鹿脯肉 | 四〇〇斤 |

註一——這部份是據中村，p. 120-121所引增補，Dagh-Register, Zeelandia, 1661.（Kol Archief 1125）fol. 476-478.

(注) 此の部分は中村 所引 によって補ったものである。(P.120-1)

Dagh-Register Zeelandia, 1661. (Kol Archief 1125) fol 476-478.

※

荷蘭佔據時期に於いても鹿皮は依然として大量に集荷されて居たことはZeelandia城日誌に記載されてゐるので窺ふる事が判明する。今一例として次に掲げる。(注)

一六六一年三月六日、台灣北部より船五艘大員に来る積荷中に
鹿脯 七六ピコル 鹿筋 一六束
鹿皮 二五〇張 大鹿皮 一六張

一六六一、三、四、台灣北部より二艘の船板船大員に来る積荷中に
鹿脯 九〇ピコル、 鹿筋 一三束
鹿皮 五百張 大鹿皮 一二張

一六六一、三、八 蕭壠より一艘の免許船板船来る積荷中に
鹿皮 一三五五張、 鹿脯 四〇〇斤

# 六、鹿皮貿易與荷蘭的財政 A

在第一章已經說過，自隆慶元年（一五六七）以來，在福建開海禁的制度確立，海澄的餉稅制度也整備起來，由雞籠、淡水行販的土產鹿皮等，也與東、西二洋的貨物一起，是一個繳餉的對象，這些對於常賦缺乏的福建財政上所資助的很多。但是臺灣的情況是中、日人與土人間的自由的私商互易，是沒有受管束的自由貿易。到了一六二四年荷蘭的據臺，終這個自由貿易變了其相貌。

荷蘭即一六二四年在爪哇施行的關稅，一六二五年起，也在臺灣施行，對輸出、入的物品繳收了十分之一稅，蓋實施許可制，課科徵稅，是因獨占，擁護自己，排斥及抑制別的經濟活動的、所不可缺的必要手段。又只商利為目的，要支配市場，極端的追求獨占權的荷蘭東印度公司，後來漸々的因貿易據點的確保及生產調節的必要，在臺灣，對土人以武力或乘了土人間的不和，擴張了他們的支配權。而關於管理經營，自然的這個出費也增加，公司在臺灣的經費是以臺灣所得收入支出，而不但使不要由巴達維亞的補助，還由這些要生剩利，所以其財政政策是儘力節省支出，由這裡發揮最大的利益。因之，支配圈的擴大所演成的經費增加，須由種々的課稅等的收入支出。於是當初貿易等一般商業上的利益及在海上從競爭國掠奪的財貨為公司的主要收入根源，到這樣地步，租稅也變了公司的重要收入源泉。然而，他們的租稅沒有一貫的制度，只看經營的狀態怎樣，就稅目、稅率也有變改，只揑出來最大利益的政策方針，一貫的沒有變動。

荷蘭對輸出、入，課了十分之一的關稅以後，看了自據臺前以來，年年有輸出到二十萬張的這個有利而且很重要的鹿皮貿易，因要獨占這個貿易，差不多一六二八年的時候禁止鹿皮的搬出。（註一）後來一六三七年對鹿脯等，如「因要多少減輕公司的重擔，長官決定自一月末日起，對鹿肉、大鹿

A編按—節名依據手稿目次補入。

註一—1628年6月16日長官Nuyts寄以平戶商館長Nyenrode的書信，Francois Valentijn, Oud en Nieuw Oost-Indiën, *vervattende een naaukeurige en uitvoerige verhandelinge van Nederlands mogentheyd in die gewesten, 1724-1726*, deel 4, p. 54; James W. Davidson, *The Island of Formosa: Past and Present*, 1903, p. 17.

（註1）1628.6.16. 長官 Nuyts 寄以平戶商館長 Nyenrode 的書信. Valentyn. IV. deel IV. Bl.54
Davidson.: Formosa, past and present. P.17



大

在第一章已經說過，自隆慶元年以來，在福建，閩海澄的餉稅制度也整備起來，由雞籠、淡水行販的土產鹿皮等也與東西二洋的貨物一起，是一個徵餉的對象。這些，對於當時財政缺乏的福建財政上，是資助的很多。但是臺灣的情況是中日人與土人的自由的私商互易，是沒有受管束的自由貿易。到了一六二四年荷蘭的據臺，終這個自由貿易就喪失了其相貌。

荷蘭即一六二四年，在巴達維亞施行的關稅一六二五年起，也在臺灣施行，對輸出入的物品徵收了十分之一稅。蓋，實施排他許可制課料徵稅是因獨占擁護自己排斥及抑制別人的經濟活動的，唯此不可缺的必要手段。又只為利等目的，要支那市場，在歸的追求於占權的荷蘭東印度公司，從手漸漸的因貿易據點的確保，及生產調節的必要，在臺灣，對土人以武力或覆乘了土人們的不和，擴張了他們的支配權。而關於管理經營，自然的這個出費也增加，公司在臺灣的經費是以臺灣所得收入支出，而不但使不要由巴達維亞的補助，還由這些要生剩利，所以其財政政策是儘力節省支出，由這裡發揮最大的利益。因之支配圈的擴大所演成的經費增加須由種種的課稅等的收入支出，總是當初貿易等一般商業上的利益，及在海上從競爭國掠奪的財貨等公司的主要收入根源。到這樣地步，租稅也變了公司的重要收入源泉，然而他們的租稅沒有一貫的制度，只看經營的狀態，怎樣就稅目，稅率也有變改。只據最大利益的政策提出來方針，一貫的並沒有變動。

荷蘭對輸出入課了十分之一的關稅以後，看了自據台前以來年年有輸出到二十萬張的這個有利而且很重要的鹿皮貿易，因要獨占這個貿易，差不多一六三[illegible]年的時候禁止鹿皮的搬出。（註二）後來一六三七年對鹿脯等如「因要多少減輕公司的重担，長官決定自一月末日起，對鹿肉、大鹿皮、山羊皮的輸出課了十分之一的稅銀」。（註一）已經開始征收十分之一的輸出稅。又《巴達維亞城日誌》一六四一年十二月十三日也有一段記載說：「出示禁止沒有到臺灣島海岸的入境執照的中國戎克船入港，對鹿肉及鹿皮即在大員要交納十分之一的稅銀。」（註二）一六四二年一月二十八日也說：「中國人屢次的切願[A]鹿的獵獲，但是不用陷穽，祇用罠，對這個，也照從前交付資費，皮與肉即請輸送到中國。長官想，對公司交納十分之一的稅銀就可以許可。」（註三）如此，荷蘭因要獨占鹿皮貿易的利益，有時候禁止別人的販運，或（有）時候採取了許可制，課了十分之一的稅，抑制漢人的搬出，同時也企圖增加公司的收入。

然而這樣有利的鹿皮貿易，其間也發生了走私、密貿易，荷蘭對侵害他們的獨占的這些行為，當然甚關切，不會拱手旁觀。一六四〇年十月二十三日Junius送給巴達維亞的總督的信裡說：「對許可證，也不能納付銀款，像這樣貧寒的很多的漢人，對我托求金錢的先支，約束[B]狩獵時期告終的時候，大小形形色色的混合，按一百張十real計算，要賣給我。……這樣就以前他們暗中走私輸出到中國的這些皮，於是可以集中到我們的手中。」（註四）又《巴達維亞城日誌》一六四〇年十二月六日裡說：「七月一日少尉Thomas Pedel報告說：又中國海賊船二隻，碇泊於Gilim河，掠奪在那裡碇泊、收集鹿皮的二隻戎克船，於是長官送書柬給他，命令他引率荷蘭人十名、乃至十二名，與Gilim土人出征所需的人數，到現場用策略或公然用武力，要擒拿這些海賊。」（註五）又一六四四年十二月二日也有如下的記載：「中國人把鹿皮輸出到中國或其他地方，只在Dorenap與淡水之間所獲的以外，毫沒有聽到，這個因大尉Boon的出征，快速的可以防止。」（註六）這樣，荷蘭對鹿皮的強奪或走私甚關切，用武力等防止這個事情發生。

A 編按—日文用語，懇求之意。
B 編按—日文用語，承諾之意。

註一—Dagh-Register, Casteel Batavia, A° 1637, bl. 153.；村上直次郎譯，《抄譯バタビヤ城日誌》，上卷，p. 404; Dagh-Register, Comptoir Tayouan.
註二—Dagh-Register, Casteel Batavia, A° 1641-42, bl. 62; 村上直次郎譯，《抄譯バタビヤ城日誌》，中卷，p. 174。
註三—Dagh-Register, Casteel Batavia, A° 1641-42, bl. 110; 村上直次郎譯，《抄譯バタビヤ城日誌》，中卷，p. 240。
註四—W. Campbell, *Formosa under the Dutch*, p. 187; J. Grothe, *Archief voor de Geschiedenis der Oude Hollandsche Zending*, deel III, bl. 210.
註五—《バタヒヤ城日誌》，村上譯書，中卷，p. 12-13.；Dagh-Register, Casteel Batavia, A° 1640-1641, bl. 114.
註六—同書，p. 376.；Dagh-Register, Casteel Batavia, A° 1644-45, bl. 144。

（註1）Dagh-Register, Casteel Batavia. A° 1637. Bl 153. 村上譯書 上卷 p.404. Dagh-Register, Comptoir Tayouan

（註2）Dagh-Register, Casteel Batavia A. 1641–42. Bl 62. 村上譯書 中卷 p.174.

（註3）Ibid. A° 1641–42. Bl 110. 村上譯書 中卷 p.240.

（註4）Campbell. p.187. Groth. deel III Bl 210.

（註5）バタビア城日誌 村上譯 中卷 p.12–13. Dagh-Register, C. Batavia. A° 1640–1641. Bl. 114.

（註6）同書 p.376. Dagh-Register, Casteel Batavia. A° 1644–1645. Bl 144.

皮，山羊皮的輸出，課了十分之一的稅銀」（註一）已經開始征収十分之一的輸出稅。又巴達維亞城日誌一六四一年十二月十三日也有一段記載說：「出了禁止從有到臺灣島海岸的入境執照的中國或先船入港，對鹿肉及鹿皮即在大員要交納十分之一的稅銀」（註二）一六四二年一月二十八日也說「中國人每次的打獵鹿的獵獲，但是不用陷穽、祇用罠，對這個也照從前，交付狩獵費，皮與肉即請輸送到中國，長官也對公司交納十分之一的稅銀就可以許可」（註三）如此，荷蘭因要於占鹿皮貿易的利益，有時候禁止別人的販運，或時候給予了許可制，課了十分之一的稅，抑制漢人的搬出，同時也企圖增加公司的收入。

然而這樣有利的鹿皮貿易，其當也發生了走私、密貿易，荷蘭對侵害他們的独占的這些行為，當然甚關切，不會拱手傍觀。一六四〇年十月二十三日 Yunus 送給巴達維亞的總督的信裡說：「對許可証，也不能納付銀款，係這樣貧寒的很多的漢人，對我托求金錢的先支，約束狩獵時期告終的時候，大小形形色色的混合，按一百張十 real 計算，要賣給我。……這樣就以前暗中走私輸出到中國的這些皮，於是可以集中到我們的手中」（註四）又巴達維亞城日誌一六四〇年十二月六日裡說「七月一日，少尉 Thomas Pedel 報告說又中國海賊船二隻，碇泊於 Gilim 河，掠奪在那裡碇泊收集鹿皮的二隻戎克船，於是，長官送書東給他，命令他引率荷蘭人十名乃至十二名，與 Gilim 土人，去征此事的人數，到現場，用策略或公然用武力，要擒拿這些海賊」。（註五）又一六四四年十二月二日也有如下的記載。「中國人把鹿皮，輸出到中國或其他地方，只在 Wanckan 與淡水之間所獲的以外，毫沒有聽到，這個因大尉以來的出征，快速的可以防止」（註六）這樣，荷蘭對鹿皮的強奪，或走私，甚關切，用武力等 [struck] 防止這個事情發生。

荷蘭東印度公司也獵期中，對捕鹿，為許可證的資費：用罠，即一個月徵收一 real，用陷穽，即一個月徵收十五 real 的狩獵稅。Riess 在其《臺灣島史》有記載：「漢人也須要納狩獵稅，其稅率是一個月一 real，依這個方法，祇在諸羅族的疆域的狩獵，好時期，就有九百七十九 real 半的收益。鹿大部分是用繩與竹做的罠捕獲為常，然荷蘭人也有對漢人許可掘穽捕鹿，一個陷穽，一個月就要納十五 real。但是野獸的減少，自然這個許可也不得已要節制，不過這樣還一六五二年有三萬六千 real 的狩獵稅的收入，一六五三年也有二萬六千七百十五 real 的收入。」（註一）

※[A]

這些捕鹿的許可證，是使駐在於各部落的牧師發給。經 Junius 的手發給的一六三七年十月末日至翌一六三八年五月末，用陷穽的收一九八三 real、用罠的收七一七 real 半，合計收入有二七〇〇 real 半。（註二）又一六三八年十月至一六三九年五月，經 Junius 所收入的，用罠的有一二七八 real半；陷穽是二十四個，而制限使用期二個月間，而其收入是七二〇 real，合計一九九八 real 半的收入。（註三）又其翌年的獵期，雖有很多的漢人被 Dovale 的土人所逐，不過還有一九四一 real 7/8，經過 Junius 的手收入。（註四）這些狩獵稅經牧師們支付於種々教化費，對擔當行政事務的牧師的津貼、運搬費、其他關於地方行政的諸經費、雜[B]，而餘款才送到大員，算入純益。年々從狩獵所取的收益，據 Junius 說，有一千九百乃至二千四百盾。（註五）一六三六年十月七日長官 Putmans 的給巴達維亞總督的信裡面說：「（土人的）雙親們將寧願他們的子弟在田園工作，莫送到學校上課，那是真實的。因這個理由，對很用功的兒童，常々送一點米或是衣服，獎勵他們的熱心勉學是需要的。這些基本是由對漢人的捕鹿，這個捕鹿不管用罠或用別的方法，也都要發給的許可證收入來充當的。」（註六）又長官 van der Burg 對巴達維亞報告說：「他（即 Junius）又再聲

---

註一—L. Riess, *Geschichte der Insel Formosa*, p. 427（リース著、吉國籐吉譯，《臺灣島史》，p. 90。

註二—Willy A. Ginsel, "De Gereformeerde Kerk op Formosa of de Lotgevallen eener Handelskerk onder de Oost-Indische-Compagnie 1627-1662", bl. 117.

註三—W. Campbell. *Formosa under the Dutch*, p. 174-176, 180; J. Grothe, *Archief voor de Geschiedenis der Oude Hollandsche Zending*, deel III, bl. 185-188, 197.

註四—W. Campbell. *Formosa under the Dutch*, p. 186; J. Grothe, *Archief voor de Geschiedenis der Oude Hollandsche Zending*, deel III, bl. 209.

註五—Willy A. Ginsel, "De Gereformeerde Kerk op Formosa of de Lotgevallen eener Handelskerk onder de Oost-Indische-Compagnie 1627-1662", 1627-1662, bl. 118.

註六—W. Campbell. *Formosa under the Dutch*, p. 149; J. Grothe. *Archief voor de Geschiedenis der Oude Hollandsche Zending*, deel III, bl. 135.

A 編按—「※」此符號意指此處補入浮貼於此頁之資料。

B 編按—意指各種雜費。

※ 浮貼頁

基隆在荷蘭佔領之後，據一六四二、一六四三年間，被捕而住在熱蘭遮城的西班牙傳教士 Madre de Dios 說，大員附近的中國人每年付給荷蘭人一萬四千匹索，其中有四千匹索是捕鹿的特許金。而每年從臺灣運送一萬張皮革到日本而獲利。（註一）這些數字雖然不太可靠，但可推測賺到不少錢。

註一—此條據中村，p. 121-122所引 Álvarez, *Formosa*, Tomo II, p. 433-434補充。

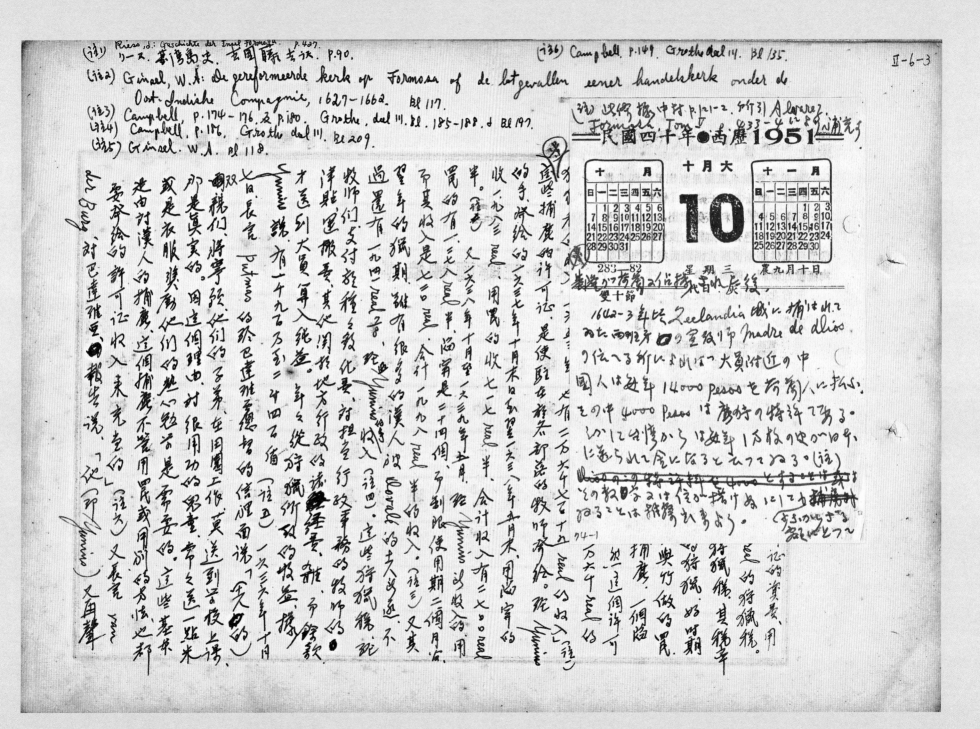

（註1） Riess, L.: Geschichte der Insel Formosa. p.427
リース. 臺灣島史. 吉國藤吉訳. p.90.

（註2） Grinsel, W.A.: De gereformeerde kerk op Formosa of de lotgevallen eener handelskerk onder de Oost-Indische Compagnie, 1627–1662. Bl 117.

（註3） Campbell, p.174–176. 及 p.180. Grothe, deel III. Bl. 185–188. & Bl 197.

（註4） Campbell, p.186. Grothe deel III. Bl 209.

（註5） Grinsel. W.A. Bl 118.

（註6） Campbell. p.149. Grothe deel III. Bl 135.

（注）此條據中村 p.121-2. 所引 Alvarez, Formosa, Tom. II p.333-4 による補充す

民國四十年●西曆1951

| 十 | | | 月 | | | |
|---|---|---|---|---|---|---|
| 日 | 一 | 二 | 三 | 四 | 五 | 六 |
| | 1 | 2 | 3 | 4 | 5 | 6 |
| 7 | 8 | 9 | 10 | 11 | 12 | 13 |
| 14 | 15 | 16 | 17 | 18 | 19 | 20 |
| 21 | 22 | 23 | 24 | 25 | 26 | 27 |
| 28 | 29 | 30 | 31 | | | |

283—82

十月大

10

星期三

| 十 | | 一 | | | 月 | |
|---|---|---|---|---|---|---|
| 日 | 一 | 二 | 三 | 四 | 五 | 六 |
| | | | | 1 | 2 | 3 |
| 4 | 5 | 6 | 7 | 8 | 9 | 10 |
| 11 | 12 | 13 | 14 | 15 | 16 | 17 |
| 18 | 19 | 20 | 21 | 22 | 23 | 24 |
| 25 | 26 | 27 | 28 | 29 | 30 | |

農九月十日

~~臺灣から荷蘭の位據~~ 代替れ 歲後

雙十節

1642-3年頃 Zeelandia 城に捕はれていた西班牙の宣教師 Madre de Dios の伝へる所によれば大員付近の中國人は毎年 14000 pesos を荷蘭人に払ふ。その中 4000 pesos は鹿狩の特許である。外に台湾からは毎年1万枚の皮が日本に送られて金になるといっている。（注）
~~Dios のこの特許料を 4000 とすることは~~
その数字は信が措けぬにしても~~……~~いることは推察出来よう。（すこしかいさる額にとって）

74-1

……一六三……年……七有二万六千七百十五 real 的收入（注二）

這些捕鹿的許可証，是使駐在那各部落的牧師發給。就 Junius 的手，發給的一六三七年十月末日到翌一六三八年五月末，用陷穽的收一九八三 real，用罠的收七一七 real 半，合計收入有二七〇〇 real 半。（注三）又一六三八年十月至一六三九年五月，給 Junius 以收入的用罠的有一三七八 real 半，陷穽是二十四個，而到限使用期二個月為，而其收入是七二〇 real，合計一九九八 real 半的收入。（注三）又其翌年的獵期，雖有很多的漢人從 Dorado 的大人以來，不過還有一九四一 real 等，給 Junius 的收入（注四）。這些狩獵稅，就牧師們支付諸種之教化費，對担當行政事務的牧師的津貼，運搬費，其他關於地方行政的諸經費、雜，而餘款才送到大員算入純益。年々從狩獵所入的收益，據 Junius 說，有一千九百乃至二千四百 real（注五）。一六三六年十月七日，長官 Putmans 給巴達維亞總督的信裡面說「（土人的）兩親們，將寧願他們的子弟，在田園工作，莫送到學校上課，那是真實的。因這個理由，對很用功的兒童，常々送一點米或是衣服，獎励他們的熱心勉学是需要的。這些基本是由對漢人的捕鹿，這個捕鹿不管用罠或用別的方法，也都要發給的許可証收入來充当的」（注六）又長官 van der Burg 對巴達維亞總督報告說「從（即 Junius）又再聲……

……証的資費、用……的狩獵稅。……狩獵稅，其稅率……的狩獵，如時期……與竹做的罠。……捕鹿，一個陷……然一這個許可……万六千 real 的

請從裁判上的任務解放，然評議會斷定他的服務絕對的必要，所以我們用加貼他的薪俸，年一百二十real——但是這個錢額，使不要公司的經費，從捕鹿許可證所得的金額支出的條件，說服他留任其職務。」（註一）而一六三七年十月至一六三八年五月間Junius從他所收的狩獵稅，對他管區內的就學兒童及其雙親為獎勵，支出了一〇九二 1/4 real，與自己的津貼，九個月份九十real，及其他諸經費。（註二）據Junius的一六三八年十一月至一六三九年十月，從狩獵許可證收入所支出的計算書，對就學兒童的獎勵的米、衣服費六〇二real 1/4，Junius自己的津貼一一〇real，其他運搬用的三板船料金、馬糧、運搬人的食糧及其他的給與、酒錢、長官巡視所支出的諸費用、對土人頭目贈與的杖、衣服等經費、教會等營繕費、夜間說教用及夜學用的蠟燭、學校的筆記用紙，對貧苦土人的慈善金，及其他諸雜費，總計支一〇〇四 3/4 real，餘款九九三 3/4 real，算入於大員的付項。（註三）翌年一九四一 7/8 real的收入中，支出了六二七 1/4 real，而有剩餘一三一五 5/8 real。（註四）

散在於各部落、介在於土人間、交易為營生的漢人們，這個漢番交易是很有利的，然而他們的行動圈平常都浸潤到荷蘭的勢力圈外的，蓋在荷蘭的勢力圈外，這些漢人可以獨占這個利益，不會受到荷蘭人的剝削，所以對這個區域接踵來的荷蘭勢力的浸透，是對漢人很不高興的現象。除了赤崁、新港附近，荷蘭勢力鞏固，又荷蘭人的居住也比較多，而且接近Zeelandia城以外的地方，漢、荷兩民族間的關係也大約在同樣的情形。這些漢人會講土語，又對土人的事情也精通，在土人部落，其地盤根柢也扎了很深，所以往々漢、荷間的經濟上的利益衝突，變了由漢人煽動，發生了蓄害、反變。一六三六年四月五日的大員的評議會記錄有記載，

---

註一—W. Campbell, *Formosa under the Dutch*, p. 160; J. Grothe, *Archief voor de Geschiedenis der Oude Hollandsche Zending*, deel III, bl. 158.1637年10月17日長官van der Burg寄於總督的書信，Resolutiën, 1637年10月1日之條（K. A. 1034 bis., f. 834）

註二—Willy A. Ginsel, "De Gereformeerde Kerk op Formosa of de Lotgevallen eener Handelskerk onder de Oost-Indische-Compagnie 1627-1662", bl. 117.

註三—W. Campbell, *Formosa under the Dutch*, p. 167-173, 180; J. Grothe, *Archief voor de Geschiedenis der Oude Hollandsche Zending*, deel III, bl. 173-184, 197.

註四—W. Campbell, *Formosa under the Dutch*, p. 186; J. Grothe, *Archief voor de Geschiedenis der Oude Hollandsche Zending*, deel III, bl. 209.

(註1) Campbell. p.160. Grothe, deel III. Bl 158. 1637.10.17. 長官 van der Burg 寄給總督的書信。, Resolutiën. 1637.10.1.の條. [K.A. 1034 bis. f 884]
(註2) Ginsel W. A. Bl P.117.
(註3) Campbell, p.167.—173 & p.180. Grothe, deel III. Bl 173—184 & Bl 187.
(註4) Campbell. P.186. Grothe deel III. Bl 209.

請從裁判上的任務解放，然評議會斷定他的服務，絕對的必要，此以我们用加貼他的薪俸，年一百二十 real —但是這個錢就，使不要公司的經費，從捕鹿許可証所得的金額支出的條件，諾瑯他留任其職務」（註一） 而一六三七年十月至一六三八年五月古 Junius 從他所收的狩猟税，討他管区内的就学兒童及其双親為獎勵，支出了一〇九二 real 與自己的津貼九個月份九十 real 及其他諸路費。（註二） 據 Junius 的一六三八年十一月至一六三九年十月，從狩猟許可証收入，以支出的計算書，討就学兒童的獎勵的米衣服費六二 real 〇六 Junius 自己的津貼一〇 real，其他運搬用的三板船和料金，區種運搬人的食糧及其他的給與，酒錢，長官巡視此支出的諸費用，討大頭目贈與的牧，衣服等經費，教會等營繕費，夜間講教用及夜學用的蠟燭，学校的筆記用紙，討貧苦夫人的慈善金，及其他諸雜費，總計支一〇〇四 real，餘款九九三 real 算入於大員的付項，而（註三）、翌年一九四一 real 的收入中，支出了六二七 real，而有剩餘一三一五 real （註四）

一散在於各部落，作在於土人中，交易為營生的漢人們，這個漢人交易是很有利的，然而他们的行動圈，平常都涉獵到荷蘭的勢力圈外的。蓋在荷蘭的勢力圈外，這些漢人可以独占這個利益，不會受荷蘭人的剝削，此以討這個区域，接踵來的荷蘭勢力的浸透，是討漢人很不高興的現象。除了去此頓，新港附近，荷蘭勢力範圍，又荷蘭人的居住也比較多，而且接近 Zeelandia 城以外的地方，漢荷兩民族中的關係也大約在同樣的情形。這些漢人會講土語，又討土人的事情也精通，在土人部落，其地盤根據也扎了很深，此以往々漢荷間的經濟上的利益衝突，變了由漢人煽動，發生了蕃實，反變。一六三六年四月五日的大員的評議會記錄有記載要與 Pangsoia 及南方的諸社密接聯繫，跟他們訂約的條項，其內容與目的要切實使他們了解，派了 Junius 及士兵到現地公示這些條項。而四月十一日回來的 Junius 報告，他們在 Pangsoia 及 Dolatocq 等五社，備受款待，不過 Junius 對這個協約沒有公示，「因為這個第一條項——即此地的主權要讓渡給荷蘭——這條，據他的意見，是怕後來被含有惡意的漢人們會用惹起對我們的激怒的方法說明，所以他衹對聚會的人們念了這些條項。」（註一）《巴達維亞城日誌》一六四一年十二月十三日也有說，對 Wesselingh 等一行的東部臺灣金鑛探檢，在卑南覓（Pimaba）及隣近從事交易的漢人煽動土人阻害，於是出告示，命令召還該地的漢人，要居住於大員。然後再由大員海路赴淡水，從那裡越過山，到東部繼續要探檢產金地的 Wesselingh 也受在淡水地方的漢人硫磺商所煽動，不能達成其探檢。（註二）又一六四四年十二月二日裡記載，在赤崁開催的諸社代表會合，在這場裡所發命令中有一段：「又說明逐出在各部落的漢人的理由與因此對所缺乏的必需品一切的販賣要斡旋」。（註三）又一六四五年三月十一日裡與瑯嶠所訂約的條項中有一條：「沒有我們的特別許可，不得使漢人商賈居住，假若有違背者時，須要解交我們處罰。」的記載。（註四）由這些例子，對於漢番交易，土人對他們的必需品是依存於漢人，而漢人的鹿皮為大宗的這個蕃產交易的利益，與想把這個鹿皮獨占控制的荷蘭，其間利益互相衝突，而荷蘭對土人以行政力控制等，我們可以看出漢、荷、番三者的利害交錯的關係。

於是荷蘭對蕃產交易，採取了包辦制度，即所謂贌社制，蓋由此，包辦人將極力排除侵來他的包辦區域的其他交易人，而土人即沒有影響他們的獲得外資的方途，然即荷蘭不勞而確立他們一聯的獨占體制，也可以維持秩序，又可以慰撫土人，再加上他們的歲收的增加，正是下施了一舉二三得的計策。

---

註一—W. Campbell, *Formosa under the Dutch*, p. 113; J. Grothe, *Archief voor de Geschiedenis der Oude Hollandsche Zending*, deel III, bl. 80-81.

註二—Dagh-Register, Casteel Batavia, A$^{o}$ 1641-42, bl. 56 村上直次郎譯，《抄譯バタビヤ城日誌》，中卷，p. 158-59。

註三—Dagh-Register, Casteel Batavia, A$^{o}$ 1644-45, bl. 126 村上直次郎譯，《抄譯バタビヤ城日誌》，中卷，p. 335。

註四—Dagh-Register, Casteel Batavia, A$^{o}$1641-42, bl. 165 村上直次郎譯，《抄譯バタビヤ城日誌》，中卷，p. 425。

（註一）Campbell. p.113. Groth, deel III. Bl 80-81.
（註二）Dagh-Register, Casteel Batavia, A 1641-42. Bl 56. 村上譯書中卷 p.158-159.
（註三）Dagh-Register, Casteel Batavia, A 1644-1645. Bl 126. 村上譯書中卷 p.335.
（註四）Dagh-Register, Casteel Batavia, A 1644-1645. Bl 165 村上譯書中卷 p.425.

要與Pangoeis及南方的諸社家接聯繫，跟他們訂約的條款其內容與目的，要切實使他們了解。派了Jurnius及士兵，到瑯嶠公司這些條項。而四月十一日回來的Jurnius報告，他們在Pangoia及dolatog等五社，備受款待。不過Jurnius對這個協約，沒有公司。「因為這個第一條項——即此地的主權，要讓渡給荷蘭——這條據他的意見是怕後來，說會有惡意的漢人們會用惹起對我們的激怒的方法說明。所以他於對那些部落的人們，念了這些條項」。（註一）巴達維亞城日誌一六四一年十一月十二也有說對Waeckingh等一行的東部黃金鉱探檢，在卑南覓（Pimaba）及講近從事交易的漢人，煽動者，淮害於是出去，命令召還該地的漢人，要居住於大員，然後再由大員海路赴淡水，從那裡越過山，到東部，繼續要探檢產金地的Waeckingh，也受在淡水地方的漢人硫磺商此煽動，不能達成其探檢（註二）又一六四四年十二月二日裡記載，在赤嵌開催的諸社代表會念，在這場裡此命令中有一段「又說明驅逐出在各部落的漢人的理由與因此缺乏的必需品一切的數量要斡旋」（註三）又一六四五年三月十一日裡，與瑯嶠此訂約的的條項中有一條「沒有我們的特別許可，不得使漢人商賈居住，假若有違背者的時候，須要解交我們処罰」的記載（註四）由這些例子，對於漢商交易，老大對他們的必需品，是依存於漢人，而漢人的厲害是大家的這個商產交易的利益與想把這個産度独占控制的荷蘭，其間利益互相衝突，而荷蘭對土人以行政力控制着，我們可以看出漢荷兩三者的利害交錯的關係。

就是荷蘭對於商產交易，採取了包辦制度，即所謂贌社制。蓋由此，包辦人將權力排除侵来他的包辦区域的其他交易人，而土人即沒有影響他們的獲得外貨的方途，然即荷蘭不勞而確立了他們一聯的独占作制，也可以維持秩序，又可以慰撫土人，再加上他們的歲收的增加，正是一施了一舉二三得的計策。

《巴達維亞城日誌》一六四四年十二月二日有如下的記載：

> 要增加公司的收入，又要實現地方議會時，對各社代表所約束，主要各社、Ponckan 河及全南部，在一定的條件下，使漢人或自由荷人（即沒有供職於公司的荷蘭人）以最高價格申稟的人包辦交易。
>
> | | |
> |---|---|
> | Tevolangh | 一四〇 real |
> | 哆囉嘓（Dorcke） | 一四〇 real |
> | 諸羅山（Tirosen） | 二八五 real |
> | Dalivo | 一一五 real |
> | Vavorlangh | 三〇〇 real |
> | 南部一帶 | 八〇〇 real |
> | Ponckan 河半年分 | 二二〇 real |
> | Dorenap 與北方淡水間的 Sincangin 及其他交易，以戎克船四隻行販一次的航行 | 一四〇 real |
> | 計 | 二一四〇 real |
>
> 其中半額先領收，餘額即包辦期間滿了後才交納。而用這個比準，明年五月就更多的村社使包辦，有充分的倍加前記金額的成算。（註一）

又一六四五年一月十六日裡即記載：「到這個四月末日為止，新港、大目降等五社，以七百 real准許包辦後，至十一月又 Gilim、小 Dovale 及 Dorenap 的包辦也以五百五十五 real，許可到同一期日，所以臺灣的收入越增加了」。（註二）

如上，荷蘭到了一六四四年就有贌社制度，對鹿皮交易，聯結於他們的鹿皮貿易，控制漢人的活動。

關於這個贌社制，中文資料也有幾個記載：

> 贌社亦起自荷蘭，就官承餉曰社商，亦曰頭家，八、九月起，集夥督番捕鹿曰出草，計腿易之以布，前後尺數有差。劈為脯，筋、皮統歸焉，惟頭及血、臟歸之捕者，至來年四月盡而止，俾鹿得孳息曰散社。（《諸羅縣誌・風俗志番俗考》）
>
> 贌社之稅，在紅夷即有之，其法每年五月初二日，主計諸官

---

註一—村上直次郎譯，《抄譯バタヒヤ城日誌》，中卷，p. 359-360。Dagh-Register, Casteel Batavia, A$^{o}$ 1644-1645, bl. 137。

註二—同書，中卷，p. 409。Dagh-Register, Casteel Batavia, A$^{o}$ 1641-42, bl. 158。

（註1）村上直次郎譯 バタビヤ城日誌 中卷 p.359-360. Dagh-Register, Casteel Batavia Aº 1644-1645. Bl 137

（註2）同書 中卷 p.469. Dagh-Register, Casteel Batavia Aº 1644-1645. Bl 158

巴達維亞城日誌，一六四四年十一月二日有如下的記載：

「要增加公司的收入，又要實現地方議會時，對各社代表的約束、主要的各社、Ponkan河、及全南部，在一定的條件下，使漢人或自由荷人（即沒有供職於公司的荷蘭人）以最高價格中標的人包辦交易。

| | |
|---|---|
| Tarolangh | 一四〇 real |
| 哆囉嘓 Dorcko | 一四〇 〃 |
| 諸羅山 Tirosen | 二八五 〃 |
| Dalivo | 一一五 〃 |
| Vavorlangh | 三〇〇 〃 |
| 蕭壠一帶 | 八〇〇 〃 |
| Ponkan河南北分 | 二二〇 〃 |
| Dorenap與北方淡水間的Sincangia及其他交易，以戎克船四隻行販一次的航行 | 一四〇 〃 |
| 計 | 二、一四〇 〃 |

其中半額先領收，餘額即包辦期滿了後才交納，可用這個先準明年五月，就更多的村社使包辦，有充分的結加前記全額的成算」。（註1）

又一六四五年一月十六日，復即記載「到這個四月末日為至，新港、大目降等五社，以七百 real 准許包辦後，至十一月又 Gilim、小 Dorenap 的包辦也以三百五十五 real 許可到同一期日，此以臺灣的收入越增加了」。（註2）

如上，荷蘭到了一六四四年就有贌社制度，對鹿皮交易，將結於他們的鹿皮貿易，控制漢人的活動。

關於這個贌社制，中文資料也有幾個記載。

「贌社亦起自荷蘭。就官承餉曰社商，亦曰頭家。八九月起，集夥督番捕鹿，曰出草。計腿易之以布，前後尺數有差。硝乃為脯，筋及皮統歸焉，惟頭及血臟歸之捕者。至來年四月盡而止，降麂得聲息，曰散社」（諸羅縣志風俗志番俗）

「贌社之稅，在紅夷即有之。其法每年五月初二日，主計諸官，集於公所；願贌眾商，亦至其地。將各社、港餉銀之數，高呼於上，商人願認則報名承應；不應者減其數而再呼，至有人承應而止。隨即取商人姓名及所認餉額，書之於冊，取具街市舖戶保領。就商徵收，分為四季。商人既認之後，率其夥伴至社貿易。凡番之所有與番之所需，皆出於商人之手，外此無敢買，亦無敢賣。雖可裕餉，實未免於累商也。臺灣南北番社以捕鹿為業，贌社之商以貨物與番民貿易，肉則作脯發賣，皮則交官折餉。（《臺海使槎錄．卷八番俗雜記》所引《諸羅雜識》）

而我們須要留意就是贌社的期限與獵期一致。如此，荷蘭用贌社制度，集中鹿皮於其手中，同時也企圖其財政的歲收的增加。

荷蘭一據臺就由長官Sonck在大員築Zeelandia城，[A] 由第三代長官在北線尾築Zeeburg砦，一六三六年即在蚊港築造Vlissingen砦，其後屢次改築與增築，這個費用自一六三五年一月一日至一六四〇年九月末日，即達四十九萬八千四十四盾。（註一）又城外及赤崁其他等地的商館、倉庫、營舍等諸建築，支出了莫大的金額；而臺灣經營諸城砦守備及其他，也需要不少的經常費；又海上的警備、交通、運輸及對馬尼剌的通商妨害等所需要的船舶的諸經費也相當要多額；又隨著對土人的教化事業進展，牧師及教員也要增員，就學獎勵金也一路祇膨脹而已。要減輕如此多額的支出，用種々的公課的收入支持，即對由大陸渡海來的漢人課了人頭稅，又徵收輸出、入稅、狩獵稅以及豚的專賣、漁業、arack酒的釀造、市場等稅；又各部落的交易即採取了贌社制度，對耕作也徵收了田賦，對於土人即徵收貢納，終土人兒童的就學變了強制，怠慢不上課即課了罰款，各村落的學校教員的給與變了各社的負擔。如此一面對種々方面課稅，使歲收的增加；一面即對種々的經費，務使節減緊縮，而一心一意的追求公

A 編按──一六二三年，荷蘭人在大員島建立一座簡單的砦城，後來毀棄，一六二四年八月 Sonck長官重新興建城堡，稱為 Orange城，一六二七年命名為「熱蘭遮城」（Zeelandia），參見村上直次郎〈ゼ-ランヂヤ築城史話〉，收入臺灣文化三百年記念會編，《臺灣文化史說》（臺北：編者刊行，1930），頁四四──六六。

註一──村上直次郎譯，《抄譯バタビヤ城日誌》，中卷，p. 28及p. 174。Dagh-Register, Casteel Batavia, A° 1640-1641, bl. 119, A° 1641-1642, bl. 62。

（註）村上該書中卷 p.28 及 p.174.
Dagh-Register, Casteel Batavia A 1640–1641. Bl 119. & A 1641–1642. Bl 62.



集於公所，召贌眾商至其地，將各社港餉銀之數，高呼於
上，商人預認，則報名承應，不應者減其數，而再呼至
有人承應而止，隨即將商人姓名及所認餉額書之於冊，
取具街市舖戶保領，就商徵收，分為四季，商人既認之
後，率其夥伴至社貿易，凡番之所有與番之所需，皆
出於商人之手，外此無敢買，亦無敢賣，雖可給餉，實
未免於累商也。臺灣南北番社以捕鹿為業，贌社之商，
以貨物與番民貿易，肉則作脯發賣，皮則交官折餉」
（臺海使槎錄卷八，番俗雜記引諸羅雜識）

而我們須要留意，就是贌社的期限與牌期一致。如此，荷
蘭用贌社制度，集中權限於其手中，同時也企圖要財政
的歲收的增加。

荷蘭一據臺灣，就由長官Sonck在大員築Zeelandia城，
由第三代長官在北線尾築Zeeburg城，一六三六年即在蚊港築
造Vlissingen城，其後屢次攻擊與增築。這個費用自一六三五
年一月一日至一六四〇年九月末日，即達四十九萬八千四十四盾。（註二）又城
外及赤崁其他等地的商館、倉庫、營舍等諸建築，支出了
莫大的金額，而臺灣經營，諸城砦守備及其他必需要不少
的經費，又海上的警備、交通、運輸及對厚利的通商
始需等所需要的船舶的諸經費也相當要多額。又隨着對
土人的教化事業進展，牧師及教員也要增員，就學獎勵
金也一路祇膨脹而已。要減輕如此多額的支出，用種々的
公課的收入支持。即對由大陸渡海來的漢人課了人頭稅、
又徵收輸出入稅、狩獵稅，以及將的專賣漁業，arack酒的釀
造、市場等稅。又各部落的交易即採取了贌社制度，對耕作
也徵收了田賦，對於土人即徵收貢納，給老人留意的就學要了
強制，怠慢不上課即課了罰款，各村落的學校設置的經費
要了各社的負擔。如此一面對種々方面課稅使歲收的增加，
一面即對種々的經費，務使節減緊縮，而一心一意的追求公

司的利益。

《巴達維亞城日誌》一六四〇年十二月六日裡有一段記載：「對中國人徵收四分之一real的稅銀的事情，自八月一日起著手，有些反對並歎願[A]以後，自九月一日實施。發見大員、新港、並平地的中國人，有三千五百六十八名，因之早晚就稍些可以減少築城費的支出」。（註一）而尚加算其他公司的勢力圈內的漢人，即其人數可達一萬至一萬一千名。（註二）又一六四一年四月二十一日裡也有如下的記載：

> 九月末日至二月末日的人頭稅收入達三千八百九十real，又對漁夫、arack酒釀造者等的納稅額，其款額是多少，因要明瞭，一年間給數名包辦。

| | |
|---|---|
| 豚的專賣 | 三八〇real |
| 漁場 | 三〇〇real |
| Arack酒釀造及市場 | 四二〇real |
| 生牛酪 | 二〇〇real |
| 計 | 一三〇〇real |
| 十二個月間的人頭稅收入概算 | 一二〇〇〇real |
| 輸出入品、鹿肉、中國酒壺、賣家等的十分之一稅 | 六五〇real |
| 以上一般收入年額概算 | 一三九五〇real |

> 以這些金額，可以減輕既往及今後的支出。（註三）

一六四三年的諸稅、人頭稅等，其金額即達八萬八千四百七十七盾。（註四）又一六四四年十二月二日的《巴達維亞城日誌》即有記載：「黑砂糖、中國蠟燭、煙草、arack酒、油、脂肪、奧地[B]的籐、珊瑚及其他雜貨，即課了十分之一稅。arack釜即照寸尺、重量，一個月課了二real或三real……。收入，本年度即可以增加到八萬八千盾至九萬八千五百盾，又由各社的交易包辦、貢物的增加、執照、鹿獵，並漢人種稻的十分之一稅（最近初次以計一千六百四十real包辦）、及其他諸稅，豫料可以很多增加」。（註五）以上諸稅金以外，如一六四〇年在新港社要建置一軒家屋，對這個費用，由漢人即按一個月抽收半real的寄附[C]。（註六）一六四五年在Zeelandia城下的道路、堤防工事，即

A 編按—日文用語，請願、請求之意。

B 編按—日文用語，遠離城市、海岸之區域，《抄譯バタビヤ城日誌》，中卷，頁三六〇作「內地」，中村孝志校注本，頁二九三作「現地」產的籐……。

C 編按—日文用語，捐贈之意。

---

註一—村上直次郎譯，《抄譯バタビヤ城日誌》，中卷，p. 11-12；Dagh-Register, Casteel Batavia, A° 1640-1641, bl. 113。

註二—N. MacLeod. *De Oost-Indische Compagnie als Zeemogendheid in Azie*, deel II, bl. 307.

註三—村上直次郎譯，《抄譯バタビヤ城日誌》，中卷，p. 145-146；Dagh-Register, Casteel Batavia, A° 1640-1641, bl. 266。

註四—N. MacLeod. *De Oost-Indische Compagnie als Zeemogendheid in Azie*, deel II, bl. 309.

註五—村上直次郎譯，《抄譯バタビヤ城日誌》，中卷，p. 360-361；Dagh-Register, Casteel Batavia, A° 1644-45, bl. 137。

註六—W. Campbell, *Formosa under the Dutch*, p. 187-188; J. Grothe, *Archief voor de Geschiedenis der Oude Hollandsche Zending*, deel III, bl. 211.

(註1) 村上訳中卷 p. 11–12. Dagh-Register, Casteel Batavia. Bl 1640–1641 Bl 113
(註2) MacLeod. N.: De Oost-Indische Compagnie als zeemogendheid in Azië, deel II. Bl 307.
(註3) 村上訳中卷 p. 145–146. Dagh-Register, Casteel Batavia. A° 1640–1641. Bl. 266.
(註4) MacLeod, N.: Ibid. deel II. Bl. 309
(註5) 村上訳中卷 p. 360–361. Dagh-Register, Casteel Batavia. A° 1644–45. Bl 137
(註6) Campbell. p. 187–188. Grothe, deel III. Bl 211.



司的利益。

巴達維亞城日誌，一六四〇年十二月六日條有一段記載「對中國人徵收四分之一里爾的稅銀的事情，自八月一日起着手，有些反對，並數頭以後，自九月一日實施。容易大員、新港並其他的中國人，有三千五百六十八名，因之早晚就稍些可以減少警城要的支出。」(註二) 而尚加算其他公司的勢力圈內的漢人，即其人數達一万五、一万一千名。(註三) 又一六四一年四月二十一日條也有如下的記載。

「九月末日至二月末日的人頭稅收入達三千八百九十里爾，又對漁夫、arack酒釀造者等的納稅額，其數額是多少，因要明瞭，一年中給數名包辦。

| | | |
|---|---|---|
| 賦的專賣 | 三八〇〇 | real |
| 漁場 | 三〇〇〇 | 〃 |
| arack酒釀造及市場 | 四〇〇〇 | 〃 |
| 生牛路 | 二〇〇〇 | 〃 |
| 計 | 一三〇〇〇 | 〃 |
| 十二個月分的人頭稅收(概算) | 二〇〇〇〇 | 〃 |
| 輸出入品、鹿肉、中國酒壺、臺灣等的十分之一稅 | 六五〇〇 | 〃 |
| 以上一般收入年額概算 | 三九五〇〇 | 〃 |

以這些金額，可以減輕既往及今後的支出」。(註三)

一六四三年的諸稅，人頭稅等(征)其金額，即達八万八千四百七十七盾(註四)

又一六四四年十二月二日的巴達維亞城日誌，即有記載「黑砂糖、中國蠟燭、煙草、arack酒、油、脂肪、與抵的籐、珊瑚及其他雜貨，即課十分之一稅。arack釜，即照寸尺、重量，一個月課了二real或三real……收入本年度，即可以增加到八万八千盾至九萬八千五百盾。又由各社的交易包辦、貢物的增加、執照、鹿獵並漢人的種稻的十分之一稅(最近的次以計一千六百四十real包辦)及其他諸稅、資料可以很多增加」。(註五) 以上諸稅金以外，如一六四四年在新港北要建造一新客店，對這個費用，由漢人即按一個月抽收半real的寄附。(註六) 一六四五年在Zeelandia城下的道路、堤防工事，即對漢人普通的人頭稅以外，一個月徵收二 stuiver（二十 stuiver即一盾 gulden）。對沿岸航走的三板船，一個月加徵十 stuiver，如此，臨時經費也附加徵收。

如上所說，對漢人徵收種々稅金以外，對土人即徵收貢物。《巴達維亞城日誌》一六四二年一月二十八日裡說：「依 Junius 所請，批准建築兵士二十五名的營舍（這是因護衛，駐在該地的），這經費可達四百 real，所以在大員並在臺灣的牧師及從屬員的住屋的經費可達一萬一千盾，對公司是相當重擔。另外對土人，要勸基督教，也要日常的贈物，所以長官 Traudenius 持由歸順臺灣土人，對保護，年々徵收貢物的意見，而牧師 Junius 不同意，說他們是很貧窮而無智、蒙昧；對這個，長官反對說，他們占有所望的良地，實在是富裕，不過是怠惰，所以即用相當的強制，使怕我們的武器，想就可以教導變基督教。」（註一）如此，雖教會方面反對，終即實施對土人繳收貢物，對這個，我們已經於前節所舉例證可以知道了。一六四四年因教會關係人員的增加，經費也增加，要節減，長官即算出了不得已要支出的一個年的經費，又對這個，要課了甚麼稅金，又必要的時候，怎樣計劃來增收，對這個考慮。（註二）同年對十名教會的土人補助員，四 real 的給與，即改為每月代替一定量的米給之，而這些米，使在勤務的部落的負擔。（註三）

如此，對漢人、對土人，都因荷蘭的在地的經費則在地支出的方針，逐漸的，稅金加重，而且因大陸的爭鼎動亂，大陸物資的獲得，逐漸感覺困難，在臺灣的仲繼貿易也漸々的向不景氣，所以反倒荷蘭的財政經費依靠了租稅的收入，自然加重起來。然而這些諸稅金的負擔者漢人，即如前所說過，大約是很貧困，祇繳付人頭稅，即請願要用鹿皮代替等，像這樣就成問題的。我們只以從事鹿皮貿易有關的漢人為例看起來，這些漢人須要納人頭稅，要領執照，付狩獵稅，又如《巴達維亞城日誌》一六四四年十二月二日的記載：鹿皮受授時，也要納追加的領帖課銀，載塩、米及罟赴鹿場的三板船也一隻要納一 real 的稅金。（註四）及其他種々寄

註一—Dagh-Register, Castel Batavia, A° 1641-42, bl. 10.；村上直次郎譯，《抄譯バタビヤ城日誌》，中卷，p. 239。

註二—村上直次郎譯，《抄譯バタビヤ城日誌》，中卷，p. 361。Dagh-Register, Casteel Batavia, A° 1644-45, bl. 138。

註三—村上直次郎譯，《抄譯バタビヤ城日誌》，中卷，p. 367。Dagh-Register, Casteel Batavia, A° 1644-45, bl. 140。

註四—村上直次郎譯，《抄譯バタビヤ城日誌》，中卷，p. 375。Dagh-Register, Casteel Batavia, A° 1644-45, bl. 144。

(註1) Dagh-Register gehouden int Casteel Batavia, A°1641-42. Bl 10. 村上訳 中巻 p.239.
(註2) 村上訳書 中巻 p.361 Dagh-Register. Casteel Batavia. ~~[illegible]~~ A°1644-1645. Bl 138
(註3) 同 書 中巻 p.367. Dagh-Register. Casteel Batavia. A°1644-1645. Bl 140
(註4) 同 書 中巻 ~~[illegible]~~ p.375. Dagh-Register. Casteel Batavia. A°1644-1645. Bl 144

対漢人普通的人頭税以外一個月徵收二 stuiver（二十 stuiver 即一盾 gulden）、対沿岸航走的三板船、一個月加徵十 stuiver、如此临时经费也附加徵收。

如上所说、対漢人徵收種々税金以外、対土人即徵收貢物。巴達維亜城日誌一六四二年一月二十八日裡说：「依 Junius 所请、批准建築兵士二十五名的營舍（这是因護衛、駐在該地的）这經費可達四百 real。所以在大員並在臺灣的牧師及從属員的住居的経費、可達一萬一千盾、対公司是相当重担。另外対土人要勧基督教、又要日常的贈物、所以長官 Traudenius 持由帰順臺灣土人対保護年々徵收貢物的意見。而牧師 Junius 不同意、说他们是很貧窮而無精菜味、不過対这個長官反対说、他们占有肥沃的良地、実在是富裕、不過是怠惰、所以即用相当的強制、使怕我们的武器、想就可以教導基督教」（註1）如此雖教会方面反対、終即実施対土人徵收貢物、対这個我們已经由在前節所举例証可以知道了。一六四四年因教会関係人員的增加、経費也增加、因要節減、長官即算出了不得已要支出的一個年的経費、又対这個要課了甚麼税金、又必要的时候、怎樣計劃来增收、対这個考慮（註二）。同年対十名教会的老補助員、因 real 的給與、即改為每月代替一定量的米給之、而这些米使在勤務的部落的負担。（註三）

如此、対漢人、対土人、都因為荷蘭的在地的経費、則在地支出的方針、逐漸的税金加重、而且因大陸的爭斯動乱、大陸物資的獲得逐漸感覚困難、在臺灣的仲継貿易也漸々的向不景気、所以反倒荷蘭的財政、経費依靠了租税的收入、自然加重起来。然而这些諸税金的負担者漢人、即如前所说過、大約是很貧困、祇繳付人頭税、即請願要用鹿皮代替等、係这樣就成问題的。我们只以從事鹿皮貿易有関的漢人為例看起来、这些漢人、須要納人頭税、要領執照、付狩猟税、又如巴達維亜城日誌一六四四年十二月二十日的記載、鹿皮交換时也要納追加的領帖撲銀、載塩、米及罠赴鹿場的三板船也一隻要納一 real 的税金。（註四）及其他種々之苛附、負擔金等項；又對這些狩獵物的輸出，即須要繳納輸出稅；拿到市場，即要納付市場稅。如此過重的擔稅以外，荷蘭東印度公司的薪俸極微，致使貪污自私成風，加之因稅金的包辦制度流弊也加重，而由漢人方面看來，其收入即鹿數量激減，狩獵量也減少，而且不能使用陷穽及有獵期等種々限制，比較起了，其對這些課稅，負擔是很重的。

所以自然這些漢人即與土人往來時，要得更多的利益，而對這個，土人受苦即對荷蘭告訴，漢人依荷蘭的名義壓迫他們。對這個土人的訴告，荷蘭人即處罰漢人。（註一）如此，漢人即正々受荷蘭苛斂、誅求。

其間因大陸的動亂，漢人的流亡到臺灣激增起來，而且由不甘異民族統治的這些漢人民族意識昂揚起來，又一面農耕進捗〔步〕，不屈荷蘭的誅求，逐漸樹立了經濟的地盤，經濟上也安定起來，其地位也擡頭，於是即對這個荷蘭的誅求，到了一六五一年即爆發，變了郭懷一的逐荷起事，但是沒有甚麼武力的後盾的這些漢人，容易的被彈壓。

臺灣因其地理上的條件，海上為勢力後盾的人們，假如在大陸到了沒有立足的餘地的時候，臺灣即常々在於代替這個地盤的重要地位。已經一六三四年被鄭芝龍所逐的劉香就有逐荷據臺的企圖。（註二）又一六四四年即有海賊 **Kunwangh** 的與在臺漢人、土人結黨、抗荷的謀事。（註三）臺灣的如此地理的因由，與前所考察的荷蘭在臺的內在的弱點，又自鄭芝龍以來有密接的關係與權益等諸原因，荷蘭終即被擁有強大勢力的漢民族英雄鄭成功所逐。荷蘭的據臺告終，於是臺灣即變了由漢人強力地所確保的地方。

---

註一—W. Campbell, *Formosa under the Dutch*, p. 187; J. Grothe, *Archief voor de Geschiedenis der Oude Hollandsche Zending*, deel III, bl. 211; Dagh-Register, Casteel Batavia, A° 1641-42, bl. 55; 村上直次郎譯，《抄譯バタビヤ城日誌》，中卷，p. 157。

註二—Dagh-Register, Casteel Batavia. A° 1631-34, bl. 427-428.; 村上直次郎譯，《抄譯バタビヤ城日誌》，上卷，p. 239-241。

註三—Dagh-Register, Casteel Batavia. A° 1643-1644, bl. 148.; 村上直次郎譯，《抄譯バタビヤ城日誌》，中卷，p. 293。

(註1) Campbell. p.187. Grothe deel III. Bl 211. Dagh-Register Casteel Batavia. A°1641-1642. Bl 55. 村上訳中卷 p.157
(註2) Dagh-Register. Casteel Batavia. A°1631-1634. Bl 427-428. 村上訳上卷 p.239-241
Dagh-Register Casteel Batavia. A°1643-1644. Bl 148.
(註3) 村上訳中卷 p.293.



附負擔金等項。又對這些狩獵物的輸出即須要徵納輸出稅，拿到市場即要納付市場稅，如此過重的捐稅以外，荷蘭東印度公司的藐律極微，致使貪污自私成風，加之因稅金的包辦制度，流弊也加重，而使漢人的收入即應數量激減，狩獵量也減少，而且不能使用陷穽，及有獵期等種種限制，比較起了其對這些課稅，負擔是很重的。

所以自然這些漢人即與先往來時，要得更多的利益，而對這個先受苦即對荷蘭告訴漢人依荷蘭的名義在逼他們。對這個先的訴告，荷蘭人即処罰漢人（註二）如此漢人即正正受荷蘭的苛斂誅求。

其次因大陸的動亂，漢人的流亡到臺灣激增起來，而且由不甘異民族統治的這些漢人，民族意識昂揚起來，又一面農耕進捗，不居荷蘭的誅求，逐漸樹立了經濟的地盤，經濟上也安定起來，其地位也擡頭，於是即對這個荷蘭的誅求，到了一六五一年即爆發，丟了郭懷一的造反起事，但是沒有甚麼武力的後盾的這些漢人，容易的被彈壓。

臺灣，因其地理上的條件，海上勢力後楯的人們，假如在大陸到了沒有立足的餘地的時候，臺灣即常常在於代替這個地盤的重要地位。已經一六三四年被鄭芝龍以逐的劉香就有逐荷據臺的企圖。（註三） 又一六四四年即有海賊Kunsangsy的與在臺漢人共結黨，抗荷的謀事。（註三）臺灣的如此地理的因由與前以為密的荷蘭在臺的內經的弱點，又自鄭芝龍以來有密接的關係與擁護的諸多因，荷蘭終即被擁有強大的漢民族英雄鄭成功以逐。荷蘭的據臺告終，於是臺灣即變了由漢人、強力地正確傳的地方。

## 七、鹿皮貿易與鄭、清時代番餉[A]

如上所說，鹿皮對荷蘭的貿易及財政，所寄與[B]的甚多。鄭氏嗣其後，況且貿易是對鄭氏的財用不可缺的，所以臺灣鹿皮與漸々的生產量增加起來的砂糖一起，不會沒有惹起鄭氏的注目。這些東西，像在日本稱為國姓爺船，由鄭氏直屬的或其統轄下的船舶，載到日本等地行販。所以抱了甚大的期望，又來到遠東要開始貿易的英國東印度公司，因之，歎了砂糖及獸皮——即對日本市場重要的商品——被國王獨占，而且日本是國王的主要貿易地，所以不能期待甚大的利益。[C]蓋英國的對於臺灣所期望是商利，反之臺灣鄭氏的對於英國所希望不外是對滿清、荷蘭的軍事上、政治上的效果與援助。鄭氏降伏，歸了滿清以後，鹿皮、砂糖的輸出到日本的官辦企圖雖不成，不過鹿皮運販還不絕。如《裨海紀遊》所載：「植蔗為糖，歲產二、三十萬，商舶購之，以貿日本、呂宋諸國，又米穀、麻、豆、鹿皮、鹿脯運之四方者十餘萬，是臺灣一區，歲入財賦五、六十萬，自康熙癸亥削平以來，十五、六年間總計不下一千二、三百萬」，康熙年間，其商況也還相當活潑。

然而鹿的數量豐富的時候，狩獵即不要什麼資本，最簡便、很有利的生業。其間鹿的數量減少，應之漢人的狩獵從事也一定減少，而且鄭成功攻臺逐荷的當初，軍糧是鄭氏的緊要迫切的問題，因要解決這個食糧問題，實行屯田，獎勵開墾。所以為著鹿皮集貨手段的漢人狩獵從事，即係《臺海使槎錄・卷八番俗雜記》說：「鹿場多荒草，高丈餘，一望不知其極……漢人有私往場中捕鹿者，被獲，用竹桿將兩手平縛，鳴官究治，謂為誤餉；相識者，面不言，暗伏鏢箭以射之，若雉兔則不禁也」，如此，雖然也有某種程度漢人還在捕鹿，但是到了這個時代，漢人的生業即農耕為主，捕鹿又變了只土人所做的事情。鹿皮集

A 編按—節名依據手稿目次補入。

B 編按—日文用語，貢獻之意。

C 編按—此一看法出自英國東印度公司Bantam據點負責人的意見，見Hsiu-Jung Chang et al., eds., *The English factory in Taiwan: 1670-1685*,（Taipei: National Taiwan University, 1995）, p. 128, "Instructions from Henry Dacres and Council at Bantam to David Stephens, Samuel Baron, Simon Delboe and other factors for their settlement at Taiwan, 9 June 1672."

七.

如上所說，鹿皮，對荷蘭的貿易及財政中所寄與的甚多。鄭氏嗣其後，況且，貿易是對鄭氏的財用不可缺的。所以臺灣鹿皮與漸漸的生產量增加起來的砂糖一起，不會沒有惹起鄭氏的注目。這些東西，像在日本稱為國姓爺船，~~鄭氏~~鄭氏直屬的或其統轄下的船舶，載到日本各地行駛。所以抱了甚大的期望，又來到遠東要開始貿易的英國東印度公司，因之，載了砂糖及獸皮，即對日本市場重要的商品，被國王獨占，而且，日本是國王的主要貿易地。所以不能期待甚大的利益。蓋英國的對臺灣所期望是商利，反之臺灣鄭氏的對於英國所希望不外是，對滿清，荷蘭的軍事上政治上的效勞與援助。鄭氏降伏歸了滿清以後，鹿皮砂糖的輸出到日本的官辦企圖，雖不成，不過鹿皮運販還不絕。如裨海紀遊所載「植蔗為糖，歲產二三十萬，商舶購之，以貿日本呂宋諸國。又米穀，麻，豆，鹿皮，鹿脯，運之四方者十餘萬。是臺灣一島，歲入財賦五六十萬。自康熙癸亥削平以來，十五六年間總計不下一千二三百萬」。康熙年間，其商況也還相當活躍。

然而鹿的數量豐富的時候，狩獵即不要甚麼資本，最簡便，很有利的生業。其後鹿的數量減少，應之漢人的狩獵從事也一定減少。而且鄭成功攻臺灣的當初，軍糧是鄭氏的緊要迫切的問題，因要解決這個食糧問題，實行屯田，獎勵開墾。所以為着鹿皮集貨手段的漢人狩獵從事，即係臺海使槎錄卷八番俗雜記說「鹿場多荒草，高丈餘，一望不知其極……漢人有私往場中捕鹿者，輒獲用竹桿將兩手平縛，鳴官究治，謂為誤餉；相識者，面不言，暗伏鏢箭以射之，若殺死則不禁也」。如此，雖然，也有某種程度漢人還在捕鹿，但是到了這個時代，漢人的生業即以農耕為主，捕鹿又變了只是人所做的事情。鹿皮集貨即以贌社、輸餉為之。

鹿皮當著重要輸出物資的鄭氏，大約踏襲了荷蘭的遺制，以贌社制度收納這個鹿皮。前引過《臺海使槎錄．番俗雜記》所引《諸羅雜識》，對這個贌社又說：「日本之人，多用皮以為衣服、包裹及牆壁之飾，歲必需之，紅夷以來，即以鹿皮興販，有鹿酉皮、有牯皮、有母皮、有麞皮、有末皮，鹿酉皮大而重，鄭氏照觔給價，其下四種，俱按大小分價貴賤，一年所得亦無定數，偽冊所云，捕鹿多則皮張多，捕鹿少則皮張少，蓋以鹿生山谷，採捕不能預計也。」如此，鄭氏也與荷蘭一樣，由贌社人收買這個鹿皮，然而鹿酉皮即照觔給價，其下四種俱按大小分價貴賤。荷蘭時，據荷蘭的記錄，也鹿皮即用張數計算，大鹿皮即用斤數計算，而鹿皮收買也有分了上、中、下的等級。又一六一四年十二月五日平戶發由 Richard Cox 送給要到暹羅的 Wickham的書信中，對要收購鹿皮時選購條件說，即儘能選大的，而沒有蛀穴的（註一）。由這些看起來，鄭氏的鹿皮收買的標準也與這些一樣，恐這個是當時的國際商場的一個標準。

在于荷蘭時代，是不要斷絕對土人的必需品供應，而且由交易人手中集中鹿皮，因這個緣故，才有贌社制度。同時也可以增加他們的歲收，但是這個課稅對象是對于交易人的營商行為的，對土人，荷蘭即另外直接由土人徵收鹿皮等為貢物。而經鄭氏時代，以後到滿清時代，這個贌社的性質與荷蘭時代的，就有一點不同的地方，就是鄭氏以來對土人亦有按丁徵餉，可是這些番餉，不是直接徵收，是由這些贌社人代納的。於是這個贌社制，就與荷蘭時不同，即由贌社人收買鹿皮，集中鹿皮，以備通洋行販，與經贌社人代徵蕃餉的雙重的意義了。

《臺海使槎錄．番俗雜記》所引《東寧政事集》說：「交納鹿

註一　岩生成一譯註，《慶元イギリス書翰》（東京：駿南社，1929，異國叢書），p. 313。

(註) 岩生成一 訳注：慶元イギリス書翰. 昭4. (異國叢書) P.313.

貨即以贌社、輸餉為之。

鹿皮着重要輸出物資的鄭氏，大約踏襲了荷蘭的遺制，以贌社制度收納這個鹿皮。前引過，臺海使槎錄番俗雜記所引諸羅雜識，對這個贌社又說「日本之人，多用皮以為衣服包裹及牆壁之飾，歲必需之。紅夷以來，即以鹿皮興販。有鏖皮，有牯皮，有母皮，有麞皮，有末皮。鏖皮大而重，鄭氏照所給價，其下四種，俱按大小分價貴賤。一年所得亦無定數。偽冊所云，捕鹿多，則皮張多，捕鹿少，則皮張少。蓋以鹿生山谷，採捕不能預計也」。如此鄭氏也與荷蘭一樣，由贌社人收買這個鹿皮，然而鏖皮即照所給價，其下四種俱按大小分價貴賤。荷蘭時，據荷蘭的記錄，也鹿皮即用張數計算，大鹿皮　即用什數計算，而鹿皮收買也有分了上中下的等級。又一六一四年十二月五日平戶在 Richard Cox 送給要到暹羅的 Wickham 的書信中對要收購鹿皮時選購條件說，即儘能選大的，而沒有蟲穴的(註)。由這些看起來，鄭氏的鹿皮收買的標準也與這些一樣，這個是當時的國際商場的一個標準。

在于荷蘭時代，是不要對夫人的必需品供應，而且由交易人手中集中鹿皮，因這個緣故，才有贌社制度，同時也可以增加他們的歲收，但是這個課稅對象是對于交易人的營商行為的，對夫人荷蘭即另外直接由夫人徵收鹿皮等為貢物。而鄭氏時代，以後到滿清時代，這個贌社的性質與荷蘭時代的，就有一點不同的地方。就是鄭氏對夫人亦有接了徵餉，可是這些番餉不是直接徵收，是由這些贌社人代納的。於是這個贌社制，就與荷蘭時不同，即由贌社人收買鹿皮集中鹿皮，以備通洋行販，與給贌社人代徵番餉的雙重的意義了。

臺海使槎錄番俗雜記所引東寧政事集說「交納鹿

皮，自紅毛以來，即為成例，收皮之數，每年不過五萬張，或曰萬餘張，牯皮、母皮、末皮、麞皮、鹿酉皮分為五等，大小兼收，偽冊報部，並未有止用大鹿皮及山馬皮之說」。又《諸羅縣誌．卷六賦役志雜稅》裡，即引郡志的鳳山令宋永清的論賦役，其略說：「諸羅三十四社土番，捕鹿為生，鄭氏令捕鹿，各社以有力者經營，名曰贌社，社商將日用所需之物，赴社易鹿作脯，代輸社餉」。又同書賦役志陸餉的項也說：「陸餉，番社餉也……臺灣始見於明之中葉，前無可考，明季屬荷蘭，歲貢倭鹿皮三萬張，諸羅此時大約以鹿皮為賦，或折徵也，鄭氏偽額，諸羅番戶二千三百二十四，丁口四千五百一十六，分大小三十四社，每年調社之日，輕重其餉於贌社者之手」。而附註說：「調社者，年一給牌於贌社之人也，贌，《正韻》無此字，俗音僕，謂散收社眾之銀物，而包納其餉也」。又《臺海使槎錄．番俗雜記》所載周鍾瑄上滿總制書裡說：「社餉一項，鳳山下澹水八社番米，在偽鄭原數五千九百三十三石八斗，蕩平後酌減為四千六百四十五石三斗，諸羅社餉共七千七百八兩零，未邀裁減」，而這些米銀，即所謂中土有改折，而臺灣止納本色，其中米粟以外，當然是甚多鹿皮是不待論的。如這些例子，贌社制度到了鄭氏時代，即有雙重的意義，如此，鄭氏一面由徵餉，一面由收買，集中鹿皮，以備通洋，運到日本貿易，以資抗清的財用。

這個蓄餉，到了滿清時，也依據鄭氏的遺制。獵獸的絕滅，即使事從事於狩獵的土人男子，漸漸改為從事前、任女子所作的農耕。已經自荷蘭時代就獎勵土人的農耕，也有以米穀納貢；到鄭氏時代，土人的耕作的米穀也是一個重要蓄餉，而這個，清朝也沿襲之。從事農耕的土人，因其地理上，大部都住於比較有與漢人接觸的平地，而這個接觸也比較久，於是就有了農耕為主的土人與狩獵為主的土人，即熟番與歸附生番的分別。而一方是按丁徵米、徵粟，皮。自紅毛以來，即彥既例，收皮之數，每年不過五萬張，或日萬餘張，牯皮、母皮、末皮、麞皮、麖皮，分為五等，大小算收值冊報。郭並未有止用大麓及山馬皮之說。」又諸羅縣誌番俗之賦役志雜稅條，即引郡志的風俗令宋永清的論賦役，其略說「諸羅三十四社土番，捕鹿為生，鄭氏令捕鹿各社以有力者經營，名曰贌社。社商將日用所需之物，赴社易鹿作脯，代輸社餉。」又同書賦役志陸餉的項也說「陸餉、番社餉也。……臺灣始見於明之中葉，前無可考。明季屬荷蘭、歲貢鹿皮三萬張。諸羅此時大約以鹿皮為賦，或折徵也。鄭氏修額，諸羅番戶二千三百二十四，丁口四千五百一十六分，大小三十四社，每年於調社之日，輕重其餉於贌社者之手」。而附註說「調社者，年給牌於贌社之人也。贌正韻無此字，俗音僕，謂散收社錢之銀物，而包納其餉也」。 又臺海使槎錄番俗雜記所載周鍾瑄上滿總制書裡說「社餉一項，鳳山、下淡水八社為米，在偽鄭原數五千九百三十三石八斗，蕩平後酌減為四千六百四十五石三斗、諸羅社餉共七千七百八兩零，未遽裁減」，而這些米銀，即所謂中土有改折，而臺灣止納本色，其中當然是米粟以外甚多鹿皮是不待論的。 如這些例子，贌社制度，到了鄭氏時代，即有雙重的意義，如此，鄭氏一面由徵餉，一面由收買，集中鹿皮，以備通洋，運到日本貿易，以資抗清的財用。

這個舊餉，到了滿清時，也依據鄭氏的遺制。猶獸的絕滅，即使專從事於狩獵的夫男子，漸漸改為從事前從女子所作的農耕。已經自荷蘭時代就獎勵夫的農耕也有以米穀納貢，到鄭氏時代土人所耕作的米穀也是一個重要舊餉，而這個清朝也沿襲之。從事農耕的土人，因其地理上大部都住於比較有與漢人接觸的平地，而這個接觸也比較久，於是就有了農耕為主的土人與狩獵為主的土人即熟番與歸附生番的分別。 而一方是按了徵米、徵粟、一方是輸皮折餉。而這個輸餉，當初也沿鄭氏遺制，用贌社制度。前所引的《諸羅縣誌．賦役志》引郡志所載鳳山縣令宋永清的論賦役，接後又說：「國朝討平臺灣，部堂更定餉額，比之偽時，雖已稍減，而現在番黎按丁輸納，尚有一、二兩至一、二十兩者，或此社困窮，彼社勻納，移甲易乙，莫可稽查，有司只按總額徵收，番愚昧無知，終歲所捕之鹿，與夫雞犬牛豕、布縷、麻菽，悉為社商所有。間有餉重利薄，社商不欲包輸，則又委諸通事，名為自徵」。又《臺海使槎錄．卷三赤嵌筆談》說：「內山之番，不拘月日，捕鹿為常，平埔諸社，至此燒埔入山，捕捉麞、鹿，剝取鹿皮，煎角為膠、漬肉為脯，及鹿茸、筋、舌等物，交付贌社，運赴郡中，鬻以完餉」。又郁永河《裨海紀遊》也說：「曩鄭氏於諸番徭賦頗重，我朝因之，秋成輸穀似易，而艱於輸賦，彼終世不知白鏹為何物，又安所得此以貢其上，於是仍沿包社之法，郡縣有財力者認辦社課，名曰社商，社商又委通事、夥長輩，使居社中，凡番人一粒一毫皆有籍稽之。射得麋鹿，盡取其肉為脯，并取其皮。日本人甚需鹿皮，有賈舶收買，脯以鬻漳郡人，二者輸賦有餘」。

如此，到了清代，番餉也承襲社商贌社的制度。而贌社人，荷蘭時代元來是到各部落與土人接觸的交易人，後來這個變了有利的企業，住於郡縣的財力者認辦，這些社商又委社丁（或稱社棍、番割）、通事等輩，到番界與土人交易，也有的是沒有社商，委諸通事自徵。而荷蘭、鄭氏時代以來，由贌社制度聚集他們的貿易品的作用，到了清代，祇持有番課的意義。所以對贌社，才有「雖可裕餉，實未免於累商也」（《臺海使槎錄．番俗雜記》引《諸羅雜議》）如此的見解。

又番貨交易的利悉歸這些人們，所以其間也發生了苦累土人的情弊，於是理蕃上，變了一個阻害，對這個即禁遏、一分是輸中折餉。而這個輸餉，本來也沿鄭代遺制，用贌社制度。前所引的諸羅縣誌、賦役志引府志所載鳳山縣今來承清的論賦役，接後又說「國朝討平臺灣，部堂更定餉數，比之偽時雖已稍減，而現在番黎接了輸納，尚有一二兩至一二十兩者。或此社因窮，彼社勻納，移甲易乙，莫可稽查，有司只按總額徵收，番愚昧無知，終歲所捕之鹿與夫雞犬牛豕布縷麻菽，悉為社商所有。間有餉重利薄，社商不欲包輸，則又委諸通事，名為自徵」。又臺海使槎錄卷三赤嵌筆談說「收山之番，不拘月日，捕鹿為常。冬捕諸社，至既燒埔入山、捕捉麋鹿，剝取鹿皮，煎角為膠，漬肉為脯，及鹿茸筋等物，交付贌社，運赴郡中，變賣以完餉」。又郁永河裨海紀遊之說「蓋鄭氏於諸番徭賦頗重，我朝因之。秋成輸穀似為而難於輸賦，雖終世不知白鏹為何物，又安所得此以貢其上，於是仍沿包社之法，郡縣有財力者認辦社課，名曰社商。社商又委通事夥長輩，使居社中，凡番人一粒一毫皆有籍稽之。射得麋鹿，盡取其肉為脯，並收其皮，日本人甚需鹿皮，有賈舶收買，脯以鬻漳郡人，二者輸賦有餘」。

如此到了清代，番餉也承襲社商贌社的制度，而贌社人，荷蘭時代，元來是到各部落與土人接觸的交易人，後來這個變了有利的企業，任於郡縣的財力者認辦，這些社商又委社丁（或稱社棍、番割）通事等輩，到番界與土人交易，之有的是沒有社商，委諸通事自徵。而荷蘭、鄭氏時代以來由贌社制度，緊集他們的貿易品的作用，到了清代依持有番課的意義。所以對贌社，才有「雖可給餉，實未免於累番也」（臺海使槎錄，番俗雜記引諸羅雜識）如此的見解。

又番貨交易的剝削，歸這些人們，所以其次，也發生了苦累土人的情弊，雖是理蕃上，變了一個阻害，對這個即糾過綏撫土人。而終到了康熙末年，禁革社商包攬番課的從前慣例，歸通事的兼辦。《諸羅縣誌．風俗志番俗考》所載：「五穀、雞豚飲食之外，凡所生息，唯社商估計，皆習為固然，甚有妻其室而逐夫于於外者。年來革去社商，各社止留通事一人，丁酉間觀察梁公行縣至淡水，并詳革通事名色，其司社餉、差徭之數者曰書記，嚴立條約，而諸番剝膚之痛，益以蘇矣」。這一段就是表示這個事情。而我們也可以認為從來鹿皮貿易還昌盛的時候，鹿皮收貨也是一個有利的企業，而到了這個鹿皮貿易衰退，於是贌社就並不是財力者所向前認辦的有利企業，即變了通事、番割們的生業，是勢之使然。

以後就如「臺灣歸化，土番散處村落，或數十家為一社，或百十家為一社，社各有通事，聽其指使」（〈理臺末議〉）、「社番不通漢語，納餉、辦差皆通事為之承理」（《臺海使槎錄．卷八番俗雜記》），徵餉即變了通事的兼辦，然如《臺海使槎錄．卷六番俗六考北路諸羅番七》之附載說：「通事另築寮於加老望埔，撥壯丁，置煙、布、糖、鹽諸物以濟土番之用，售其鹿肉、皮、筋等項，以資課餉，每年五月弔社，七月進社，共計十箇月，可以交易、完課」。雖徵餉變了通事兼辦，不過這個方法與其間介在於土人的事情，也還是一樣。

《諸羅縣誌．卷六賦役志陸餉》有記載各社的徵銀，其中如「康熙五十四年新附生番五社，即岸裡社、掃捒社、烏牛難社、阿里史社、樸仔籬社，年共納鹿皮五十張，折徵銀一十二兩」，又「雍正二年，新歸化生番本祿等四社，年納鹿皮折餉銀肆兩捌錢」。[A] 又《續修臺灣府誌．卷五賦役志戶口》鳳山縣裡有記載：「雍正二年歸化生番一十八社，共輸鹿皮玖拾張，折徵銀貳拾壹兩陸錢」、「雍正三年歸化生番一十九社，共輸鹿皮玖拾五張，折銀貳拾貳兩捌錢」。《鳳山縣誌．卷四田賦志》番餉裡也有：「康熙五十四年歸化生番十社，共輸納鹿皮五十張，折徵一十二兩」。

A 編按—此條史料乃雍正二年之事，與《諸羅縣志》無關，最早見於范咸纂修的《重修臺灣府志》，不過曹老師可能摘自《續修臺灣府誌．卷五賦役志戶口》的諸羅縣條。

綏撫之。而終到了康熙末年，彝華社商包攬番務的從前慣例。歸通事的兼辦。諸羅縣志風俗志番俗考所載「五穀雞豚、飲食之外，凡所生息，惟社商估計，皆習為固然。甚有妻其室而逐夫于外者。年來革去社商，各社止僱通事一人，丁酉閏觀察梁公行縣至淡水，并詳革通事名色，其司社餉差徭之數者曰書記，嚴立條約，而諸番剝膚之痛，益以蘇矣」。這一段，就是表示這個事情。而我们也可以認為從來鹿皮貿易還出盛的時候，鹿皮收貨也是一個有利的企業。而到了這個鹿皮貿易衰退，雖是贌社就並不是財力者所向前認辦的有利企業，即變了通事番割們的生業是勢之使然。

以後就如「臺灣歸化土番散処村落，或數十家為一社，或百十家為一社，社各有通事，聽其指使」（理臺末議）「社番不通漢語，納餉辦差，皆通事為之承理」（臺海使槎錄卷八番俗雜記）、徵餉即變了通事的兼辦。然，如臺海使槎錄卷六番北大武、北路諸羅番七之附載說「通事另築寮舍，加老課埔，撥社丁，置煙布、糖、鹽諸物以濟土番之用。售其鹿肉皮筋等項，以資課餉，每年五月吊社，七月進社，共計十箇月，可以交易完課」。雖徵餉變了通事兼辦，不過這個方法與其昔介在於土人的事情也還是一樣。

諸羅縣志卷六賦役志陸餉有記載各社的徵銀，其中如「康熙五十四年新附生番五社，即岸裡社、掃捒社、烏牛難社、阿里史社、樸仔離社，年共納鹿皮五十張，折徵銀一十二兩」。又「雍正二年新歸化生番东淡等四社，年納鹿皮折餉銀肆兩捌錢」。又續修臺灣府志卷五賦役志户口鳳山縣裡有記載「雍正二年歸化生番一十八社，共輸鹿皮玖拾張，折徵銀貳拾壹兩陸錢」。「雍正三年歸化生番一十九社，共輸鹿皮玖拾五張，折銀貳拾貳兩捌錢」。鳳山縣志卷四田賦志番餉裡也有「康熙五十四年，歸化生番十社，共輸納鹿皮五十張，折徵一十二兩」。

如此，鹿皮是一個土人可以繳出的，當為番餉，他們的經濟財。

《臺海使槎錄．番社六考》的各社番附載番歌——這些番歌也採輯於《續修臺灣府誌．風俗四番曲》，這些番歌是咏康熙末年時的土人的情形與他們的生活感情等，是一個很有趣的資料，其中有咏關於輸餉的如下：

他里霧社土官認餉歌：（以下都只錄漢譯文）

請社眾聽說，我今同通事認餉，爾等須耕種，切勿飲酒失時，俟認餉畢，請爾等來飲酒。

大武郡社捕鹿歌：

今日歡會飲酒，明日及早捕鹿，回到社中，人人都要得鹿，將鹿易銀完餉，餉完再來會飲。

東、西螺社度年歌：

耕田園，愛年歲收成；捕鹿，易銀完餉，可去釀酒過年。

二林、大突、馬芝遴三社納餉歌：

耕田園，愛好年景；捕鹿去，鹿不得逸；易銀得早完餉，可邀老爺愛惜；我等回來，快樂飲酒酣歌。

南社會飲歌：

耕田園遇好年歲，收得麻、收得米、捕得鹿且多，父子祖孫齊來飲酒，歡呼歌唱為樂。

如此，農耕與狩獵是他們的重要生產手段，而鹿皮資於土人的易銀完餉，然這些鹿皮，經過了社商、通事等輩，由商賈收買，再運販到日本去了。

如此鹿皮是一個人可以繳出的、當為番餉的、他們的經濟財。

黃叔璥使槎錄，番社之考的各社番附載番歌——這些番歌也採輯於續修臺灣府誌風俗的番曲——這些番歌是研究此一末年時的人的情形與他們的生活感情等，是一個很有趣的資料。其中有所關於輸餉的如下。

他里霧社土官認餉歌（以下都只錄漢譯文）

「請社眾聽說，我今同通事認餉，爾等須耕種，切勿飲酒失時，候認餉畢，請爾等來飲酒」。

大武郡社捕鹿歌

「今日歡會飲酒，明日及早捕鹿，回到社中，人人都要得鹿，將鹿易銀完餉、餉完再來會飲」。

東西螺社度年歌

「耕田園，愛年歲收成，捕鹿，易銀完餉，可去釀酒過年。」

二林、大突、馬芝遴三社納餉歌

「耕田園，愛好年景，捕鹿去，鹿不得逸，易銀得早完餉，可邀老爺愛惜，我等同來，快樂飲酒酣歌」。

南社會飲歌

「耕田園遇好年歲，收得粟，收得米，捕得鹿且多，父子祖孫齊來飲酒，歡呼歌唱為樂」。

如此，農耕與狩獵是他們的重要生產手段，而鹿皮資產人的易銀完餉、經這些鹿皮，經過了社商、通事等輩，由商賈收買，再運販到日本去的。

## 八、鹿場與開墾[A]

荷蘭據臺當初，漢人的居住雖然逐漸增多起來，還比土人，其數量是很少，所以當時的生業，除住於大員、赤崁的商賈以外，雖有一部份如鄭芝龍給銀、牛，移饑民開墾等，已經有漢人的農耕，寧大部分是漢番交易為主要生業。其間，漢人的增加與荷蘭的獎勵相應，漢人的農耕從事與狩獵從事也增多起來，而鹿的數量豐富甚多的時候，狩獵是不要什麼資本，是一個簡便而很有利的生業，其間鹿顯著的減少，同時從事狩獵的漢人也一定減少，轉向農耕及其他職業，或是變為農耕、狩獵的兼業。

農耕雖與狩獵不同，需要相當額的耕作費用、資本，但是公司獎勵，又可以由公司貸借，水利施設也逐次開設，鹿、野豕等害獸也減少，農耕收益也漸多起來，又漢人的渡來增加，這個農耕也漸漸的進捗〔步〕。到了一六四一年長官Paulus Traudenius對本國的十七名董事會所報告中說，漢人在赤崁，有稟請甘蔗的栽培，不久開始定居與農耕，於是就沒有從事運送的人們，（註一）如此有擔送的勞働者，轉向從事農耕。又一六四五年也有報告說，因米、甘蔗都豐收，漢人對耕作越發熱心，忙忙叨叨的在擴張田園。（註二）加之因大陸的動亂，渡臺的漢人越來越多，到了荷蘭據臺末年，就如何廷斌對鄭成功的獻言：「田園萬頃，沃野千里，餉稅數十萬」等話，如此漢人的開拓就緒了。

鄭成功的抗清財源，雖是在貿易，而維持他的強力軍，其糧食在於沒有什麼米的產出而且多年在戰亂下的的閩地，不斷是鄭氏的大問題。於是鄭氏即用徵餉、正供、助餉、樂餉[B]等等，對於軍糧的調達[C]是很勞神的。

A 編按─節名依據手稿目次補入。
B 編按─疑樂餉為勒餉之誤。
C 編按─日文用語，籌措之意。

---

註一─中村孝志，〈臺灣に於ける蘭人の農業奬勵と發達〉，《社會經濟史學》第7卷第3號（昭和12年6月），p. 31.; Willy A. Ginsel, "De Gereformeerde Kerk op Formosa of de Lotgevallen eener Handelskerk onder de Oost-Indische-Compagnie 1627-1662", bl. 119, note 2.

註二─Dagh-Register, Casteel Batavia, A° 1644-45, bl. 164;村上直次郎譯，《抄譯バタビヤ城日誌》，中卷，p. 423-424。

(註1) 中村孝志．台湾に於ける蘭人の農業奨励と発達（社会経済史学 第7巻第3号 昭12年6月 p.31
Ginsel. Bl.119. note 2.

(註2) Dagh-Register Casteel Batavia ~~1640.3.11~~ A'1644-1645 Bl.164 村上訳 中元 p.423-24.

八、

荷蘭據台當時，漢人的居住雖然逐漸增多起來，還比先人，其數量還是很少，所以當時的生業，除往於大員赤嵌的商賈以外，雖有一部份如鄭芝龍給銀、牛、犁鐵民開墾等，已給有漢人的農耕，寧大部份是漢商交易為主要生業。其間漢人的增加與荷蘭的獎勵相應，漢人的農耕從事與狩獵從事也增多起來，而鹿的數量豐富甚多的時候，狩獵是不要甚麼資本，是一個簡便而很有利的生業。其間鹿類甚的減少，同時從事狩獵的漢人也一定減少，轉向農耕及其他職業，或是变為農耕、狩獵的兼業。

農耕雖與狩獵不同，需要相當額的耕作費用資本，但是公司獎勵又可以由公司貸借，水利施設也逐次開設，鹿野豕等害獸也減少，農耕收益也漸多起來，又漢人的渡來增加，這個農耕也漸々的進捗。到了一六四一年長官 Paulus Traudenius 對東國的十七卷的董事會的報告中說，漢人在赤嵌，有要請甘蔗的栽培，不久開始從事與農耕，於是就沒有從事運送的人們。（註二）如此有担送的勞働者轉向從事農耕。又一六四五年也有報告說，因米、甘蔗都豐收，漢人對耕作越發熱心，忙忙叨叨的振好田園。（註二）加之因大陸的動亂，渡台的漢人越來越多，到了荷蘭據台末年就如何這樣，對鄭成功的獻言，田園墾墳，沃野千里，餉稅數十萬（註等）。如此漢人的開拓就緒了。

鄭成功的抗清財源，雖是在貿易，而維持他的強力軍，其糧食在於沒有甚麼米的產出，而且多年在戰亂下的閩地，不斷是鄭氏的大問題。於是鄭氏即用徵餉正供，助餉、雜餉等々，對於軍糧的調達是很勞神的。

據鄭成功的果斷與充分的準備下，所決行的逐荷攻臺，也一到臺灣就缺乏軍糧。

> 臺灣城未攻，官兵乏糧。（楊英《從征實錄》第一五二葉）
>
> 七月，藩駕駐承天府，戶官運粮船不至，官兵乏粮，每鄉斗價四、五錢不等，令民間輸納雜子、蕃薯，發給兵糧。（同書第一五四葉）
>
> 八月，藩駕駐承天府，戶官運糧船猶不至，官兵至食木子充饑，日憂脫巾之變……遣楊府尹同戶都事楊英往鹿耳門，守候糧船並官私船有東來者，盡行買糴給兵……時糧米不接，官兵日只二餐，多有病沒。（同書第一五五葉）

如此，鄭成功來臺的時候，雖臺灣自鄭芝龍的移殖饑民開墾與荷蘭以來的獎勵，有相當的田園被墾，但是還不夠數萬的軍糧。於是鄭氏要解決這個糧食問題，即對引率的軍兵，實施了屯田制。

> 藩以臺灣孤城無援，攻打未免殺傷，圍困俟其自降，隨將各鎮分派汛地屯墾。（楊英《從征實錄》第一五二葉）
>
> 成功以臺灣平，祭告山川神祇，改為東都，置一府二縣。巡視社里土番，錫以烟、布，慰以好言，咸受約束。謂諸將曰：「此膏腴之土也，可寓兵於農」，諸將請其法，成功曰：「古者量人受田，量地取賦……今僻處海濱，安敢忘戰。按鎮分地，按地開荒，插竹為社，斬茅為屋，教生牛以犁，其火兵無貼田者，正丁出伍，火兵補之；三年定其上、中、下則，以立賦稅；有警則荷戈以戰，無警則負耒而耕。野無曠土，軍有餘糧，用此法也」。諸鎮咸曰：「善」，即日貼分地方，督兵開墾。（《小腆紀年》附考卷二十）

如此，督兵開墾，實施所謂營盤田制。又永曆十五年五月十八日即發了特諭，慫慂開墾的實行，申明不要混圈土民與百姓所開墾的土地：

據鄭成功的判斷，與充分的準備下，所決行的遠征攻臺，也一到臺灣就缺乏軍糧。

「臺灣賊未攻，官兵乏糧」（楊英從征實錄第一五二頁）

「七月藩駕駐承天府，戶官運糧船不至，官兵乏糧，每鄉斗價四五錢不等，令民間輸納雜子、蕃薯，發給兵糧」（同書第一五四頁）

「八月藩駕駐承天府，戶官運糧船猶不至，官兵至食木子充饑，且要防中之變，遣楊府尹同戶都事楊英往鹿耳門，守候糧船，並官私船有來未者，盡行買糴給兵，時糧米不給，官兵日只二餐，多有病沒」（同書第一五五頁）

如此，鄭成功來臺的時候，雖臺灣自鄭芝龍的移殖饑民開墾與荷蘭以來的獎勵，有相當的田園被墾，但是還不夠數萬的軍糧。於是鄭氏要解決這個糧食問題，即對引率的軍兵，實施了屯田制。

「藩以臺灣孤城無援，攻打[illegible]未免殺傷，圍困俟其自降，遣諸將各鎮，分派汛地屯墾」（楊英從征實錄第一五二頁）

「成功以臺灣平，祭告山川神祇，改為東都，置一府二縣，巡視社里土番，錫以烟布，慰以好言，咸受約束。謂諸將曰，此膏腴之土也，可寓兵於農。諸將請其法，成功曰古者量人受田量地取賦……今僻處海濱，安敢忘戰，按鎮分地，按地開荒，插竹為社，斬茅為屋，教生牛以犁，其火兵無貼田者，正丁出伍，火兵補之，三年定其上中下則，以立賦稅，有警則荷戈以戰，無警則負耒而耕，野無曠土，軍有餘糧，用此法也，諸鎮咸曰善，即日點分地方督兵開墾」（小腆紀年附考卷二十）

如此，督兵開墾，實施所謂營盤田。又永曆十五年五月十八日，即發了特諭，幾條開墾的實行，申明不要混圈土民與百姓所開墾的土地。

一、承天府安平鎮，本藩暫建都於此，文武官員及總鎮大小將領家眷暫住於此，隨人多少圈地，永為世業，以佃、以漁及京商（註一），取一時之利，但不許混圈土民及百姓現耕田地。

一、各處地方，或田或地，文武各官隨意選擇創置庄屋，盡其力量，永為世業，但不許紛爭及混圈土民及百姓現耕田地。

一、本藩閱覽形勝建都之處，文武各官及總鎮大小將領設立衙門，亦准圈地，創置庄屋，永為世業，但不許混圈土民及百姓現耕田地。

一、文武各官圈地之處，所有山林陂池，具圖來獻，本藩薄定賦稅，便屬其人掌管，須自炤管愛惜，不可斧斤不時，竭澤而漁，庶後來永享無疆之利。

一、各鎮及大小將領官兵派撥汛地，准就彼處擇地起蓋房屋，開闢田地，盡其力量，永為世業，以佃、以漁及京商，但不許混圈土民及百姓現耕田地。

一、沿海各澳，除現在有網位、罟位，本藩委官徵稅外，其餘分與文武各官及總鎮大小將領，前去炤管，不許混取，候訂賦稅。

一、文武各官開墾田地，必先赴本藩報明畝數而後開墾，至於百姓必開畝數，報明承天府，方准開墾，如有先墾而後報及報少而墾多者，察出，定將田地沒官，仍行從重究處。（楊英《從征實錄》第一五三——一五四葉）

如此，當初鄭氏最迫切的問題是糧食問題，種種努力開墾。繼承鄭成功鴻業的鄭經，舉用陳永華，也好好的努力經營。

然而在於大陸沿海地方，清朝實施遷界令，其結果，發生很多的流民，致使社會的不安，這些流民即流入、誘致到臺灣，從事開墾，變了鄭氏方面的兵、食兩足的好機會，招致

---

註一——經商作京商，即避鄭經的諱名。

(注) 经商作京商，即避鄭经的諱名。



一、承天府安平鎮，东寧暫建都於此，文武各官及總鎮大小將領家眷暫住於此，隨人多少圈地，永為世業，以佃以漁及京商(注)取一時之利，但不許混圈土民及百姓現耕田地。

一、各处地方或田或地，文武各官隨意選擇創置庄屋，盡其力量，永為世業，但不許紛爭及混圈土民及百姓現耕田地。

一、东寧風覽形勝建都之处，文武各官及總鎮大小將領設立衙門，亦准圈地□□庄屋，永為世業，但不許混圈土民及百姓現耕田地。

一、文武各官圈地之處，所有山林陂池，具圖來獻东寧，薄定賦稅，便屬其人掌管，須自照管愛惜，不可斧斤不時，竭澤而漁，庶後來永享無疆之利。

一、各鎮及大小將領官兵派撥汛地，准就彼處擇地起蓋房屋，開闢田地，盡其力量，永為世業，以佃以漁及京商，但不許混圈土民及百姓現耕田地。

一、各鎮及大小將領派撥汛地，其處有山林陂池，具啟報聞，本藩即行給賞，須自照管愛惜，不可斧斤不時，竭澤而漁，庶後來永享無疆之利。

一、沿海各澳，除現在有網位罟位，本藩委官徵稅外，其餘分與文武各官及總鎮大小將領前去照管，不許混取，候定賦稅。

一、文武各官開墾田地，必先赴本藩報明畝數，而後開墾。至於百姓必開墾畝數報明承天府，方准開墾。如有先墾而後報，及報少而墾多者，察出定將田地沒官，仍行從重究処。

（楊英從征實錄第一五三—一五四頁）

如此當初鄭氏最迫切問題是糧食問題，種々努力開墾。繼承鄭成功鴻業的鄭经，舉用陳永華，也好々的努力经營。然而在於大陸沿海地方，清朝施行遷界令，其結果，發生很多的流民，致使社會的不安，這些流民即流入諸致到臺灣從事開墾，變了鄭氏方面的兵食兩足的好機會，招致清朝方面不預期的結果。但是其開墾面積，雖南至鳳山、恆春，北及到淡水、雞籠，而由全臺灣看起來，還只是十分之二、三。

清朝領有臺灣的當初，因海外孤懸，以為容易變為盜寇逋逃藪，即沿海數省的在臺難民及鄭氏士兵，復員、還籍，新要渡航到臺灣，就加制限，既住漢人的拓殖管束了。康熙三十六年因要採掘硫黃、來臺灣的郁永河，在他所撰《裨海紀遊》說：當時的諸羅縣佳里興以北，悉屬土人部落，幾乎沒有漢人的居住。如今日的新竹附近，即「自竹塹迄南崁八、九十里，不見一人一屋，求一樹就蔭，不得。掘土窟，置瓦釜為炊，就烈日下，以澗水沃之，各飽一餐。途中遇麋、鹿、麏、麚，逐隊行，甚夥，驅獫猲獢，獲三鹿。既至南崁，入深菁中，披荊度莽，冠履俱敗，真狐貉之窟，非人類所宜至也」，如此，還在未開拓的非人類所宜至的新天地。

但是其間禁渡馳緩，由一衣帶水的閩粵地方，仍然潛渡的人相踵。康熙五十一年、五十八年，再三對無照偷渡，申明禁例，不過也沒有效果，由這些偷渡過來的漢人們，盛旺的被開墾。康熙六十年因朱一貴的起事，為總兵藍廷珍的幕僚來臺的藍鼎元，在他的《東征集》中，對當時的開墾情況說：「國家初設郡縣，管轄不過百里，距今未四十年，而開墾流移之眾，延袤二千餘里，糖、穀之利甲天下。過此再四、五十年，連內山、山後野番不到之境，皆將為良田美宅。」（卷二〈覆制軍臺疆經理書〉）這個盛旺的開墾，其間當然與土人發生了種種的接觸、交涉、摩擦等，土人的農耕，其技術幼稚而且農事只耕作到可以自給的程度，另外為共同財產，保有很廣大的草埔林野為鹿場。萬曆年間以來，連年的捕鹿，特地因荷蘭佔據時代的大量捕獲，鹿即迅速地減少。如一六四五年三月十一日的《巴達維亞城日誌》所說：祇生存於少數的空地。可是這個是荷蘭勢力圈內清朝方面不預期的結果。(四) 但是其間經面積，雖南至鳳山、恆春，北及到淡水、雞籠，而由全臺灣看起來，還只是十分之二三。

清朝領有臺灣的當初，因海外孤懸，以為容易變為盜寇逋逃藪，即沿海數有的在臺難民及鄭氏士兵，復員還籍，新安渡航到臺灣，就加劃限，既住的漢人的拓殖，管束了。康熙三十六年因要採掘硫黃來臺灣的郁永河，在他所撰裨海紀遊說：臺灣諸羅縣，佳里興以北，至房子部落，幾乎沒有漢人的居住。如今日的新竹附近即「自竹塹迄南崁八九十里，不見一人一屋，求一樹就蔭，不得，掘土窟，置瓦釜為炊，就烈日下以澗水沃之，各飽一餐。途中遇麋鹿麚君麚，逐隊行甚夥，驅獫猲獟，獲三鹿，既至南崁，入深箐中，披荊度莽，冠履俱敗，真狐貉之窟，非人類所宜至也」。如此還在未開拓的非人類所宜至的新天地。

但是其當時渡馳緩，由一衣帶水的閩粵地方，仍然潛渡的人相踵，康熙五十二年、五十六年，再三照，偷渡中明撲倒，不過也沒有效果。由這些偷渡過來的漢人們，盛旺的被開墾。康熙六十年，因朱一貴的起事，為總兵藍廷珍的幕僚，來臺的藍鼎元，在他的東征集中，對當時的開墾情況說「國家初設郡縣，管轄不過百餘里，距今未四十年，而開墾流移之眾，延袤二千餘里，糖穀之利，甲天下。過此再四五十年，連內山後野為不到之境，皆將為良田美地」。(參照：殖民經營臺灣經理書) 這個盛旺的開墾，其實當然與土人發生了種種的接觸，交涉摩擦等。土人的農耕其技術幼稚，而且農事只耕作到可以自給的程度，另外為共同財產，保有很廣大的草埔林野為獵場。為歷年以來，連年的捕鹿，特別因為荷蘭佔據時代的大量捕獲，鹿即迅速地減少，如一六四五年三月十一日的巴達維亞城日誌所說，祇生存極少數的空地。可是這個是為荷蘭勢力圈(如的情形。到了清朝，如前引的《裨海紀遊》所說，竹塹等地，即還人煙未到，鹿獸成隊。而臺南附近的平地，料已經鹿的棲息絕跡，於是土人們必然的變了定着農耕，很多的鹿場即變了草地荒埔，其一部份由土人自己開墾，變了田園。然而平地的土人，先有漢人的接觸，逐漸漢化，其經濟生活即脫了自給自足的階段，漸漸的變了依存漢人。而以前即有鹿皮、鹿角、鹿脯、鹿茸等與漢人交易，可以充足他們的欲求，但是因鹿的減少或絕滅，他們的即沒有如鹿皮等經濟財，那時候剩下於他們，對外界持有價值的唯一財產即只土地而已。

當時他們的生活環境情形即如郁永河說：「終歲不知春夏，老死不知年歲。寒然後求之衣，飢然後求之食，不預計也。村落廬舍，各為向背。無市肆貿易，有錢無所用，故不知蓄積。雖有餘力，惟知計食而畊，秋成納稼；計終歲所食有餘，則盡付麴蘗；來年新禾既植，又盡以所餘釀酒。番人無男女皆嗜酒，酒熟，各攜所釀，聚男女酣飲，歌呼如沸，累三日夜不輟；餘粟既罄，雖飢不悔。屋必自構，衣需自織，耕田而後食，汲澗而後飲，績麻為網，屈竹為弓，以獵以漁，蓋畢世所需，罔非自為而後用之。腰間一刃，行臥與俱，凡所成造，皆出於此」（《裨海紀遊》）。如此營自給自足的經濟，不知餘蓄，而且幼稚的農耕技術，加之有呪術的觀念，所致的種種的制限、束縛；加之，假如遭遇了一點兒災害，就往往其收成連自給也不夠，而且還要交納番餉，所以，這樣的時候，蕃餉就他們的一個負擔，技術上要耕作到自給以上是一個負擔的土人，於是，他們的要望[A]與多數由大陸渡海來的漢人對獲地耕農的冀求，互相一致，即變了代輸番餉，贌地開墾或納谷租墾。這些蠻荒埔的鹿場就由漢人們很昌盛的開墾了。《臺海使槎錄．卷一赤崁筆談》對當時

A編按—日文用語，要求、希望之意。

的情形，到了清朝，如前引的裨海紀遊所說，竹塹等地，即還人煙未到，鹿就成隊。而臺南附近的平地，料已經鹿的棲息絕跡，想是先们早已變了定着農耕，很多的鹿場即變了草地荒埔。其一部份由先自己開墾，變了田園。然而平地的先人，先有與漢人接觸，逐漸漢化，其經濟生活即脫了自給自足的階段，漸々的變了依存漢人。而以前即有鹿皮、鹿肉、鹿脯、鹿茸等與漢人交易，可以充足他們的欲求，但是因鹿的減少，或絕滅，他們即沒有如鹿皮等經濟財，那時候剩下給他們，對外界持有價值的唯一財產即只土地而已。

當时他们的生活情形即如郁永河說，「終歲不知春夏，老死不知年歲，寒然後求衣，饑然後求食，不預計也。村落廬舍，各為向背，無市肆貿易，有錢無所用，故不知蓄積，雖有餘力，惟知計食而耕，秋成納稼，計終歲所食，有餘則盡付麴蘗，來年新禾既植，又盡以所餘釀酒。番人無男女皆嗜酒，酒熟各攜所釀，聚男女酣飲歌呼，如沸，累三日夜不輟，餘粟雖罄，雖饑不悔，屋必自構，衣需自織，耕田而後食，汲澗而後飲，績麻為網，屈竹為弓，以獵以漁，蓋畢世所需，罔非自為而後用之，腰間一刀，行以與俱，凡所成造，皆出於此」。（裨海紀遊） 如此營自給自足的經濟，不知餘蓄，而且幼稚的農耕技術，加之有呪術的觀念所致的種々制限束縛，加之假如遇了一點兒災害，就往々其收成，連自給也不夠，而且還要交納粟餉，所以這樣的時候，粟餉就是他們的一個負担，技術上要耕作到自給以上是一個負担的先人，就是他們的要望，與多數由大陸渡海來的漢人，對獲地耕農的貪求互相一致，即變了代輸粟餉，贌地開墾，或納谷租贌墾。這些變荒埔的鹿場，就由漢人們，很易成的開墾了。 臺海使槎錄卷一赤嵌筆談，對當时南路羅漢門地方說：「去大傑巔社十二里，[A]中有民居為施里莊、北勢莊，莊盡番地，往年代納社餉，招佃墾耕」。又藍鼎元的《東征集》卷六，〈紀十八重溪示諸將弁〉裡也有記載諸羅縣下哆囉嘓地方的情形說：「十八重溪在哆囉嘓之東，去諸羅邑治五十里，乃一溪曲折繞道、跋涉十八重，間有一二支流附入，非十八條溪水橫流而過也。其中為大埔莊，土頗寬曠，旁附以溪背、員潭、崁下、北勢、楓樹岡等小村落。未亂時，人烟差盛，今居民七十九家，計二百五十七人，多潮籍，無土著，或有漳泉人雜其間，猶未及十分之一也。中有女眷者一人，年六十以上者六人，十六以下者無一人。皆丁壯力農，無妻室，無老耆幼穉。其田共三十二甲，視內地三百六十餘畝。亦據報聞，無核實清丈。本哆囉嘓社番之業，武舉李貞鎬代番納社餉，招客民墾之者也」。這個是說明當時的代納番餉，招客民墾植，與這些客民的人口動態，很值注目的。又雍正十一年十月，淡水廳下的竹塹社土官大里罵外十二名的連名，以他們所有的荒埔貓兒掟草場一所，東至鳳山崎，西至海，南至鳳山腳大溪，北至山頂，給出漢人郭奕榮的立永賣契字中說：「因本社餉課繁重，捕鹿稀少，無奈於去歲八月間，以番貧課缺，懇乞充貼社餉等事，赴大老爺臺前呈請；隨蒙親臨，踏勘地界，給示恩准招募漢人墾耕，毋致拋荒懸課在案云云」。（註一）這個契字，明明是鹿的獵獲減少，於是要納付番餉，鹿場給出漢人的開墾的一個顯明的例子。

> 諸羅始皆土番，卉服鮮食而已，番故種苧，間以麻；番女雜樹皮，以為達戈紋者也。布帛之入，自荷蘭通市始也，豐草彌望，多鹿場，故無治，田器不足用，耕者蓋鮮。耕作之興，自鄭成功竊踞始也。（《諸羅縣誌．卷八風俗志漢俗考》）
>
> 昔年地曠人稀，麋鹿螘聚……今鹿場多墾為田園。（同書，番俗考雜俗）

註一──伊能嘉矩，《臺灣文化志》，下卷，p. 674所引。

A 編按──手稿只載「大傑巔社」，原文應為「去大傑巔社十二里」。

(註) 伊能嘉矩：臺灣文化志下卷 p.674 所引



南路羅漢门地方說「大傑巔社……中有民居，為施里莊、北勢莊、蘿蓋蒲地，往年代納社餉，招佃墾耕」。又藍鼎元的東征集卷六，紀十八重溪示諸將弁也有記載諸羅縣下，哆囉嘓地方的情形說「大重溪，在哆囉嘓之東，去諸羅邑治五十里，乃一溪曲折繞道，跋涉凡十八重，間有一二支流附入，非十八條溪水橫流而過也。其中為大埔庄，土頗寬曠，旁附以溪背、員潭嶺下、北勢、楓樹閩等小村落，本化外，人烟叢盛，今居民七十九戶，計二百五十七人。多潮籍，無土著，或有漳泉人雜其間，猶未及十分之一也。中有女眷者一人，年六十以上者六人，十六以下者無一人，皆丁壯力農，無妻室無老者幼稚，其田共三十二甲，現以地三百六十餘畝，亦據報開無稽實清丈，本哆囉嘓社，為之書，或舉李貞鎬代為納社餉，招客民墾之者也」這個是說明當時的代納番餉，招客民墾植與這些客民的人口動態很值注目的。又雍正十三年十月，淡水廳下竹塹社土官大里冥外十二名的連名，以他們所有的荒埔猶界擬草地一所，東至鳳山崎頭至海，南至鳳山腳大溪，北至山頂，給出漢人郭英榮的立永耕契字中說「因本社餉課繁重，擬鹿稀少，無力耕，去歲八月間以為餉課缺，懇乞允貼社餉等事，赴大老爺台前呈請，隨蒙親臨踏勘地界，給予恩准，招募漢人墾耕，毋致拋荒，贍課在案云云」（註）這個契字，明明是鹿的獵獲減少，於是要納付番餉，鹿埔給出漢人開墾的一個顯明的例子。

「諸羅始皆土番，弁服鮮衣而已，為攻種芽，間以耕，為女雜樹植，以為遠戈弦者也，奇昂之入，自為獨道市始也，豐草彌望，多鹿場，故無治，田器不足用，耕者蓋鮮，耕張之興，自鄭氏成功竊踞始也」（諸羅縣志卷八風俗志漢俗考）

「昔年地曠人稀，麋鹿蝗聚……今鹿場多墾為田園」（同書番俗雜俗）

鹿、獐之多，由草之暢茂，且稀霜雪，故族蕃息而肥碩，三十年來附縣開墾者眾，鹿場悉為田；斗六門以下，鹿、獐鮮矣。（《諸羅縣誌・卷十二雜記志外記》）

山無虎，故鹿最繁，昔年近山皆為土番鹿場，今則漢人墾種，極目良田，遂多於內山捕獵。（《臺海使槎錄・卷三赤崁筆談・物產》）

自比年以來，流亡日集，以有定之疆土，處日益之流民，累月經年，日事侵削；向為番民鹿場、麻地，今為業戶請墾或為流寓佔耕，番民世守之業竟不能存什一於千百。（同書，卷八番俗雜記社餉所引周鍾瑄〈上滿總制書〉）

這些都是說明康熙年間的情況。如此，很多的鹿場急速地被開墾，變成田園。

康熙三十六年，郁永河來臺採硫的時候，竹塹附近還是「麋鹿麏麑，逐行甚夥……非人類所宜至也」，而到了十多年後，康熙五十二年北路營參將阮蔡文親哨時所詠竹塹詩就說：「年年捕鹿邱陵比，今年得鹿實無幾，鹿場半被流民開」。如此，已經有漢人流入，開始拓植，其一半已經被開墾了。從此，我們可以看到開墾速度與漢人生活圈的擴展的快。今據《續修臺灣府誌・賦役志》所載田園面積，表示當時的開墾狀態，即如左：

| | 臺灣縣 | 鳳山縣 | 諸羅縣 | 彰化縣 | 淡水廳 | 計 臺灣府 |
|---|---|---|---|---|---|---|
| 舊額 | 8561甲81 | 5048甲20 | 4843甲81 | | | 18453甲82 |
| 康熙 24/30 | 263.20 | 1624.477 | 2975.09 | | | 5862.767 |
| 31/40 | 678.83 | 1933.24 | 2637.37 | | | 5249.44 |
| 41/50 | 5478 | 18.80 | 364.93 | | | 438.51 |
| 51/61 | 1.50 | 9128 | 421.09 | | | 513.87 |
| 雍正 1/13 | 239.47 | 2901.87 | 5881.84 | 13177.85 | 55.00 | 22056.03 |
| 乾隆 1/10 | 50.80 | 16.02 | 156.38 | 1365.59 | 1213.78 | 2802.57 |
| 11/20 | 15.93 | 103.95 | 404.90 | 80.00 | 328.386 | 933.166 |

II-8-7

「鹿獐之多，由草之暢茂，且御霜雪，故孳畜息而肥碩。三十年來附縣開墾者衆，鹿場悉為田，斗六門以下，鹿獐鮮矣」（諸羅縣志卷十二雜記志外紀）

「山無虎，故鹿最繁，昔年近山皆為土番鹿場，今則漢人墾種，極目良田，遂多於內山捕獵」（臺海使槎錄卷三赤嵌筆談物產）

「自此年以來，流士日集，以有定之疆土，供日益之流民，累月經年，日事侵削，向為番民鹿場麻地，今為業戶請墾，或為流寓佔耕，番民世守之業，竟不能存什一於千百」（同書卷八番俗雜記，社餉所引周鍾瑄上滿總制書）

這些都是說明康熙年間的情況，如此很多的鹿場，急速地被開墾，變成田園。

康熙三十六年，郁永河來臺採硫的時候，竹塹附近還是「麋鹿麏麚逐行甚夥……，非人類所宜至也」，可到了十多年後，康熙五十二年北路營參將阮蔡文視哨時此詠竹塹詩說「年年捕鹿邱陵比，今年得鹿實無幾。鹿場草地流民間」，如此已經有漢人流入，開始擴[illegible]種其一半已經被開墾了。從此我們可以看到開墾速度很快，與漢人生活圈的擴展的快。今據續修臺灣府志賦役志所載田園面積，表示當時的開墾狀態，即如左。

| 年度 | 臺灣縣 | 鳳山縣 | 諸羅縣 | 彰化縣 | 淡水廳 | 計臺灣府 |
|---|---|---|---|---|---|---|
| | 8561.81 | 5048.20 | 4843.81 | — | — | 18453.82 |
| 康熙24/30 | 1263.20 | 1624.477 | 2975.09 | | | 5862.767 |
| 31/40 | 878.83 | 1933.24 | 2637.37 | | | 5449.44 |
| 41/50 | 54.78 | 18.80 | 364.93 | | | 438.51 |
| 51/61 | 1.50 | 91.28 | 421.09 | | | 513.87 |
| 雍正1/13 | 239.47 | 2901.87 | 5881.84 | 13,177.85 | 55.00 | 22256.03 |
| 乾隆1/10 | 50.80 | 16.02 | 156.38 | 1,365.59 | 1213.78 | 2802.57 |
| 11/20 | 15.93 | 103.95 | 404.90 | 80.00 | 328.386 | 933.166 |

這些數字是據賦役志的，所以實在的開墾時期，當然比報墾起科的年期還要早，開墾面積也應當比這個數目還要多，但是據這個數目，我們也可以看出大概的趨勢。據這個表，顯明的有表示如下幾項事實：就是臺灣縣自荷蘭佔據前以來，早就被開墾，臺灣歸清朝的版圖時，其開墾面積也最多，以後十多年，就其開墾速度顯著的比別縣少，然而開墾的境境[A]即臺灣縣為中心，逐漸的向南在鳳山，與向北在諸羅、彰化等擴展。到了乾隆年間，就彰化縣、淡水廳的增加外，祇諸羅縣的增加數目稍稍可以注目，其他就好像快要到飽和點。又一般的康熙末年增加的面積少，到了雍正年間，開墾面積都激增。然而如前述，我們由許多文獻看出，康熙年間的開墾的昌盛而由數目上表明的顯著的少，這個，互相不符。我們可以這樣解釋：就是，康熙末年，清朝的臺政弛緩尤甚的時候，而且其管束所及的地方也是府邑為中心的南部一帶，所以邊陲的北部等地的越界私墾很興旺，這些未報墾田園的數目，不能陞科，當然由田賦的數字，我們不能尋找出來的。到了康熙六十年，朱一貴所起臺變以後，才有更張臺灣內治的議；雍正元年即添設彰化縣、淡水廳，於是以前管束不到的地方，客民流戶開墾所欺隱的田園，相當的數量，當然到了這時候才報明陞科，又這一個時期對地政也有一段的改進。至雍正九年，即依上諭，自雍正七年起，蠲減從前失了過重的賦課。於是從前未報明的開墾面積的數目，到了雍正年間，各地方恐因查勘或自己報墾，所以致這樣的結果。

又開墾的情況，由這個表，我們在雍正與乾隆之間可以劃出一個分界，雍正年間以前的開墾速度的快速與乾隆以後開墾速度變了緩慢的，是一個顯然的事實。這

A 編按——境境或為境界之誤。

這些數字是據職役表的，所以實在的開墾時期，當然比報墾起科的年期還要早，開墾面積也應當比這個數目還要多。但是據這個數目我們也可以看出大概的趨勢，據這個表，顯明的有表示如下幾項事實，就是臺灣縣，自荷蘭佔據前以來，早就開墾，其在臺灣歸清朝的版圖時，其開墾面積也最多，以後十多年，就其開墾速度顯著的比別縣少，然而開墾的環境以臺灣縣為中心，逐漸的向南在鳳山、與向北在諸羅、彰化等擴展，到了乾隆年間，就彰化縣、淡水廳的增加外，祇諸羅縣的增加數目稍稍可以注目，其他，就好像快要到飽和點。又一般的康熙末年增加的面積少，到了雍正年間，開墾面積都急激增。然而如前述我們由許多文獻看出康熙年間的開墾的昌盛，而由數目上表好的顯著的少，這個互相不符，我們可以這樣解釋。就是，康熙末年，清朝的臺政弛緩，尤甚的時候，可且其管束所及的地方也是府治為中心的南部一帶，所以邊陲的北部等地的越界私墾，很興旺，這些未報墾田園的數目，不能從科，當然由田賦的數字我們不能尋找出來的。到了康熙六十年，朱一貴事起，臺變以後，才有更改臺灣內治的議，雍正元年即添設彰化縣、淡水廳，就是以前管束不到的地方，容民流戶開徵土地欺隱的田園，相當的數量，當然到了這時候才報明陞科，又這一個時期，對地政也有一致的改進，至雍正九年即依上諭，自雍正七年起，豁減從前失了過重的賦課，就是從前未報明的開墾面積的數目，到了雍正年間，各地方，恐因查勘或自己報墾，以致這樣的結果。

又開墾的情況，由這個表，我們在雍正與乾隆之間可以劃出一個分界，雍正年間以前的開墾速度的快速與乾隆以後，開墾速度變了緩慢的是一個顯然的事實。這個事情，我們在文獻上也可以看出來的，就乾隆三十九年余文儀續修的《臺灣府誌》說：「臺屬閩之海東郡，昔患土滿，今患人滿，地不加闢，賦不加增，所入恒至不敷」（卷四賦役志）。如此，以前到處都是沃野千里、地曠人稀的臺灣，到了乾隆年間就有患人滿的情形，賦課也勢需要立新制。於是乾隆九年以後就依照同安縣則例，分上、中、下三則，按土地的肥瘠賦課，由此看起來，我們可以知道西部臺灣的開拓到了雍正年間，就大略告了一個段落。

如「崩山八社所屬地橫亙二百餘里，高阜居多，低下處少。番民擇沃土可耕者，種芝麻、黍、芋；餘為鹿場，或任拋荒，不容漢人耕種。……各有通事，往來郡治。貨物自南而北者，如鹽、如糖、如煙、如布匹衣線；自北而南者，如鹿脯、鹿筋、鹿角、鹿皮、芝麻、水籐、紫菜、通草之類」（《臺海使槎錄．卷六番俗六考．北路諸羅番九》）。到了康熙年末，鹿皮還在北部集貨，運搬到南部，由安平港等處通洋行販。但是這樣急速的平地開拓，以前雖數量減少，處處的鹿場還在棲息的鹿於是喪失了平地的鹿場，一部份甚至絕滅，一部分棲息地移到山內，而這個鹿的移動也變了土人移動的一因。以後，鹿在文獻上，我們可以找出都是「麋鹿舊盛產，今取之既盡，為難得，必求之番酋」（《臺灣縣誌．卷一物產》），[A]或以為棲息於內山的土人的獵獸，捕鹿也專以為內山生番的生業。

如此，到了雍正年間，平地的鹿場的喪失，平地的鹿幾乎絕滅，由內山搬出來的鹿皮張數也減少到不能供出為輸出品的程度，終由貿易場裡轉落。[B]（註一）在臺灣平地，以農為本的漢人社會也確立，鹿皮以後就與鹿茸、鹿鞭等一起，專為在局地[C]的漢番交易的番產物到現在。

A 編按—《臺灣縣誌》有不同年代的三種刊本，此段文字出自謝金鑾、鄭兼才總纂，《續修臺灣縣志》，曹老師用一九二二年臺灣經世新報社所編之《臺灣全誌》本。

B 編按—日文用語，掉下來的意思。

C 編按—日文用語，局部地區之意。

註一—由開墾情況，鹿皮貿易的終止，類推是雍正年間為止，對這個，在日文資料也有旁證，如《我衣》說享保年間舶來革的足袋（襪子）一切都沒有，而享保元年至20年等於康熙55—雍正13年，如此在日本方面，鹿皮的輸入也到了雍正年間就沒有了，參看本篇第三章第三節，鹿皮之用途。

（註）由開墾情況看，鹿皮的輸出停止，雖然是雍正年間停止，對這個在日文資料也有傍証。如我在說：享保年間船來華的鹿皮袋（藏了）一切都沒有，而享保元年至文明等於康熙55—雍正13年，如此在日本方面鹿皮的輸入也到了雍正年間就沒有了。參看本篇第三章第五節，鹿皮之用途

個事情，我們在文獻上也可以看出來的。早就乾隆二十九年余文儀續修的臺灣府志說「臺屬闢之海東郡，昔患土滿，今患人滿，地不加闢，賦不加增，此人恒至不敷」（番俗總記）。如此，以前到處都是沃野千里地曠人稀的臺灣，到了乾隆年間就有患人滿的情形。賦課也勢需要重新制定，於是乾隆九年以後就依照同安縣則例，分上中下三則按土地的肥瘠賦課。由此看起來，我們可以知道西部臺灣的開拓，到了雍正年間，就大略告了一個段落。

如「崩山八社所屬地，橫亙二百餘里，高阜居多，低下者少，番民擇沃土可耕者，種芝麻黍芋，餘為鹿場或任拋荒，不容客人耕種（甲略）。各有通事，往來郡治，貨物自南而北者，如鹽，如糖，如煙，如布匹衣線；自北而南者，如鹿脯、鹿筋、鹿角、鹿皮、芝麻、水藤、紫菜、通草之類」（臺海使槎錄卷六番俗六考北路諸羅番九）。到了康熙末年，鹿皮還在北部集了貨運搬到南部，由安平港等處通洋行販。但是這樣急速的平地開拓，以前雖數量減少，總之的鹿場還在棲息的鹿，於是喪失了平地的鹿場，一部份甚至絕滅，一部份棲息地移動到山內，而這個鹿的移動也變了土人移動的一因。以後鹿，在文獻上，我們可以找出都是「麋鹿舊最盛，今則既盡，為難得，少者之番酋」（臺灣縣志卷一物產），或以為棲息於內山的土人的獵獸，捕鹿也專以為內山生番的生業。

如此到了雍正年間，平地的鹿場的喪失，平地的鹿幾乎絕滅，由內山搬出來的鹿皮張數也減少，到不能供出為輸出品的程度，終之由貿易場裡點落（註）。在臺灣平地以農為本的漢人社會也確立，鹿皮以後就與鹿茸、鹿鞭等一起，專為在高地的漢番交易的番產物到現在。

# 第三章　臺灣鹿皮貿易之運販與用途 A

## 一、船舶 B

如上所述，臺灣在近世初期的海上冒險時代，變為一個國際貿易場裡的重要仲繼點，以豐富的土產品鹿皮，對這個國際貿易場裡介入，其間前後大約二世紀間，而參與其中者，有中、日、荷、西、英等諸國，圍繞這個，臺灣在國際貿易場裡活動。而造船術與海運的興衰所關聯甚大，進入十七世紀以來，荷蘭所以能在世界海上佔優勢，則當時荷蘭在歐洲諸國的船舶總數中擁有三分之二的大船隊，（註一）又其造船術也比別國有一段的發達。（註二）

那麼當時在遠東海面從事貿易的荷蘭船舶，倒是怎樣呢？對這個，中、日文的文獻上也有種種的記載：

> 舟長三十丈，橫廣五、六丈，板厚二尺餘，樹五桅，後為三層樓，旁設小牕，置銅礮，下置二丈巨鐵礮，C 發之可洞裂石城，震數十里，世所稱紅夷礮，即其製也，然以舟大難轉，或遇淺沙，即不能動（《明史・卷三二五外國傳六・和蘭》）。
>
> 船闊三十四間，（註三）高十六間，船內有甲必丹及其他的房室，下了一層，就有廚房，又下了一層，就廚子所居住的，又再下一層，有飼養牛羊的場所，像廄。船的造法如軍扇，入口狹窄，中廣闊，船底又窄小，最狹窄的部分也有九間的寬。（註四）
>
> 船長：大者二十五、六間，小者約二十間，深六、七間，橫六、七間，石火矢二十二、三、四、五尊，各長八、九尺。有四桅，各桅都有兩段，所接部分像笠，就是由這裡把桅檣伸縮上下。帆掛兩段，都是綿花布帆（從前有來過三十三間長的船）。舵就像以圈子嵌的樞鈕的樣子，碇都是鐵的，長有三、四間，繩子都是用苧做的，大有一尺二、三寸，船身黑的部分都是用瀝青塗的。底的赤鐵棕色的部分是在水中的部分，都用小釘，沒有縫兒的釘著的。舟一代不會烷。船具、繩子都用瀝青塗的，瀝青是以松香與油煉的。（註五）

---

註一—Colbert 於 1669 年對駐海牙法國公使的信裡說：「歐洲的海上貿易，大約有二萬五千隻的船從事……這些二萬五千之中，一萬四千乃至一萬五千是荷蘭的，法國的是只有五、六百而已」。

註二—V. Barbour, "Dutch and English merchant shipping in the seventeenth century," *Economic History Review*, vol. 2, no. 2（Jan., 1930）, p. 261-290參照。

註三—日本六尺以為一間，這一段當為船身三十四間。D

註四—《譚海》卷八（國書刊行會本，p. 255-258）；《通航一覽》卷239（國書刊行會本，p. 174）。

註五—西川如見，《增補華夷通商考》，卷 4，頁 35b-36a。

A　編按—章名依據手稿目次補入。

B　編按—節名依據手稿目次補入。

C　編按—《明史》新校本文字略微不同，其文謂：「廣六丈，厚二尺餘，……桅下置二丈巨鐵礮」。參見張廷玉等撰，《明史》（北京市：中華書局，1974），頁八四三七。

D　編按—一間約一點八一八公尺，三十四間約為六十二公尺。

一

如上所述，臺灣在近世初期的海上冒險時代，變為一個國際貿易場裡的重要仲繼點，以豐富的土產品鹿皮，對這個國際貿易場裡介入。其前後大約二世紀間，參與其中者，有中、日、荷、西、英等諸國，周繞這個臺灣，在國際貿易場裡活動。而造船術與海運的興衰，影響甚大。進入十七世紀以來，荷蘭所以能在世界海上佔優勢，則當時荷蘭在歐洲諸國的船舶總數中擁有三分之二的大船隊（註一）又其造船術也比別國有一段的發達（註二）

那麼當時在遠東海面從事貿易的荷蘭船舶到底是怎樣呢？對這個中日文的文獻上也有種々的記載。

「舟長三十丈，橫廣五六丈，板厚二尺餘，樹五桅，後為三層樓，旁設小窗，置銅砲，下置二丈巨鐵砲，發之可洞裂石城，震數十里，世所稱紅夷砲，即其製也，然以舟大，難轉，或遇淺沙，即不能動」（明史卷三二五外國傳六，和蘭）

「船闊三十四間（註三）高十六間，船內有甲板及其他的房室，下了一層就有厨房，又下了一層就厨子所居住的，又再下一層有飼養牛羊的場所、保廐。船的造法，如筆扇，入口狹窄，中広闊，船底又寬，最狹窄的部份也有九間的寬」（註四）

「船長：大者二十五六間，小者約二十間，深六七間，橫大七間，石火矢二十五、三、四五尊，各長八九尺，有四桅，各桅都有兩段，所樓都份，係竿，就是由這裡把桅檣，伸縮上下，帆掛兩段，都是綿花布帆（從前有來過三十三間長的船），舵就係以圍子嵌的椎柵的樣子，碇都是鐵的。長有三四間，繩子都是用苧做的。大有一尺二三寸。船身里的部份，都是用瀝青塗的。底的赤鐵棕色的部份，是在水中的部份，都用小釘，沒有縫兒的釘着的。舟代不會燒，船具繩子，都用瀝青塗的，瀝青是以松香與油煉的」（註五）

（註1）Colbert於1669年對駐西班牙法國公使的信裡說「歐洲的海上貿易，大約有二萬五千隻的船從事……這些二萬五千之中，一萬四千乃至一萬五千是荷蘭的，法國的是只有五六百而已」

（註2）Barbour, V.: Dutch and English marchant shipping in the seventeen century. (Economic History Review Vol 2). 參照

（註3）日本六尺以為一間，這一段主要船身三十四間。

（註4）譯海卷八（國書刊行會本 p.255-258）通航一覽卷239（國書刊行會本 p.174）

（註5）西川如見：增補華夷通商考 卷4

這個時期的船型、種類、構造，是造船史上很有趣的一個時代，由當時的文獻上，我們也可以找出好多種的船舶名稱：

一六二五年四月七日星期一，Schip Groeningen從日本，經由大員（Teijouwan）到達這裡，該船於前三月三日，與Jacht Purmerendt一起出發大員的。（註一）

一六二八年十月末日，在印度良好的schip船與jacht船的目錄：（中略）

t' jacht Texcel
t' jacht Diemen
t' jacht Slooten
t' jacht Domburch
——在中國沿海的大員（Taijouhan）

（中略）

儘早要繫船的schip船、jacht船、fregadt船的覺書：[A]

（中略）

t' jacht Heusden
t' jacht Woerden
t' jacht Armuijden
t' jacht Erasmus
t' jacht Batavia
t' fregadt Cleijn Armuijden
t' fregat Chincheo
——在大員（Taijouhan）

（下略）（註二）

七月、八月及九月，[B] Fluijt船Roch、Orangenboom、Oostcappel、Vergulde、Buijs及Saijen，搭載生絲、綢緞等，計五十八萬九千四百四十九盾十五（stuiver）九（penninge）的貨物向日本開船了。（註三）

據這些例子，當時航走的最普遍的船舶種類，大約是schip船、jacht船、fregat船、fluijt船等這幾種的。

schip型的船，是裝有橫帆的前桅（fore mast）、主桅（main mast）、後桅（mizzen mast）的三桅；而各桅即有下桅（lower mast）、第一接桅（top mast）、第二接桅（topgallant mast）的大部分。船首還有

A 編按—日文用語，備忘錄之意。
B 編按—手稿原作七月八日及九日，應誤。

註一—Dagh Register, Casteel Batavia, A° 1624-29, bl. 141：村上直次郎譯，《抄譯バタビヤ城日誌》，上卷，p. 53。
註二—Ibid., A° 1624-1629, bl. 388-389.；村上直次郎譯，《抄譯バタビヤ城日誌》，上卷，p. 96-97。
註三—Dagh Register, Casteel Batavia, A° 1641-1642, bl. 59.；村上直次郎譯，《抄譯バタビヤ城日誌》，中卷，p. 166。

(註1) Dagh-Register. Casteel Batavia. A° 1624–1629, Bl 141. (村上訳 上巻 p.53)
(註2) Ibid. A° 1624–1629. Bl 388–389 (村上訳書 上巻 p.96–97)
(註3) Ibid. A° 1641–1642. Bl 59. (村上訳書 中巻 p.166)



這個時期的船型種類構造是造船史上很有趣的一個時代。由当時的文獻上我们也可以找出好多種的船舶名稱。

「一六三五年四月七日，星期一 schip Groeningen 從日本經由大員 Teijouwan 到達這裡。該船於前三月三日與 jacht Purmerendt 一起去發大員的」(註二)

「一六二六年十月末日，在印度良好的 schip 船與 jacht 船的目錄
(中略)
t' jacht Texel
t' jacht Diemen
t' jacht Slooten
t' jacht Domburch
} 在中國沿海的大員 Taijouan
(中略)
儘早要繫船的 schip船 jacht船 fregat船的覺書
(中略)
t' jacht Heusden
t' jacht Woerden
t' jacht Arnemuijden
t' jacht Erasmus
t' jacht Batavia
t' fregalt Cleijn Arnemuijden
t' fregat Chincheo
} 在大員 Taijouan
(下略)」

」(註三)

「七月一日及九日。fluijt船 Rarch, Orangenboom, Oostcappel, Vergulde Buijs 及 Saijer 搭載生絲、綢緞等，計五十八萬九千四百四十九盾十五 九 的貨物向日本開船了」(註三)

據這些例子，當時航走的最普遍的船舶種類，大约是 schip船 jacht船 fregat船 fluijt船等這幾種的。schip型的船，是裝有橫帆的前桅 foremast 主桅 mainmast 後桅 mizzenmast 的三桅。乃各桅即有下桅 lowermast 和一接桅 topmast 和二接桅 topgallant mast 的大部份。船首還有

斜桅的大型的帆船。古英語即說 scip，因為這個型式的船舶是最標準的帆船，後來這個型式也變了最普通的船舶。所以變了現在船舶的總稱，英語現在也用這個名辭 ship 表現。

jacht 船元來是王公等遊覽用的豪華的小帆船，因為很輕快，所以後來開始建造比較大型的，很活用於通商、運送等用，帆式是縱帆的。

fregat 船元來發祥於地中海的帆櫂兼用的快速船，當初是小型的，全長也只有三、五呎左右的小船，後來漸漸改良巨大化，因為很快速，各國都通商貿易外，採用為巡航用的軍艦。

fluijt 船是元來荷蘭的沿岸航行用的平底船，船的外殼是比較輕薄的板做的，桅也比較起來稍稍短一點，也一樣三桅；甲板是一層，船身是有闊的四倍至六倍長，而且沒有船首樓，沒有甲板蓋，也沒有搭載火炮，所以比別種的船舶，是容量很大的運送船，也很廣遍活用的船型。這些船舶的構造，今據 van Dam 的《東印度公司誌》表示，即如左：

### 表III-1-3：荷蘭船舶構造表之一 A

Schip 船（呎）B

| 長 | 幅 | 深 | 出處 |
|---|---|---|---|
| 170 | 39 | 18 1/4 | 481 |
| 160 | 38 | 18 | 486 |
| 155 | 36 | 17 | 485 |
| 150 | 38 | 14 1/2 | 463 |
| 145 | 34 1/2 | 14 1/2 | 486 |
| 130 | 32 | 12 | 460 |
| 128 | 30 | 10 | 465 |
| 116 | 26 | 10 | 465 |
| 106 C | 24 | 9 | 465 |

Fluijt 船

| 長 | 幅 | 深 | 出處 |
|---|---|---|---|
| 142 | 32 | 14 | 485 |
| 140 | 33 E | 14 1/2 | 469 |
| 135 D | 29 | 13 | 470 |
| 130 | 32 | 14 | 483 |
| 128 | 27 | 13 | 467 |
| 120 | 26 | 12 | 469 |
| 115 | 23 | 11 1/2 | 492 |
| 105 | 22 | 10 3/4 | 462 |
| 80 | 17 | 10 1/2 | 462 |

A 編按—表格之標題名稱為編者據文意所加。

B 編按—以下表格資料出自 Pieter van Dam; Frederik Willem Stapel（uitg.）, *Beschryvinge van de Oost-indische Compagnie*,（'s-Gravenhage：Nijhoff，1927），Rijks Geschiedkundig Publikatiën 63, Boek I, Deel I-1, Capittel 17-1，表格中之出處頁數即指在該書之頁數，此項資料來源由鄭維中製作。又按：阿姆斯特丹呎，合二十八公分。

C 編按—此條應歸入 Jacht 型船部份。

D 編按—長應為一百三十四呎，幅寬二十八呎。

E 編按—幅寬應為三十一呎。

斜桅的大型的帆船，古英語叫說 Ship，因為這個型式的船舶
是最標準的帆船，後來這個型式也變了最普通的船舶。
此以叫了現在船舶的總稱，英語現在也用這個名稱 Ship
表現。

Jacht 船元來是王公等遊覽用的豪華的小帆船，
因為很輕快，所以後來開始建造比較大型的，很活用於通
商運送等用。帆式是縱帆的。

Fregat 船本來為地中海的帆櫂兼用的快速船，
元初是小型的，全長也只有三五呎左右的小船，後來漸漸
改良巨大化，因為很快速，各國通商作為[illegible]外，採用為
巡航用的軍艦。

Fluit 船是元來荷蘭的沿岸航行用的平底船，船
的外殼是比較輕薄的板做的，桅也比較起來稍稍短一點，
也一樣三桅，甲板是一層，船身是有潤的，四倍至六倍長，而
且沒有船首樓，沒有甲板室，也沒有搭載大砲，所以特別種
的船舶是容量很大的運送船，也很被商運業用的船型
這些船舶的構造，今據 Van Loon 的東印度公司誌表示即
如左。

Schip 船

| 長 | 幅 | 深 |
|---|---|---|
| 170呎 | 39 | 18 1/4 |
| 160 | 38 | 18 |
| 155 | 36 | 17 |
| 150 | 38 | 14 1/2 |
| 145 | 34 1/2 | 10 1/2 |
| 130 | 32 | 12 |
| 128 | 30 | 10 |
| 116 | 26 | 10 |
| 106 | 24 | 9 |

Fluyt 船

| | | |
|---|---|---|
| 142 | 32 | 14 |
| 140 | 33 | 14 1/2 |
| 135 | 29 | 13 |
| 130 | 32 | 14 |
| 128 | 27 | 13 |
| 120 | 26 | 12 |
| 115 | 23 | 11 1/2 |
| 105 | 22 | 10 3/4 |
| 80 | 17 | 10 1/2 |

## 表III-1-4：荷蘭船舶構造表之二[A]

Fregat 船

| 長 | 幅 | 深 | 出處 |
|---|---|---|---|
| 110 | 29 | 12 1/2 | 482 |
| 100 | 27 | 10 1/2 | 487 |
| 95 | 20[F] | 10 | 487 |
| 85 | 24 | 9 1/2 | 487 |
| 75 | 19 1/2 | 8 1/2 | 486 |

Jacht 船（呎）

| 長 | 幅 | 深 | 出處 |
|---|---|---|---|
| 134 | 33 | 13 1/2 | 468 |
| 130 | 30[B] | 13 | 467 |
| 126 | 28 | 12 | 468 |
| 120 | 26[C] | 10 | 464 |
| 115 | 26 | 9 | 466[D] |
| 105 | 24 | 9 | 465 |
| 100 | 22 | 9 | 469[E] |
| 96 | 25 | 10 | 459 |
| 80 | 19 | 9 | 459 |
| 74 | 19 | 8 | 459 |

A 編按—表格之標題名稱為編者據文意所加。

B 編按—幅寬應為三十二呎。

C 編按—幅寬應為二十五呎。

D 編按—原引書無此數據，可能為長一百一十六，幅二十七，深十一又四分之一呎之誤。

E 編按—此條應歸於 Fluijt 船型。

F 編按—幅寬為二十六呎。

G 編按—可字改為難字，文意較合。

如此，schip 船是最大，次即 fluijt 船，jacht 船，fregat 船當時還很小型的，普通是與大型的 Schip 船等一起航走。而我們須要注意的是荷蘭還與西、葡等舊勢力競爭，一面戰鬪、一面貿易的前期的時候，軍用、商用兼用的 Fregat 船比較重用，航走於這個遠東海上。到了打敗西、葡勢力，掌握了遠東海面的制海權時，即代替專以運輸為主的 Fluijt 型的航走。這個事情與後來鄭經時代，到臺灣貿易的英國東印度公司也是一樣。因當時遠東海面是荷蘭所掌握，所以英國的公司所派來的船也是軍、商兼用的 Frigat 船。西、葡兩國的在遠東海面航走的船舶也有這樣情況的變遷，即荷蘭勢力還沒確立，遠東貿易仍在西、葡兩國所獨占的時候，他們所用的是大型的 Nau 或 Galeon。後來與荷蘭勢力不能拮抗的時候，即變使用小型快速的 Naveta 或 Galiota，因為這些很快速、又很便利，可[G]以由重厚的荷蘭船的追及，避免拿捕或擊沈。

當時這些船舶所用的船料，大概大型的 schip 船的用材是使用Bohemia 或 Westphalia 地方的樫，其他一般船是用北歐的松、樅等科。（註一）

註一—V. Barbour, "Dutch and English merchant shipping in the seventeenth century," *Economic History Review*, vol. 2, No. 2（Jan., 1930）, p. 276.

(註) Barbour, V.: Dutch and English merchant shipping in the seventeenth century. (Economic history review. vol 2.) p. 276.



| fregat 船 | | | jacht 船 | | |
|---|---|---|---|---|---|
| 110 | 29 | 12½ | 134 | 33 | 13½ |
| 100 | 27 | 10½ | 130 | 30 | 13 |
| 95 | 26 | 10 | 126 | 28 | 12 |
| 85 | 24 | 9½ | 120 | 26 | 10 |
| 75 | 19½ | 8½ | 115 | 26 | 9 |
| | | | 105 | 24 | 9 |
| | | | 100 | 22 | 9 |
| | | | 96 | 25 | 10 |
| | | | 80 | 19 | 9 |
| | | | 74 | 19 | 8 |

如此 Schuyt 船是最大，次即 fluijt 船、jacht 船，fregat 船當時還很小型的，普通是與大型的 Schuyt 船等一起航走。由此我們須要注意的是荷蘭還與西葡等舊勢力競爭而戰鬥一面貿易的前期的時候，軍用、商用兼用的 fregat 船比較重用，航走在這個遠東海上。到了打敗西葡勢力，掌握了遠東海面的制海權時，即代替專以運輸為主的 fluijt 型的航走。這個事情與後來鄭氏時代，到甚貿易的英國東印度公司也是一樣。因當時遠東海面是荷蘭所掌握，所以英國的公司所派來的船也是單、商兼用的 fregat 船。西葡兩國的在遠東海面航走的船舶也有這樣情況的變遷。即於荷蘭勢力還沒確立，遠東貿易仍在西葡兩國所獨佔的時候，他們所用的是大型的 Nau 或 Galeon，後來與荷蘭勢力不能稍抗的時候，即變用小型快速的 Navetta 或 Galiota，因為這些很快速，又很便利，可以由重厚的荷蘭船的追及避免拿捕或擊沉。

當時這些船舶所用的船料，大概大型的 Schuyt 船的用材是使用 Bohemia 或 Westphalia 地方的橡，其他一般船是用北歐的松、樅等料。(註二)

關於中、日兩國的船舶，在西文文獻上，一律都記載為戎克船（Jonk、Jank、Japanese jank）。關於中國船，《東西洋考》即說：「舟大者，廣可三丈五、六尺，長十餘丈，小者廣二丈，長約七、八丈」，而東洋往販的船舶都比所謂西洋船，一般的比較小。《明史・卷九二兵志》對明代船制所說甚為扼要，即說：「舟之制，江海各異。太祖於新江口設船四百。永樂初，命福建都司造海船百三十七，又命江、楚、兩浙及鎮江諸府、衛造海風船。成化初，濟川衛楊渠獻槳舟圖，皆江舟也。海舟以舟山之烏槽為首。福船耐風濤，且禦火。浙之十裝標號軟風、蒼山，亦利追逐。廣東船，鐵栗木為之，視福船尤巨而堅。其利用者二：可發佛郎機，可擲火毬。大福船亦然，能容百人。底尖上闊，首昂尾高，柁樓三重，帆桅二，傍護以板，上設木女牆及礮牀。中為四層：最下實土石；次寢息所；次左右六門，中置水櫃，揚帆炊爨皆在是，最上如露台，穴梯而登，傍設翼板，可憑以戰。矢石火器，皆俯發，可順風行。海蒼視福船稍小。……戚繼光云：『倭舟甚小，一入裡海，大福、海蒼不能入，必用蒼船逐之，衝敵便捷，溫人謂之蒼山鐵也』。沙、鷹二船，相胥成用。沙船可接戰，然無翼蔽。鷹船兩端銳，進退如飛。……蓋自嘉靖以來，東南日備倭，故海舟之制，特詳備云」。而這些船舶是倭寇、海寇跳梁時代的，所以軍用船比較多，使用於一般商用、運輸用的是其中的少數船型而已。又我們也可以知道船型有河船型與海舶型的區別。據西川如見撰《增補華夷通商考》卷一說：「今來長崎，所謂南京船者，此河舟直前赴來，所以舟的構造，底平又長」。又據田邊茂啟撰《長崎實錄大成》第十卷有二幅的唐船圖，一幅為鳥船，即說：「此船式像鳥，故名鳥船」。另一幅為沙船，說：「此船式，行河中淺水船，故名沙船」。如此，當時到日本行販的，大概由華中之上海、

III-1-5

関於中日兩國的船舶，在西文文獻上一律都記載為
戎克船，Junk，Junks，Japanese junks。関於中國船，東西洋考
即說「舟大者，廣可三丈五六尺，長十餘丈，小者廣二丈，長約七八
丈」。而東洋諸國的船舶都比西洋船，一般的比較小。
明史卷九二兵志對明代船舶的說甚為扼要，即說「舟之制，
江海各異，太祖於新江口設船四百。永樂初，命福建都司造海船
百三十七。又命江楚兩浙及鎮江諸府衛造海風船。成化初，濟川衛
楊渠獻槳舟圖，皆江舟也。海舟以舟山之烏槽為首。福船耐
風濤，且禦火。浙之十裝標號軟風、蒼山亦利追逐。廣東船，鐵
栗木為之，視福船尤巨而堅。其利用者二，可發佛郎機，可擲火毬。
大福船亦然，能容百人。底尖上闊，首昂尾高，柁樓三重，帆桅
二，傍護以板，上設木女牆及礮牀。中為四層，最下實土石，次寢
息所，次左右六門，中置水櫃，揚帆炊爨皆在是。最上如露
臺，穴梯而登，傍設翼板，可憑以戰，矢石火器，皆俯發，可順
風行，海蒼視福船稍小。……戚繼光云，倭舟甚小，一入裏海，
大福、海蒼不能入，必用蒼船逐之，衝敵便捷，溫人謂之蒼山
鐵也。沙、鷹二船，相資成用，沙船可接戰，然無翼蔽。鷹船
兩端銳，進退如飛。……蓋自嘉靖以來，東南日備倭，故
海舟之制，特詳備云」。而這些船舶是倭寇海寇跳梁時
代的，所以軍用船比較多，使用於一般商用運輸用的是其
中的少數船型而已。又我們也可以知道船型有河船型
與海船型的區別。據西川如見撰增補華夷通商考卷一
說，「今來長崎，所謂南京船者，此河舟直前赴來，所以
舟的構造，底平又長」。又據田邊茂啟撰長崎實錄大成卷
十卷有二幅的唐船圖，一幅為鳥船，即說「此船式，像鳥，
故名鳥船」，另一幅為沙船，說「此船式，行河中淺水船，
故名沙船」。如此當時到日本行駛的，大概由華中之上海、

寧波等地的船，即江舟，由華南的福州、廈門等地，即海舟為主。

據《華夷變態》第三二卷之上所載，康熙四五年（一七〇六年）第二號臺灣船要歸航而遇風寄泊於對馬地方時的呈文裡說：

> 第二番臺灣船主游爾衍，本船於六月初一日至（在）長崎回唐，一路俱係西南風對頭，難以前進，無奈奔回，收至對馬地方，因食米並鹽菜欠缺，特在此地取些，故通船人眾方得安生，但本船長八丈、濶乙丈八尺，通船人數共計三十二人，所報是實，伏乞王上恩准施行，通船戴德不朽 切呈
>
> 寶永三年六月 日
>
> 第二番臺灣船主游爾衍 判 A

由這個，我們可以知道，這個臺灣船，即長八丈、濶十八尺的船。又康熙五十三年，因要測繪臺灣地圖，在廈門上船來臺灣的馮秉正（de Mailla），對其所乘的船有詳細的描寫。今據方豪教授所譯馮秉正的長函中有關中國船的敘述，錄如下：（註一）

> 神父，您不要設想中國戰船 Vaisseaux de guerre 可和我們的戰船相比，最大的也不會超過二五〇至三〇〇噸的。真正說來，這祇是兩桅船而已：長不逾八〇至九〇尺，船艙本身不過六〇至七〇尺，船頭約一〇至一五尺寬，高七至八尺；船尾七至八尺寬，高度與船首相等；船身內部寬一二至一五尺，自龍骨至舵柄，以直線計，深七至八尺。船首是展開的，沒有尖形的衝首，翹得很高，就像兩個翼，彷佛船的角；弄得那樣子非常醜；船尾放在正中，露在外面，是敞開的，使船舵不致於受海浪的打擊：舵寬五至六尺，易於升降，因船尾有勒肚，可操縱。這些帆船沒有檣，沒有船首的斜桅，沒有桅櫓，全船的所謂桅，就在一根大蓬和頭蓬上，有時也加上一個很小的第三蓬，那是沒有多大用處的。大蓬的位置和我們安置大桅的地方大致是相同的，頭蓬在很前面：大船的大蓬平常是等於全船長的三分之二，決不會在三分之二以下，而頭蓬和大蓬的比例，也是三分之二。他們的蓬是用竹蓆，或用一種中國習見的

A 編按—此一文獻見林春勝、林信篤編，《華夷變態》（東京：東洋文庫，1958-1959），頁二四五八—二四五九。

B 編按—此文於一九六八年六月修訂後收入《方豪六十自定稿》上冊，（臺北：作者刊行，1969），頁五五七—六〇四。

註一 方豪，〈康熙五十三年測繪台灣地圖考〉，《文獻專刊》創刊號，p. 39-40。B

（注）方豪：康熙五十三年測繪台灣地圖考（文献专刊 1期 P.39-40）



寧波等地的船即江舟，由華南的潮州、廈门等地即海舟為主。

據華夷變態第三十二卷之上所載，康熙四五年（一七〇六年）第二號臺灣船，要歸航時，而遇風寄泊於對馬地方时的呈文裡說：

「第二番臺灣船主游爾衍，本船於六月初一日至長崎回唐，一路俱係西南風對頭，難以前進，無奈寄回收至對馬地方，因食米柴併塩菜欠缺，特在此地彩些，故通船人衆方得安生，但本船長八丈，闊二丈八尺，通船人數共計二十二人，所報是實，状允

王上思准從行通船戴德不朽切呈

寶永三年 六月 日

第二番臺灣船主游爾衍判」

由這個，我们可以知道，這個臺灣船即長八丈闊二十八尺的船。

又康熙五十三年因要測繪臺灣地圖，在廈门上船來臺灣的馮秉正（de Mailla）對其所乘的船有詳細的描寫，今據方豪教授所譯馮秉正的長函中，有関中國船的敘述錄如下：（注）

「神父您不要設想中國戎船 Vaisseau de guerre 可和我们的戰船相比；最大的也不会超過二五〇至三〇〇噸的。真正說來，這些是兩桅船而已；長不逾八〇至九〇尺，船艙本身不過六〇至七〇尺，船頸約一〇至一五尺寬，高七至八尺；船尾七至八尺寬，高度與船首相等；船身中部寬一二至一五尺，自龍骨至船板，以直線計，深七至八尺。船首是展開的，沒有实形的衝角，翹得很高，就像兩個翼，彷彿船的角；弄得那樣子非常醜；船尾放在正中，露在外面，是敞闲的，使船舵不致於受海浪的打擊：舵寬五至六尺，易於升降，因船尾有勒肚，可操縱。這些帆船沒有檣，沒有船首的斜桅，沒有桅檣，全船的所謂桅，就在一根大篷和頭篷上，有时也加上一個很小的第三篷，那是沒有多大用知的。大篷的位置和我们安置大桅的地方大致是相同的，頭篷在很前面：大船的大篷平常是等於全船長的三分之二，決不会在三分之二以下，而頭篷和大篷的比例，也是三分之二。他們的篷是用竹蓆，或用一種中國習見的

蘆葦做的，分成一小塊一小塊，以竹竿相互連接，上下有兩根木條，上面一根作蓬架用，下面一根就像卸貨的板，寬一尺餘，厚五、六尺，在張蓬或落蓬時，可以收放……他們不像歐洲用柏油來嵌船縫。他們的方法是用一種特殊的樹膠，這東西很好。（按據宋應星撰《天工開物》卷中說：『凡船板合隙縫以白麻斫絮為筋，鈍鑿扱入，然後篩過細石灰，和桐油，舂杵成團調艌，溫、台、閩、廣即用礪灰。』）祇要在船底有一、兩個水櫃，就可以使全船保持乾燥。直到今天，他們對於抽水機還茫無所知。他們的錨也不像我們是用鐵做的，而是用一種很重、很硬的木做的，他們稱為Tie mon，意即「鐵木」，他們認為這樣的錨比鐵錨好。據說鐵製的容易曲折，他們用的却不會有這種情形。

由此我們可以知道當時的中舶的狀況。

關於日本船，據《武備志·卷二三一日本考二船舶》裡說：

日本造船與中國異，必用大木，取方相思合縫，不使鐵釘，惟聯鐵片，不使麻筋、桐油，惟以草塞罅漏而已，費功甚多，費財甚大，非大力量未易造也。凡寇中國者，皆其島貧人，向來所傳倭國造船千百隻，皆虛誑耳。其大者，容三百人，中者一、二百人，小者四、五十人，或七、八十人，其形卑隘，遇巨艦難於仰攻，苦於犁沈，故廣、福船皆其所畏，而廣船旁陡如垣，尤其所畏者也。其底平，不能破浪；其布帆懸於桅之正中，不似中國之偏；桅機常活，不似中國之定。惟使順風，若遇無風、逆風，皆倒桅盪櫓，不能轉戧，故倭船過洋，非月餘不可。今若易然者，乃福、浙沿海奸民買舟於外海，貼造重底，渡之而來；其船底尖，能破浪，不畏橫風、鬬風，行使便易，數日即至也。

蘆葦做的，分成一小塊一小塊，以竹竿相互連接，上下有兩根木條，上面一根作遮架用，下面一根就係卸貨的板，寬一丈餘，厚五六尺，在張篷或卸篷時，可以收放……他們不像歐洲用柏油來嵌船縫。他們的方法是用一種特殊的樹膠，這東西很好。（據宋應星天工開物卷中說：「凡船板合隙縫以白麻斮絮為筋，鈍鑿扱入，然後篩過細石灰和桐油、舂杵成團調艌。溫台閩広即用蠣灰。」）祇要在船底有一兩個水櫃，就可以使全船保持乾燥。直到今天，他們對於抽水機還茫無所知。他們的錨也不是用鐵做的，而是用一種很重很硬的木做的，他們稱為「[illegible]」，意即「鐵木」，他們認為這樣的錨比鐵錨好。據說鐵製的容易曲折，他們用的卻未曾有這種情形。」

由此我們可以知道當時的中國的船的狀況。

關於日本船，據武備志卷二三一日本考二船稱說「日本造船與中國異，必用大木，取方相思合縫，不使鐵釘，惟聯鐵片，不使麻筋桐油，惟以草塞罅漏而已，費功甚多，費財甚大，非大力量未可造也。凡寇中國者，皆其島貧人，向來所傳倭國造船千百隻，皆虛誑耳。其大者容三百人，中者一二百人，小者四五十人，或七八十人，其形卑隘，遇巨艦難於仰攻，苦於犁沉，故広福船皆其所畏，而広船旁陡如垣，尤其所畏者也。其底平不能破浪，其布帆懸於桅之正中，不似中國之偏桅，機常活，不似中國之定，惟使順風，若遇無風、逆風，皆倒桅蕩櫓，不能轉戧，故倭船過洋，非月餘不可，今若易然者，乃因浙沿海奸民買舟於外海，貼造重底，渡之而來，其船底尖，能破浪，不畏橫風、鬪風，行使便易，數日即至也」

這個記載是倭寇還在跳梁的時期，與中船比較看起來的倭船。其後中、日兩國間的海上交通變為密接，[A]就中國的造船術也傳到日本，日本對他們所造的中式船舶，即稱「唐造り船」。關於所謂「御朱印船」，據西川如見撰《增補華夷通商考》說：「……大約與福州、漳州的船無異。船的上舷塗丹土色，或有白碴的木料，只漆了油。舟底入在水的地方即都用油石灰上漆，所以白色」。以前由長崎渡過海到天竺的船，皆與這樣的造法相同，稱為「ミスツイス造り」的船，「大者二百萬斤，中者百五、六十萬斤，小者貨物百二、三十萬斤」。[B]ミスツイス即西班牙語的 mistico，[C]是 Xebec 型與 Felucca 型的中間型式的船舶，這個造船型式，由葡萄牙傳到廣東，影響中國船的構造，再由中國傳到日本的。所以當時往海外的日本船舶與華南的海舶型的大約相同，因之由歐洲人的眼目中，中、日兩國的船舶是同一類型的。於是他們即稱為中船即 Junk，倭船即 Japanese Junk。

A 編按—日文用語，密切、緊密之意。

B 編按—出自西川如見，《增補華夷通商考》卷四，頁三十三B—三十四A。

C 編按—Mistico 是一種使用於地中海的船型，有三桅或二桅，用三角帆。

這個記載是倭寇還在跳梁的時期，與中國比較看起來的倭船。其後中日兩國間的海上交通更為密接，就中國的造船術也傳到日本。日本討他們所造的中式船舶即稱「唐造り船」。關於此謂「御朱印船」，據西川如見撰《增補華夷通商考》說「……大約只福州漳州的船畧異。船的上段塗丹土色，或有白礬的木料只漆了油。船底入水的地方即〔柿〕用油石灰上漆，然以白色。以前由長崎渡過海到天竺的船，皆與這樣的造法相同。這稱為「ミスツイス造り」的船。大者二百萬斤，中者百五六十萬斤，小者僅約百二三十萬斤」。ミスツイス即西班牙語的 Mistico 是 Xebec 型與 Falucca 型的中間型式的船舶，這個造船型式，由葡萄牙傳到廣東，影響中國船的構造，再由中國傳到日本的。然以當時往海外的日本船舶與華南的海船型的大約相同，因之由歐洲人的眼目中，中日兩國的船舶是同一類型的。於是他們即稱為中船即 junk 倭船即 Japanese junk。

## 二、海商[A]

福建因其地勢的關係，自古代以來，與外地的交通就由水路為主，同時也變為南北交通必經之地。又山地占多，肥沃的耕地少，所以自然居民甚多不能農業為生業，須要到海上謀生，營航運業或漁業，於是也變成為對外發展的基地。因這樣的自然條件與生活環境，早就泉州變了貿易的中心地或海上交通的仲繼地。自唐代大食人的來航以後，泉州即與廣州、交州、揚州一起變為中國的主要貿易，[B]宋到元的時候，就凌駕了廣州，以Zaitûn的名稱，變了當時世界上有數的貿易港。到了明代，外國以進貢之名義營貿易者並不禁止，但是明人私赴外國從事貿易者，則有太祖的不許寸板下海的祖訓。如此，太祖以來鞏固內治為主，對外即採取消極策，其間雖有成祖的積極策，至明中葉，通海的管制又變了更嚴厲，只在廣州與南海諸國貢船，在福州與琉球貢船，在明州即今之寧波，與日本貢船貿易，以外禁止中國人的海外通商。而由貢船的貿易，是一種官辦貿易，但是有貢期、船數、人數等煩瑣的制限，不能充足當時的中國對南海諸國的產物的需要，也不能充分供應諸國的對中國物資的渴望。於是關閉政策則變了民間商船之活潑的密貿易的契機。在這個時候，閩地，特別閩南地方，因為其自然條件與生活環境的關係，變了密商接濟的淵藪。於是當時的南海通航，極端的由漳、泉的船舶占其多。

日本在寧波的由貢船所營貿易途絕了以後，與日本私商交往最昌盛，也是漳、泉地方的海商。這是因為寧、紹地方與日本來往，雖然其關係甚深，但是地勢上，備倭甚嚴，通倭的取締也與漳、泉地方比較起來是很容易，又土地豐饒惠澤，居民的出海謀生，並不是像漳、泉地方的那樣迫切的。於是對日貿易也變了漳、泉海商的一個重要的活動圈。豐富地出產鹿皮的臺灣，到這時候，在第一章我們已經說過，即變了漳、泉海

A 編按—節名依據手稿目次補入。

B 編按—「貿易」一語之後應漏一「港」字，意即泉州等地為中國主要貿易港。

二、

福建因其地勢的關係，自古代以來，與外地的交通就由外路為主，同時也為南北交通必經之地。又山地占多，肥沃的耕地少，所以自然居民甚多不能農業為生業，須要到海上謀生、營航運業、或漁業。於是也要成為對外發展的基地。因這樣的自然條件與生活環境，早就為外商貿易的中心地、或海上交通的中繼地。自唐代大食人的來航以後，為外即與廣州、交州、揚州一起變為中國的主要貿易，宋到元的時候，就凌駕了廣州。以Zaitun的名稱，著名當時世界上有數的貿易港。到了明代，外國以進貢之名義，經營貿易者並不禁止，但是明人私赴外國從事貿易者，則有太祖的不許寸板下海的祖訓。如此太祖以來，鑒因内治為主，對外即採取消極策。其間雖有成祖的積極策，令明中葉通海的會劃又變了更嚴厲。只在廣州與南海諸國貢船，在福州與琉球貢船，在明州即今之寧波與日本貢船貿易以外，禁止中國人的海外通商，而由貢船的貿易是一種官辦貿易，但是有貢期、船數、人數等的煩瑣的制限，不能充足當時的中國對南海諸國的產物的需要，也不能充分供應諸國的對中國物資的渴望。於是閩浙沿海則變了民間商船之沿海的密貿易的契機。在這個時候，閩地特地閩南地方，因為其自然條件與生活環境的關係，變了為商接濟的淵藪。就是當時的南海通航、連絡的由漳泉的船舶占其其多。

日本在寧波的由貢船的貿易途絕了以後，與日本私商交往，最昌盛也是漳泉地方的海商。這是因為寧紹地方與日本來往，雖然其關係甚深，但是地勢上，備倭甚嚴，通倭的聯絡也與漳泉地方比較起來是很容易，又土地豐饒甚澤，居民的出路謀生並不是像漳泉地方的那樣迫切的。就是對日貿易也要了漳泉海商的一個重要的活動圈。豐富地出產鹿皮的臺灣，到這時候，在第一章我們已經說過，即要了漳泉海商的獨擅場，後來加之也見了日本海商，繼之也見了荷蘭東印度公司的來往。

那麼當時活潑地來臺灣的海運業者的構成是怎樣？據《東西洋考・卷七餉稅考》所引，萬曆四十四年的蕭基的條議說：

> 夫一船，商以數百計，皆四方萍聚霧散之賓，而聽命於商主，受壓於船主。
>
> 夫一船，一商主司之，即散商負載而附者。
>
> 驗船後，船、貨二稅俱從在船貨物多寡精粗勻科，命艙商自稱，以防船主多科之弊。

又同書卷九〈舟師考〉說：

> 每舶，舶主為政，諸商人附之，如蟻封衛長，合併徙巢；亞此則財副一人，爰司掌記；又總管一人，統理舟中事，代舶主傳呼；其司戰具者，為直庫；上檣桅者，為阿班；司椗者，有頭椗、二椗；司繚者，有大繚、二繚；司舵者，為舵工，亦二人更代；其司針者名火長，波路壯闊，悉聽指揮……

如此，一船有船多船商，[A]或稱艙商，或稱散商，而主掌船舶即稱船主、舶主、商主、主商等。而這些船商是應船主的招募，攜他們各人的貨物搭載便乘的。其他還有財副、總管、直庫、阿班等，從事海運。這些閩南的海商，荷蘭的據臺以後，當然臺灣也還是他們的活動圈，但是不能享受以前的獨擅場的自由貿易，須對荷蘭繳納輸出、入稅與入港稅。

當時控制臺灣的荷蘭東印度聯合公司，當然也是一個具有龐大組織的海商。荷蘭自十六世紀末，探悉了葡萄牙隱蔽、守為秘密的東洋貿易航路以後，招來了對東洋貿易的投機熱。於是便創設了許多的貿易公司與派遣了十五次、六十五隻的艦隊。荷蘭的東洋貿易是國家與市民所支援的，對於國家利益是很密切，而各公司的分立、互相競爭，却也變了各市的競爭，不能博得利益；環境上，貿易若要得利，購買與販賣上須要有一個共同的步驟。獨占貿易，對於控制市場，是必需的條件。而且與西、葡等國競爭，

A 編按—「一船有船多船商」一語似謂一船有多位船商，即「商以數百計」。

商的獨擅場，後來加之，也是了日本海商，繼之也是了荷蘭東
印度公司的來往。
那麼當時從將來臺灣的海運業者的構成是怎樣。
據東西洋考卷七餉稅考所引，萬曆四十四年的蕭基的條
議說「夫一船，商以數百計，皆四方萍聚霧散之賓，而聽命
於商主，受厘於船主」。「夫一船，一商主司之，而數商負載而附
者」。「驗船後，船貨二稅，俱從在船貨物，各實精粗斤兩，而總
商自稱，以防船主多報之弊」。又同書卷九舟師考說
「每舶，舶主為政，諸商人附之，如蟻封衛長，合併徙巢，亞
此則財副一人，爰司掌記，又總管一人，統理舟中事，代舶主傳呼，
其司戰具者，為直庫，上檣桅者，為阿班，司椗者，有頭椗、二
椗，司繚者，有大繚、二繚，司舵者，為舵工，亦二人更代，其司
針者名火長，波路壯闊，悉聽指揮……」
如此一般，有船者船商，或稱艙商，或稱散商，而主掌船舶
即稱船主、舶主、商主、主商等。而這些船商是憑船主的募
攬他們各人的貨物搭載便來的。其他還有財副、總管、
直庫、阿班等從事海運。這些閩南的海商，荷蘭的據
臺以後，當然臺灣也還是他們的活動圈，但是不能享
受以前的獨擅場的自由貿易，須對荷蘭繳納輸出入
稅與入港稅。
當時控制臺灣的荷蘭東印度聯合公司，當然也是一個具
有龐大組織的海商。荷蘭自十六世紀末，擺脫了葡萄牙隱蔽
守存所在的東洋貿易航路以後，握取了對東洋貿易的投
機熱。於是便創設了許多的貿易公司與派遣了十五次、六
十五隻的船隊。荷蘭的東洋貿易是國家與市民以支援
的，對於國家利益是很密切，而各公司的分立互相競爭，卻
也妨了各市的競爭，不能博得利益，環境上貿易若要
得利，購買與販賣上須要有一個共同的步驟，獨占貿易，
對於控制市場是必需的條件，而且與西、葡等國競爭，

要確保貿易據點與獨占供給源，却是一個猛烈的戰爭。當時的貿易與戰爭是不可分的，須具有強大的武力，又要強力的權力才能與東方各地的土民統治者締結協約，也才能發揮力量，驅逐競爭者。於是互相雖有種種的論議、軋轢，[A] 終到了一六〇二年組成了聯合公司，由國家取得了特許狀，賦與了條約訂結、召集軍隊、任命官吏等種種特權，而其管理則由各分室董事中選出十七名而組成的十七名董事會（Heeren XVII）。在東洋現地，當初是沒有甚麼統治機關，現地的發令權是在艦隊司令官，而却沒有一定的根據地，每常都在各處航海，到了一六〇九年議會才任命總督並設置印度評議會，行政上賦與了廣泛的自由權與立法權。關於公司最重要的貿易事宜，即由商務長官所掌管，位也僅次於總督。巴達維亞以外的商館所在地的經營，自然比較小規模，但是其機構大約是與巴達維亞相同的。各地由地方長官（Gouverneur）掌管，其不在中，是由第一級商務員（Opperkoopman）的商務長代理，商館中席位僅次於長官，掌管商務事宜，於是也稱為次席（Secunde）。為長官的補助機官，[B] 另設政治評議會（Raad van Politie），政治評議會是以長官（担任會議主席）、第一級商務員、軍隊司令、駐箚員（Resident或Opperhoofd）、法律事務官、商館書記等組織。書記雖然參與評議會，但是沒有評決權，商館的經營是由該評議會為之。評議會也可以任命記賬人以下的文官、伍長以下的武官，裁判權也是評議會所持的。各地方的駐箚員的職能大部分是純然商業上的，沒有駐箚員的地方，即由各地牧師代行。

自鄭芝龍以來，鄭氏控制了沿海，而且自己也通販貿易，以資復明之財用，却是當時閩南最大的海商，對這個，前已經考察過的。

海盜有十寨，寨各有主，……飛黃之富逾十寨矣，海中以富

A 編按—日文用語，摩擦、糾紛之意。

B 編按—「官」字應為「關」之誤。

要確保貿易據点與獨占供給源，卻是一個猛烈的戰爭，當時的貿易與戰爭是不可分的。須具有強大的武力，又要強力的勢力才能與東方各地的土民統治者締結協約，也才能發揮力量驅逐競爭者。於是互相競爭有種種的論議軋轢，終到了一六〇二年組成了聯合公司，由國家取得了特許狀，賦與了條約訂結，民募軍隊，任命官吏等種種特權。而其經理則由各分室董事中選出十七名而組成的十七名董事會（Heeren XVII）。在東洋現地，當初是沒有甚麼統治機關，現地的命令權是在艦隊司令官，而卻沒有一定的根據地，每年都在各地航海。到了一六〇九年議會才任命總督並設置印度評議會，行政上賦與了公司的自由權與立法權。關於公司最重要的貿易事宜，即由商務長官所掌管，位也僅次於總督。巴達維亞以外的商館所在地的經營，自然比較小規模，但是其機構大約是與巴達維亞相同的。各地由地方長官（Gouverneur）掌管，其不在中，是由第一級商務員（Opperkoopman）的商務長代理；商館中席位僅次於長官，掌管商務事宜，於是也稱為次席（Secunde）。為長官的補助機關另設政治評議會（Raad van Politie）。政治評議會是以長官（相當會議主席）、第一級商務員、軍隊司令、駐劄員（Resident 或 Opperhoofd）、法律事務官、商館書記等組織。書記雖然參與評議會，但是沒有評決權，商館的經營是由該評議會為之。評議會也可以任命記賬人以下的文官，伍長以下的武官。裁判權也是評議會所持的。各地方的駐劄員的職能大部分是純然商業上的，沒有駐劄員的地方，即由各地牧師代行。

自鄭芝龍以來，鄭氏控制了沿海，而且自己也通販貿易，以資復明之財用，卻是當時閩南最大的海商，對這個前已經考察過的。

「海盜有十寨，寨各有主，……飛黃之寓，踰十寨矣。海中以為為貴，其主亦就殂，飛黃遂為十主中之一。時則通家耗，輦金還家，置蘇、杭細軟、兩京大內寶玩，興販琉球、朝鮮、真臘、占城、三佛齊等國，兼掠犯東粵潮、惠、廣、肇、福浙汀、閩、台、紹等處。此天啟初年事也。（《明季北略》卷十一〈鄭芝龍小傳〉）

芝龍幼習海，知海情，凡海盜皆故盟，或出門下。自就撫後，海船不得鄭氏令旗不能往來。每一船例入三千金，歲入千萬計，芝龍以此富敵國。自築城于安平海梢，直通臥內，可泊船，徑達海。其守城兵自給餉，不取于官。旗幟鮮明，戈甲堅利，凡賊遁入海者，檄付芝龍，取之如寄。（同書，卷十一〈鄭芝龍擊劉香老〉）

鄭氏有五大商，在京師、蘇、杭、山東等處，經營財貨，以濟其用。（《廣陽雜記》卷三）

（永曆十一年）五月，藩駕駐思明州，稽察各項追徵糧餉、製造軍□[A]及洋船事務。本年二月間，六察嘗壽寧在三都告假先回，藩行令對居守戶官鄭宮傳、察算裕國庫張恢、利民庫林義等稽算東、西二洋船本利息，並仁、義、禮、智、信、金、木、水、火、土各行出入銀兩。（楊英，《從征實錄》，八六葉）

據這些，我們可以知道，鄭氏對各海商徵餉以外，自己的貿易是由五大商，或仁、義、禮、智、信、金、木、水、火、土等，由五常、五行取名的十商行為之。而這些船隻，在日本即稱為「國姓爺船」。

因鄭克塽的降清，康熙二十三年開海禁以後，由大陸海商又開始活潑的往來。在日文資料上，我們可以找到甚多的臺灣船的記載。但是，這些船隻的原發地不必是臺灣。前已經說過，這些臺灣船的船主當然是該船的主要海商（日文資料即稱「船頭」），其他還有多數的散商（日文即稱客商、客眾或只稱客）搭貨便乘。散商有的是在原發地招募，也有途中在各寄船地募集的。又船舶有時候是船主

A 編按—「軍□」應為「軍器」。

為貴、其主亦就殲，飛黃遂為十主中之一，時與閩通交趾、捧金還、暹邏、蘇杭細緞、兩京大內寶玩、興販琉球、朝鮮、真臘、占城、三佛齊等國，兼掠犯東粵、潮、惠、廣、肇、福、漳、汀、閩、台、紹等處。此天啟六年事也」（明季北略卷十一鄭芝龍小傳）

「芝龍幼習海，知海情，凡海盜皆故盟，或出門下。自就撫後，海舶不得鄭氏令旗，不能往來，每一舶例入三千金，歲入千萬計，芝龍以此富敵國。自築城安平，海梢直通臥內，可泊船，徑達海。其守城兵自給餉，不取于官。旗幟鮮明，戈甲堅利，凡賊遁入海者，檄付芝龍，取之如寄」（同書）

「鄭氏有五大商，在京師、蘇、杭、山東等處，經營財貨，以濟其用」（広陽雜記卷三）

「〔永曆十年〕五月，藩駕駐思明州，稽察各項，追徵糧餉，劄戶造冊門及洋船事務，本年二月十六大察當事寧左三都告假先佃，藩行令對居守戶官鄭宮傅察等裕國庫、張恢利民庫、林義等稽算東西二洋船本利息并仁義禮智信金木水火土各行出入銀兩」（楊英從征實錄（大意））

據這些我們可以知道，鄭氏對各海商徵餉以外，自己的貿易是由五大商、或仁義禮智信、金木水火土等，由五常五行形名的十商行為之。而這些船隻，在日本即稱為「國姓爺船」

因鄭克塽的降清、康熙二十三年開海禁以後，由大陸海商又開始出海的往來。在日文資料上，我們可以找到甚多的臺灣船的記載，但是這些船隻的原發地，不外是臺灣。前已經說過，這些臺灣船的船主，當然是該船的主要海商（日文資料叫稱「船頭」），其他還有多數的散商（日文即稱客商、客眾，或只稱客）搭貨便乘。散商有的是在原發地招募，也有途中在各寄港地募集的。又船舶有時候是船主的所有船，但是很多是借來的。現在我們假若對這些臺灣船與海商的經歷加以考察，就可以知道這些海商在臺灣、大陸間的通商範圍，以及大陸與臺灣及日本的海運上、經濟上的交涉程度。由此，也可以知道當時臺灣的海運通商的勢力是屬於那一個地方的。今自臺灣隸滿清以來，由臺灣出帆到長崎行販的船隻，據《華夷變態》，表示即如左：

（插入一覽表）[A]

《華夷變態》的記載，大概自康熙四四年以後，□□[B]非常多起來，但是再對這些船主以及往來回數比較多的船舶經歷，綿密的調查起來，表示即如左：

（船主經歷表）[C]

（舡舶經歷表）[D]

據這三表，我們可以知道：

一、雖然海商可能還有許多住在臺灣，但是有明記住在臺灣，卻只康熙二六年（一六八七年）[E]的2鄭宜[F]一名而已。

二、初次到長崎行販的也相當多，然而連年的到長崎行販的也甚多。其中由臺灣到長崎只有一次或兩次以上都由臺灣出帆的海商中，可能有許多是住在臺灣的。可是如28陳招官有兩次，是康熙四一年、四二年為船主到長崎；而康熙四十一年度是原發地寧波，正月到臺灣辦土產物，要到貴地（即長崎），而臺灣時恰如自十二月遇劉卻之亂，到四月才剿平，於是五月二日出發，五月廿三日才到長崎等的記載；29陳好官也是有原發地寧波的記載；又49李叔若，原發地是福州；76林朝日原發地也是福州。由此，我們可以斷定這些海商中，也有甚多由大陸各港口到臺灣才轉到長崎的。

三、其他卻也有甚多的海商是有時候由臺灣到長崎以外，有時候是由大陸，或由南海各港口到長崎的。然

A 編按—即「赴日之臺灣船一覽表」，參見「表III-2-5-1」（頁二五六）。關於赴日唐船數的整理，可參見岩生成一、朱德蘭、劉序楓、鄭瑞明等學者相關著作。

B 編按—二字未解其意。

C 編按—即「赴日臺灣船船主經歷表」，參見「表III-2-5-2」（頁二六四）。

D 編按—即「赴日臺灣船船舶經歷表」，參見「表III-2-5-3」（頁二七四）。

E 編按—原稿誤植為一六二七年。

F 編按—此處人名之前有一數字編號，這編號是依據「赴日臺灣船船主經歷表」，據此可以檢索到船主的經歷。

Ⅲ-2-5

的所有船，但是很多是從臺灣來的。現在我們假若對這些臺灣船與海商的經歷加以考察，就可以知道這些海商的在臺灣大陸間的通商範圍，以及大陸、與臺灣及日本的海運上、經濟上的交涉程度，由此也可以知道當時臺灣的海運通商的勢力是屬於那一個地方的。今自臺灣歸滿清以來，由臺灣出帆到長崎貿易的船隻，據華夷變態表示即如左。

（插入一覽表）

華夷變態的記載，大概自康熙四四年以後，有華船多起來，但是因對這些船主以及往來回數比較多的船舶經歷、綿密的調查起來，表示即如左。

（船主經歷表）

（航船經歷表）

據這三表我們可以知道

1. 雖然海商可能還有許多住在臺灣，但是有明記住在臺灣，却只康熙二六年（一六二七年）的鄭宜[2]一名而已。
2. 初次到長崎貿易的也相當多，然而連年的到長崎貿易的也甚多。其中由臺灣到長崎只有一次或兩次以上都由臺灣出帆的海商中，可能有許多是住在臺灣的。可是如 33 陳招官，有兩次，是康熙四一年四二年為船主到長崎，而康熙四十一年度是始發地寧波，正月到臺灣辦土產物，要到貴地（即長崎），而臺灣時恰如自十二月遇劉却之亂，到四月才離開，於是五月二日出發五月廿日才到長崎等的記載。33 陳好官也是有始發地寧波的記載。又 49 李叔若，始發地是福州，46 林朝日始發地也是福州。由此我們可以斷定這些海商中也有甚多由大陸各港口到臺灣才轉到長崎的。
3. 其他却也有甚多的海商是有時候由臺灣到長崎，以外有時候是由大陸、或由南海各港口到長崎的。然

## 表III-2-5-1：赴日之臺灣船一覽表

| 年代 | 船號 | 出帆月日 | 到長崎月日 | 人數 | 船主 | 船主經歷 | 船舶經歷 | 副船主 | 副船主經歷 | 寄泊地 | 摘要 |
|---|---|---|---|---|---|---|---|---|---|---|---|
| 一六八七(康熙26) | 30 | 二、二〇 | 三、八 | 四八 | 吳德官 | 八六 泉州 74 | 八六 泉州 74 | | | 普陀山 | 台灣城附近野人仍出產鹿皮 |
| | 48 | 一、二〇 | 四、一三 | 三三 | 鄭宜 | 初 | | | | 台州 | 船主居住於台灣 |
| 一六八八(康熙27) | 134 | 六、二一 | 七、七 | 三五 | | | | | | | 遭風，鹿皮濕濡。 |
| | 159 | 六、二五 | 七、一四 | 三三 | 陳使官 | 初 | 初 | | | | 鹿皮、砂糖產量減少。 |
| | 165 | 六、一六 | 七、一六 | 六〇 | 羅三官 | 八四 廣南 | 初 | | | | 雞籠洋中遭風 |
| | 187 | 七、六 | 八、二三 | 五八 | 許安官 | 初 | 初 | | | | 遭風 |
| 一六八九(康熙28) | 39 | 五、一六 | 五、二七 | 四〇 | 李炳官 | 十八年前船主 | 初 | | | | 土產鹿皮、砂糖。 |
| 一六九〇(康熙29) | 43 | 四、二九 | 五、九 | 四〇 | 吳豪官 | 初 | 八九 台灣 39 | 柯妹官 | 四年前客 | | |
| | 56 | 五、一四 | 五、二四 | 五二 | 許安官 | 八九 廈門 64 | 八九 東京 44 | 陳諧官 | 初 | | |
| 一六九一(康熙30) | 52 | 四、二五 | 五、二七 | 三九 | 張五官 | 四年前船主 | 初 | 王廷祥 | 九〇 大泥客 68 | | |
| | 67 | 六、二 | 六、二〇 | 三〇 | 許安官 | 九〇 台灣 56 | 九〇 台灣 56 | | | | 去年載回鹿皮蛀穴，再載新皮、砂糖。 |
| 一六九二(康熙31) | 26 | 四、一〇 | 四、二九 | 三八 | 李廉官 | 九一 台灣財副 67 | 初 | 陳諧官A | 九一 廣南財副 14 | | 由內地移民漸多，山中出鹿皮。 |
| 一六九三(康熙32) | 32 | 四、一七 | 五、六 | 四七 | 林五官 | 六年前船主 | 初 | 陳瑗官 | 初 | | 由漳、泉等處移民漸多。 |
| | 33 | 四、二二 | 五、八 | 五〇 | 吳贊官 | 初 | 九二 廈門 27 | | | | 土產鹿皮、砂糖。 |
| | 53 | 六、二〇 | 七、四 | 三六 | 陳聯官 | 九二 廈門 51 | 九二 廈門 51 | | | | |
| 一六九四(康熙33) | 31 | 五、八 | 閏五、七 | 三七 | 吳贊官 | 九三 台灣 33 | 初 | 程君慎 | 九三 台灣客 33 | | 鹿皮產量減少 |
| 一六九五(康熙34) | 22 | 五、一八 | 六、五 | 三八 | 陳欽官 | 九四 廈門 43 | 九四 廈門 31 | | | | 載土產鹿皮、砂糖。 |
| 一六九六(康熙35) | 21 | 五、一六 | 五、二八 | 三九 | 楊奕官 | 九四 漳州客 30 | 初 | 大壯(ワウソウ)官 | 初 | | 元廈門，二月中旬到台灣辦鹿皮、砂糖。 |
| | 22 | 五、一八 | 六、一 | 五二 | 陳瑗官 | 九五 東埔寨 26 | 九五 東埔寨 26 | | | | |
| | 33 | 六、一六 | 六、二七 | 四八 | 陳聯官 | 九五 廈門 23 | 九五 廈門 23 | 李及官 | 初 | | 元泉州，到台灣辦砂糖。 |
| 一六九七(康熙36) | 48 | 四、二四 | 五、一四 | 四二 | 柯妹官 | 五年前客 | 初 | 吳賞 | 九五 普陀山客 35 | | |
| | 52 | 四、二三 | 五、一五 | 五三 | 陳瑗官 | 九六 台灣 22 | 九六 台灣 22 | | | | 由各地來台購買鹿皮、砂糖。 |
| | 60 | 四、二二 | 五、二六 | 三七 | 陳泉官 | 初 | 初 | | | | 土產鹿皮、砂糖。 |
| 一六九八(康熙37) | 31 | 五、一〇 | 六、四 | 四九 | 陳瑗官 | 九七 台灣 52 | 九七 台灣 52 | | | | |
| | 52 | 七、四 | 八、一八 | 三五 | 柯妹官 | 九七 台灣 48 | 初 | | | 普陀山 | |

編按A—原稿寫作陳讚，據東洋文庫叢刊本《華夷變態》，頁一一三三，作陳諧。

# 赴日之臺灣船一覽表

| 年代 | 船番 | 出帆月日 | 到長崎月日 | 人數 | 船主 | 船主經歷 | 船舶經歷 | 副船主 | 副船主經歷 | 寄泊地 | 摘要 |
|---|---|---|---|---|---|---|---|---|---|---|---|
| 一六八七(康26) | 30 | 二、二〇 | 三、八 | 四八 | 吳徳官 | 八六74泉州 | 八六74泉州 | | | 普陀山 | 臺灣嶼附近野人仍出產鹿皮 |
| | 48 | 一、二〇 | 四、一三 | 三三 | 鄭宜 | 初 | | | | 台州 | 船主居住於臺灣 |
| 一六八八(27) | 134 | 六、三 | 七、七 | 三五 | | | | | | | 遭風,鹿皮濕濡 |
| | 159 | 六、二五 | 七、一四 | 三三 | 陳使官 | 初 | 初 | | | | 鹿皮,砂糖產量減少 |
| | 165 | 六、二六 | 七、二六 | 六〇 | 雖三官 | [illegible]広南 | 初 | | | | 雞籠洋中遭風 |
| | 187 | 七、一六 | 八、二二 | 五八 | 許安官 | 初 | 初 | | | | 遭風 |
| 一六八九(28) | 37 | 五、一六 | 五、二七 | 四〇 | 李熾官 | 七八年前船主 | 初 | | | | 土產,鹿皮,砂糖 |
| 一六九〇(29) | 43 | 四、一九 | 五、九 | 四〇 | 吳宗官 | 初 | 八九39臺灣 | 柯妹官 | 四年前客 | | |
| | 56 | 五、一四 | 五、二四 | 五三 | 許安官 | 八九64廈門 | 八九44東京 | 陳瓚官 | 初 | | |
| 一六九一(30) | 52 | 四、二五 | 五、二七 | 三九 | 張五官 | 四年前船主 | 初 | 王廷祥 | 九〇68大泥客 | | |
| | 67 | 六、二 | 六、二〇 | 三〇 | 許安官 | 九〇56臺灣 | 九〇56臺灣 | | | | 去年載回鹿皮蛀穴,再載砂糖,鹿皮 |
| 一六九二(31) | 26 | 四、一〇 | 四、二九 | 三八 | 李康官 | 九一67臺灣財副 | 初 | 陳瓚官 | 九一14廣南財副 | | 由內地移民漸多,山中出鹿皮 |
| 一六九三(32) | 32 | 四、一七 | 五、六 | 四七 | 林五官 | 六年前船主 | 初 | 陳瓊官 | 初 | | 由於知有移民漸多 |
| | 33 | 四、二二 | 五、八 | 五〇 | 吳積官 | 初 | 九二27廈門 | | | | 土產,鹿皮,砂糖 |
| | 53 | 六、二〇 | 七、四 | 三六 | 陳聯官 | 九二51廈門 | 九二51廈門 | | | | |
| 一六九四(33) | 31 | 五、八 | 閏五、七 | 三七 | 吳積官 | 九三33臺灣 | 初 | 程君慎 | 九三33台灣客 | | 鹿皮產量減少 |
| 一六九五(34) | 22 | 五、一八 | 六、五 | 三八 | 陳欽官 | 九四43廈門 | 九四31廈門 | | | | 載土產,鹿皮,砂糖 |
| 一六九六(35) | 21 | 五、一六 | 五、二八 | 三九 | 楊奕官 | 九四30漳州客 | 初 | 李大肚官 | 初 | | 元廈門二月中旬到台灣辦鹿皮,砂糖 |
| | 22 | 五、八 | 六、一 | 五二 | 陳瓊官 | 九五26東埔寨 | 九五26東埔寨 | | | | 元泉州,到台灣辦砂糖 |
| | 33 | 六、一六 | 六、二七 | 四八 | 陳聯官 | 九五23廈門 | 九五23廈門 | 李友官 | 初 | | |
| 一六九七(36) | 48 | 四、二四 | 五、一四 | 四二 | 柯妹官 | 五年前客 | 初 | 吳叟 | 九五35普陀山客 | | |
| | 52 | 四、二三 | 五、二五 | 五三 | 陳瓊官 | 九六22臺灣 | 九六22臺灣 | | | | 由本地來台購買鹿皮,砂糖 |
| | 60 | 四、二二 | 五、二六 | 三七 | 陳弘官 | 初 | 初 | | | | 土產,鹿皮,砂糖 |
| 一六九八(37) | 31 | 五、一〇 | 六、四 | 四九 | 陳瓊官 | 九七52臺灣 | 九七52臺灣 | | | 普陀山 | |
| | 52 | 七、四 | 八、一八 | 三五 | 柯妹官 | 九七48臺灣 | 初 | | | | |
| 一六九九(38) | 29 | 六、五 | 七、七 | 四四 | 柯妹官 | 九八52臺灣 | 九八52臺灣 | | | | |
| | 30 | 六、五 | 七、七 | 五〇 | 陳琮官 | 九八31臺灣財副 | 九八30南京 | 林五官 | 六年前船主 | | |
| | 31 | 六、一六 | 七、七 | 三六 | 吳積官 | 九五28東埔寨客 | 初 | | | 普陀山 | 在普陀山裝載 |
| 一七〇〇(39) | 20 | 五、一 | 五、一七 | 四八 | 吳老官 | 九九35高州客 | 初 | 游伝官 | 九九35高州副 | | |
| | 22 | 六、一八 | 六、三〇 | 四六 | 陳瓊官 | 九八31臺灣 | 九九30臺灣 | | | | |
| | 23 | 五、二八 | 七、五 | 四三 | 柯妹官 | 九九29臺灣 | 九九29臺灣 | | | | 遭逆風 |
| | 24 | 五、一 | 七、二六 | 三四 | 卓升官 | 九九57寧波客 | 九九57寧波 | | | 普陀山 | |
| | 53 | 六、二〇 | 一〇、二五 | 六一 | 許翔官 | 初 | 初 | | | 普陀山 | 遭颶風 |
| 一七〇一(40) | 26 | 五、二二 | 六、一 | 四八 | 陳瓊官 | 〇〇22臺灣 | 〇〇22臺灣 | | | | |
| | 27 | 五、二二 | 六、二 | 四一 | 吳辰官 | 〇〇25廈門 | 〇〇25廈門 | | | | 米下直 |
| | 44 | 七、七 | 八、一九 | 四八 | 林彌鈞 | 初 | 初 | 歐斯官 | 九九35高州 | | |
| 一七〇二(41) | 37 | 五、二 | 五、二三 | 四六 | 陳招官 | 十三年前財副 | 初 | | | | 元寧波(劉紅礼) 五月七日台灣 |
| | 38 | 五、五 | 五、二三 | 四七 | 陳好官 | 初 | 初 | | | | 元寧波,三月七日台灣(?) |
| | 45 | 五、二九 | 六、一一 | 三七 | 吳辰官 | 〇一27臺灣 | 初 | | | | 元泉州 |
| | 48 | 五、二九 | 六、二二 | 四一 | 陳興官 | 九八34咬留吧財副 | 初 | | | | 元廈門,遭逆風 |
| 一七〇三(42) | 47 | 三、二四 | 四、二八 | 四五 | 徐舜佐 | 〇二77?客 | 初 | | | 普陀山 | |
| | 49 | 四、二〇 | 五、一三 | 四六 | 侯以辰 | 〇二42福州 | 〇二42福州 | 陳元往 | 〇二42福州副 | | |
| | 50 | 四、二五 | 五、一三 | 三六 | 林瑞官 | 〇二13寧波財副 | 〇二60 | | | 普陀山 | |
| | 51 | 四、一六 | 五、一九 | 三六 | 林大輔 | 六年前客 | 初 | 謝八官 | 〇二21?客 | 普陀山 | 遇大風 |
| | 52 | 五、四 | 五、一九 | 四九 | 陳滿官 | 初 | 初 | 郭初官 | 〇二23?客 | | 遭逆風 |
| | 53 | 五、六 | 五、二一 | 三七 | 王應常 | 〇二69?船主 | 初 | 宋奕臨 | 〇二69?客 | | |
| | 56 | 五、一〇 | 五、二五 | 五二 | 陳招官 | 〇二37臺灣 | 〇二38臺灣 | | | | |
| | 60 | 五、一六 | 六、四 | 七五 | 陳登庸 | 〇二63?客 | 〇二63? | | | | |
| | 6 | 五、三 | 六、四 | 三八 | 吳辰官 | 〇二4臺灣 | 〇二4臺灣 | | | | |

| 年份 | 番號 | | | | 船主 | 客印 | 副印 | 客商 | | 出航地 | 備註 |
|---|---|---|---|---|---|---|---|---|---|---|---|
| 一七一二(50) | 2 | 四、二九 | 五、一五 | 三三 | 林朔日 | 初 | 一〇19南京 | | | | 十一月十日由福州到台灣 砂糖 |
| 一七一〇(49) | 38 | 五、一七 | 七、八 | 四〇 | 鄭寶公 | 〇九19寧波 | 九55太沅 | 張遠忠 | 初 | 寧波 | 收鄭船二艘 六月由福州到台灣 砂糖 |
| 一七〇九(48) | 51 | 六、二 | 六、二〇 | 四〇 | 林三官 | 〇八30寧波客 | 〇八28寧波 | | | | 四月由福州到台灣 |
| | 80 | 五、一五 | 五、二三 | 四二 | 林原其 | 〇七62? | 初 | | | | |
| | 76 | 四、二〇 | 五、二三 | 三七 | 林彥東 | 初 | 初 | | | | |
| | 75 | 五、一五 | 五、二三 | 四一 | 謝遠官 | 〇七56? | 初 | | | | 路船一 |
| | 66 | 五、一三 | 五、二八 | 二八 | 黃健官 | 初 | 初 | | | | 船的三、四艘 風順 |
| | 65 | 三、八 | 五、一九 | 三六 | 江伯官 | 〇七43?財副 | 〇七43? | | | 普陀山 | 風不順 |
| | 60 | 三、六 | 五、一七 | 三九 | 林六官 | ~~48~~ 初 | 〇七48? | | | 普陀山 | |
| | 54 | 五、四 | 五、一六 | 三九 | 林昌遠 | 初 | 初 | | | ~~普陀山~~ | |
| 一七〇八(47) | 53 | 五、四 | 五、一五 | 四〇 | 郭居澤 | 〇七62?客 | 〇七62? | | | | |
| | 81 | 五、一 | ? | 四四 | 林三官 | 〇六53? | 〇六73? | | | | |
| | 71 | 六、一五 | 七、六 | 五三 | 林仲茗 | 〇六83? | 〇六83 | | | | |
| | 70 | 五、二〇 | 六、二七 | 八四 | 姚社尾 | 〇六92南京客 | 初 | 陳登庸 | 吳92臺灣 | 上海 | 二八名海難、一三名部救 坐船難、全船客 六月二八遭大風在臺灣附 |
| | ? | 四、四 | 六、一三 | 四四 | 吳爾李 | ?、 | ?、 | | | 普陀山 | |
| 一七〇七(46) | 39 | ? | 四、二 | 五〇 | 林是官 | 〇六87? | 〇六87? | | | 普陀山 | 該船十餘艘在修理中 |
| | 92 | 七、二 | 八、八 | 三六 | 陳登庸 | 四42臺灣 | 初 | | | | |
| | 91 | 六、一三 | 七、二六 | 四〇 | 何三官 | 初 | 初 | | | | |
| | 58 | ? | 六、三 | ? | ? | ? | ? | | | | |
| | 49 | 四、二〇 | 六、二 | 四二 | 謝遠官 | 〇五33? | 〇五73? | | | 舟山 | |
| | 48 | 五、一三 | 六、一 | 五一 | 鄭衡儒 | 〇五41?副 | 初 | | | 普陀山 | |
| | 47 | 四、一六 | 六、一 | 三八 | 林大輔 | 〇五42? | 〇五42? | | | 普陀山 | |
| | 44 | 三、一五 | 五、一六 | 四二 | 鄭孔節 | 〇五21南京客 | 四四83廣南 | 吳子魯 | 〇五19南京客 | 上海 | |
| | 43 | 四、一 | 五、一三 | 三八 | 林孟嘉 | 〇五15? | 〇五17寧波 | | | | |
| | 42 | 三、一 | 五、四 | 五〇 | 陳昌觀 | 初 | 初 | 陳子玉 | 四四31寧波客 | | |
| 一七〇六(45) | 39 | ~~三、三~~(企寄) | 四、五 | 三九 | 何子木 | 〇五46?財副 | 初 | | | 福州、上海 | 到上海、今年由上海來的 修理船舶、十一月二十日由福州 遭大風、七月十三日漂到福州 去年十月四日由臺灣開船。 |
| | 2 | 三、二(舟山寄) | 三、一 | 三二 | 游爾衍 | 〇五81(台灣) | 〇五81(台灣) | | | 舟山 | 今年由舟山將船來日 去年的臺灣船載回舟山今 |
| ? | 3981 | ? | 七、八 | ? | ? 仝下 | ? 仝下 | ? 仝下 | | | 上海? | |
| | 31? | ? | 七、五 | ? | ? | ? | ? | | | | |
| 一七〇五(44) | 33? | ? | 六、一〇 | ? | ? | ? | ? | | | | |
| | 82 | 七、一〇 | 九、一八 | 二七 | 張從官 | 初 | 初 | | | | 兩次大風、漂流、漂到五島 |
| | 59 | 五、六 | 八、五 | 三六 | 闞天驊 | 初 | 初 | | | 普陀山 | 風不順 |
| | 54 | 四、二三 | 七、二九 | 四一 | 浦蓋臣 | 〇二31南京 | 〇二31南京 | | | 上海 | 去上海修理船舶、遭大風 |
| | 49 | 五、一 | 七、二〇 | 三五 | 王天福 | 〇三21? | 〇三9南京 | | | 上海 | 遭東北風 |
| | 48 | 五、一三 | 七、一八 | 三六 | 吳老官 | 〇三49台灣、客 | 〇三49臺灣 | | | 寧波 | ~~永~~ |
| | 46 | 四、二六 | 七、一三 | 三五 | 李叔茗 | 初 | 初 | | | 福州、寧波 | 元福州到寧波海戰 |
| | 45 | 五、一三 | 七、一三 | 四二 | 鄭衡儒 | 〇三8? | 初 | | | 上海、普陀山 | 元上海到臺灣辦砂糖 |
| | 42 | 五、二〇 | 六、一八 | 五五 | 陳登庸 | 〇三60台灣 | 〇三62台灣 | | | | 遭逆風 |
| | 40 | 四、二〇 | 六、一三 | 三九 | 林三官 | 〇三4寧波 | 初 | | | 普陀山 | 元寧波到台灣辦土產 |
| | 39 | 四、七 | 六、一三 | 三七 | 林大輔 | 〇三51臺灣 | 〇三51臺灣 | | | 舟山、普陀山 | 元寧波到台灣辦砂糖等 |
| | 38 | 五、三〇 | 六、二 | 三九 | 謝遠官 | 初 | 〇三17? | | | | |
| | 37 | 五、二九 | 六、二 | 二五 | 周明官 | 初 | 初 | | | | |
| | 36 | 五、二〇 | 六、二 | 四九 | 劉四使 | 初 | 初 | | | | |
| 一七〇四(43) | 33 | 五、二 | 六、一 | 二四 | 蔡日官 | 初 | 初 | | | | |
| | 75 | 六、二〇 | 七、五 | 二四 | 周標光 | 九九95?財副 | 初 | | | | 元廈門到臺灣辦砂糖 |
| | 64 | 四、二四 | 六、一四 | 三九 | 吳慶官 | 九九31臺灣 | 九九31臺灣 | | | 普陀山 | |
| | 62 | 五、二四 | 六、四 | 四七 | 黎三使 | 〇二77?船主 | 〇二6寧波 | | | 普陀山 | |

補註、1. 客印客商、副印副船主。船主、船戶、「一六八四泉州」即指一六八四年七四號泉州船之主。「〇二13寧波財副」即指一七〇二年的一三號寧波船之財副。

| 年代 | 船號 | 出帆月日 | 到長崎月日 | 人數 | 船主 | 船主經歷 | 船舶經歷 | 副船主 | 副船主經歷 | 寄泊地 | 摘要 |
|---|---|---|---|---|---|---|---|---|---|---|---|
| 一六九九(康熙38) | 29 | 六、五 | 七、七 | 四四 | 柯妹官 | 九八台灣52 | 九八台灣52 | | | | |
| | 30 | 六、五 | 七、七 | 五〇 | 陳珍官B | 九八台灣財副31 | 九八南京30 | 林五官 | 六年前船主 | | |
| | 31 | 六、六 | 七、七 | 三六 | 吳贊官 | 九五東埔寨客28 | 初 | | | 普陀山 | 在普陀山添載 |
| 一七〇〇(康熙39) | 20 | 五、一 | 五、一七 | 四八 | 吳光官 | 九九高州客35 | 初 | 游傳孚 | 九九高州副35 | | |
| | 22 | 六、一八 | 六、三〇 | 四六 | 陳瑗官 | 九八台灣31 | 九九台灣30 | | | | |
| | 23 | 五、二八 | 七、五 | 四三 | 柯妹官 | 九九台灣29 | 九九台灣29 | | | | 遭逆風 |
| | 24 | 五、一 | 七、二六 | 三四 | 卓升官 | 九九寧波客57 | 九九寧波57 | | | 普陀山 | |
| | 53 | 六、二〇 | 一〇、二五 | 六一 | 許朔官 | 初 | 初 | | | 普陀山 七、十九—八、廿八 | 遭颶風 |
| 一七〇一(康熙40) | 26 | 五、二三 | 六、一 | 四八 | 陳瑗官 | 〇〇台灣22 | 〇〇台灣22 | | | | |
| | 27 | 五、二三 | 六、二 | 四一 | 吳辰官 | 〇〇廈門25 | 〇〇廈門25 | | | | 米下直 |
| | 44 | 七、七 | 八、一九 | 四八 | 林爾錫 | 初 | 初 | 歐鼎官 | 九九高州35 | | |
| 一七〇二(康熙41) | 37 | 五、二 | 五、二三 | 四六 | 陳招官 | 十三年前財副 | 初 | | | | 元寧波(劉卻亂)正月→台灣 |
| | 38 | 五、五 | 五、二三 | 四七 | 陳好官 | 初51 | 初 | | | | 元寧波三月→台灣(劉卻亂) |
| | 45 | 五、二九 | 六、一一 | 三七 | 吳辰官 | 〇一台灣27 | 初 | | | | 元泉州 |
| | 48 | 五、二九 | 六、二三 | 四一 | 陳興官 | 九八咬嵧吧財副34 | 初 | | | | 元廈門，遭逆風。 |
| 一七〇三(康熙42) | 47 | 三、二四 | 四、二八 | 四五 | 徐舜佐C | 〇二?客77 | 初 | | | 普陀山 | |
| | 49 | 四、二〇 | 五、一三 | 四六 | 侯以泰 | 〇二福州42 | 〇二福州42 | 陳亦佳 | 〇二福州副42 | | |
| | 50 | 四、二五 | 五、一三 | 三六 | 林瑞官 | 〇二寧波財副13 | 〇二60 | | | 普陀山 | |
| | 51 | 四、一六 | 五、一九 | 三六 | 林大輔 | 六年前客 | 初 | 謝八官 | 〇二?客21 | 普陀山 | 遇大風 |
| | 52 | 五、四 | 五、一九 | 四九 | 陳滿官 | 初 | 初 | 郭初官 | 〇二?客23 | | 遭逆風 |
| | 53 | 五、六 | 五、二一 | 三七 | 王庶常 | 〇二?船主69 | 初 | 宋奕臨 | 〇二?客69 | | |
| | 56 | 五、一〇 | 五、二五 | 五二 | 陳招官 | 〇二台灣37 | 〇二台灣38 | | | | |
| | 60 | 五、一六 | 六、四 | 七五 | 陳登庸 | 〇二?客63 | 〇二?客63 | | | | |
| | 61 | 五、二三 | 六、四 | 三八 | 吳辰官 | 〇二台灣45 | 〇二台灣45 | | | | |

編按B—原稿寫作陳珎官，據東洋文庫叢刊本《華夷變態》，頁二〇五八，作陳珍官。

編按C—原稿寫作徐舜佑，據東洋文庫叢刊本《華夷變態》，頁二三一二，作徐舜佐。

| 年代 | 船號 | 出帆月日 | 到長崎月日 | 人數 | 船主 | 船主經歷 | 船舶經歷 | 副船主 | 副船主經歷 | 寄泊地 | 摘要 |
|---|---|---|---|---|---|---|---|---|---|---|---|
| 一七〇三(康熙42) | 62 | 五、二四 | 六、四 | 四七 | 蔡二使 | 〇二77 ?船主 | 〇二6 寧波 | | | | |
| | 64 | 四、二四 | 六、一四 | 三九 | 吳質官 | 九九31 台灣 | 九九31 台灣 | | | 普陀山 | |
| | 75 | 六、二〇 | 七、二五 | 五四 | 周棟官 | 九九95 ?財副 | 初 | | | 普陀山 | 元廈門當夏到台灣辦砂糖 |
| 一七〇四(康熙43) | 33 | 五、一一 | 六、一 | 二四 | 蔡日官 | 初 | 初 | | | | |
| | 36 | 五、三〇 | 六、一一 | 四九 | 劉四使 | 初 | 初 | | | | |
| | 37 | 五、二九 | 六、一一 | 二五 | 周明官 | 初 | 初 | | | | |
| | 38 | 五、三〇 | 六、一一 | 三九 | 謝遠官 | 初 | 〇三17 ? | | | | |
| | 39 | 四、一七 | 六、一三 | 三七 | 林大輔 | 〇三51 台灣 | 〇三51 台灣 | | | 舟山、普陀山 | 元寧波當春到台灣辦砂糖等 |
| | 40 | 四、二〇 | 六、一三 | 三九 | 林二官 | 〇三4 寧波 | 初 | | | 普陀山 | 元寧波，到台灣辦土產。 |
| | 42 | 五、三〇 | 六、一八 | 五五 | 陳登庸 | 〇三60 台灣 | 〇三62 台灣 | | | | 遭逆風 |
| | 45 | 五、一三 | 七、一二 | 四二 | 鄭衡儒 | 〇三8 ? | 初 | | | 上海、普陀山 | 元上海，到台灣辦砂糖。 |
| | 46 | 四、二六 | 七、一二 | 三五 | 李叔若 | 初 | 初 | | | 福州、寧波 | 元福州，到寧波添載。 |
| | 48 | 五、一三 | 七、一八 | 三六 | 吳七官 | 〇三49 台灣客 | 〇三49 台灣客 | | | 寧波 | |
| | 49 | 五、一 | 七、二〇 | 三五 | 王天宿 | 〇三21 ? | 〇三9 南京 | | | 上海 | 遭東北風 |
| | 54 | 四、二三 | 七、二九 | 四一 | 潘藎臣 | 〇二31 南京 | 〇二31 南京 | | | 上海 | 在上海修理船舶，遭大風。 |
| | 59 | 五、六 | 八、五 | 三六 | 陶天驊 | 初 | 初 | | | 普陀山 | 風不順 |
| | 82 | 七、一〇 | 九、一八 | 二七 | 張德官 | 初 | 初 | | | | 遇大風，漂流飄到五嶋。 |
| 一七〇五(康熙44) D | 33 | ? | 六、一〇 | ? | ? | ? | ? | | | | |
| | 39 | ? | 七、八 | ? | ? | ? | ? | | | 上海? | |
| | 81 | | | | 游爾衍 E | 〇五30 寧波 | ? | | | | |
| 一七〇六(康熙45) | 2 | 二、二一(舟山發) | 三、一 | 三二 | 游爾衍 | 〇五81(台灣) | 〇五81(台灣) | | | 舟山 | 去年的臺灣船載回舟山，今年再由舟山發船來日。 |
| | 39 | 三、二三(上海發) | 四、五 | 三九 | 何子木 | 〇五46 ?財副 | 初 | | | 福州、上海 | 去年六月廿四日台灣開船，遇大風，七月十三日漂到福州，修理船舶，十二月二日由福州到上海，今年由上海來日。 |
| | 42 | 三、一 | 五、四 | 五〇 | 陳昌觀 | 初 | 初 | 陳子玉 | 〇四31 寧波客 | | |
| | 43 | 四、一 | 五、一三 | 三八 | 林孟宣 F | 〇五15 ? | 〇五15 寧波 | | | | |

編按D—此一年度《華夷變態》的資料不全，老師依據臺北帝大之影寫本，認為臺灣船有三十三、三十六、三十九、及八十一番船，但據東洋文庫叢刊本《華夷變態》，三十六番船乃南京船，故刪除。另有二、四十二、四十三、四十四、四十七、四十八、四十九、七十、七十一、九十一、九十二番船係臺灣船，見東洋文庫叢刊本《華夷變態》，頁二四一六至二四二〇。

編按E—此處「船主」、「船主經歷」、「船舶經歷」三欄手稿均作「仝下」，經查《華夷變態》，船主指次年二號船船主游爾衍，故此處逕將其名填入；「船主經歷」為「〇二30(寧波)」；至於「船舶經歷」不詳，故改作「?」。

編按F—原稿寫作林孟盡，據東洋文庫叢刊本《華夷變態》，頁二四四九，作林孟宣。

| 年代 | 船號 | 出帆月日 | 到長崎月日 | 人數 | 船主 | 船主經歷 | 船舶經歷 | 副船主 | 副船主經歷 | 寄泊地 | 摘要 |
|---|---|---|---|---|---|---|---|---|---|---|---|
| 一七〇六(康熙45) | 44 | 三、一五 | 五、一六 | 四二 | 鄭孔節[G] | 〇五21 南京客 | 〇四83 廣南 | 吳子魯 | 〇五19 南京客 | 上海 | |
| | 47 | 四、一六 | 六、一 | 三八 | 林大輔 | 〇五42 ? | 〇五42 ? | | | 普陀山 | |
| | 48 | 五、一三 | 六、一 | 五一 | 鄭衡儒 | 〇五41 ?副 | 初 | | | 普陀山 | |
| | 49 | 四、二〇 | 六、二 | 四二 | 謝遠官 | 〇五33 ? | 〇五73 ? | | | 舟山 | |
| | 53[H] | ? | 六、三 | ? | ? | ? | ? | | | | |
| | 91 | 六、一二 | 七、二六 | 四〇 | 何三官 | 初 | 初 | | | | |
| | 92 | 七、二 | 八、八 | 三六 | 陳登庸 | 〇四42 台灣 | 初 | | | | |
| 一七〇七(康熙46) | 39 | ? | 四、二 | 五〇 | 林寔官 | 〇六87 ? | 〇六87 ? | | | 普陀山 | 跡船十餘艘準備中 |
| | ? | 四、四 | 六、二三 | 四〇 | 吳爾厚 | ? | ? | | | 普陀山 | 六月三日遭大風，在五嶋附近船破，船主、客、水手等二八名溺斃，一二名被救。 |
| | 70 | 五、二〇 | 六、二七 | 八四 | 姚祉庵 | 〇三72 南京客 | 初 | 陳登庸 | 〇六92 台灣 | 上海 | |
| | 71 | 六、一五 | 七、六 | 五三 | 林仲容 | 〇六83 ? | 〇六83 ? | | | | |
| | 81 | 五、一 | ? | 四四 | 林二官 | 〇六53 ? | 〇六73 ? | | | | |
| 一七〇八(康熙47) | 53 | 五、四 | 五、一五 | 四〇 | 郭君澤 | 〇七62 ?客 | 〇七62 ?客 | | | | |
| | 54 | 五、四 | 五、一六 | 三九 | 林昌達 | 初 | 初 | | | | |
| | 60 | 三、六 | 五、一七 | 三九 | 林六官 | 初 | 〇七48 ? | | | 普陀山 | |
| | 65 | 三、八 | 五、一九 | 三六 | 江伯官 | 〇七43 ?財副 | 〇七43 ? | | | 普陀山 | 風不順 |
| | 66 | 五、一三 | 五、二一 | 二八 | 黃繼官 | 初 | 初 | | | | 風順，跡船三、四艘 |
| | 75 | 五、一五 | 五、二三 | 四一 | 謝遠官 | 〇七56 ? | 初 | | | | 跡船一艘 |
| | 76 | 四、二〇 | 五、二三 | 三七 | 林士秉 | 初 | 初 | | | | |
| | 80 | 五、一五 | 五、二三 | 四二 | 林原其 | 〇七62 ? | 初 | | | | |
| 一七〇九(康熙48) | 51 | 六、二 | 六、二〇 | 四〇 | 林二官 | 〇八30 寧波客 | 〇八28 寧波 | | | | 四月由福州到台灣 |
| 一七一〇(康熙49) | 38 | 五、一七 | 七、一八 | 四〇 | 齊箕公 | 〇九19 寧波 | 〇九55 大泥 | 張進忠 | 初 | 寧波 | 正月由福州到台灣，砂糖減收，類船一已到。 |
| 一七一一(康熙50) | 2 | 四、二九 | 五、一五 | 三三 | 林朝日 | 初 | 一〇19 南京 | | | | 二月十日由福州到台灣，砂糖減收。 |

備註—船主經歷「八六74泉州」即指一六八六年的七四號泉州船船主，「〇二13寧波財副」即指一七〇二年的一三號寧波船之財副」，客即客商，副即副船主I。

編按G—原稿寫作鄭孔傑，據東洋文庫叢刊本《華夷變態》，頁二四四九，改作鄭孔節。

編按H—原稿寫作52，據東洋文庫叢刊本《華夷變態》，頁二四五五，52番係廣東船，53番是臺灣船，均為六月三日至長崎入港。

編按I—表格中之「?」指《華夷變態》中無資料，如「〇七43?財副」，指一七〇三年第四十三番船之財副，但不知是何地前來之船，故加「?」，又如「〇七62?」，即指一七〇七年六十二番船，不知何地之船，亦不知其身份。

## 表III-2-5-2：赴日臺灣船船主經歷表

| 19 | 18 | 17 | 16 | 15 | 14 | 13 | 12 | 11 | 10 | 9 | 8 | 7 | 6 | 5 | 4 | 3 | 2 | 1 | |
|---|---|---|---|---|---|---|---|---|---|---|---|---|---|---|---|---|---|---|---|
| 楊奕官 | 陳欽官 | 程君慎 | 陳聯官 | 吳贊官 | 陳瑗官 | 林五官 | 李廉官 | 王廷祥 | 張五官 | 陳諧官 | 柯妹官 | 吳豪官 | 李炳官 | 許安官 | 羅三官 | 陳使官 | 鄭宜 | 吳德官 | 人名／年次 |
| | | | | | | | | | | | | | | | | | | 廈門 | 1685 |
| | | | | | | | | | | | | | | | | | | 泉州 | 1686 |
| | | | | | | ? | | | ?(副) | | | | | | | | 台灣48 | 台灣30* | 1687 |
| | | | | | | | | | 寧波 | | | | | 台灣187(初次) | 台灣 | 台灣 | | | 1688 |
| | | | | | | | | | | | | | 台灣 | 廈門64 | | | | | 1689 |
| | | | 台灣(客)7 | | | | | | | 台灣(副)5 | 台灣(副)7六 | 台灣六 | | 台灣56 | | | | | 1690 |
| | | | | | | | 台灣(財)5五 | 台灣(副)10 | 台灣52 | 廣南(財) | | | | 台灣67* | | | | | 1691 |
| | | | 廈門 | | | | 台灣 | | 寧波 | 台灣(副)12 | | | | | | | | 廣東33 | 1692 |
| | | 台灣(客)15 | 台灣 | 台灣 | 台灣(副)13 | 台灣 | 漳州(副) | | 潮州 | | | | | | | | | 廣東54 | 1693 |
| 漳州(客)14 | 廈門 | 台灣(副)15 | 漳州 | 台灣 | 漳州 | 宋居勝* | | | | | | | | | | | | 暹羅(客)47 | 1694 |
| | 台灣 | | 廈門 | 東埔寨(客) | 東埔寨 | 廈門 | | | 漳州(客) | | | | | | | | | 泉州(副)14 | 1695 |
| 台灣(廈門) | | | 台灣(泉州) | | 台灣 | | 東埔寨 | | | 暹羅(財) | | | | | | | | | 1696 |
| | | | | | 台灣 | | 東埔寨* | | | | 台灣 | | | | | | | | 1697 |
| | | | | | 台灣 | | | | 廈門 | 東埔寨(副) | 台灣 | | | | | | | | 1698 |
| 寧波(副) | | | 廈門 | 台灣31 | | 台灣(副)21 | | | | | 台灣* | | | | | | | 泉州67 | 1699 |
| 寧波(客)39 | | | | | 台灣 | | | | | | 台灣* | | | | | | | 寧波51 | 1700 |
| 寧波13 | | | | | 台灣 | | | | | | | | | | | | | | 1701 |
| | | | | | | | | | | | | | | | | | | | 1702 |
| | | | | 台灣64 | | | | | | | | | | | | | | 廈門23客 | 1703 |
| | | | | | | | | | | | | | | | | | | 寧波31 | 1704 |
| | | | | | | | | | | | | | | | | | | | 1705 |
| | | | | | | | | | | | | | | | | | | | 1706 |
| | | | | | | | | | | | | | | | | | | | 1707 |
| | | | | | | | | | | | | | | | | | | | 1708 |
| | | | | | | | | | | | | | | | | | | | 1709 |
| | | | | | | | | | | | | | | | | | | | 1710 |
| | | | | | | | | | | | | | | | | | | | 1711 |

no1, no60-79欠如　欠如　名略列　3-19欠 21-29 31-35 41-46　86-99欠　No1-15, 37, 38, 46-50　欠70-78 33-34 44-46　欠7-54, 56-61

補註、
1. 船主：客即客商，副即副船主。
經歷：「八六74泉州」即指一六八六年的七四號泉州船之主。「〇二13寧波財副」即指一七〇二年的一三號寧波船之財副。

| | | | | | | | | | | | |
|---|---|---|---|---|---|---|---|---|---|---|---|
| 一七一一(50) | 2 | 四、二九 | 五、一五 | 三三 | 林翔日 | 初 | 一〇19南京 | | | | 首十由福州到台灣，砂糖、鹿脯 |
| 一七一〇(49) | 38 | 五、一七 | 七、八 | 四〇 | 龔寅公 | 〇九19寧波 | 〇九55大流 | 張遂忠 | 初 | 寧波 | 收載船之已到，由福州到台灣，砂糖、鹿脯 |
| 一七〇九(48) | 51 | 六、二 | 六、二〇 | 四〇 | 林二官 | 〇八30寧波客 | 〇八28寧波 | | | | 胃由福州到台灣 |
| | 80 | 五、一五 | 五、二三 | 四二 | 林原其 | 〇七62? | 初 | | | | |
| | 76 | 四、二〇 | 五、二三 | 三七 | 林堯 | 初 | 初 | | | | 離船一 |
| | 75 | 五、一五 | 五、二三 | 四一 | 謝遠官 | 〇七56? | 初 | | | | 離船三、四艘 |
| | 66 | 五、一三 | 五、二一 | 二八 | 黃德官 | 初 | 初 | | | | 風順 |
| | 65 | 三、八 | 五、一九 | 三六 | 江伯官 | 〇七43?劉 | 〇七43? | | | 善陀山 | 風不順 |
| | 60 | 三、六 | 五、一七 | 三九 | 林六官 | ~~〇七48~~ 初 | 〇七48? | | | 善陀山 | |
| | 54 | 五、四 | 五、一六 | 三九 | 林昌達 | 初 | 初 | | | ~~善陀山~~ | |
| 一七〇八(47) | 53 | 五、四 | 五、一五 | 四〇 | 郭啓澤 | 〇七62?客 | 〇七62? | | | | |
| | 81 | 五、一 | ? | 四四 | 林三官 | 〇六53? | 〇六73? | | | | |
| | 71 | 六、一五 | 七、六 | 五三 | 林仲岩 | 〇六83? | 〇六83 | | | | |
| | 70 | 五、二〇 | 六、二七 | 八四 | 姚社龍 | 〇六02南京客 | 初 | 陳登甫 | 〇六92臺灣 | 上海 | 二八名溺斃、一二名郎救。座船被救之客，於六月二八遭大風在普陀附近，船十分破損中 |
| | ? | 四、四 | 六、二三 | 四四 | 呉爾学 | ? | ? | | | 善陀山 | |
| 一七〇七(46) | 39 | ? | 四、二 | 五〇 | 林楚官 | 〇六87? | 〇六87? | | | 善陀山 | |
| | 92 | 七、二 | 八、八 | 三六 | 陳登甫 | 〇四42台灣 | 初 | | | | |
| | 91 | 六、一三 | 七、二六 | 四〇 | 何三官 | 初 | 初 | | | | |
| | 52 | ? | 六、三 | ? | ? | ? | ? | | | | |
| | 49 | 四、二〇 | 六、二 | 四二 | 謝遠官 | 〇五33? | 〇五73? | | | 舟山 | |
| | 48 | 五、一三 | 六、一 | 五一 | 鄭衡儒 | 〇五41?副 | 初 | | | 善陀山 | |
| | 47 | 四、六 | 六、一 | 三八 | 林大輔 | 〇五42? | 〇五42? | | | 善陀山 | |
| | 44 | 三、五 | 五、一六 | 四二 | 鄭弘節 | 〇五31南京客 | 〇四83廣南 | 呉子魯 | 〇五19南京客 | 上海 | |
| | 43 | 四、一 | 五、一三 | 三八 | 林孟嘉 | 〇五15? | 〇五17寧波 | | | | |
| | 42 | 三、一 | 五、四 | 五〇 | 陳昌親 | 初 | 初 | 陳子玉 | 〇四31寧波客 | | |
| | 39 | ~~[illegible]~~（企寄） | 四、五 | 三九 | 何子木 | 〇五46?財副 | 初 | | | 福州、上海 | 去年六月由臺灣開船，遇大風，七月十三日漂到福州，修理船舶，十一月二日由福州到上海。今年由上海來的。 |
| 一七〇六(45) | 2 | 六、三（舟山寄） | 三、一 | 三二 | 游爾行 | 〇五81(台灣) | 〇五81(台灣) | | | 舟山 | 去年的臺灣船，載回舟山。今年由舟山修船來日 |
| ? | 3981 | ? | 七、八 | ? | ? 仝下 | ? 仝下 | ? 仝下 | | | | |
| | 3? | ? | 七、五 | ? | ? | ? | ? | | | 上海? | |
| 一七〇五(44) | 33? | ? | 六、一〇 | ? | ? | ? | ? | | | | |
| | 82 | 七、一〇 | 九、一八 | 二七 | 張復官 | 初 | 初 | | | | 遇大風、漂流、漂到五島 |
| | 59 | 五、六 | 八、一五 | 三六 | 陶天舜 | 初 | 初 | | | 善陀山 | 風不順 |
| | 54 | 四、二三 | 七、二九 | 四一 | 潘益臣 | 〇三31南京 | 〇三31南京 | | | 上海 | 在上海修理船舶，遭逆風 |
| | 49 | 五、一 | 七、二〇 | 三五 | 王天宿 | 〇三21? | 〇三9南京 | | | 上海 | 遭東北風 |
| | 48 | 五、一三 | 七、一八 | 三六 | 吳七官 | 〇三49台灣、客 | 〇三49臺灣 | | | 寧波 | ~~由寧波~~ |
| | 46 | 四、二六 | 七、一二 | 三五 | 李叔岩 | 初 | 初 | | | 福州、寧波 | 由福州到寧波裝載 |
| | 45 | 五、一三 | 七、一二 | 四二 | 鄭衡儒 | 〇三8? | 初 | | | 上海、善陀山 | 由上海到臺灣辦砂糖 |
| | 42 | 五、三〇 | 六、一八 | 五五 | 陳登甫 | 〇三60台灣 | 〇三62台灣 | | | | 遭逆風 |
| | 40 | 四、二〇 | 六、一三 | 三九 | 林二官 | 〇三4寧波 | 初 | | | 善陀山 | 由寧波到台灣辦土產 |
| | 39 | 四、一七 | 六、一三 | 三七 | 林大輔 | 〇三51臺灣 | 〇三51臺灣 | | | 舟山、善陀山 | 由寧波到台灣辦砂糖等 |
| | 38 | 五、三〇 | 六、二 | 三九 | 謝遠官 | 初 | 〇三17? | | | | |
| | 37 | 五、二九 | 六、二 | 二五 | 周明官 | 初 | 初 | | | | |
| | 36 | 五、二四 | 六、二 | 四九 | 劉四使 | 初 | 初 | | | | |
| 一七〇四(43) | 33 | 五、二 | 六、一 | 三四 | 蔡日官 | 初 | 初 | | | | |
| | 75 | 六、二〇 | 七、五 | 五四 | 周標官 | 九九95?財副 | 初 | | | 善陀山 | 由廈門到臺灣辦砂糖 |
| | 64 | 四、二四 | 六、一四 | 三九 | 吳啓官 | 九九31臺灣 | 九九31臺灣 | | | 善陀山 | |
| | 62 | 五、二四 | 六、四 | 四七 | 蔡三使 | 〇三77?船主 | 〇三06寧波 | | | | |

# 赴日之臺灣船一覽表

欠120 No.59 不示 60 何此　　欠110. No.28　　欠No アリ

| 年代 | 一六八七(26) | | 一六八八(27) | | | | 一六八九(28) | 一六九〇(29) | | 一六九一(30) | | 一六九二(31) |
|---|---|---|---|---|---|---|---|---|---|---|---|---|
| 船番 | 30 | 48 | 134 | 159 | 165 | 187 | 39 | 43 | 56 | 52 | 67 | 26 |
| 出帆月日 | 二、二〇 | 一、二〇 | 六、三 | 六、二五 | 六、二六 | 七、六 | 五、一六 | 四、二九 | 五、一四 | 四、二五 | 六、二 | 四、一〇 |
| 到長崎月日 | 三、八 | 四、一三 | 七、七 | 七、一四 | 七、二六 | 八、二二 | 五、二七 | 五、九 | 五、二四 | 五、二七 | 六、二〇 | 四、二九 |
| 人數 | 四八 | 三三 | 三五 | 三三 | 六〇 | 五八 | 四〇 | 四〇 | 五二 | 三九 | 三〇 | 三八 |
| 船主 | 吳德官 | 鄭宜 | | 陳使官 | 羅三官 | 許安官 | 李炳官 | 吳家官 | 許安官 | 張五官 | 許安官 | 李康官 |
| 船主經歷 | 八六74泉州 | 初 | | 初 | 八四廣南 | 初 | 七年前船主 | 初 | 八九64厦门 | 四年前船主 | 九〇56臺灣 | 九一67臺灣、財副 |
| 船舶經歷 | 八六74泉州 | | | 初 | 初 | 初 | 初 | 八九39臺灣 | 八九44東京 | 初 | 九〇56臺灣 | 初 |
| 副船主 | | | | | | | | 柯妹官 | 陳讚官 | 王廷祥 | | 陳瓚官 |
| 副船主經歷 | | | | | | | | 四年前客 | 初 | 九〇68大泥客 | | 九一14廣南財副 |
| 寄泊地 | 普陀山 | 台州 | | | | | | | | | | |
| 摘要 | 臺灣城附近野人切出之鹿皮 | 船主居住臺灣 | 遭風、鹿皮濕滲 | 鹿皮、砂糖產量減少 | 難船、洋中遭風 | 遭風 | 土產、鹿皮、砂糖 | | | | 去年載回鹿皮蛀穴、再載鹿皮、砂糖 | 由內地移民漸多、山中出鹿皮 |

| 年代 | 一六九三(32) | | | 一六九四(33) | 一六九五(34) | 一六九六(35) | | | 一六九七(36) | | | 一六九八(37) |
|---|---|---|---|---|---|---|---|---|---|---|---|---|
| 船番 | 32 | 33 | 53 | 31 | 22 | 21 | 22 | 33 | 48 | 52 | 60 | 31 |
| 出帆月日 | 四、一七 | 四、二二 | 六、二〇 | 五、八 | 五、一八 | 五、一六 | 五、一八 | 六、一六 | 四、二四 | 四、二三 | 四、二二 | 五、一〇 |
| 到長崎月日 | 五、六 | 五、八 | 七、四 | 閏五、七 | 六、五 | 五、二八 | 六、一 | 六、二七 | 五、一四 | 五、一五 | 五、二六 | 六、四 |
| 人數 | 四七 | 五〇 | 三六 | 三七 | 二八 | 三九 | 五三 | 四八 | 四二 | 五二 | 三七 | 四九 |
| 船主 | 林五官 | 吳贊官 | 陳聯官 | 吳贊官 | 陳欽官 | 楊英官 | 陳璦官 | 陳聯官 | 柯妹官 | 陳璦官 | 陳宋官 | 陳璦官 |
| 船主經歷 | 六年前船主 | 初 | 九二51厦门 | 九三33臺灣 | 九四43厦门 | 九四30漳州、客 | 九五26東埔寨 | 九五23厦门 | 五年前客 | 九六22臺灣 | 初 | 九七52臺灣 |
| 船舶經歷 | 初 | 九二27厦门 | 九二51厦门 | 初 | 九四31厦门 | 初 | 九五26東埔寨 | 九五23厦门 | 初 | 九六22臺灣 | 初 | 九七52臺灣 |
| 副船主 | 陳璦官 | | | 程君慎 | | 大肚官 | | 李及官 | 吳棠 | | | |
| 副船主經歷 | 初 | | | 九三33台灣客 | | 初 | | 初 | 九五35普陀山客 | | | |
| 寄泊地 | | | | | | | | | | | | 普陀山 |
| 摘要 | 由臺灣之商移民漸多 | 土產、鹿皮、砂糖 | | 鹿皮產量減少 | 載土產、鹿皮、砂糖 | 在厦门二月中旬到台灣載鹿皮、砂糖 | 元泉州、到台灣載砂糖 | | | 由內地來台灣者人多、鹿皮、砂糖 | 土產、鹿皮、砂糖 | |

| 年代 | | 一六九九(38) | | | 一七〇〇(39) | | | | | 一七〇一(40) | | |
|---|---|---|---|---|---|---|---|---|---|---|---|---|
| 船番 | 52 | 29 | 30 | 31 | 20 | 22 | 23 | 24 | 53 | 26 | 27 | 44 |
| 出帆月日 | 七、四 | 六、五 | 六、五 | 六、一六 | 五、一 | 六、一八 | 五、二八 | 五、一 | 六、二〇 | 五、二二 | 五、二二 | 七、七 |
| 到長崎月日 | 八、一八 | 七、七 | 七、七 | 七、七 | 五、二七 | 六、三〇 | 七、五 | 七、二六 | 一〇、二五 | 六、一 | 六、二 | 八、一九 |
| 人數 | 三五 | 四四 | 五〇 | 三六 | 四八 | 四六 | 四三 | 三四 | 六一 | 四八 | 四一 | 四八 |
| 船主 | 柯妹官 | 柯妹官 | 陳琛官 | 吳贊官 | 吳尧官 | 陳璦官 | 柯妹官 | 卓升官 | 許翔官 | 陳璦官 | 吳辰官 | 林碩鈞 |
| 船主經歷 | 九七48臺灣 | 九八52臺灣 | 九八31臺灣、財副 | 九五28東埔寨客 | 九九35高州、客 | 九八31臺灣 | 九九29臺灣 | 九九57寧波、客 | 初 | 〇〇22臺灣 | 〇〇25厦门 | 初 |
| 船舶經歷 | 初 | 九八52臺灣 | 九八30南京 | 初 | 初 | 九九30臺灣 | 九九29臺灣 | 九九57寧波 | 初 | 〇〇22臺灣 | 〇〇25厦门 | 初 |
| 副船主 | | | 林五官 | | 游伝官 | | | | | | | 欧鼎官 |
| 副船主經歷 | | | 六年前船主 | | 九九35高州財副 | | | | | | | 九九35高州 |
| 寄泊地 | | | | 普陀山 | | | | 普陀山 | 普陀山 | | | |
| 摘要 | | | | 在普陀山添載 | | | 遭逆風 | | 遭颶風 | | 米下直 | |

| 年代 | 一七〇二(41) | | | | 一七〇三(42) | | | | | | | | |
|---|---|---|---|---|---|---|---|---|---|---|---|---|---|
| 船番 | 37 | 38 | 45 | 48 | 47 | 49 | 50 | 51 | 52 | 53 | 56 | 60 | [illegible] |
| 出帆月日 | 五、二 | 五、五 | 五、二九 | 五、二九 | 三、二四 | 四、二〇 | 四、二五 | 四、一六 | 五、四 | 五、六 | 五、一〇 | 五、一六 | [illegible] |
| 到長崎月日 | 五、二三 | 五、二三 | 六、一一 | 六、二二 | 四、二八 | 五、一三 | 五、一三 | 五、一九 | 五、一九 | 五、二一 | 五、二五 | 六、四 | [illegible] |
| 人數 | 四六 | 四七 | 三七 | 四一 | 四五 | 四六 | 三六 | 三六 | 四九 | 三七 | 五二 | 七五 | 三八 |
| 船主 | 陳招官 | 陳好官 | 吳辰官 | 陳興官 | 徐舜佐 | 侯以辰 | 林瑞官 | 林大輔 | 陳滿官 | 王應常 | 陳招官 | 陳登甫 | [illegible] |
| 船主經歷 | 十三年前財副 | 初 | 〇二27臺灣 | 九八34咬𠺕吧、財副 | 〇二77?客 | 〇二42福州 | 〇二13寧波、財副 | 六年前客 | 初 | 〇二69?船主 | 〇二37臺灣 | 〇二63?客 | |
| 船舶經歷 | 初 | 初 | 初 | 初 | 初 | 〇二42福州 | 〇二60 | 初 | 初 | 初 | 〇二38臺灣 | 〇二63? | |
| 副船主 | | | | | | 陳亦佳 | | 謝八官 | 郭初官 | 宋英臨 | | | |
| 副船主經歷 | | | | | | 〇二42福州財副 | | 〇二21?客 | 〇二23?客 | 〇二69?客 | | | |
| 寄泊地 | | | | | 普陀山 | | 普陀山 | 普陀山 | | | | | |
| 摘要 | 元寧波、二月上台灣(別打孔) | 元寧波、三月↓台灣(別紙) | 元泉州 | 元厦门、遭逆風 | | | | 遇大風 | 遭逆風 | | | | |

# 赴日臺灣船々主経歷表

| 年次＼人名 | 1 吴德官 | 2 鄭宜 | 3 陳使官 | 4 羅三官 | 5 許安官 | 6 李炳官 | 7 吴豪官 | 8 柯妹官 | 9 陳讃官 | 10 張五官 | 11 王廷祥 | 12 李康官 |
|---|---|---|---|---|---|---|---|---|---|---|---|---|
| 1685 | 厦门 | | | | | | | | | | | |
| 1686 | 泉州 | | | | | | | | | | | |
| 1687 | 台湾30 ※ | 台湾68 | | | | | | | | ?(副) | | |
| 1688 | | | 台湾 | 台湾 | 台湾(副)(40次) | | | | | 寧波 | | |
| 1689 | ~~南京~~ | | | (同年以前広南行ヲ) | 厦门64 | 台湾 | | | | | | |
| 1690 | | | | | 台湾65 | | 台湾 大 | 台湾(副) 7 大 | 台湾(副) 5 | | | |
| 1691 | | | | | 台湾66 ※ | | | | 広南(財) | 台湾62 | 台湾(副) 10 | 台湾(財) 5 五 |
| 1692 | 広東33 | | | | | | | | 台湾(副) 12 | 寧波 | | 台湾 |
| 1693 | 広東54 | | | | | | | | | 潮州 | | 漳州(副) |
| 1694 | 暹羅(客) 47 | | | | | | | | | | | |
| 1695 | 泉州(副) 14 | | | | | | | | | 漳州(客) | | |
| 1696 | ~~福州(客)~~ | | | | | | | | 暹羅(財) | | | 東埔寨 |
| 1697 | | | | | | | | 台湾 | | | | 東埔寨 ※ |
| 1698 | | | | | | | | 台湾 | 東埔寨(副) | 厦门 | | |
| 1699 | 泉州67 | | | | | | | 台湾 ※ | | | | |
| 1700 | 寧波57 | | | | | | | 台湾 ※ | | | | |
| 1701 | | | | | | | | | | | | |
| 1702 | | | | | | | | | | | | |
| 1703 | 厦门23 客 | | | | | | | | | | | |
| 1704 | 寧波21 | | | | | | | | | | | |
| 1705 | | | | | | | | | | | | |
| 1706 | | | | | | | | | | | | |
| 1707 | | | | | | | | | | | | |
| 1708 | | | | | | | | | | | | |
| 1709 | | | | | | | | | | | | |
| 1710 | | | | | | | | | | | | |
| 1711 | | | | | | | | | | | | |

| 年次＼人名 | 13 林五官 | 14 陳瑗官 | 15 吴賛官 | 16 陳聯官 | 17 程启慎 | 18 陳欽官 | 19 楊爽官 | 20 陳泉官 | 21 陳琛官 | 22 吴克官 | 23 游傳字 |
|---|---|---|---|---|---|---|---|---|---|---|---|
| 1685 | | | | | | | | | | | |
| 1686 | | | | | | | | | | | 福州 |
| 1687 | ? | | | | | | | | | | |
| 1688 | | | | | | | | | | | |
| 1689 | | | | | | | | | | | |
| 1690 | | | | 台湾(客) 7 | | | | | | | 広东 |
| 1691 | | | | | | | | | | | |
| 1692 | | | | 厦门 | | | | | | | 高州 |
| 1693 | 臺湾 | 台湾(副) 13 | 台湾 | 台湾 | 台湾(客) 15 | | | | | | |
| 1694 | 東京勝 ※ | 漳州 | 台湾 | 漳州 | 台湾(副) 15 | 厦门 | 漳州(客) 14 | | | | |
| 1695 | 厦门 | 東埔寨 | 東埔寨(客) | 厦门 | | 台湾 | | | | | |
| 1696 | | 台湾 | | 台湾(泉州) | | | 台湾(厦门) | | | | |
| 1697 | | 台湾 | | | | | | 台湾 | | | |
| 1698 | | 台湾 | | | | | | | 台湾(財) 14 | | |
| 1699 | 臺湾(副) 21 | | 台湾 31 | 厦门 | | | 寧波(副) | | 台湾 | 高州(客) | 高州(副) |
| 1700 | | 台湾 | | | | | 寧波(客) 39 | 厦门 | | 台湾 | 台湾(副) 22 |
| 1701 | | 台湾 | | | | | 寧波 13 | | | | 寧波 3 |
| 1702 | | | | | | | | | | | 寧波 |
| 1703 | | | 台湾14 ※ | | | | | | | | |
| 1704 | | | | | | | | | | | |
| 1705 | | | | | | | | | | | |
| 1706 | | | | | | | | | | | |
| 1707 | | | | | | | | | | | |
| 1708 | | | | | | | | | | | |
| 1709 | | | | | | | | | | | |
| 1710 | | | | | | | | | | | |
| 1711 | | | | | | | | | | | |

| 24 | 25 | 26 | 27 | 28 | 29 | 30 | 31 | 32 | 33 | 34 | 35 | 36 | 37 | 38 | 39 | 40 | 41 | 42 | 43 | 44 | 45 | 46 | 47 | 48 | 49 | 50 | 51 |
|---|---|---|---|---|---|---|---|---|---|---|---|---|---|---|---|---|---|---|---|---|---|---|---|---|---|---|---|
| 草升官 | 許朔官 | 吳辰官 | 林爾錫 | 陳招官 | 陳好官 | 陳興官 | 徐舜佑 | 侯以泰 | 陳亦佳 | 林瑞官 | 林大輔 | 陳滿官 | 謝八官 | 郭初官 | 王庶常 | 陳登庸 | 蔡二使 | 周棟官 | 蔡日官 | 劉四使 | 周官 | 謝遠官 | 林二官 | 鄭衡儒 | 李叔若 | 吳七官 | 王天錫 |
| | | ?(客) | | | | | | | | | | | | | | | 福州(財) | | | | | | | | | | |
| | | 厦门 | | | | | | | | | | | | 潮州 | | | 泉州 | | | | | | | | | | |
| | | | | | | | | | | | | | | 東京(副) | | | 寧波 | | | | | | | | | | |
| | | | | | | | | | | | | | | | | | 泉州 | | | | | | | | | | |
| | | | | | | | | | | | | | | | | | 泉州 | | | | | | | | | | |
| | | | | | | | | | | | | | | | | | 寧波 | | | | | | | | | | |
| | | | | | | | | | | | | | | | | | 泉州 | | | | | | | 福州(財) | | | |
| | | | | | | | | | | | | | | | | | ?(客) | | | | | | | 寧波 | | | |
| | | | | | | | | | 咬𠺕吧(寧波) 45-(客) | | | | | | | | 寧波 47 | | | | | | | 福州 | | | |
| | | | | | | | | | 普陀山 48 | | | | | | | | 寧波 22 | | | | | | | ? | | | |
| | | 漳州 | | | | | | | 舟山 63 | | | | | | | | | | | | | | | 福州 | | | |
| | | | | | | 咬𠺕吧(客) | | | | | 溫州(副) | | | | | | 寧波 [illegible] | | | | | | | | | | |
| 寧波(客) | | 高州(客) | | | | | | | | | | | | | 寧波(財) 41 | | 寧波(副) | ?(財) | | | | | | 寧波(客) | | | 寧波(客) |
| 台湾 * | 台湾 | 厦门 | | | | | | | | 寧波(財)3 寧波30(客) | | | | 寧波(客) | 寧波 | | 寧波(商) | | | | | | | 寧波 | | | 寧波(副) 23 |
| 寧波(副) 55 | | 台湾 | 台湾 | | | | | 福州 | 福州(副) 38 | 普陀山 36 | | | | 寧波(副) 19 | | | 寧波 | | | | | | 寧波(副) 41 | 寧波(副) | | | 寧波 |
| 寧波(副) 55 | | 台湾(泉州) | | 台湾(寧波) | 台湾(寧波) | 台湾(厦门) | ?(客) | 福州 42 | 福州(副) 62 | 寧波(財) 13 | | | ?(客) | ?(客) | ? | ?(客) | ? | | | | | | ? | | | | 南京 |
| | | 台湾 | | 台湾 | | | 台湾 | 台湾 49 * | 台湾(副) [illegible] | 台湾 50 | 台湾 | 台湾 | 台湾(副) 35 | 台湾(副) 36 | 台湾 | 台湾 | 台湾 | 台湾(厦门) | | | | | 寧波 | ? | | 台湾(客) 32 | ? |
| | | 厦门 | | | | | | | | 寧波 25 * | 台湾(寧波) ? | | 泉州(副) | | | 台湾 | | | 台湾 | 台湾 | 台湾 | 台湾 | 台湾(寧波) | 台湾(南京) ?(副) | 台湾(福州) | 台湾(寧波) | 台湾 |
| | | | | | | | | | | | | | | | | | | | | | | ? | | | | | 南京 26 |
| | | | | | | | | | | | 台湾 | | | ? | | 台湾 | | | | | | 台湾 | ? | 台湾 | | | |
| | | ? | | | | | | | | ? | ? | | | 海南 | | 台湾(副) 65 | | | | | | ? | 台湾 | 南京(副) | | ? | ? |
| | | 厦门 | | | | | | | | 寧波 50 | 寧波 | | | | | | | | | | | 台湾 | 寧波(客) 63 | 寧波 31 | | 南京 | 南京 |
| | | 厦门 | | | | | | | | | | | | | | | | | | | | | 台湾(福州) | 南京 | | | |
| | | 厦门 | | | | | | | | | | | | | | | | | | | | | | 寧波 | | 南京 | |
| | | 厦门 | | | | | | | | | 台湾 | | | | | | | | | | | 厦门 | | 寧波 | | | |

| …2 | 53 | 54 | 55 | 56 | 57 | 58 | 59 | 60 | 61 | 62 | 63 | 64 | 65 | 66 | 67 | 68 | 69 | 70 | 71 | 72 | 73 | 74 | 75 | 76 |
|---|---|---|---|---|---|---|---|---|---|---|---|---|---|---|---|---|---|---|---|---|---|---|---|---|
| [illegible] | 陶天賜 | 張德官 | 游爾衍 | 何子木 | 陳昌觀 | 陳子玉 | 林孟盡 | 鄭孔節 | 吳于魯 | 何三官 | 林寔官 | 吳爾厚 | 姚祉庵 | 林仲容 | 鄧启澤 | 林昌達 | 林大官 | 江伯官 | 黃繼官 | 林士秉 | 林原其 | 齊箕公 | 林朝月 | |
| | | | 寧波 | | | | | | | | | | | | | | | | | | | | | |
| | | | 寧波〃 | | | | | | | | | | | | | | | | | | | | | |
| | | | 寧波 | | | | | | | | | | | | | | | | | | | | | |
| …湾 | 台湾 | 台湾 | | | | 寧波(副) | | | | | | | | | | | | | | | | | | |
| | | | 台湾 | ?(財) | | | ? | 南京(副) | 南京(副) | | ? | | | | | | | | | | | | | |
| | | | (舟山) | 台湾 | 台湾 | 台湾(副) 51 | 台湾 | 台湾 | 台湾(副) 60 | 台湾 | 南京 | | | ? | | | | | | | | | | |
| | | | | | | | | | ? | | 台湾 | 台湾 | 台湾 | 台湾 | ? | | | ?(財) | | | ? | | | |
| | | | | | | | | | 南京 | | 寧波 | | | | 台湾 | 台湾 | 台湾 | 台湾 | 台湾 | 台湾 | 台湾 | | | |
| | | | | | | | | | | | 寧波 | | | | | | | | | | | 寧波(副) | | |
| | | | | | | | | | | | | | | 寧波(副) | | | | | | | | 台湾(福州) | | |
| | | | | | | | | | | | 福本 | | | | | | | | | | | | 台湾(福州) | |

(4) 地名下以〃的注的，如寧波〃，即(表示)那一年由寧波赴日有兩次。

(3) 地名下以括弧的表記地名即表示出發地，如台湾(廈门)即表示台湾船但是出發地是廈门。

新[illegible]注 如8柯姝官，一六九〇年時台湾7(副大)即表示一六九〇年柯姝官為7吳蒙官之台湾船副船主，的乘船舶即(前年)6李頌官當的

備註(1) *即表示所乘船舶是與前年的來同一。

(2) 地名下的算用數字即表示當時的來船船主，漢數字即表示的來船船前

| 38 | 37 | 36 | 35 | 34 | 33 | 32 | 31 | 30 | 29 | 28 | 27 | 26 | 25 | 24 | 23 | 22 | 21 | 20 | |
|---|---|---|---|---|---|---|---|---|---|---|---|---|---|---|---|---|---|---|---|
| 郭初官 | 謝八官 | 陳滿官 | 林大輔 | 林瑞官 | 陳亦佳 | 侯以泰 | 徐舜佐 | 陳興官 | 陳好官 | 陳招官 | 林爾錫 | 吳辰官 | 許朔官 | 卓升官 | 游傳字 | 吳光官 | 陳珍官 | 陳泉官 | 人名／年次 |
| | | | | | | | | | | | | | | | | | | | 1685 |
| | | | | | | | | | | | | | | | 福州 | | | | 1686 |
| | | | | | | | | | | | | ？(客) | | | | | | | 1687 |
| 高州 | | | | | | | | | | | | 廈門 | | | | | | | 1688 |
| 東京(副) | | | | | | | | | | | | | | | | | | | 1689 |
| | | | | | | | | | | | | | | | 廣東 | | | | 1690 |
| | | | | | | | | | | | | | | | | | | | 1691 |
| | | | | | | | | | | | | | | | 高州 | | | | 1692 |
| | | | | | | | | | | | | | | | | | | | 1693 |
| | | | | | | | | | | | | | | | | | | | 1694 |
| | | | | | 咬𠺕吧(寧波)45(客) | | | | | | | | | | | | | | 1695 |
| | | | | | 普陀山78 | | | | | | | | | | | | | | 1696 |
| | | | | | 舟山68 | | | | | | | 漳州 | | | | | | 台灣 | 1697 |
| | | | 溫州(副) | | | | | 咬𠺕吧(客) | | | | | | | | | 台灣(財)14 | | 1698 |
| | | | | | | | | | | | | 高州(客) | | 寧波(客) | 高州(副) | 高州(客) | 台灣 | | 1699 |
| 寧波(客) | | | | 寧波(財3)30 | | | | | | | | 廈門 | 台灣 | 台灣* | 台灣(副)22 | 台灣 | | 廈門 | 1700 |
| 寧波(副)19 | | | | 普陀山36 | 福州(副)31 | 福州 | | | | | 台灣 | 台灣 | | 寧波(副)55 | 寧波3 | | | | 1701 |
| ？(客) | ？(客) | | | 寧波(財)13 | 福州(副)42 | 福州42 | ？(客) | 台灣(廈門) | 台灣(寧波) | 台灣(寧波) | | 台灣(泉州) | | 寧波(副)55 | 寧波 | | | | 1702 |
| 台灣(副)36 | 台灣(副)35 | 台灣 | 台灣 | 台灣50 | 台灣(副)49 | 台灣49* | 台灣 | | | 台灣 | | 台灣 | | | | | | | 1703 |
| | 泉州(副) | | 台灣(寧波) | 寧波25* | | | | | | | | 廈門 | | | | | | | 1704 |
| | | | ？ | | | | | | | | | | | | | | | | 1705 |
| ？ | | | 台灣 | | | | | | | | | | | | | | | | 1706 |
| 海南 | | | ？ | ？ | | | | | | | | ？ | | | | | | | 1707 |
| | | | 寧波 | 寧波50 | | | | | | | | 廈門 | | | | | | | 1708 |
| | | | | | | | | | | | | 廈門 | | | | | | | 1709 |
| | | | | | | | | | | | | 廈門 | | | | | | | 1710 |
| | | | 台灣 | | | | | | | | | 廈門 | | | | | | | 1711 |

| 57 | 56 | 55 | 54 | 53 | 52 | 51 | 50 | 49 | 48 | 47 | 46 | 45 | 44 | 43 | 42 | 41 | 40 | 39 | |
|---|---|---|---|---|---|---|---|---|---|---|---|---|---|---|---|---|---|---|---|
| 陳昌觀 | 何子木 | 游爾衍 | 張德官 | 陶天驊 | 潘藎臣 | 王天宿 | 吳七官 | 李叔若 | 鄭衡儒 | 林二官 | 謝遠官 | 周官 | 劉四使 | 蔡日官 | 周棟官 | 蔡二使 | 陳登庸 | 王庶常 | 人名／年次 |
| | | | | | | | | | | | | | | | | | | | 1685 |
| | | | | | | | | | | | | | | | | | | | 1686 |
| | | | | | | | | | | | | | | | | 福州(財) | | | 1687 |
| | | | | | | | | | | | | | | | | 泉州 | | | 1688 |
| | | | | | | | | | | | | | | | | 寧波 | | | 1689 |
| | | | | | | | | | | | | | | | | 泉州 | | | 1690 |
| | | | | | | | | | | | | | | | | 泉州 | | | 1691 |
| | | | | | | | | | | | | | | | | 寧波 | | | 1692 |
| | | | | | | | | | 福州(財) | | | | | | | 泉州 | | | 1693 |
| | | | | | 普陀山<br>2(財) | | | | 寧波 | | | | | | | ?(客) | | | 1694 |
| | | | | | 寧波(25) | | | | 福州 | | | | | | | 寧波47 | | | 1695 |
| | | | | | ?4 | | | | ? | | | | | | | 寧波22 | | | 1696 |
| | | | | | 沙埕20 | | | | 福州 | | | | | | | | | | 1697 |
| | | 寧波 | | | 寧波19 | | | | | | | | | | | 寧波23<br>(廣東) | | | 1698 |
| | | | | | | 寧波(客) | | | 寧波(客) | | | | | | ?(財) | 寧波23 | | 寧波<br>(財)41 | 1699 |
| | | | | | 南京12<br>上海 | 寧波<br>(副)23 | | | 寧波 | | | | | | | 寧波(客) | | 寧波52 | 1700 |
| | | 寧波6 | | | 南京40<br>上海 | 寧波 | | | 寧波(副) | 寧波<br>(副)41 | | | | | | 寧波 | | | 1701 |
| | | 寧波30 | | | 南京31<br>上海 | 南京 | | | | ? | | | | | | ? | ?(客) | ? | 1702 |
| | | | | | | ? | 台灣<br>(客)32 | | ? | 寧波 | | | | | 台灣<br>(厦門) | 台灣 | 台灣 | 台灣 | 1703 |
| | | | 台灣 | 台灣 | 台灣54 | 台灣 | 台灣<br>(寧波) | 台灣<br>(福州) | 台灣<br>(南京) | 台灣<br>(寧波) | 台灣 | 台灣 | 台灣 | 台灣 | | | 台灣 | | 1704 |
| | ?(財) | 台灣 | | | | 南京21 | | | ?(副) | | ? | | | | | | | | 1705 |
| 台灣 | 台灣 | (舟山) | | | | | | | 台灣 | ? | 台灣 | | | | | | 台灣 | | 1706 |
| | | | | | | ? | ? | | 南京(副) | 台灣 | ? | | | | | | 台灣<br>(副)65 | | 1707 |
| | | | | | | 南京 | 南京 | | 寧波31 | 寧波<br>(客)63 | 台灣 | | | | | | | | 1708 |
| | | | | | | | | | 南京 | 台灣<br>(福州) | | | | | | | | | 1709 |
| | | | | | | | 南京 | | 寧波 | | | | | | | | | | 1710 |
| | | | | | | | | | 寧波 | | 厦門 | | | | | | | | 1711 |

| 75 | 74 | 73 | 72 | 71 | 70 | 69 | 68 | 67 | 66 | 65 | 64 | 63 | 62 | 61 | 60 | 59 | 58 | |
|---|---|---|---|---|---|---|---|---|---|---|---|---|---|---|---|---|---|---|
| 林朝月 | 齊箕公 | 林原其 | 林士秉 | 黃繼官 | 江伯官 | 林六官 | 林昌達 | 郭君澤 | 林仲容 | 姚祉庵 | 吳爾厚 | 林寔官 | 何三官 | 吳子魯 | 鄭孔節 | 林孟宣 | 陳子玉 | 人名／年次 |
| | | | | | | | | | | | | | | | | | | 1685 |
| | | | | | | | | | | | | | | | | | | 1686 |
| | | | | | | | | | | | | | | | | | | 1687 |
| | | | | | | | | | | | | | | | | | | 1688 |
| | | | | | | | | | | | | | | | | | | 1689 |
| | | | | | | | | | | | | | | | | | | 1690 |
| | | | | | | | | | | | | | | | | | | 1691 |
| | | | | | | | | | | | | | | | | | | 1692 |
| | | | | | | | | | | | | | | | | | | 1693 |
| | | | | | | | | | | | | | | | | | | 1694 |
| | | | | | | | | | | | | | | | | | | 1695 |
| | | | | | | | | | | | | | | | | | | 1696 |
| | | | | | | | | | | | | | | | | | | 1697 |
| | | | | | | | | | | | | | | | | | | 1698 |
| | | | | | | | | | | | | | | | | | | 1699 |
| | | | | | | | | | | | | | | | | | | 1700 |
| | | | | | | | | | | | | | | | | | | 1701 |
| | | | | | | | | | | | | | | | | | | 1702 |
| | | | | | | | | | | | | | | | | | | 1703 |
| | | | | | | | | | | | | | | | | | 寧波(客) | 1704 |
| | | | | | | | | | | | | ? | | 南京(客) | 南京(客) | ? | | 1705 |
| | | | | | | | | | ? | | | 南京 | 台灣 | 台灣(副)60 | 台灣 | 台灣 | 台灣(副)51 | 1706 |
| | | ? | | | ? (財) | | | ? | 台灣 | 台灣 | 台灣 | 台灣 | | ? | | | | 1707 |
| | | 台灣 | 台灣 | 台灣 | 台灣 | 台灣 | 台灣 | 台灣 | | | | 寧波 | | 南京 | | | | 1708 |
| | 寧波(財) | | | | | | | | | | | 寧波 | | | | | | 1709 |
| | 台灣(福州) | | | | | | | | 寧波(副) | | | | | | | | | 1710 |
| 台灣(福州) | | | | | | | | | | | | 福州 | | | | | | 1711 |

備註：

（1）* 即示所乘船舶是與前年所乘同一

（2）地名下的算用數字即表示當時所乘船舶船主，漢數字即表示所乘船舶前年所乘船主，如 8 柯妹官，1690 年時「台灣（副）7 六」，即表示 1690 年柯妹官為 7 吳豪官之臺灣船副船主，所乘船舶即前年 6 李炳官所乘的。

（3）地名下，以括弧所記地名即表示原發地，如「台灣（廈門）」即示臺灣船，但是原發地是廈門。

（4）地名下，以〃所註的，如「寧波〃」即表示那一年由寧波赴日有兩次。

## 表III-2-5-3：赴日臺灣船船舶經歷表

| | | | | | | | | | | | | | | |
|---|---|---|---|---|---|---|---|---|---|---|---|---|---|---|
| 1686 | | | | | | | | | | | | | | |
| 1687 | | 80<br>廈門　？ | | | | | | | | | | | | |
| 1688 | | 23<br>廈門 王國官 | | | | | | | | | | | | |
| 1689 | 39 ⊙<br>台灣 李炳官 | 44 東京<br>江五官 郭初官 | | | | | | | | | | | | |
| 1690 | 43<br>台灣 吳泰官 | 56<br>台灣 許安官 | | | | | | | | | | | | |
| 1691 | 83<br>南京 謝元芷 | 67<br>台灣 許安官 | | | | | | | | | | | | |
| 1692 | | | | 27 ⊙<br>廈門 陳登官 | 51 ⊙<br>廈門 陳聯官 | | | | | | | | | |
| 1693 | | | 32 ⊙<br>台灣 林五官 | 33<br>台灣 吳贊官 | 53<br>台灣 陳聯官 | | | | | | | | | |
| 1694 | | | 40 宋居勝<br>林五官 | | 32<br>漳州 陳聯官 | 43 ⊙<br>廈門 陳欽官 | | | | | | | | |
| 1695 | | | | | 23<br>廈門 陳聯官 | 26 柬埔寨<br>陳瑗官 | | | | | | | | |
| 1696 | | | | | 33<br>台灣 陳聯官 | 22<br>台灣 陳瑗官 | | 60 ⊙<br>泉州 鄭文會 | | | | | | |
| 1697 | | | | | | 52<br>台灣 陳瑗官 | | 25<br>福州 高登謙 | | | | | | |
| 1698 | | | | | | 31<br>台灣 陳瑗官 | 52 ⊙<br>台灣 柯妹官 | 30<br>南京 程坤如 | | | | 22 ⊙<br>普陀山 陳德官 | | |
| 1699 | | | | | 45<br>廈門 陳聯官 | | 29<br>台灣 柯妹官 | 30<br>台灣 陳珍官 | 31 ⊙<br>台灣 吳贊官 | 57 ⊙<br>寧波 張留之 | | 21<br>普陀山 陳德官 | | |
| 1700 | | | | | | | 23<br>台灣 柯妹官 | 22<br>台灣 陳瑗官 | 32<br>高州 高允煥 | 24<br>台灣 卓升官 | | 5 南京 王子輔<br>周允相<br>28 南京 周允相 | | |
| 1701 | | | | | | | | 26<br>台灣 陳瑗官 | 4 寧波 薛允甫<br>47 南京 高允甫 | 6 寧波 游爾衍<br>49 寧波 卓升官 | 33 ⊙ 寧波<br>林九騰 鄭衡儒 | 2 南京 周允相<br>40 南京 潘藎臣 | | |
| 1702 | | | | | | | | | 13<br>寧波 林克禮 | | 6<br>寧波 錢君特 | 31<br>南京 潘藎臣 | | |
| 1703 | | | | | | | | | 64<br>台灣 吳贊官 | | 62<br>台灣 蔡二使 | | | |
| 1704 | | | | | | | | | | | 42<br>台灣 陳登甫 | 54<br>台灣 潘藎臣 | 83 ⊙<br>廣南 黃禮甫 | |
| 1705 | | | | | | | | | | | | | | |
| 1706 | | | | | | | | | | | | | 44<br>台灣 鄭孔節 | 87 ？<br>？ |
| 1707 | | | | | | | | | | | | | 74<br>南京 葉山如 | 39<br>台灣 林寔官 |
| 1708 | | | | | | | | | | | | | | 30<br>寧波 林寔官 |
| 1709 | | | | | | | | | | | | | | 35<br>寧波 林寔官 |
| 1710 | | | | | | | | | | | | | | |
| 1711 | | | | | | | | | | | | | | |

備註：號碼即船號，⊙即表示那一年初次赴日。

# 赴日臺灣船々船經歷表

| 年 | | | | | | | | | | | | | | |
|---|---|---|---|---|---|---|---|---|---|---|---|---|---|---|
| 1686 | | | | | | | | | | | | | | |
| 1687 | | 80 廈门 ? | | | | | | | | | | | | |
| 1688 | | 23 廈门 王國官 | | | | | | | | | | | | |
| 1689 | 39◎ 台湾 李炳官 | 44 東京 江五官 郭初官 | | | | | | | | | | | | |
| 1690 | 43 台湾 吳崇官 | 56 台湾 許安官 | | | | | | | | | | | | |
| 1691 | 83 南京 謝元芷 | 67 台湾 許安官 | | | | | | | | | | | | |
| 1692 | | | | 27◎ 廈门 陳登官 | 51◎ 廈门 陳聯官 | | | | | | | | | |
| 1693 | | | 32◎ 台湾 林五官 | 33 台湾 吳贊官 | 53 台湾 陳聯官 | | | | | | | | | |
| 1694 | | | 40 宋居勝 林五官 | | 32 漳州 陳聯官 | 43◎ 廈门 陳欽官 | | | | | | | | |
| 1695 | | | | | 23 廈门 陳聯官 | 26 柬埔寨 陳璦官 | | | | | | | | |
| 1696 | | | | | 33 台湾 陳聯官 | 22 台湾 陳璦官 | | 60◎ 泉州 鄭文会 | | | | | | |
| 1697 | | | | | | 52 台湾 陳璦官 | | 25 福州 高登謙 | | | | | | |
| 1698 | | | | | | 31 台湾 陳璦官 | 52◎ 台湾 柯妹官 | 30 南京 程坤如 | | | | 22◎ 普陀山 陳法官 | | |
| 1699 | | | | | 45 廈门 陳聯官 | | 29 台湾 柯妹官 | 30 台湾 陳琮官 | 31◎ 台湾 吳積官 | 57◎ 寧波 張貿之 | | 21 普陀山 陳法官 | | |
| 1700 | | | | | | | 23 台湾 柯妹官 | 22 台湾 陳璦官 | 32 高州 高允焕 | 24 台湾 卓亓官 | | 5 南京 王子輔 28 南京 周允相 | | |
| 1701 | | | | | | | | 26 台湾 陳璦官 | 4 寧波 薛允甫 47 南京 高允甫 | 6 寧波 游爾行 49 寧波 卓亓官 | 33◎ 寧波 林九賸 鄭衡儒 | 2 南京 周允相 40 南京 潘盡臣 | | |
| 1702 | | | | | | | | | 13 寧波 林堯觀 | | 6 寧波 錢君特 | 31 南京 潘盡臣 | | |
| 1703 | | | | | | | | | 64 台湾 吳積官 | | 62 台湾 蔡二使 | | | |
| 1704 | | | | | | | | | | | 42 台湾 陳登庸 | 54 台湾 潘盡臣 | 83◎ 廣南 黃遭甫 | |
| 1705 | | | | | | | | | | | | | | |
| 1706 | | | | | | | | | | | | | 44 台湾 鄭孔節 | 87 ? ? |
| 1707 | | | | | | | | | | | | | 74 南京 黃山如 | 39 台湾 林蕘官 |
| 1708 | | | | | | | | | | | | | | 30 寧波 林蕘官 |
| 1709 | | | | | | | | | | | | | | 35 寧波 林蕘官 |
| 1710 | | | | | | | | | | | | | | |
| 1711 | | | | | | | | | | | | | | |

備註 船號即船號、◎即表示那一年初次赴日。

關於這些海商，我們顯然的可以看出有一個活動圈。如：

16陳聯官到長崎有七次，其中由廈門三次，由漳州一次，由臺灣三次。然由臺灣三次，其中一次是為客商。康熙三五年（一六九六年）那一次，卻有原發地是泉州的記載。於是我們可以推定，他是廈門、漳、泉附近為活動的中心的海商。

又26吳辰官有十三次到長崎，其中兩次不明、由廈門六次、漳州一次、為高州船的客商一次、臺灣三次，而其中康熙四一年（一七〇二年）那一年原發地是泉州。由此，我們也可以推定他也是一個廈門、漳、泉方面為活動的中心的。

48鄭衡儒有十七次到長崎，三次不明、福州三次、寧波七次、南京（即上海，日本當時的記錄，南京船即指由上海出帆的）兩次、臺灣兩次。而由臺灣兩次，其中康熙五三年（一七〇四年）那一次，有「原由南京之上海到臺灣等等」的記載。於是他雖有過由臺灣行販，他倒是寧波、上海為活動中心的。

四、這些海商的活動範圍，我們大概可以分為廈門、漳、泉為中心的，與寧波、上海為中心的。

五、同一閩南海商或華中方面的海商中，我們可以看出他們有一種聯繫，可以成為一個集群。如：

5許安官：臺灣三次、廈門一次。

12李廉官：臺灣兩次、漳州一次、柬埔寨兩次。

而一六九一年臺灣這一次是為5許安官的財副。

9陳諧官：[A] 臺灣兩次、廣南一次、暹羅一次、柬埔寨一次。

一六九〇年臺灣這一次是5許安官的副船主，

一六九二年臺灣這一次是為12李廉官的副船主，

一六九六年暹羅這一次是康嚴官的財副，而康嚴官一六九五年是14陳瑗官的柬埔寨船的副船主。

14陳瑗官：臺灣六次、漳州一次、柬埔寨一次。

A 編按—原稿寫作陳讚，據東洋文庫叢刊本《華夷變態》，頁一二三三，作陳諧。

Ⅲ-2-6

関於這些海商，我們顯然的可以看出有一個活動圈。如

16 陳歆官到長崎有七次，其中由廈门三次，由漳州一次，由臺灣三次，然由臺灣三次，其中一次是為客商，康熙三五年（一六九六年）那一次，却有可能地是泉州的記載。於是我們可以推定他是廈门漳泉附近為活動的中心的海商。

又 26 吳辰官有十三次到長崎，其中兩次不明，由廈门六次，漳州一次，為高州船的客商一次，臺灣三次，而其中康熙四一年（一七〇二年）那一年可能地是泉州。由此我們也可以推定他也是一個廈门漳泉方面為活動的中心的。

48 鄭衡儒，有十七次到長崎，三次不明，福州三次，寧波七次，南京（即上海，日本當時的記錄，南京船即指由上海出帆的）兩次，臺灣兩次。而由臺灣兩次其中康熙五三年（一七一四年）那一次有可能由南京之上海到臺灣等等的記載。於是他雖有過由臺灣行駛，他到是寧波上海為活動中心的。

4. 這些海商的活動圈我們大概可以分為廈门漳泉為中心的，與寧波上海等為中心的。

5. 同一閩南海商或華中方面的海商中，我們可以看出他們有一種聯繫，可以說是成為一個集群。如

如 5 許安官 臺灣三次，廈门一次，

12 李康官 臺灣兩次，漳州一次，柬埔寨兩次

即一六九一年臺灣這一次是為 5 許安官的財副

9. 陳鑽官，臺灣兩次，雲南一次，暹羅一次，柬埔寨一次，

一六九〇年臺灣這一次是 5 許安官的副船主。

一六九二年臺灣這一次是為 12 李康官的副船主。

一六九六年暹羅這一次是康嚴官的財副，即康嚴官

一六九五年是 14 陳瑗官的柬埔寨船的副船主。

14 陳瑗官，臺灣六次，漳州一次，柬埔寨一次。

114

一六九三年臺灣這一次是13林五官的副船主。

13林五官：臺灣兩次、宋居勝一次、廈門一次。

一六九九年臺灣這一次是21陳珍官的副船主。A

21陳珍官：臺灣兩次

一六九八年臺灣這一次是14陳瑗官的財副。

由此，這些海商都可以想是閩南的海商，而且互相有聯關的。

又如：

19楊奕官：寧波三次、臺灣一次、漳州一次。

一六九四年漳州這一次是14陳瑗官的客商。

一七〇〇年寧波這一次是39王庶常的客商。

一七〇一年寧波這一次是38郭初官是他的副船主。

39王庶常：寧波四次、不明一次、臺灣一次。

一六九九年寧波兩次，一次是41蔡二使的財副。

41蔡二使：寧波八次、泉州四次、福州一次、臺灣一次、不明兩次。

47林二官：寧波三次，不明兩次，臺灣三次（一次是寧波、一次是福州為原發地）

一七〇一年寧波這一次是41蔡二使的副船主。

一七〇八年寧波這一次是63林寔官的客商。

63林寔官：寧波兩次、臺灣一次、南京一次、不明一次。

又如：

22吳光官：高州一次、臺灣一次。

一六九九年高州，這一次是歐鼎官的客商。

23游傳孚：福州一次、廣東一次、高州兩次、臺灣一次（原發地寧波）、寧波三次。

一六九九年高州這一次是歐鼎官的副船主，而歐鼎官一七〇一年時即為林爾錫的臺灣船副船主。

一七〇〇年臺灣這一次是22吳光官的副船主。

51王天宿：寧波三次、南京三次、臺灣一次、不明二次。

一七〇〇年寧波這一次是23游傳孚的副船主。

如此，這些海商即大約以寧波等為活動中心，而其中也可能有一個關聯。B

六、關於船舶，甚多初次到長崎以外，也有許多的連年到長崎，其中如陳聯官、柯妹官、林寔官等，他們所乘的船舶都是

A 編按—原稿寫作陳珎官，據東洋文庫叢刊本《華夷變態》，頁二〇五八，作陳珍官。

B 編按—原文作「聯關」。

一六九三年，臺灣，這一次是13林五官的副船主。

13 林五官 臺灣兩次，宋居勝一次，廈門一次，

一六九九年臺灣，這一次是21陳琭官的副船主。

21 陳琭官 臺灣兩次

一六九八年臺灣，這次是14陳璞官的財副。

由此這些海商都可以想是閩南海商，而且互相有聯關的。

又如，

19 楊奕官，寧波三次，臺灣一次，漳州一次。

一六九四年漳州，這一次是14陳璞官的客商。

一七〇四年寧波，這一次是39王應帝的客商

一七〇一年寧波，這一次是38郭卯官是他的副船主。

39 王應帝 寧波四次，不明一次，臺灣一次。

一六九九年寧波兩次，一次是41蔡二使的財副。

41 蔡二使，寧波八次，另外四次，福州一次，臺灣一次，不明兩次。

47 林二官 寧波三次，不明兩次，臺灣三次（一次是寧波，一次是福州為寧波代）

一七〇一年寧波，這一次是41蔡二使的副船主

一七〇八年寧波，這一次是63林寔官的客商

63 林寔官，寧波兩次，臺灣一次，南京一次，不明一次。

又如

22 吳光官 高州一次，臺灣一次

一六九九年高州，這一次是歐鼎官的客商

23 游信官，福州一次，廣東一次，高州兩次，臺灣一次（另外也寧波）

寧波三次

一六九九年高州，這一次是歐鼎官的副船主，而歐鼎官

一七〇一年時即為林爾鍚的臺灣船副船主。

一七〇四年臺灣，這一次是22吳光官的副船主

51 王天錫 寧波三次，南京三次，臺灣一次，不明二次

一七〇四年寧波，這一次是23游信官的副船主。

如此這些海商即大約以寧波等為活動中心，而其中也可能有一個聯關。

6. 閩籍船舶，甚多的次到長崎以外，也有許多的這年到長崎。

其中如陳聯官、林某官、林寔官等，他們所乘的船舶都是

同一的。可能是有的是自己所有的船舶，其他甚多是租的。而這些船舶的航路圈卻也可以看出與海商同一的現象。

然對這些海商，我們也可以在一七〇〇年前後劃一個勢力的交代[A]線，即前期閩南的海商比較多，後期就華中的海商多。這個在臺灣的對日貿易上的閩南海商勢力的衰退，其原因是甚麼？對這個，我們須要由中國全體的對日貿易情況的變遷加以考察。今據日治時代臺北帝大的小葉田淳先生亦由《華夷變態》所作的表，即如左：（註一）

（別表）→（赴日之清船船數一覽表）[B]

據這個表，一六九七年以前，顯然的由華南各港口出帆的船比較多，以後就反之，華中船比較多。這個勢力交代的年期與在臺灣的是殆互相一致，相差是只三年。又在日本，對外國貿易是收支出超，正貨外流甚多，於是元祿元年（康熙二十七年，一六八八年）對於每年來航之中舶加以限制，即：

福建二五　廣東一〇　浙江、江蘇二五　奧地（即南海）一〇

到正德五年，又改為每年三十隻：

福建八　廣東二　浙江、江蘇一五　奧地五

如此，由中國海運全體加以考察，也可以看到對日貿易上，華南海商從前占優越的地位，到了康熙三、四十年以後顯然的衰退，代之華中的海商擡頭起來。這個華南海商勢力的衰退，其直接契機即在康熙二十三年的開海禁。自明末至康熙年間，對日本往來始終是被嚴禁的，而漳泉的海商，因其自然的條件，這個禁制卻使漳泉海商在對日貿易上占了優越的地位。然當時日本所需物資則以生絲、綢緞為大宗，其他加之以砂糖、鹿皮、蘇木、鮫皮等南方物資為其所需。所以從前這些華南海商要到日本也須豫先備辦這些江浙地方的生絲、綢緞，或要寄泊於普陀山、舟山等地，添載江浙的生絲、綢緞。而康熙二十三年的開海禁，即使江浙商人得了自由活動的機會，

A 編按──日文用語，交替、替換之意。

B 編按──參見「別表III-2-8-1：赴日之清船船數一覽表」（頁二八二）。

註一──小葉田淳，《史說日本と南支那》，p. 156-157。

同一的。可能是有的是自己所有的船舶，其他甚多是租的。而這些船舶的航路圖却也可以看出此海商同一的現象。

然對這些海商，我们也可以在一七〇〇年前後劃一個勢力的交代線。即前期閩南的海商比較多，後期就華中的海商多。這個在臺灣的對日貿易上的閩南海商勢力的衰退，其原因是甚麼，對這個我们須要由中國全体的對日貿易情況的變遷加以考察。今據日治時代臺北帝大的小葉田淳先生，亦由華夷變態所作的表即如左。(注)

(別表)→(赴日之清船船數一覽表)

據這個表一六九七年以前，顯然的由華南各港口出帆的船比較多，以後就反之華中船比較多。這個勢力交代的年期與在臺灣的是互相一致，相差是只三年。又在日本對外國貿易是收支出超，正貨外流甚多，於是元禄元年(康熙二十七年一六八八年)對於每年來航之中船加以限制，即

福建二五　広東一〇　浙江、江蘇二五　南洋(即南海)一〇

到正徳五年又改為每年三十隻

福建八　広東二　浙江、江蘇一五　南洋　五

如此由中國海運全体加以考察也可以看到對日貿易之華南海商從前占優越的地位，到了康熙三、四十年以後顯然的衰退，代之華中的海商擡頭起來。這個華南海商勢力的衰退，其直接契機即在康熙二十三年的開海禁。即自明末至康熙年間，對日本往來始終是被嚴禁的。而漳泉的海商，因其自然的條件，這個禁令却使漳泉海商在對日貿易上占了優越的地位。然當時日本所需物資則以生絲、綢緞為大宗，其他加之以砂糖、鹿皮、蘇木、鮫皮等南方物資為其所需。所以從前這些華南海商，要到日本也須預先備辦這些江浙地方的生絲、綢緞，或要寄泊於普陀山、舟山等地，添載江浙的生絲、綢緞。而康熙二十三年的開海禁，即使江浙商人得了自由活動的機會，

## 別表III-2-8-1：赴日之清船船數一覽表

| 年代 | 清舶全數 | 華南舶數 | | | 浙江江蘇 | 備註 |
|---|---|---|---|---|---|---|
| | | 福建 | 廣東 | 計 | | |
| 一六八五（康熙二四） | 八五 | 五〇 | 三 | 五三 | 二三 | |
| 一六八六（康熙二五） | 一〇二 | 三九 | 七 | 四六 | 四三 | |
| 一六八七（康熙二六） | 一三六 | 五七 | 六 | 六三 | 五八 | 一二號、一八號船不明 |
| 一六八八（康熙二七） | 一九二 | 一〇三 | 二二 | 一二五 | 五一 | |
| 一六八九（康熙二八） | 七八 | 二六 | 一一 | 三七 | 三一 | |
| 一六九〇（康熙二九） | 九〇 | 三五 | 一二 | 四七 | 三四 | |
| 一六九一（康熙三〇） | 九〇 | 二九 | 五 | 三四 | 四三 | 一號船不明 |
| 一六九二（康熙三一） | 七四 | 二七 | 八 | 三五 | 二八 | 一號船、二號船不明 |
| 一六九三（康熙三二） | 八一 | 三〇 | 八 | 三八 | 三三 | |
| 一六九四（康熙三三） | 七三 | 二五 | 九 | 三四 | 二三 | |
| 一六九五（康熙三四） | 六一 | 一八 | 七 | 二五 | 三〇 | |
| 一六九六（康熙三五） | 八一 | 二〇 | 三 | 二三 | 二九 | |
| 一六九七（康熙三六） | 一〇二 | 三九 | 一六 | 五五 | 三九 | |
| 一六九八（康熙三七） | 七一 | 一一 | 三 | 一四 | 四五 | |
| 一六九九（康熙三八） | 七三 | 一三 | 一 | 一四 | 五五 | |
| 一七〇〇（康熙三九） | 五三 | 九 | 二 | 一一 | 四二 | |
| 一七〇一（康熙四〇） | 六六 | 一〇 | 二 | 一二 | 五二 | |
| 一七〇二（康熙四一） | 四八 | 七 | 一 | 八 | 二九 | 一五號船、二八號船不明 |
| 一七〇三（康熙四二） | 八〇 | 一八 | 二 | 二〇 | 一七 | 五號船、八號船、二〇號船、二二號船、二四號船、四〇號船不明 |
| 一七〇四（康熙四三） | 八四 | 二二 | 二 | 二四 | 三七 | 一號船、六〇號船、七九號船不明 |
| 一七〇八（康熙四七） | 一〇四 | 一一 | 五 | 一五 | 六九 | 八六號船、九九號船不明 |
| 一七〇九（康熙四八） | 五七 | 四 | — | 四 | 二九 | 一號船、一五號船不明 |
| 一七一〇（康熙四九） | 五二 | 四 | 三 | 七 | 三〇 | 二〇號船、二八號船不明 |

備註：福建船中包含臺灣船

（別表）

# 赴日之清船船数一覧表

備註、福建船中包含臺灣船。

| 年代 | 清船全数 | 華南船数 福建 | 広東 | 計 | 浙江、江蘇 | 備註 |
|---|---|---|---|---|---|---|
| 一七一〇（康熙四九） | 五二 | 四 | 三 | 七 | 三〇 | 二〇艘船、二八艘船不明。 |
| 一七〇九（康熙四八） | 五七 | 四 | 一 | 四 | 二九 | 一艘船、一五艘船不明 |
| 一七〇八（康熙四七） | 一〇四 | 一一 | 五 | 一五 | 六九 | 八六艘船、九九艘船不明 |
| 一七〇四（康熙四三） | 八四 | 二二 | 二 | 二四 | 三七 | 一艘船、六〇艘船、七九艘船不明 |
| 一七〇三（康熙四二） | 八〇 | 一八 | 二 | 二〇 | 一七 | 三三艘船、二四艘船、四〇艘船 五艘船、八艘船、二〇艘船 不明 |
| 一七〇二（康熙四一） | 四八 | 七 | 一 | 八 | 二九 | 一五艘船、二八艘船不明 |
| 一七〇一（康熙四〇） | 六六 | 一〇 | 二 | 一三 | 五二 | |
| 一七〇〇（康熙三九） | 五三 | 九 | 二 | 一一 | 四二 | |
| 一六九九（康熙三八） | 七三 | 一三 | 一 | 一四 | 五五 | |
| 一六九八（康熙三七） | 七一 | 一一 | 三 | 一四 | 四五 | |
| 一六九七（康熙三六） | 一〇二 | 三九 | 一六 | 五五 | 三九 | |
| 一六九六（康熙三五） | 八一 | 二〇 | 三 | 二三 | 二九 | |
| 一六九五（康熙三四） | 六一 | 一八 | 七 | 二五 | 三〇 | |
| 一六九四（康熙三三） | 七三 | 二五 | 九 | 三四 | 二三 | |
| 一六九三（康熙三二） | 八一 | 三〇 | 八 | 三八 | 三三 | |
| 一六九二（康熙三一） | 七四 | 二七 | 八 | 三五 | 二八 | 一艘船、二艘船不明 |
| 一六九一（康熙三〇） | 九〇 | 二九 | 五 | 三四 | 四三 | 一艘船不明 |
| 一六九〇（康熙二九） | 九〇 | 三五 | 一三 | 四七 | 三四 | |
| 一六八九（康熙二八） | 七八 | 二六 | 一一 | 三七 | 三一 | |
| 一六八八（康熙二七） | 一九二 | 一〇三 | 二三 | 一二五 | 五一 | |
| 一六八七（康熙二六） | 一三六 | 五七 | 六 | 六三 | 五八、 | 一三艘、一八艘船不明 |
| 一六八六（康熙二五） | 一〇二 | 三九 | 七 | 四六 | 四三 | |
| 一六八五（康熙二四） | 八五 | 五〇 | 三 | 五三 | 二三 | |

又持有豐富的資本，加之有其地理上的優越性，於是決定了江浙海商勢力的優越性。於是，從前是華南船舶載了華南、南海物資，又要載添華中物資，寄泊於普陀山等地，到了這時候，却變了華中船舶搭載華中物資以外，因要載添華南、南海物資，開始到華南一帶至南海等地。

在臺灣對日貿易上，一向都是福建勢力所支配的，到了這時候，也江浙勢力取代之，臺灣的土產鹿皮、砂糖，後期即殆都是由這些江浙海商輸出到日本。然臺灣因開墾進捗（步），稻米的出產日趨豐富，而福建却是一個糧食依賴外地接濟的地方，於是閩南海商對臺灣的通商對象物即變為臺灣的稻米為主。如此，到了這時候，兩大宗的農產品砂糖與稻米：一即變了對日與對華北、華中的物資，與鹿皮一起由江浙海商輸出；一即因要接濟糧米，由閩南海商輸供閩地。

如此，這些海商却各有勢力圈、活動圈，又也可以看出同一地方即也有一種聯繫，於是我們也可以想既有個商業團體的組織的可能性。在大陸上，商業團體早就有「行」的發達。「行」在臺灣普通即稱「行郊」。臺灣的行郊起源，文獻上，普通是據蔡國琳撰〈臺南三郊由來〉的記載，以雍正三年臺南三郊的創立為臺灣的行郊的濫觴：（註一）

> 郊者，商會之名也。曰三郊，則臺南之大西門城外北郊、南郊、港郊之總名目也。鄭氏來臺，漳、泉之民人附島寄居，蓋以此為營商之始。康熙二十二年入清版圖，商業日興，人數來集。雍正三年入臺交易，以蘇萬利、金永順、李勝興為始，配運於上海、寧波、天津、煙臺、牛莊等處之貨物者，曰北郊，郊中有二十餘號營商，羣推蘇萬利為北郊大商；配運於金、廈兩島、漳、泉二州、香港、汕頭、南澳等處之貨物者，曰南郊，郊中有三十餘號營商，

註一 —《臺灣私法》，第3卷上，p. 154-157；伊能嘉矩，《臺灣文化誌》，下卷，p. 4。

（註）臺灣私法 第3卷上 p.154－157
伊能嘉矩：臺灣文化志 下卷 p.4

又擁有豐富的資本，加之有其地理上的優越性，於是決定了江浙海商勢力的優越性。於是從前是華南船舶載了華南、南海物資，又要載送華中物資，前往於普陀山等地，到了這時候，卻變了華中船舶搭載華中物資以外，因要載送華南、南海物資，開始到華南一帶至南海等地。

在臺灣對日貿易上，一向都是鄭氏勢力所支配的，到了這時候，也江浙勢力取代之。臺灣的土產鹿皮、砂糖，後期即殆都是由這些江浙海商輸出到日本。然臺灣因開墾進步，稻米的出產日趨豐富，介鄭氏時代卻是一個糧食依賴外地接濟的地方，於是閩南海商對臺灣的通商對象物即變為臺灣的稻米為主。如此到了這時候，而大宗的農產品，砂糖與稻米，一即商了對日與對華北、華中的物資，與鹿皮一起由江浙海商輸出，一即因要接濟糧米，由閩南海商輸供閩地。

如此這些海商，卻各有勢力圈活動圈，又也可以看出同一地方即也有一種聯繫，於是我們也可以想既有個商業團体的組織的可能性。在大陸上，商業團体早就有「行」的發達。「行」在臺灣普通即稱「行郊」。臺灣的行郊起於，文獻上，普通是據蔡國琳撰「臺南三郊由來」的記載，以雍正三年臺南三郊的創立為臺灣的行郊的濫觴。（註）

「郊者商会之名也，曰三郊，則臺南之大西門城外北郊、南郊、港郊之總名目也。鄭代臺灣漳泉之民人附島者居，蓋以此為營商之始。康熙二十二年入清版圖，商業日興，人數未集，雍正三年入臺交易，以蘇萬利、金永順、李勝興為始，配運往上海、寧波、天津、煙臺、牛莊等處之貨物者，曰北郊，郊中有二十餘號營商。舉推蘇萬利為北郊大商。配運於金廈兩島、漳泉二州、香港、汕頭、南澳等處之貨物者，曰南郊。郊中有三十餘號營商、

> 羣推金永順為南郊大商；熟悉於臺灣各港之採糴者曰港郊，……港郊中有五十餘號營商，共推李勝興為港郊大商。由是商業日興，積久成例，遂成為三郊巨號。
>
> 北郊以糖業為商，交易之地如天津、寧波、上海、煙臺、牛莊等處；南郊以油、米、什子為商，交易之地如金、廈兩島、漳、泉二州、香港、汕頭、南澳等處；港郊採糴臺灣各港之貨物，以備內地之配運。（註一）

然而在大陸上，「行」早就在唐代已經發達，至明末到清代，南北大都市設立了甚多會館或公所。如此，早在大陸上已經很發達的同業組織，在臺灣却到了清朝領臺四十二年後才成立，對這一段，我們雖然沒有一個更早的確證來推翻這事實，但是，蔡國琳所撰是光緒□年的事。[A] 又如上述，臺灣早在萬曆年間以來就有營商的事實，而且變了很活潑的國際貿易場裡的一環，一直到清朝；而自康熙三、四十年間就已經有福建、江浙間的商販活動圈的劃分，於是我們雖然文獻沒有找到一個確證的記錄，也可以推定到康熙三、四十年間，這個時候就有了三郊成立的端緒了。

A 編按—蔡國琳有關郊的敘述，曹老師認為是光緒年間士紳的說法，故想強調蔡國琳於光緒某年所撰，但確實是那一年的敘述，則待考。關於此一問題，卓克華認為臺灣舊慣調查會成立於一九〇一年，即光緒二十七年，而《臺灣私法》刊行於一九一〇年，即宣統二年，故蔡國琳說法的時間上限，可溯至光緒二十七年或其後。見卓克華，《清代臺灣行郊研究》（台北：揚智文化公司，2007），頁四一。關於臺南行郊的研究，亦可參見方豪、石萬壽等學者之論著。

註一——《臺灣私法附錄參考書》，第3卷上，p. 50-53。

（註）臺灣私法附錄參考書 第3卷上 p.50-53.

羣推金永順等南郊大商。就是於臺灣各港之採糴者曰港郊，港郊中有五十餘號營商，共推李勝興等港郊大商，由是商業日興，積久成例，遂成爲三郊巨號」「北郊以糖業等商，交易之地，如天津、寧波、上海、煙臺、牛莊等處。南郊以油、米、什子等商，交易之地，如金廈兩島、漳泉二州、香港、汕頭、南澳等處。港郊採糴臺灣各港之貨物，以備內地之配運」（註）

然而在大陸上「行」早就在唐代已經發達，至明末到清代，南北大都市，設立了甚多會館或公所。如此早在大陸上已經很發達的同業組織，在臺灣郊，到了清朝領臺四十二年後才成立，對這一般我們雖然沒有一個更早的確記來推翻這事實，但是，蔡國琳此撰是光緒年的事。又如上述臺灣早在萬曆年間以來就有貿商的事實，而且變了很活潑的國際貿易場裡的一環，及一直到清朝，而自康熙三四十年間就已經有福建、江浙的的商販活動圈的劃分，於是我們雖然文獻沒有找到一個確記的記錄，也可以推定到康熙三四十年間這個時候就有了三郊成立的端緒了。

## 三、鹿皮販賣法與用途[A]

中舶、歐舶等，到日本貿易時，原來是自由貿易，自日本因要禁絕耶穌教，採取關閉政策後，即有臨檢船隻之事。對中國商舶是寛永十三年（一六三六年），對荷蘭船是寛永十八年（一六四一年）始實施的。凡外舶到長崎時，奉行就派人臨檢，每人都要足踏天主繪像，亦要受檢點船中貨物，然後始准許上陸。關於檢查貨物，專設「目利」（即檢查人員）負責辦理，鹿皮也有設呂宋鹿皮目利十六名。（註一）所舶載來之鹿皮都須經這些人查檢後，才可以入庫。若載有呂宋鹿皮，即認為是有到過馬尼剌或由馬尼剌開來的，與西班牙人有接觸過的，有天主教徒潛入的危險，就要受訊問、處罰或驅逐出境。

西班牙所據基隆被荷蘭攻佔時，駐日荷蘭商館豫料該地有積存呂宋鹿皮，於是對日本當局請求解除關於呂宋鹿皮輸入的限制。據《出島荷蘭商館日誌》一六四二年十一月十六、十七日說：「我們以敵對行為，從西班牙人所得馬尼剌鹿皮，請辦理無限制的可以載來此地交易」，（註二）又一六四三年八月九日記載：「如此嚴厲的禁令比去年緩和……我們的皮革卸貨時不受檢查，立即收藏於倉庫。（以前是因要看其中有沒有馬尼剌的皮，須要受檢查）」，（註三）如此鹿皮載到日本時，除西班牙的敵手荷蘭有一個時機比較寬大以外，都要嚴格的受檢查後，才可以販賣。

關於貿易制度，則隨時代有許多的變遷，當初日本對外貿易是任其隨意自由交易，歐舶大約是在寄泊地由經紀買賣；特地對中商的態度甚寬大，止宿於民家，自己或令僕役肩挑商品，徘徊市中，自由買賣，也不加干涉。慶長九年（一六〇四年，萬曆三二年）對葡萄牙貿易實施生絲的割符制。後來因要禁絕耶穌教，限制開港場。元和二年（一六一六年，萬曆四四年）

A 編按—節名依據手稿目次補入。

---

註一—《通航一覽》，卷143，長崎港異國通商總括部六（國書刊行會本，第4），p. 123。

註二—村上直次郎譯，《出島蘭館日誌》，上卷，p. 326。

註三—同書，中卷，p. 7。

(註1) 通航一覧 卷143. 長崎異國通商通払部第6（國書刊行会本 第4 P.123）
(註2) 村上直次郎訳「出島蘭館日記」上巻 P326
(註3) 同書中巻 P7.



三、

中船、欧船等到日本貿易時，原來是自由貿易。自日本因要禁絕耶穌教，採取閉關政策後，即有臨檢船隻之事。對中國商船是寬永十三年（一六三六年），對荷蘭船是寬永十八年（一六四一年）始实施的。凡外船到長崎时，奉行就派人臨檢，每人都要足踏天主繪像，亦要受檢点船中貨物，然後始准許上陸。関於檢查貨物要設目利（即檢查人員）負責辦理。鹿皮也有設呂宋鹿皮目利十六名（註一），所船載來之鹿皮，都須經這些人查檢後，才可以入庫。若載有呂宋鹿皮，即認為是有到過馬尼剌，或由馬尼剌開來的。與西班牙人有接觸過的，有天主教徒潛入的危險。就要受訊問処罰或驅逐出境。

西班牙曾據基隆，被荷蘭攻佔时，駐日荷蘭商館，預料該地有積存呂宋鹿皮，於是对日本当局請求解除関於呂宋鹿皮輸入的限制。據出島荷蘭商館日記一六四二年十月十六、十七日說：「我們以敵对行為，從西班牙人取得馬尼剌鹿皮，請辦理無限制的可以載來此地交易」（註二）又一六四三年一月九日記載「如此嚴厲的禁令，比去年緩和……我們的皮革，卸貨时不受檢查，立刻收藏於倉庫（以前是因要看其中有沒有馬尼剌的皮，須要受檢查）」（註三）如此鹿皮載到日本时，除西班牙的敵手，荷蘭有一個时期，比較寬大以外，都嚴格的受檢查後，才可以販賣。

関於貿易制度則随时代有許多的变遷。當初日本对外貿易是任其随意自由交易，欧船大約是在寄泊地由經紀買賣，特地对中商的態度甚寬大，止宿於民家，自己或令僕役肩挑商品，雜個市中，自由買賣也不加干涉。慶長九年（一六〇四年，萬曆三二年）對葡萄牙貿易实施生絲的割符制。後來因要禁絕耶穌教，限制開港場。元和二年（一六一六年，萬曆四四）

葡萄牙、西班牙之市場限於長崎，荷、英兩國限於平戶，只中舶任其請求，可以隨意在各地交易。至寬永十三年（一六三六年，崇禎九年）就發布日本人海外渡航的禁令。禁葡、西兩國來日交易，對生絲的割符制度也適用於中國、荷蘭兩國。關於開港場，自寬永十三年，明舶也完全禁止抵他港，至寬永十八年（一六四一年，崇禎十四年）荷蘭商館也由平戶移轉到長崎，於是日本所許外舶之交易地，即只限於長港[A]一港而已。至明曆元年（一六五五年，順治十二年，永曆九年）絲割符制再改為自由交易的相對買賣，寬文十二年（一六七二年，康熙十一年，永曆二六年）又改採用市法買賣制度；貞享二年（一六八五年，康熙二四年）復用絲割符制度，對貿易額也開始限制；元祿十一年（一六九八年，康熙三七年）割符會所改稱為長崎會所；至正德五年（一七一五年，康熙五四年）再改行新商法。

絲割符制度時代，對生絲以外的一般貨物是以投標方法定元價，相對訂約買賣，寬文十二年以後的會所貿易時代是舶載貨物，奉行的監督下，在會所用一定的方法評定品位，議定元價，此即稱「直組商賣之法」，然後再使一般商人投標買賣。所以關於交易的一個方法的投標商賣之法，雖有各種的變遷，全期間都沒有中絕的實施。這個投標制度，或稱看板、勘板、鑑板、**Kambang**、**Cambang**、**Kambang Handel**，散見於各種文獻，（註一）其特點是舶載貨物的品目揭示於看板，商人看此目錄與貨樣投標。而投標法有如前所說，由商人直接投標，與會所用一定方法評價購買貨物，以後再使一般商人投標之二種。前者即相對買賣時代所施行的方法，與會所貿易時代一個時期對某種貨物——大部分是對脇荷物（即指荷蘭船所附載的私人貨物）所施行的方法；後者則會所貿易時代，除了生絲以外，對一般貨物所實施的方法。其手續即自寬文十二年以後的市法買賣時代，是所舶載來的貨物，先五個所之商人（即江戶、京都、大阪、堺、長崎五地方的官許指定商人）選目利十

A 編按—原稿作「長港」，應為長崎。

註一——關於看板貿易詳細，關山直太郎，〈看板（Kambang）貿易考〉，《經濟史研究》第13卷第6號（昭和10年）參照。

（註1）岡山直太郎「看板（Kambang）貿易考」（經濟史研究 第13卷 第6號）昭和10年 參照
關於看板貿易詳細



葡萄牙、西班牙之市場，限於長崎，荷英兩國限於平戶，只中船任其請求，可以隨意在各地交易。至寬永十三年（一六三六年崇禎九年）頒發佈日本人海外渡航的禁令。禁葡西兩國來日交易，對生絲的割符制度也適用於中國、荷蘭兩國。關於開港場，自寬永十三年，唐船也完全禁止於他港。至寬永十八年（一六四一年崇禎一四）荷蘭商館也由平戶移轉到長崎，於是日本政府許外船之交易地，即只限於長崎一港而已。至明曆元年（一六五五年順治十二年、永曆九年）絲割符制，再改為自由交易的相對買賣，寬文十二年（一六七二年，康熙十一年，永曆二六）又改採用市法買賣制度，貞享二年（一六八五年康熙二四年）復用絲割符制度，對貿易額也開始限制，元祿十一年（一六九八年康熙三七年）割符會所改稱為長崎會所，至正德五年（一七一五康熙五四年）再改行新商法。

絲割符制度時代，對生絲以外的一般貨物是以投標方法定元價、相對訂約買賣，寬文十二年以後的會所貿易時代是船載貨物在行的監督下在會所用一定的方法評定品位、議定元價，此即稱「直組商賣之法」。然後再使一般商人投標買賣，所以關於交易的一個方法的投標商賣之法，雖有各種的變遷，全期皆都沒有中絕的實施。這種個投標制度，或稱看板、勘板、鑑板、Kambang Cambang，Kambang Handel，散見於各種文獻（註二）其特點是船載貨物的品目揭示於看板。商人看此目錄與貨樣投標。市投標法有如前所說，由商人直接投標與會所用一定方法評價購買貨物以後再使一般商人投標之二種。前者即相對買賣時代所施行的方法，與會所貿易時代，一個時期對某種貨物一大部分是對賜荷物（即指荷蘭船所附載的私人貨物）所施行的方法。後者則會所貿易時代，除了生絲以外，對一般貨物所實施的方法。其手續即自寬文十二年以後的市法買賣時代，是由船載來的貨物，先五ケ所商人（即江戶、京都、大阪、堺、長崎，五地方的官許指定商人）選目利十

二、三人鑑查貨物，五個所商人即按據這個鑑查結果與京都等地行情，各各評價投標。然而會所即大約以五處所估值之平均價格，示知中國、荷蘭等外商，聽取其意向，若不承諾，則命載回，承諾者則收買，然後再使一般商人增價投標。這個標落的價格與前由五個所商人投標購定的價格的差額即變為會所的利益，充為長崎地方官員之薪金與町內各種費用。割符制時代，生絲以外的一般貨物原是自由買賣，所以可以投標的商人是沒有限制的。到元祿元年（一六八八年，康熙二七年）以後始限於五個所商人。當時的這個交易方法卻詳細記載於元祿三年到日本的 Kämpfer 所著《日本史》：（註一）

> 販賣我們的貨物是以如下的方法執行，看板的時日（我們的販賣，他們叫這樣）——這事須受奉行所決定——這個時日接近，就揭示一切貨物的品目於出島的外圍，這是用很大的文字寫的，相當遠方的人也可以看到。同時奉行所對市中幾個乙名（Ottona），而這些乙名再對由國內各地方來長崎，投宿於各市區的商人指示，對我們貨物，為長崎市民的利益，要課徵幾分的關稅。因此，他們就可以判斷甚麼價格，他們才可以購買的……
>
> Cambang 的前日，壁紙貼於各街路的柵門上，邀請商人明朝到出島。在出島，他們在各倉庫前可以看到倉內所藏貨物的更詳細的目錄。因為我們的交易完全是在長崎奉行的監督下，所以特別是 Cambang，設有二石的奉行的執事，以他們代理者的資格在場認可，就不能舉行。這個島的我們高級商館員也同樣要在場的。大通詞統轄及處理諸事，然我方的三個人——我是指新與舊兩個商館長與副商館長——是很少發言或不能表白。販賣時，須在場的眾人集會時，我們的商館長就命令陳列我們的合於市面的貨樣使展覽，

---

註一 —Engelbert Kaempfer, *The History of Japan*, tr. by J. G. Scheuchzer, Glasgow, 1906, vol. 2, p. 230-232.

(註) Kaempfer, Engelbert: The history of Japan; tr. by J.G. Scheuchzer. Glasgow 1906. vol 2 p230-232.



二三人，鑑查貨物。五ヶ所商人即按據這個鑑查結果與京
都等地行情，共各々評價投標。然而会所即大約以五ヶ所
估值之平均價格，示知外商，聽取其意向，若不承諾，則命
截回，承諾者，則收買（中国荷蘭等）。然後再使一般商人增價投標，這個
標落的價格與前由五ヶ所商人投標購定的價格的差額即
変為会所的利益，充為長崎地方官員之薪金與町内各種
費用。割符制時代生絲以外的一般貨物亦是自由買賣，
所以可以投標的商人是沒有限制的。到元祿元年（一六八八
年，康熙二七年）以後，始限於五ヶ所商人。當時的這個販賣文
易方法，却詳細記載於元祿三年到日本的 Kämpfer 所著「日
本史」（註）

「販賣我們的貨物是以如下的方法執行，看板的時日（我們
的販賣，他們叫這樣）——這事須受奉行所決定——
這時日接近，就揭示一切貨物的品目於出島的外圍，這
個是用很大的文字寫的。相當遠方的人也可以看到。日
時奉行所对市中幾個乙名（Ottona），亦這些乙名再
對中國內各地方來長崎投宿於各市区的商人指示，對
我們貨物，為長崎市民的利益，要課征幾分的関稅，因
此他們就可以到斷甚麼價格他們才可以購買的」。

「Combang 的前日，壁紙貼於各街路的柵門上，邀請商人
明朝到出島，在出島他們在各倉庫前可以看到
倉内所藏貨物的更詳細的目錄。因為我們的交易
完全是在長崎奉行的監督下，所以特別是 Combang
沒有二名的奉行的執事，以他們代理者的資格在場認
可，就不能舉行。這個島的我們高級商館員也同樣要在
場的。大通詞総轄及組頭諸事，然我方的三個人——我是
指新與舊兩個商館長與副商館長——是很少發言，
或不能表白。販賣时，須在場的衆人集合时，我們的商
館長就命令陪列我們的合於市面的貨樣使展覽，

然後以 Gum Gum（一種扁平的鉦）發號鈴，使商人入場。舉行交易的家屋是很優雅的建築物，以公司的費用築成的。然後移百葉窗，向街路開，使眾人可以探視內部。在這裡有走廊圍著，而這屋子劃分為數分割，為交易籌畫了很方便。交易是以如下方法實行：一次只提出一種貨物，想要買的人以匿名簽名及表示對展示的貨物各件、或各 catti、[A] 各種出售貨物的分量，有意出幾貫、幾目、幾匁、幾分、幾厘、幾毛、幾弗的銀錢，寫於票子申告。我要注意就是各商人申告幾個票子。這樣做是因為要看事情的結果怎樣，又如他懊悔較高時，[B] 可以保持一個較低的價格，因一樣這種目的，他們只以匿名簽名。又因有很多種的小額銀幣與補助幣，二種票子恰正地互相符合的事極少發生。競買人都投標了標子以後，我們的商館長就開始開標，分開較高的與較低的，然後交付充主席的大通詞，於是那個人就順次地從最高的開始高聲宣讀。他們問詢投標人三次，而假如沒有人回答，他就放於一邊，又拿其次的。如此進行，始終地取較少的，直至投標人呼叫「我來了」。於是進去簽文書，又以黑的墨水蓋他的真正名字，這東西，日本人因同樣的目的，常常地帶在身上的。展示的貨物售出，就以一樣方法進行其他貨物，如此繼續，直增加至國王認可總額。貨物的出售平常是經過二、三天的看板 Cambang，稀少地要四天或數天的。售出的貨物，各 Cambang 的翌日，遞交購買人，從我們的島嶼搬出。

A 編按——catti 應為重量單位，或寫作 catty、kati，即臺灣使用之「斤」，約合六百公克。

B 編按——「懊悔較高時」意指商人報怨價格過高的時候。

所以鹿皮的販賣，除極早時期日本的貿易法未確立時，以自由互相訂約以外，大約也如上述，或以自由投標，或由官定商人評價購買後，再以投標的方法販賣。據《出島蘭館日誌》一六四一年九月二十二日有記載：

約在正午時，依投標售出臺灣鹿皮、東埔寨肉豆蔻、雌黃、伏苓、galica、蘇枋木的一部份、砂糖、丁子及胡椒，都甚廉價。（註一）

註一——村上直次郎譯，《出島蘭館日誌》，上卷，p. 118。

然後以 Gum Gum（一種扁平的鉦）敲打報鈴，使商人入場。舉行交易的家屋是很優雅的建築物，以公司的費用築成的。然後務百葉窗，向街路開，使外部人可以採視內部。在這裡有走廊圍着，而這屋子劃分為數分割，為交易等劃了很方便。交易是以如下方法實行。一次只提出一種貨物，想要買的人，以匿名發名及表示對展示的貨物各件或者 Cattie，各種出售貨物的分量，有意出幾貫錢目幾匁幾分，幾厘幾毛錢，再將銀錢寫於票子申告。我要注意就是各商人申告幾個票子。這樣做是因為要看事情的結果怎樣，又如他懊悔較高時，可以保持一個較低的價格，因一樣這種目的，他們只以匿名發名。又因有很多種的小款銀幣與補助幣，二個男子恰正地互相符合的事極少發生。競買人都投標了標子以後，我們的商館長就開始開標，分開較高的與較低的，然後交付充主席的大通詞，於是那個人就順次地從最高的開始高聲宣讀。他們問詢投標人三次，而假如沒有人回答，他就放掉一邊，又拿其次的。如此進行，始終地取較少的，直至投標人呼叫「我來了」。就是遞去發文書，又以黑的墨水畫他的真正名字，這東西，日本人因同樣的目的常常地帶在身上的。展示的貨物售出，就以一樣方法進行其他貨物，如此繼續，直增加至國王認可總額貨物的出售，平常是經過二三天的看板 Conbang，稍少也要四天或數天的。售出的貨物，各 Conbang 的翌日通交購買人從我們的島嶼搬去。」

認以鹿皮的販賣，除極早時期日本的貿易法未確立時，以自由互相訂約以外，大約也如上述或以自由投標，或由官定商人評價購買後再投標的方法販賣。據出島蘭館日誌一六四一年九月二十日有記載以「約在正午時，依投標售出臺灣鹿皮、柬埔寨、肉豆蔻、雌黃、茯苓、galiga、蘇枋木的一部份、砂糖、丁子及胡椒。都甚廉價」（註）

（註）村上譯 出島蘭館日誌 上卷 p118.

又同年十一月五日，臺灣發的 Zaijer 號入港，途中屢次的遇了颱風，所載臺灣鹿皮多數濡濕、腐朽。十一月九日卸貨，十一月十一日得了販賣的許可：

於是命通詞，因明朝要販賣，列下記貨物，照例揭示

| | |
|---|---|
| 臺灣鹿皮 | 二〇，〇〇〇張 |
| 冰糖 | 四〇，〇〇〇斤 |
| 黑砂糖 | 九，〇〇〇斤 |
| 牛皮 | 一，三五〇斤 |
| 肉桂 | 三，三〇〇斤 |
| 鮫皮 | 一，二〇〇張 |

翌十二日的日誌記載：

前記貨物示明商人，約在日沒前二點鐘時，以如下價錢售出。即臺灣產鹿皮內多數蟲蛀又濡濕的

| | | | | |
|---|---|---|---|---|
| 上等品 Cabessa | 一百張 | 二三盾 | 〇 | 〇 |
| 中等品 Bariga | 一百張 | 一〇 | 五 | 〇 |
| 下等品 Pees | 一百張 | 六 | 〇 | 〇 |
| 肉桂 | 一百斤 | 八 | 七 | 五 |
| 水牛皮 | 一百張 | 四三 | 〇 | 〇 |
| 冰糖 | 一百斤 | 四 | 五 | 八 |
| 赤嵌黑砂糖 | 一百斤 | 一 | 三 | 七 |
| 鮫皮 | 一百張 | 二一 | 〇 | 〇（註一） |

如此，鹿皮的販賣是以投標的。

然而鹿皮交易時，價格普通是以一百張為單位。可是實際的包裝不必是一百張為一捆，有的是五十張為一捆，或四十張為一捆，而這樣時，評價也是以一百張為單位。一六一五年六月二十九日駐於京都的荷蘭商館員對平戶商館長報告的商情中，有如左關於鹿皮販賣的行情：（註二）

| | | |
|---|---|---|
| 一捆五十張的鹿皮 | 五百張 | 一百張銀二十兩 |
| 一捆五十張的鹿皮 | 一千七百張 | 一百張　十八兩 |
| 一捆四十張的鹿皮 | 一千張 | 一百張　三十兩五 |

---

註一—村上直次郎譯，《出島蘭館日誌》，上卷，p. 162-172。

註二—岡田章雄，〈近世に於ける鹿皮の輸入に関する研究〉所引海牙檔案館所藏檔案，《社會經濟史學》，第7卷第7號，p. 118。

(註1) 村上直次郎「出島蘭館日誌」上卷 P.162—172.
(註2) 岡田章雄：近世に於ける鹿皮の輸入に関する研究 所引 海牙檔案館所藏檔案（社会經濟史学 第7卷第7号 P.118）



又同年十一月五日、臺灣船Zeeburg號入港、途中屢次的遇了颱風，所載臺灣鹿皮多數濡濕、腐朽。十一月九日卸貨，十一月十一日得了販賣的許可。

「於是命通詞囑咐朝晏販賣，列下記貨物四例揭示。

| | |
|---|---|
| 臺灣產鹿皮 | 二〇、〇〇〇張 |
| 冰糖 | 四〇、〇〇〇斤 |
| 黑砂糖 | 一九〇、〇〇〇斤 |
| 牛皮 | 一、三五〇斤 |
| 肉桂 | 三、三〇〇斤 |
| 麂皮 | 一、二〇〇張」 |

翌日的日記記載

「前記貨物、示以商人、約在日沒前二点鐘時，以如下價錢售出。

印 臺灣產鹿皮內多數己蛀又濡濕的

| | | | |
|---|---|---|---|
| 上等品 | Cabessa | 一百張 | 二三佰〇〇 |
| 中等品 | barriga | 〃 | 一〇、五〇 |
| 下等品 | pees | 〃 | 六、〇〇 |
| 肉桂 | | 一百斤 | 八、七五 |
| 水牛皮 | | 一百張 | 三、〇〇 |
| 冰糖 | | 一百斤 | 四、五八〇 |
| 赤嵌黑砂糖 | | 一百斤 | 一、三七 |
| 麂皮 | | 一百張 | 二一、〇〇」(註) |

如此鹿皮的販賣是以投標的。

然而鹿皮交易時，價格普通是以一百張為單位。可是實際的包裝不外是一百張為一捆，有的是五十張為一捆，或四十張為一捆。而這樣時，評價也是以一百張為單位。一六五五年六月二十九日，駐在京都的荷蘭商館員，對平戶商館長報告的商情中有如左關於鹿皮販賣的行情（註三）

| | | | |
|---|---|---|---|
| 一捆五十張的鹿皮 | 五百張 | 一百張 | 銀二十兩 |
| 一捆五十張的鹿皮 | 一千七百張 | 一百張 | 十八兩 |
| 一捆四十張的鹿皮 | 一千張 | 一百張 | 三十兩五 |

鹿皮的價格，看其品質與舶載途中的保存程度，是不一定的。如上述Zaijer號所載臺灣鹿皮，因有蛀穴與濡濕，其價格，上等品即只二三盾，是等於當時的銀八兩而已（當時的匯率五十stuiver即一兩），但是這並不是平常的，這可以說是一個特殊例外的。一六一四年十一月二十五日，平戶的英國商館長Richard Cox給在太泥的英國商館員Adam Denton的書信中，所記載關於鹿皮的行情是一百張三十兩，（註一）[A]又同日Richard Cox給要到暹羅的Wickham的書信中有記載：

老兄，如購買鹿皮，請要選大的而沒有蛀穴的，（我所聽）目下鹿皮是大小攙雜在塊兒，是一百張三十兩。（註二）

又一六一五年十二月六日的Cox送給暹羅的英國商館員的書信中，鹿皮的行情是一百張三十兩乃至三三兩，（註三）據van Dam的《東印度公司誌》所記載的行情，即：（註四）

| | | |
|---|---|---|
| 一六二五年 | 暹羅鹿皮 | 一百張 二二兩 |
| | 臺灣鹿皮 | 一百張 二一兩 |
| 一六二六年 | 臺灣鹿皮 | 一百張 二六兩 |
| 一六三〇年 | 暹羅鹿皮 | |
| | 大鹿皮（Cavallos de matta 't cento） | 一百張 五〇兩 |
| | 上等品 | 一百張 四〇兩 |
| | 中等品 | 一百張 三二兩 |
| | 下等品 | 一百張 二〇兩 |
| | 臺灣鹿皮 | 一百張 三二兩 |

如此鹿皮的販賣價格，大約平均是三十兩內外的。

關於鹿皮販賣的利益，一六一四年至一六一七年間，平戶的英國商館所辦暹羅鹿皮，則：購買價格一百張是九兩五至一一兩八，販賣價格是一百張二二兩二至二六兩，純利是十二、三成的。（註五）據一六三五年關於在日本可以有銷路的中國貨數量的豫測與購買價格、販賣價格的荷蘭報告書

A 編按—左頁原手稿右下角有兩行字「新曆12.5/舊慶長19.11.5//」，意即日文之慶長十九年十一月五日是西元一六一四年十二月五日，這是岩生成一編譯《慶元イギリス書翰》書中的體例，即每一封書信之標題中，會附上英、日曆的對照。此處引用一六一四年十一月二十五日之信，曹老師亦寫下書中所附之日曆對照，見同書，頁三〇四。

---

註一—岩生成一譯，《慶元イギリス書翰》，昭和4年，異國叢書第4卷，p. 307。
註二—同書，p. 313。
註三—同書，p. 461。
註四—Pieter van Dam, *Beschryvinge van de Oostindische Compagnie, uitgegeven door F.W. Stapel*, 1931, Boek 2, deel 1, bl. 415-416.
註五—村上直次郎，《貿易史上の平戶》，p. 99。

(註1) 岩生成一譯：慶元イギリス書翰 昭4.（異國叢書） P.307
(註2) 同書 P.313
(註3) 同書 P.461
(註4) Van Dam, P.: Beschryvinge van de Oostindische Compagnie; uitgegeven door F.W. Stapel. 1931. Boek 2. Deel 1. p.415–416.
(註5) 村上直次郎：貿易史上の平戶 P.99

鹿皮的價格，看其品質與船載途中的保存程度，是不一定的。如上述Daijos所記載臺灣鹿皮，因有蛀穴與濕氣，其價格，上等品即只二三倍，是等於當時的銀八兩而已（當時的匯率是五十stuivers即一兩）。但是這並不是平常的。這可以說是一個特殊例外的。一六一四年十二月二十日平戶的英國商館長Richard（寫給在大泥的英國商館員Adam Denton的書信中的記載關於鹿皮的行情是一百張三十兩（註一） 又同日Richard（寫給要到暹羅的Wickham的書信中，有記載「老兄，如購買鹿皮，請要撰大的而沒有蛀穴的（我的聽）目下鹿皮是大小攪雜在塊兒，是一百張三十兩」（註二）
又一六一五年十一月六日的（寫送給暹羅的英國商館員的書信中鹿皮的行情是一百張三十兩乃至三三兩（註三） 據Van Dam的東印度公司誌的記載的行情即（註四）

| | | | |
|---|---|---|---|
| 一六五五年 | 暹羅鹿皮 | 一百張 | 三三兩 |
| 〃 | 臺灣鹿皮 | 〃 | 二一兩 |
| 一六二六年 | 臺灣鹿皮 | 〃 | 二六兩 |
| 一六三〇年 | 暹羅鹿皮 | | |
| | 大鹿皮（Cavallos de matta & conto） | 一百張 | 五〇兩 |
| | 上等品 | 〃 | 四〇兩 |
| | 中等品 | 〃 | 三三兩 |
| | 下等品 | 〃 | 二〇兩 |
| | 臺灣鹿皮 | 〃 | 三二兩 |

如此鹿皮的販賣價格，大約平均是三十兩內外的。
關於鹿皮販賣的利益，一六一四年至一六一七年當平戶的英國商館所辦暹羅鹿皮則（註五）
購買價格 一百張是九兩五至十一兩八 販賣價格是一百張三三兩二至三六兩
純利是十二、三成的。據一六三五年關於在日本可以有銷路的中國貨數量的預測與購買價格、販賣價格的荷蘭的報告書

（昭12.5
旧寫於19.11.5）

說：（註一）

鹿皮十萬張，一百張購買價格十兩，販賣價格二六兩。

而這個純利是有十六成，一六三六年荷蘭所辦的行情是：（註二）

| | | 購買價格 | 販賣價格 |
|---|---|---|---|
| 臺灣鹿皮 | 上等品 | 四六盾 三〇 | 一二八 五五〇 |
| 同 | 中等品 | 三九 六八 | 九六 一八〇 |
| 暹羅鹿皮 | 上等品 | 四八 〇〇 | 一二八 五〇 |

臺灣鹿皮上等品的純利是十八成強，中等品是約十五成，暹羅鹿皮上等品是約十七成的純利。※A 若如第二章所說，由 Junius 等在臺灣現地先支出銀錢，對漢人的鹿獵放款，而收貨時是以大小攙雜，一百張以十 real（當時的七兩三）算，而當時平均以三十兩販賣者，其利益就有三十一成的純利。又由臺灣土人當為貢納課徵的，荷蘭是一點錢也不花，其利益就更要大了。

如此，鹿皮在日本是很有銷路而且很有力的貨物，其所需用途原來是用於：

第一、照原皮用於敷皮、鞍蔽、行縢等。

鞍蔽、行縢、敷皮之類，公方樣、吉良殿三職等眾，用虎皮、豹皮；平人即用鹿皮。（《貞丈雜記》皮類之部）

第二、鞣染為菖蒲革、正平革、紅革等熟皮，用於甲冑、韘（即決拾）等弓具、鞍、韘等鞍具及裝劍等。

菖蒲革，世事談曰：在城州八幡山麓，大谷染也。……以鹿皮製之，色黑綠也……本來甲冑用之，近世用之於卷刀柄，或專用於下げ緒。（喜田川守貞，《類聚近世風俗志》第三十編）

而當時日本恰是戰國時代，此種軍需品的需要激增，於是戰國諸侯注意獲得原料的鹿皮，又因群雄割據，諸侯採取富國強兵策，從前未開拓的關東、奧羽等偏僻地方，到這時也逐漸的開拓進展，與鹿皮需要的激增相關涉，致使國內鹿的減少，不能應其需要，於是須要仰賴舶來皮革的供應，鹿皮就變了日本人到南海通商的一個主要目的，也變了中舶及歐舶的對日貿易的一主要商品。

註一—岩生成一，《近世初期の對外關係》，p. 75。

註二—村上直次郎，《貿易史上の平戶》，p. 99。

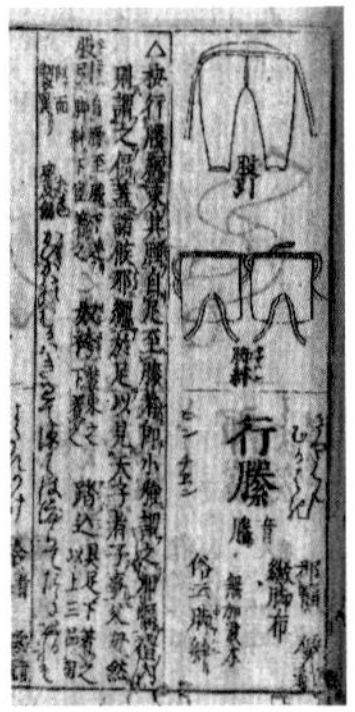

「行縢」是指日本人於旅行、狩獵時，包於腿的布或皮革；十二世紀以來日本武士於騎乘馬匹作戰、狩獵時，由腰至腳，亦會包著長的鹿類皮革。（臺灣大學圖書館提供）

A 編按—此處有一插入資料之符號※，此資料應是原稿編號第四十二頁，即左圖。

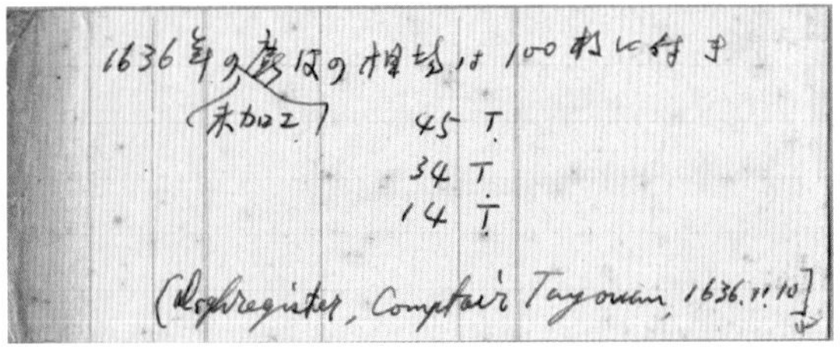


一六三六年未加工鹿皮的行情，每百枚是四十五兩、三十四兩、十四兩（Dagh-Register, Comptoir Tayouan, 1636.11.10.）。B

B 編按—這條史料是指臺灣鹿皮在日本出售的行情，是老師自臺北帝大所藏之荷蘭東印度公司檔案照片中檢出。亦見於江樹生譯註，《熱蘭遮城日誌》第一冊（臺南：臺南市政府，2000），頁二六八。手稿中「未加工」一語應是「無損壞」之意。

（註1） 岩生成一：近世初期の対外関係 P.75.
（註2） 村上直次郎：貿易史上の平戸 P.99



說（註二）

「鹿皮十万張，一百七十貫價格十兩　販賣價格二六兩」

而這個純利是有十六成。一六三六年荷蘭所辦的行情是（註三）

| | | 購買價格 | 販賣價格 |
|---|---|---|---|
| 臺灣鹿皮 | 上等品 | 四六、三、口 | 一二八、五五、口 |
| 同 | 中等品 | 三九、六、八 | 九六、一八、口 |
| 暹羅鹿皮 | 上等品 | 四八、口、口 | 一三八、五、口 |

臺灣鹿皮上等品的純利是十八成強，中等品是約十五成，暹羅鹿皮上等品是約十七成的純利。若如由 Smmo 等先支出銀（在臺灣現地）錢對漢人的鹿獵放款，而收貨時是以大小攙雜一百張以十兩（當時的七兩三）算，而平均以三十兩販賣者，其利益就有三十一成的純利。又由臺灣土人直接貢納課征的，荷蘭是一文錢也不花，其利益就要更大了。

如此鹿皮在日本是很有銷路而且很有利的貨物，其所需用途元來是用於

第一　照原皮用於敷皮、鞍韉、行縢等。「鞍韉、行縢、敷皮之類，公方樣、吉良殿及三職等所用虎皮、豹皮，平人即用鹿皮」（貞丈雜記三之部）

第二　鞣製為菖蒲革、正平革、紅革等熟皮，用於甲冑、鞢（即決拾）等弓具，鞍鞢等鞍具及裝劍等。「菖蒲革　世事談曰：在城州八幡山麓，大谷染也。……以鹿皮製之，色黑綠也。……本來甲冑用之，近世用之於袋物，或專用於下げ緒」（喜田川守貞：類聚近世風俗志第二十編）

而當時日本恰是戰國時代，此種軍需品的需要激增，於是戰國諸侯注意獲得原料的鹿皮。又因群雄割據，諸侯採取富國強兵策，從前未開拓的關東、奧羽等偏僻地方到近世也逐漸的開拓進展，與鹿皮需要的激增相關連，致使國內鹿的減少，不能應其需要，於是須要仰賴舶來皮革的供應。鹿皮就變了日本人到南海通商的一個主要目的，也變了中船及歐船的對日貿易的一主要商品。

戰國時代經過了織田、豐臣時代，到了德川時代，日本國內也變了太平，對軍需品的需要也銳減，同時，國內的風俗變了華美、奢侈，武士、一般商賈就流行使用以鹿皮製的革羽織、革足袋、革しきれ等類。日本的風俗，一般的武士與平民元來是甚素朴，如鞋履等類，平民是不用，都赤足，武士階級普通是用足半草履。[A]

其人兇狡無信，性貪譎，輕生好殺，人佩一短刀，黥面文身，頭盡去髮，惟頂上稍留，趾如中國人，而草履多圓，僅蔽足指，根不著地，以便跳躍。（《異稱日本傳》，卷中二所引《兩朝平攘錄》，卷四）（註一）

鞵則無跟，如羅漢所著者，或者以細蒲為之。（《嬉遊笑覽》，卷二中所引癸申雜識別集）（註二）

因為足半草履的使用，不管平時或戰時很便利於活動，與武士階級是有非常密接的關係，其使用即變了對貴人、主人、或對別人是一項禮節的事，武士階級是很普遍使用之。然而到了豐臣時代，年久的戰亂平息，變了和平的時世，先由武士階級等流行使用革しきれ等，於是因要維持使用適於實用的足半草履起見，豐臣秀吉到天正十四年（一五八六年，萬曆十四年）正月十九日發佈使用革しきれ的禁令：（註三）

諸武士一切禁止使用しきれ，陪從時須用足半草履，底下人、小价平常須用足半草履。

而這個禁令倒也不能阻止其使用。到了德川時代，足半草履就由都市完全消滅。

如此，近世初期軍需品的需要銳減，又因為鹿皮供應的豐富與風俗的流行變遷，於是鹿皮轉換其用途，變了使用於皮裘（革羽織）、皮韈（皮足袋）及各種皮袋類（如錢褡、烟革袋等）：

今按野人以鹿皮為半靴，名曰多鼻。（《倭名抄》單皮之項小注）（註）[B]

却說一百年以來的風俗想比起來，別事暫且不論，江戶人

---

註一—《改定史籍集覽》，第11冊，p. 191。
註二—《日本隨筆大成》，第2期別卷上，p. 223。
註三—松永貞德，《戴恩記》上（《續群書類從》第32輯下），p. 611。

尻切（しきれ）是一種將皮革貼於鞋底的草鞋。《和漢三才圖會》作者解釋此種鞋的特色是「尾窄尖」。（臺灣大學圖書館提供）

A　編按—足半草履（あしなかぞうり）是一種草鞋，長度只有腳底長的一半，穿於腳的前半端。

B　編按—曹老師僅寫明要加「註」，但未寫出處，按《倭名抄》指《倭名類聚鈔》，此處引文出自「單皮履」條之小字注，參見《嬉遊笑覽》，卷二上，服飾所引，《日本隨筆大成》，第二期別卷上，頁二一六，與下頁諸條史料出處相同。

(註1) 改定史籍集覽 第11冊 P.191.
(註2) 日本隨筆大成 第2期 別卷 2. P.223.
(註3) 松永貞徳 戴恩記 上（續群書類從 第32輯下）P.611.

戰國時代，經過了織田豐臣時代，到了德川時代，日本國内也變了太平，對軍需品的需要也銳減，同時國内的風俗變了華美奢侈，武士一般商賈就流行使用以鹿皮製的革羽織、革足袋、革しきれ等類。日本的風俗，一般的武士與平民，衣束是甚素朴，如鞋履等類，平民是不用都赤足。武士階級普通是用足半草履。

「其人兇狹無信，性貪讒，輕生好殺，人佩一短刀，黥面文身，頭盡去髮，惟頂上稍留，跣如中國人，亦草履多圖、僅蔽足指，根不著地，以便跳躍」（異称日本伝卷中二所引兩朝平攘錄卷四）（註一）

「蠻則無跟，如羅漢所着者，或者以細蒲為之」（嬉遊笑覽卷二中所引癸申雜識別集）（註二）

因為足半草履的便用，不管平時或戰時，很便利於活動，與武士階級是有非常密接的関係，其便用即變了對貴人、主人或別人，是一項禮節的事。武士階級是很普遍使用之。然而到了豐臣時代，無人的戰亂平息，變了和平的時世，先由武士階級等流行使用革しきれ等，於是因要維持使用適於實用的足半草履起見，豐臣秀吉，到天正十四年（一五八六、萬曆十四年）正月十九日發佈便用革しきれ的禁令。（註三）

「諸侍しきれはくこと一切停止せ、御供之時は足なかはくべし、中間小者は不断あしなかたるべき事」

「諸武士一切禁止便用しきれ，陪從時須用足半草履，底下人，小所平常須用足半草履」

而這個禁令倒也不能限止其便用，到了德川時代足半草履就由都市完全消滅。

如此近世初期軍需品的需要銳減，又因鹿皮供應的豐富與風俗的流行變遷，於是鹿皮轉換其用途，變了便用於皮衣（革羽織）皮韈（皮足袋）及各種皮袋類（如錢袋、烟草袋等）

「今按野人以鹿皮為半靴，名曰多鼻」（倭名抄，單皮之項小注）註

「却說一百年以來的風俗，想此起來刑事暫且不論，江戶人

的風俗，特地與昔日差的太遠了，我的親近人中，生於慶長、元和年間的人，無論男或女，寬永年間為其壯年的男，冬天即以皮裘、皮袴為美服，女人即穿紫色繩子的襪子為美裝，這個襪子我幼少時還留在。（《春臺獨語》）（註一）

古昔足袋（襪子）以皮作，女人在公眾席間時，用紫革的，叫做紫足袋，下民的女人很不容易穿的，這個紫足袋風行到寬文、延寶年間。（《近代筆談》）（註二）A

古昔的小姐即用紫足袋，再穿尻切（シキレ）。（《色芝居双紙》）

到正德年間，革韈有兩種，小人皮（即麞皮）薄而肌濃，又柔，是唐皮的。

暹羅皮也舶來皮，比小人皮厚而柔，下品，自享保年間以來，舶來皮一切都沒有。（《我衣》）（註三）

然這些東西所用的鹿皮即如：

按鹿皮作革，以作皷、鞠、韈、裘等，其用最多。但倭鹿皮薄小而肌不濃也，凡暹羅、柬埔寨、咬𠺕吧（即爪哇）、太泥、太冤（即臺灣）等西南夷每年來鹿皮、野馬皮、麑皮等，大約二十餘萬枚，以暹羅鹿、麞之皮為最上，其野馬皮肌厚麤而為最下。（《和漢三才圖會》卷之三十八獸類鹿）

其皮以鹿為上，暹羅鹿次之，山馬皮為下……但倭鹿皮薄小，肌麤理而不佳。（同書卷之三十履襪）

古昔皮足袋，價廉而且兩三年也不破，近代的是倭革足袋，價高而又破的快。（《我衣》）

如此舶來皮革比日本的鹿皮，一者即強韌、柔軟而且比較有耐久性，二者即因供應豐富，價格比較低廉，於是臺灣鹿皮以及暹羅、及其他南洋各地鹿皮在日本受歡迎，變了甚重要的輸入品目，然直接、關B接的對臺灣各地的原產地之社會、經濟上，也有甚多的作用、影響了。

A 編按—此條史料原出自十八世紀菊岡沾涼的《近代世事談》，手稿誤植為《近代筆談》。

B 編按—應為間字。

---

註一—《嬉遊笑覽》，卷二上，服飾所引，《日本隨筆大成》，第二期別卷上，p.216-218。

註二—《嬉遊笑覽》，卷二上，服飾所引，《日本隨筆大成》，第二期別卷上，p.216-218。

註三—《嬉遊笑覽》，卷二上，服飾所引，《日本隨筆大成》，第二期別卷上，p.216-218。

的風俗，特地與昔日差的太遠了。我的親近人中，生於慶長、元和年間的人，無論男或女，寛永年間者，其壯年的男，冬天即以皮衣、皮袴為美服，女人即穿紫色繩子的襪子為美裝，這個襪子我幼小時還留在」（吾甚於語）（註一）

「古昔足袋（襪子）以皮作，女人在公衆場間時用紫革的，叫做紫足袋，下民的女人很不容易穿的，這個紫足袋風行到寛文、延寶年間」（近代筆談）（註二）

「古昔的小姐，即用紫足袋，再穿尻切」（色芝居双紙）（註三）

「到了正德年間，革襪有兩種，小人皮（即麞革皮）薄，而肌濃又柔，是鹿皮的。還羅皮也舶來皮，比小人皮厚而柔下品，自享保年間以舶來皮一切都沒有」（我衣）（註四）

然這些東西所用的鹿皮即如

「按鹿皮作革，以作鼓、鞠、韈、裘等，其用最多。但後鹿皮薄小，而肌不濃也，只還羅、東埔寨、咬𠺕吧（即八哇）太泥、大寃（即臺灣）等，西南夷每年來鹿皮，野馬皮麂皮等大約二十餘萬枚，以還羅麂，麞革之皮為最上，其野馬皮肌厚，麂而為最下」（和漢三才圖會卷之三十八獸類鹿）

「其皮以麂為上，還羅鹿次之，山馬皮為下……但後鹿皮薄小肌麤理而不佳」（同書卷之三十麂韈）

「古昔皮足袋，價廉而且兩三年也不破，近代的是後革足袋，價高而又破的快」（我衣）

如此舶來皮革比日本的鹿皮，一者即強韌柔軟而且比較有耐久性，二者即因供應豐富，價格比較低廉，就是臺灣鹿皮以及還羅，及其他南洋各地鹿皮在日本受歡迎，變了甚重要的輸入品目，然直接間接的臺灣各地的社會、經濟上也有甚多的作用影響了。

# 結語[A]

如上所說，未開拓的處女地與外來文化民族的交易關係，在美洲也印地安人與西歐人以獸皮開始這個關係一樣，當時的臺灣，即以豐富的鹿皮與外來文化民族交涉。

然而當時，日本自戰國時代以來，為兵器，鹿皮的需要甚多，終就其供給求於國外。戰國時代告終，日本國內和平以後，安土、桃山時代的豪奢時代繼之，到了江戶時代，其間，軍需品的鹿皮轉向為被服、足袋（襪子）、袋物（荷包）等日本人生活的必需品。因這個甚大的需要，鹿皮成了當時的遠東國際貿易場裡的重要商品。

又臺灣也自這當兒，因其地理的關係，被各國重視，變了遠東的國際貿易場裡的重要腰站。中、日、荷、西、英等各國，圍繞這個臺灣，有多種多樣的交涉、葛籐。其豐富的鹿皮，在其中有了重要的作用。鹿皮是臺灣的重要出口品，對這個，我們已經在第一章尋了這個經過；而鹿皮怎樣貿易，對這個，在第二、三章已經稍稍考察了幾個問題。如上所述，臺灣的鹿皮，在當時的國際商場裡，與臺灣的地理的條件相干，於經濟史上，其意義是甚大的。

然而另外，臺灣的鹿是土人的重要獵獸，又鹿皮幾乎是唯一的他們的經濟的財，所以鹿皮貿易，多少都沒有與土人的種種的接觸交涉，就不能辨了。

漢人早就與臺灣土人接觸，從事交易，而荷蘭的據臺，使單純的漢番交易關係的相貌變質了。荷蘭逐漸的，因要獨佔其貿易，掌握了對臺灣的政治的支配，於是關於鹿皮貿易，也演成了漢、荷、蕃三種族間的結合或離反。[B] 在這種情形之下，荷蘭，他的強大的武力為背景，努力臺灣經營，對這個，漢

A 編按—手稿目次之章名寫作「結言」。

B 編按—日文用語，背叛之意。

# 結論

如上所說、未開拓的處女地、與外來文化民族的交易關係、在美洲也印第安人與西歐人、以獸皮開始這個關係一樣、當時的臺灣、即以臺灣的鹿皮與外來文化民族交涉。

然而當時、日本自戰國時代以來、為兵器、鹿皮的需要甚多、然就其供給求於國外。戰國時代告終、日本國內和平以後、安土、桃山時代的豪奢時代繼之、到了江戶時代、其間、軍需品的鹿皮、轉向為衣服、足袋（襪子）、袋物（荷包）等日本人生活的必需品。因這個甚大的需要、鹿皮成了當時的遠東國際貿易場裡的重要商品。

又臺灣也得這處兒、因其地理的關係、被各國重視、變了遠東的國際貿易場裡的重要腰站。中日荷西英等各國、圍繞這個臺灣、有多種多樣的交涉萬端。其豐富的鹿皮、在其中即有了重要的作用。鹿皮是臺灣的重要出口品、對這個、我們已經在第一章、尋了這個經過、而鹿皮怎樣貿易、對這個、在第二、三章已經稍稍考察了幾個問題。如上所述、臺灣的鹿皮、在當時的國際商場裡、與臺灣的地理的條件相干、於經濟史上、其意義是甚大的。

然而另外、臺灣的鹿是土人的重要獵獸、又鹿皮幾乎是唯一的他們的經濟的財。所以鹿皮貿易、多少都沒有與土人的種種的接觸交涉、就不能辦了。

漢人早就與臺灣土人接觸、從事交易、而荷蘭的據臺、使單純的漢番交易關係的相貌變貌了。荷蘭逐漸的、因要獨占其貿易、掌握了對臺灣的政治的支配、於是關於鹿皮貿易、也演成了漢、荷、番三種族間的結合或離反。在這種情形之下、荷蘭、他的強大的武力為背景、努力臺灣經營、對這個、漢人也在經濟的部分，介在於土人與荷蘭之間，漸漸的確立了他們的生活圈。如此，在於荷蘭印度[A]一樣，在台灣，好像也可以想要形成所謂複合經濟社會。——其間，雖有由郭懷一等的漢人勢力驅逐荷蘭勢力的嘗試，不過因為荷蘭持有強力的武力，容易的被破。在這時，華南海上掌握強大勢力的鄭成功攻臺，於是荷蘭勢力被驅逐，臺灣的漢人勢力立了鞏固的基礎，以後就屹然不動。[B]其中雖有日本的攫取時期，[C]對於漢人生活圈，根底一也沒有變換（到現在）。

撤退臺灣以後的荷蘭，在遠東貿易上，喪失了重要的仲繼點；嗣之，在日本的貿易制限與因康熙二十三年開海禁，造成華中海商活潑的對日貿易，致荷蘭的遠東運送貿易更衰退。荷蘭的興衰是依存於東印度公司的獨占貿易，遠東貿易是他的這個貿易的重要的一環，而這個遠東貿易的趨向衰退，使當時世界最大的海運國荷蘭，變了像現在的二、三流國——雖荷蘭的衰退，是在歐洲的英國的崛起為主因，而鄭成功的攻臺也是其一個遠因，而且確立了臺灣的漢人生活圈，免陷於歐人植民地。如此觀起來，鄭成功的攻臺，由抗清復明的復興基地的觀點以外，其所含的世界史的意義，可以說是非常大。

一面我們也不能忘記，鄭成功的攻臺以前，已經不屈瘴煙毒癘，在荷、蕃之間，逐步的形成了漢人社會的、臺灣開拓的、無數的無名戰士的功績。於是經過了鄭、清時代，漢人的臺灣拓殖進捗〔步〕，西部平野差不多都被開拓，鹿皮貿易也即衰滅了。如上看起來，漢人的臺灣鹿皮貿易的活動，是漢人的臺灣開拓的前奏。如此，臺灣鹿皮貿易於社會史上，其意義也甚大。

以後，臺灣即進了以農為本的漢人社會的經營、建設時期，臺灣的出口物資，也變成以米、糖等農產物為主。

——民四〇・七・八——

A 編按—或稱荷屬東印度，原為荷蘭東印度公司在爪哇、蘇門答臘等島嶼群控制的區域，後由荷蘭政府統轄，一九四九年獨立，即今之印度尼西亞共和國。

B 編按—原稿本作「不動到現在」，後改為「屹然不動」。

C 編按—此指一八九五至一九四五年間日本統治臺灣。

人也在經濟的部份、所在於土人與荷蘭之間、漸漸的確立了他們的生活圈。如此、在於荷蘭印度一樣、在臺灣、好像也可以想要形成所謂殖民經濟社會。——其間雖有由郭懷一等的漢人勢力、驅逐荷蘭勢力的嘗試、不過因為荷蘭持有強力的武力、容易的被破。在這時、華南海上掌握強大勢力的鄭成功攻臺、於是荷蘭勢力被驅逐、臺灣的漢人勢力、立了鞏固的基礎。以後就不動到現在、其中雖有日本的據形時期（但對於漢人生活圈、根本一也沒有變換。

撤退臺灣以後的荷蘭、在遠東貿易上、喪失了重要的仲繼点、關之、在日本的貿易制限與因康熙二十三年開海禁、造成華中海商、活潑的對日貿易、致荷蘭的遠東運送貿易、更衰退。荷蘭的興衰是依存於東印度公司的獨占貿易、遠東貿易是從的這個貿易的重要一環、而這個遠東貿易的趨向衰退、使當時世界最大的海運國荷蘭、變了像現在的二三流國。——雖荷蘭的衰退、是在歐洲英國的崛起為主因、而鄭成功的攻臺也是其一個遠因。而且確立了臺灣的漢人生活圈、免陷於歐人殖民地、如此觀起來鄭成功的攻臺、由抗清復明的復興基地的觀点以外、其於世界史的意義、可以說是非常大。

一面我們也無不能忘記、鄭成功的攻臺以前、已經不屈瘴煙毒癘、在荷蘭之間、逐步的形成了漢人社會的臺灣開拓的無數的無名戰士的功績。於是經過了鄭、清時代、漢人的臺灣拓殖進捗、西部平野、差不多都被開拓、鹿皮貿易也即衰滅了。如上看起來、漢人的臺灣鹿皮貿易的活動、是漢人的臺灣開拓的前奏。如此、臺灣鹿皮貿易、於社會史上、其意義也甚大。

以後、臺灣即進了以農為本的漢人社會的經營、建設時期。臺灣的出口物貨也變了米、糖等農產物為主。

—民40.7.8—

# 增補資料[A]

而在《閑却されたる臺灣（'t Verwaarloosde Formosa）》書中，一六六〇年十月十五日長崎J. Bouchelyon 給臺灣長官 Coyett 的書信謂：「Spreeuwe 號在上月十一日平安到達，我等收取了乾燥的保存很好狀態的六四，八九〇張皮類。同時也收到令人高興的閣下在八月十六日寫來的信」。（註一）在 Coyett 的書信中，也報告了在臺灣，鹿皮的中等品五〇，三二〇張、下等品一一，一四六張、獐皮七九七張、山羊四七一張、大鹿皮九八八張還在倉庫中。（註二）

絲綢等，十四、五世紀，這些商品在東西貿易中的路線，香料主要是由爪哇人、絲綢是由中國人運入 Malacca 市場，從阿拉伯人的手中，與印度的產品一起運至地中海東部，之後由北義大利商人，主要是經由 Venezia 的手中，再由南德的商人轉賣到西歐各地。而後，其所得商品或貨幣也是由歐洲透過阿拉伯商人運至東方。[B]

A 編按—手稿完成後，老師曾增補新見的史料或隨手札記，有些史料已黏貼於手稿裡，此處則是未處理的資料，主要抄自中村孝志的鹿皮一文。

B 編按—此條資料似乎與本文無直接關係，比較像是曹老師有關絲綢貿易的隨手札記。

註一—C. E. S., *'t Verwaarloosde Formosa*, …. Authentijcke bewijsen, bl. 12, no. 16; W. Campbell, *Formosa under the Dutch*, p. 468.

註二—中村，p. 120 所引 Dagh-register, Nangasacky, 1659-60, 11 Sep. 1660（Kol. Archief 1688）Missive, Coyett, in dato 16 Aug. 1660, uyt Tayouan →Japan, Afgaande en Outvangen Brieven, 1660.

(註) C.E.S.: 't Verwaarloosde Formosa, … Authentijcke bewijsen. Bl 12. No 16.
Campbell. p. 468.

(註2) 中村 p. 120 所引, Dagh-Register, Nangasackij. 1659-60. 11 Sep. 1660 (Kol. Archief, 1088) Missive, Coyett, in dato 16 Aug. 1660, uyt Tayouan → Japan, Afgaande en Ontvangen Brieven, 1660.

~~更にCoyett 閑却されたる台湾」の書中に1660年~~

更に「閑却されたる台湾」の書中に1660年10月15日長崎のJ. Boucheljonから台湾長官Coyettへの書信の中に「Spreeuw号は先月11日に無事に当地に着いた。我等はその船に載せる64,890斤の砂糖…を受取った。同時に8月16日付閣下の書信…」とあり(註)尚Coyettの書信には台湾に…中等…50310斤、下等…111462斤、…797斤、…斤、大…988斤尚金庫にあると報じて居る(註2)

130

翌年，即一六五九年八月十五日，fluijt 船 Hieversum 號載裝鹿皮二萬五千張，接著同月二十四日 Nieupoort 號也裝載各種鹿皮三二，四六〇張至長崎。（註一）而同月末日小型 fluijt 船 Breukelen 載運各種鹿皮一六，六五〇張、山羊皮一五，四〇〇張至長崎。（註二）翌年，即一六六一年鄭成功攻陷臺灣的時候，據紀錄說，倉庫中有鹿皮十一萬張。（註三）

---

註一—中村，p. 119-120 所引 Dagh-register, Nangasacky, 1658-59, 15 Aug., 24 Aug. 1659（Kol. Arch. 1688）Originele Missive, Coyett, in dato 2 Aug. 1659, uyt Tayouan →Wagenaer, Japan, Afgaande en Outvangen Brieven, 1659.

註二—中村 p. 120 所引 Dagh-Register, Nangasacky, 1658-59, 30 Aug. 1659 Originele Missive, Coyett, Tayouan →Wagenaer, Japan, Afgaande en Outvangen Brieven, 1659. Dagh-register gehouden int Casteel Batavia,

註三—中村，p. 121 所引 Dagh-Register, Batavia 1661, bl. 497; 中村，p. 107-108 所引 Dagh-Register Zeelandia. 1661,（Kol. Archief）fol. 545, 5 May.

(注1) 中村 p.119-120 注(3) Dagh-Register, Nangasacky, 1658-59. 15 Aug., 24 Aug. 1659. (Kol. Arch. 11688) Originele Missive, Coyett, in dato Aug. 1659, uyt Tayouan → Wagenaer, Japan. Afgaande en Ontvangen Brieven, 1659.

1659年8月15日には fluijt船 Hilversum が2万54の鹿皮を積み、24日には Nieuport が各種鹿皮31460張積んで長崎に到つてをり(注1)、更に同月末日には小型 fluijt船 Brenkelen が各種鹿皮16650張、山羊皮は15400張積んで長崎に到つてゐる(注2)。~~更に翌1660年4月9日にも fluijt船 Spreeuw が前年十三万張あると伝へられた鹿皮は在庫が中台湾鹿皮は、大鹿皮は64898張を船載して居るが同時に Coyett は南台湾に鹿皮は中等が50310張、下等が11146張、羊皮は797張、山羊皮471張、大鹿皮988張在庫してゐると報じてゐる。~~(注…) 1661年鄭成功が台湾に来襲した時も倉庫には鹿皮を11万張保有してゐたと記録されてゐる。(注3)

(注3) 中村 p.121, 注(3) Dagh-Register, Batavia 1661. bl 497.
Dagh-Register, Zeelandia, 1661. (Kol. Archief) fol. 545. 5 May

(注2) 中村 p.120. Dagh-Register, Nangasacky, 1658-59. 30 Aug. 1659. Originele Missive, Coyett, Tayouan → Wagenaer, Japan. Afgaande en Ontvangen Brieven, 1659.

一六五八年九月十日 Arnemuyden 號裝載鹿皮上等品一八，〇〇〇張、中等品二，四〇〇張，共計二〇，四〇〇張，至長崎入港。同時又報導（七月三十日），同年夏天可以運去約八萬至八萬五千張的各種鹿皮、大鹿皮、山羊皮。（註一）後來在八月十二日 Jacht 船 Haes 號裝載鹿皮上等品六，九〇〇張、中等品四，〇〇〇張、大鹿皮五，九〇〇張，共計一六，八〇〇張；fluijt 船 Vinck 號載有鹿皮上等品二，一〇〇張、中等品二六，〇〇〇張，從大員出發。（註二）接著同月二十日又有 Zeeridder 號載有共四〇，四九一張皮類駛往日本，如預期的將約八萬五千張鹿皮類發送，以踐所約，而臺灣有約兩萬六千張小型鹿皮及山羊皮的庫存，等待船運。（註三）

---

註一—中村 p. 119 所引 Dagh-Register, Nangasacky, 1657-58, 10 Sept. 1658（Kol. Archief 1688）Missive, Gouv. Fred. Coyett, 30 July uyt Tayouan →Bouchelijon, Afgaande en Outvangen Brieven, 1658.（Kol. Archief）

註二—Dagh-Register, Nangasacky, 1657-58, 13, 14 Sep. 1658. Missive, Fred. Coyett, in dato 12 Aug. uyt Tayouan →Joan Bouchelijon, Afgaande en Outvangen Brieven, 1658.（Kol. Archief）中村 p. 119 所引。

註三—中村 p. 119 所引 Dagh-Register, Nangasacky, 1657-58, 30 Sep., 10 Oct., 1658. Missive, Gouv. Fred. Coyett, in dato 19 Aug. uyt Tayouan →Bouchelijon, Afgaande en Outvangen Brieven, 1658.

◉ ~~事実1658年の鹿皮輸出量は激増した。~~

1658年9月10日 Arnemuyden は上等品18000張、中等品2400張 計20,400張船載して長崎に入港して居り、同時に報告せられた所では同年夏には約8万乃至8万5千の各種鹿皮、大鹿皮、山羊皮を送り得ると云はれた。(注1) (7月30日付) その後8月12日には Jacht船 Haes が鹿皮上等品6900張中等品4000張大鹿皮5900張計16,800張船載、fluit船 Vinck が鹿皮上等品2100張、中等品2100張搭載、大員を出帆して居り(注2) 続いて同20日には Zeeridder が計40491張の皮類が日本に向って居るので期待通り約8万5千の鹿皮類を送付し約を果しておるが、それでも台湾に尚約2万6千の小鹿皮等がストックされ、便船を待っていた。(注3)

(注3) 中村 p.119 所引) Dagh-Register, Nangasackij, 1657-58. 30 Sep., 8 Oct., 10 Oct., 1658. Missive, Gouv. Coyett, in dato 19 Aug. uyt Tayouan → Bouchelijon. Affgaande en Ontvangen Brieven, 1658.

(注2) Dagh-Register, Nangasackij, 1657-58. 13, 4. Sep. 1658. Missive, Fred. Coyett in dato 12 Aug. uyt Tayouan → Bouchelijon. Affgaande en Ontvangen Brieven 1658. (Kol. Archief) 中村 p.119 所引)

(注1) 中村 p.119 所引) Dagh-Register, Nangasackij, 1657-58. 10. Sept. 1658 ~~(Kol. Archief, 1658)~~ Missive, Gouv. Fred. Coyett, 30 July uyt Tayouan → Joan Bouchelijon. Affgaande en Ontvangen Brieven 1658. (Kol. Archief)

如上所說，一六四一年因蟲害與腐壞而多瑕疵品，致價格一時低廉，臺灣當局如第二章第五節所述，降低收購價格以因應，但自一六四八年左右價格又漸漸回升。（註一）翌年，即一六四九年十月三日時，據傳臺灣產鹿皮以最高之價格交易。（註二）一六五四年十月二日舉行的拍賣市場，五九種之中賣出五七種，其中特別是台灣的鹿皮與砂糖以相當好的價格賣出。（註三）又如隔年，即一六五五年，**Vlielandt** 號載來二，〇〇〇張以上，雖因濕氣、船難而損壞，但仍有一點一倍豐厚的利益。（註四）接著一六五六年據說也和上一年有著同樣好的行情，有著八成的利益，即 **25781 florijn 13 stuijver 7 penning**。（註五）一六五八年據說臺灣出產的鹿皮達到很高的價格。（註六）而在倉庫中的，除了 **Zeeridder** 號因風暴而受到損失的以外，上等品一〇〇張六〇兩、中等品三七兩及大鹿皮九五兩賣出，得到了兩倍利益。（註七）翌年，即一六五九年臺灣、暹羅的皮類仍很暢銷。（註八）如一六六〇年，買進價格為三二，五一六 **florijn** 一五 **stuijver** 一二 **penning** 的貨品，以八二，四六一 **florijn** 六 **stuijver** 一一 **penning** 出售，獲得百分之一百五十三的純利。（註九）一六六一年因鄭成功攻打臺灣，致日本的皮革價格高漲，荷蘭當局改以爪哇東海岸出產的皮革取代臺灣皮革。（註十）如上所述，荷蘭在臺灣鹿皮的貿易，連年獲得相當的利潤。

---

註一—中村，p. 127 所引村上直次郎譯，《出島蘭館日誌》下卷，頁 391。

註二—中村，p. 127 所引 Dagh-Register, Nangasacky, 1648-49（Kol. Archief）. 3 Oct. 1649.

註三—中村，p. 127 所引 Dagh-Register, Nangasacky, 1653-54, 2 Oct. 1654（Kol. Archief）.

註四—中村，p. 127 所引 Missive, Nangasacky→Tayouan, 19 Oct. Afgaande en Outvangen Brieven, 1655-56（Kol. Archief）; Dagh-Register, Nangasacky, 1654-55, 21, 26 Sep. 1655（Kol. Archief）.

註五—中村p. 127 所引 Missive, Nangasacky→Tayouan, 21 Oct 1656, Afgaande en Outvangen Brieven, 1655-56（Kol. Archief）; Dagh-Register, Nangasacky, 1655-56, 20 Sep. 1656.（Kol. Archief）.

註六—Dagh-Register, Nangasacky, 1657-58, 25 Sep. 1658.（Kol. Archief）.

註七—Missive, Boucheljon, Japan, 13 Oct. 1658→Coyett, Tayouan, Afgaande en Outvangen Brieven, 1658.

註八—Dagh-Register, Nangasacky, 1658-59, 17 Sep. 1659.（Kol. Arch.）

註九—Missive, Boucheljon, Japan, 15 Oct. 1660→Gouv.-Generael Maetsuycker, Batavia, Afgaande en Outvangen Brieven, 1660.

註十—中村，p. 128.

(322) 同 P.127 ~~ Dagh-Register, Nangasacky, 1648-49 (Kol. Archief) 3 Oct. ...
(323) 同 P.127 ~~ Dagh-Register, Nangasacky, 1653-54 2 Oct 1654 (Kol. Arch.)
(324) 同 P.127 ~~ Missive, Nangasacky → Tayouan, 19 Oct. Afgaande en Ontvangen Brieven, 1655-56 (Kol. Arch.) Dagh-Register, Nangasacky, 1654-55. 21, 26. Sept. 1655 (Kol. Arch.)
(325) 同 P.127 ~~ Missive Nangasacky → Tayouan, 21 Oct. 1656. Afgaande en Ontvangen Brieven 1655-56. (Kol. Arch.) Dagh-Register, Nangasacky, 1655-56. 20 Sep. 1656 (Kol. Arch.)

然のごとく一六四一年は寡言や蘭船で価格は一時低落と
よくなる
台湾産砂糖は卯二章介五郎すおそ之を逃しえらるゝ如く
買入の値段を引下げて封殺しておるが、一六四八年
頃から又絵之に高くなつており(注二)翌一六四九年
十月号には台湾産砂糖は高価に取引されたと伝
へられた。(注三)一六五四年十月頃は同地の競市では五の
和中五七両が売却されたが、中には台湾の砂糖と称する粉糖は一〇〇斤
りの値で売れ(注7)また翌一六五五年のごときVlielandt
号が持参した二千斤以上は湿気と難破で損傷をうけて
と云ふかで市中での利益は十一割の二向きをこうした。(注4)
債として一六五五年の前と同様な説と云はれたが、事実
利益八割二五七八二ツ三斗七斤をうしたと報せられ
ている(注5)一六五八年の台湾産砂糖は極めて高値
と云はれ(注6)また倉庫にあるLeerdamが暴風の
ため損害を受けたものを除くと第一等の雨
中等お五七両、大度の五両で売却して二〇割の利
を得た。(注7)翌一六五九年の台湾産糖の値段は
好況(注8)一六六〇年のごときは仕入価格三二五一六斤
五斗一二斤より許一八二四六二匁六分一斤の売却
で純益十五割三分を得たと報せられている。(注9)
一六六一年は鄭成功の台湾攻略で日本への輸出
る台湾の糖業を高騰せしめ、商館当局は台湾
産の砂糖を代ふるにベンガル産をもつてするため努力
ええぞした結果であつた。(注10)かくのごとく台湾産のものを入れて
砂糖は年間の利潤を挙げてゐた。
台湾の砂糖

(注10) 中村 P.128.

(326) Dagh-Register, Nangasacky, 1657-58. 25 Sep. 1658. (Kol. A...)
(327) Missive, Borchelgon, Japan, 13 Oct. 1659 → Casteel Tayouan. Afgaande en Ontvangen Brieven, 1659 (Kol. Arch.)
(328) Dagh-Register, Nangasacky, 1658-59, 17 Sep. 1659 (Kol. Arch.)
(329) Missive, Borchelgon, Japan, 15 Oct. 1660 → Gouv.-Generael Maetsuycker, Batavia. Afgaande en Ontvangen Brieven, 1660

但是在此期間濫捕鹿隻的結果，一六四〇年左右時出現鹿的減少，荷蘭當局為了防止減少、滅絕，管制狩獵方法。（註一）又狩獵區域從中部臺灣擴展到了北部臺灣，到了一六五二年左右開始，據稱臺灣鹿隻數量恢復，很多鹿皮送到日本去，進而翌年，即一六五三年八月七日，從大員出港的 Witte Paert 號，載運鹿皮五四，七〇〇張、大鹿皮二，〇〇〇張等，到長崎入港。根據該船攜帶的七月十九日臺灣長官 Nicolaes Verburgh 給長崎的出島商館館長 Frederick Coyeet 的書信，得知當時台灣尚有約三萬張鹿皮在等候便船輸出。（註二）事實上，同年七月二十九日由大員出發至日本的 Jacht 船 Sperwer 號，不幸在濟州島邊發生船難，損失了載運的臺灣鹿皮一九，九五二張、大鹿皮三，〇〇〇張、山羊皮三，〇七八張，以及粉砂糖等九二〇擔，未能運往日本。（註三）此行若能成功，本年輸往日本的數量將是很可觀的。

一六五四年從大員出發的 Witte Paert 號載運臺灣鹿皮上等品一八，二四〇張、下等品九，〇〇〇張，共計二七，二四〇張，大鹿皮四，八八〇張，而臺灣尚有鹿皮上等品一，七四二張、中等品三二，二二〇張、下等品三，〇四七張、獐皮六四七張、山羊皮二，一九六張、大鹿皮四六九張的儲藏量，據稱將於八月二十日時運送。（註四）但是這一年並沒有將上述鹿皮送往日本，可能是因裝載鹿皮的 fluijt 船 't Lam 號在同年九月十一日自澎湖島往日本時發生船難，（註五）貯藏的大部份鹿皮與此船命運相同。

---

註一—參照第二章第四節 f. 3-4.

註二—據中村，p. 117 所引 Dagh-Register, Nangasacky, 1652-53,（Kol. Archief）Missive, Gouv. N. Verburgh, Tayouan →Coyett, dato 19 July 1653, Afgaande en Outvangen Brieven, 1653-54.（Kol. Archief）

註三—據中村，p. 117 所引 B. Hoetink, Verhaal van het vergaan van het Jacht de Sperwer, 1656-1663, door Hendrik Hamel. De Linschoten Vereeniging, XVIII, 's Gravenhage, 1920, bl. 98.

註四—據中村，p. 117 所引 Missive, G. van Formosa Cornelis Caesar→Happart, dato 18 July 1654, Afgaande en Outvangen Brieven, 1653-54.（Kol. Archief）

註五—據中村，p. 118 所引 Dagh-Register, Nangasacky, 1654-55, 23 Aug. 1655,（Kol. Archief 1103）Missive, per een chinese joncq uyt Tayouan, dato 26 Feb. 1655 nae Nangasacky gesonden, die niet becomen, maer de copie daervan per Arnemuyden 24 Aug. ontvangen hebben, Afgaande en Outvangen Brieven, 1655-56.（Kol. Archief），據中村 p. 118 所引。

(註) 後述 第2章第4節 §3-4 参照

(註2) 揭中村 p.117 所引 Dagh-Register, Nangasacky, 1652-1653. (Kol. Archief). Missive Gov. N. Verburgh, Tayouan → Coyett, dato 19 July 1653. Affgaande en Ontfangen Brieven 1653-54. (Kol. Archief)

併しその濫獲を濫獲した結果、1640年頃には鹿の減少を告げてゐたが、和蘭當局はその減少絶滅を防止するため、狩猟法を統制した。(註) 又狩猟区域が中部台湾より今の北部台湾へ拡展するに至ったので1652年頃より台湾の鹿の恢復が伝へられ、多くが日本に送られたが、更に翌1653年8月7日には大員よりWitte Paert號が鹿皮54700張、大鹿皮2000張等を積んで長崎に入港してゐる。同船の齎した7月19日付台湾長官Nicolaes Verburghの出島商館長Frederick Coyett宛の書翰によれば、尚台湾(長崎)では約三万張の鹿皮が便船を待って居ると報ぜられて居る。(註2) 事実同年7月29日大員を解纜し日本に赴かんとしたjacht船Sperwer號は不幸済州島辺で難破し、積荷の台湾鹿皮19,952張、大鹿皮は3,000張、山羊皮は3,078張、其他砂糖920 picol等も失ひ、日本への送付は失敗したが(註3)、これが成功して居れば同年日本への輸出数は可成りの量にのぼったわけである。

1654年にも大員よりはWitte Paert號が台湾鹿皮上等中等18240張、下等品9000張計27240張、大鹿皮4880張運んだにとどまったが、尚台湾には上等物1742張、中等物32,220張、下等物3,047張、(鹿皮)小羊皮は647張、山羊は2196張、大鹿皮は469張の貯蔵があり、8月20日頃には送付すると伝へられて居た。(註4) しかしこの年にはこれ以上鹿皮は日本に送付されて居らぬ。恐らくfluit船Lamが主として鹿皮を積んで同年9月11日澎湖島から日本に向ったのが難破して居るので(註5)、ストックされた鹿皮の大部分がこの船と運命を共にしたのではないかと思はれる。

(註3) 揭中村 p.117 所引 Hoetink, B.: Verhaal van het vergaan van het Jacht de Sperwer, 1653-1666, door Hendrik Hamel. de Linschoten Vereeniging, XVIII, 's-Gravenhage, 1920. bl. 98.

(註4) 揭中村 p.117 所引 Missive, G. van Formosa Cornelis Caesar → Happart, dato 18 July 1654. Affgaande en Ontfangen Brieven 1653-1654. (Kol. Archief)

(註5) 揭中村 p.118 所引 Dagh-Register, Nangasacky, 1654-1655. 23 Aug. 1655. (Kol. Archief 1103). Missive, per een chinese joncq uyt Tayouan, dato 26 Feb. 1655 naer Nangasacky gesonden, die niet becomen maer de copie daervan per Armenuyden 22 Aug. ontfangen hebben. Affgaande en Ontfangen Brieven 1655-1656. (Kol. Archief)

一六五五年的八月與九月，Armemuyden 號、Vlielandt 號兩船，將鹿皮上等品二二,六九〇張、中等品六四,七二〇張、下等品一七,二五〇張、獐皮四五〇張，合計一〇四,一一〇張，還有山羊皮一,二七四張、大鹿皮八,〇〇〇張（三一,九九五斤）等大數量運送。原先由 Armemuyden 號帶去的報告（八月三日所作）說這個夏天保持向日本輸入約九萬五千的鹿皮、大鹿皮、山羊皮，必要的話，每日可捕獲五、六千張，需要相當多的船隻才可運往日本。儲藏時容易有損傷，因此與其運送同須貯存的砂糖，無寧將獲益較多的鹿皮先行運送。但是過不久兩艘船沉沒了，於是宣告此季節已經無法再運，（註一）而那一年的運銷工作也就此結束。

而翌年，即一六五六年七月 Soutelande 號載運臺灣鹿皮一九,五二〇張至日本，當時原住民開始對稻作產生興趣，所以這一年臺灣各種皮革產量只保持六六,四〇三張，據說這是因為大獵場 Lamham（南崁？）及 Sinkanja（新港）的承包者只能供應這一點數量，以致同年無望累積七、八萬張的貨產。（註二）不久，第二艘船 Coninck Davidt 號於八月二日載運五三,五〇二張鹿皮、大鹿皮及山羊皮，在長崎入港。（註三）實際上此年交貨量僅有七萬張而已。翌年，即一六五七年七月，又有 Jacht 船 Domburgh 號載運臺灣皮四九,一〇〇張。（註四）同年九月，又有 Ulisses 號運去一九,六六七張。（註五）這些是同年七月八日 Coyett 託 Domburgh 號說有約一萬七千張等待便船運去的鹿皮。（註六）在此期間，由於大陸情勢的進展，使得在臺灣，中國貨的進口愈來愈困難……。A

A 編按—曹老師作紅色記號，意謂頁三一八、三二〇是同一類史料。

---

註一—Dagh-Register, Nangasacky, 1654-55, 23 Aug., 13 Sep. 1655, Missive, Jacht Vlielandt uyt Tayouan, dato 14 Aug., Missive, Jacht Arnemuyden uyt Tayouan, dato 3 Aug. 1655, Afgaande en Outvangen Brieven, 1655-56.（Kol. Archief），據中村 p. 118所引。

註二—Dagh-Register, Nangasacky, 1655-56, 17 July. 1655,（Kol. Archief）Missive, Jacht Soutelande uyt Tayouan, dato 8 July 1656, Afgaande en Outvangen Brieven, 1655-56.（Kol. Archief），據中村 p. 118所引。

註三—Dagh-Register, Nangasacky, 1655-56, 2 Aug. 1656.（Kol. Archief），據中村 p. 118所引。

註四—Dagh-Register, Nangasacky, 1656-57, 18 July 1657,（Kol. Archief）Missive, Frederick Coyett, 8 July, uty Tayouan→Japan, Afgaande en Outvangen Brieven, 1657.（Kol. Archief），據中村 p. 118所引。

註五—Dagh-Register, Nangasacky, 1656-57, 2 Sep. 1657, Missive, Gouv. Fred. Coyett, in dato 22 Aug. uty Tayouan→Japan, Afgaande en Outvangen Brieven, 1657，據中村 p. 118所引。

註六—註四參照。

| | | | | |
|---|---|---|---|---|
| 〃 | 5 | 三 | 〃 | [illegible] |
| 〃 | 6 | 四 | 総 | 賴臭献 葉萬生 |
| 〃 | 7 | 五 | 典 | 呂寛寛 鄭文標 |
| 〃 | 8 | 六 | 〃 | 蔡昭陽 李秋桂 |
| 〃 | 10 | 一 | 総 | 葉榮發 葉池地 |
| 〃 | 11 | 二 | 採 | 劉筍寛 林春成 |
| 〃 | 12 | 三 | 期 | 張麗靜 林道境 |
| 〃 | 13 | 四 | 編 | 雷蘭英 黄 續 |
| 〃 | 3 | 四 | 総 | [illegible] |
| 〃 | 4 | 五 | 典 | 何婉怡 陳火騰 |
| 〃 | 5 | 六 | 編 | 鍾 愛 葉萬生 |
| 〃 | 7 | 一 | 採 | 林秋芳 鄭文標 |
| 〃 | 8 | 二 | 期 | 謝吟雪 李秋桂 |
| 〃 | 9 | 三 | 〃 | 柯環月 葉池地 |
| 〃 | 10 | 四 | 採 | 蔡寛真 林春成 |

一 値班地点：本館総務股
二 時間 下午二時起五時至
三 担任工作 簽收公文 記載値班日記簿 注意颱風 火警
四 諸位先生收到此單 請切記本人値班日期 以免發生到時無人値勤情事

(注25) Dagh-Register, Nangasacky, 1656-57. 2 Sept. 1657 Missive, Gouv. Fred. Coyett, in dato 22 Aug. uyt Tayouan → Japan. Affgaande en Ontvangen Brieven, 1657. 摘中村 所引 P.118
(注26) 注中村

(注21) Dagh-Register Nangasacky. 1654-1655. 23 Aug., 13 Sept. 1655. Missive, Jacht Vlielandt uyt Tayouan, dato 14 Aug., Missive, Jacht Arnemuyden uyt Tayouan, dato 3 Aug. 1655. Affgaande en Ontvangen Brieven 1655-1656. (Kol. Archief) 摘中村 P.118 所引

1655年8月9日には Arnemuyden, Vlielandt 両船で糖は上等品 21690斤 中等品 64720斤 下等品 17250斤 特級 450斤 計 104,110斤 山羊は 1274斤 大麦は 8000斤 (31995斤) 等の多量が送付されて来て居るのはじめ Arnemuyden が8月3日付齎した報では この夏日本向けに約9万5千4の糖は 大麦は山羊皮を保持して居るが 尚必要ならば日に5.64斤入手可能 日本送付には可成りの船腹を要するが 貯蔵をすれば損傷も生ずるし 同じくストックして居る砂糖より利益の多い糖皮を先に送付しようと云つて居た。しかし間もなく 工業の戦況船の沈没によつて今期は最早これ以上の期待持てずと報ぜられたので この程度で終つたものと思はれる。(注21)

更に翌1656年7月 Soutelande 号から台湾糖は 19520斤積んで日本に来つたが 当時原住民は叛乱に鹿皮を持ち出したので この新台湾では 66403斤の冬鹿皮は僅しか保持して居ず これは大武郡 Sam ham (南崁?) Sinkangu (新港) の請負者がこれだけしか供給しなかつたからで 同年は 7.8万斤 以上の集荷は望み無しと伝へられた。(注22) 間もなく第二船 Coninck David から8月2日 53502斤の鹿皮 大麦は 山羊皮を積んで長崎に入港して居るが (注23) 事実この年の送付数は7万斤余にとどまつて居るのである。

翌1657年7月にも Jacht 船 Hoomburgh から台湾鹿皮 七49100斤 積み出して居るが (注24) 同9月にも Ulisses から 19667斤 輸出して居る (注25) これは同年7月8日付 Coyett から ドンブルフに 8412 両 約 1万74斤が損傷を得つて居るを伝へたものを運搬したものであらう。(注26)

その間 大陸における情勢による近況で台湾における中国人の入手源と困難をつげ…… [illegible] に続る

(注24) Dagh-Register, Nangasacky, 1656-57. 18 July. (Kol. Archief). Missive, Frederick Coyett, 8 July, uyt Tayouan → Japan, Affgaande en Ontvangen Brieven 1657. (Kol. Archief) 摘中村 P.118 所引

(注22) Dagh-Register, Nangasacky, 1655-56. 7 July, 1656 (Kol. Archief) Missive, Jacht Zeelandt uyt Tayouan, dato 8 July 1656, Affgaande en Ontvangen Brieven 1655-1656. (Kol. Archief) 摘中村 P.118 所引
(注23) Dagh-Register, Nangasacky, 1655-56. Aug. 1656. (Kol. Archief)

# 編後記

張隆志

曹永和老師珍藏的未刊稿〈近世臺灣鹿皮貿易考〉，在大家群策群力下，終於在二〇一一年十月付梓問世了！這篇從未出版的論文手稿，在老師的書房裡，靜靜地度過了六十年的光陰。雖然老師早已名聞國際，成為東亞海洋史及早期臺灣史的權威學者，不再是當初那個瘦弱緘默，在臺大圖書館內孜孜不倦的無名館員。但他仍相當重視這篇未刊論文，時常向學生們提及此稿。甚至表示要重新增補史料，動手進行改寫。此種念茲在茲的治學精神，實在令我們感佩不已！

二〇〇九年春，曹老師因病住院，一度病危。在脫險康復後，他在病床上仍不忘向前來探望的學生們提及此篇論文，並囑咐我們協助搜尋其中的日文注釋資料。大家深感此事對於老師的意義重大，於是在鍾淑敏的提議下，商得老師同意，先將原稿帶回中研院臺史所掃描存檔，並重新打字，以便老師進行增補修訂。二〇一〇年間，查忻曾協助整理手稿第一章，並進行初步校對。至今年三月，同窗們經討論後，決定直接出版手稿，做為老師九十二歲壽辰的賀禮。乃由陳宗仁接手，統籌全文注釋與解題工作；並由我負責聯繫曹永和文教基金會及遠流出版公司，規劃編輯出版相關事宜。

本書以如實呈現曹老師的手稿原文為主要內容。雖然老師曾表示希望能增補新史料，並重新改寫成通順的中文。但大家幾經討論後，認為老師的文稿雖多日文語法，然在閱讀上尚無困難；至於增補史料一事，則牽涉甚廣，似以保存原稿舊貌為宜。因此本書的主要編輯工作，可分為以下四方面：一是增補部份原稿提及但未補之資料；二是將老師後來增補之史料置於手稿適當位置；三是校正原文打字稿；四是對部份文字進行解說。至於全面性的注解，則期待未來由有興趣的學者繼續進行。另一方面，在遠流出版同仁們的建議下，我們也選擇若干代表性圖像資料，並提供老師的作品解題和人物簡介，以增加全書的可讀性。

最後，謹代表編輯小組成員，感謝以下曾經參與過本書手稿整理，以及編輯出版過程的各位師友同窗與學生助理們：

編輯校註：陳宗仁

序文中譯：鍾淑敏

人物簡介：詹素娟

協助原稿整理：方真真、查忻、鄭維中

協助文稿校讀：林偉盛、鍾淑敏

協助資料搜尋：許賢瑤、邱美華、劉育信、林哲安

協助手稿辨識：許瓊丰、林崎惠美、彭孟燕

協助書目編輯：張雅惠

資料掃瞄：王麗蕉、劉淑慎、李依陵、蔡佳霖、顏頌文

手稿繕打：李佳玲、李佳卉、陳柏棕、陳世芳、陳力航、郭立婷、郭立媛、楊世鳳、魏龍達

圖檔提供：國立臺灣大學圖書館（林光美、蔡碧芳）、國立臺灣博物館（吳佰祿）、國立臺灣歷史博物館（黃茂榮）、中央研究院歷史語言研究所

還有遠流出版公司的周惠玲、特約編輯鄭天凱大家辛苦了！

# 參考書目[A]

## 一、史料


王士禎，《香祖筆記》。〔臺大圖書館有清朝刊本。〕

余文儀，《續修臺灣府志》。〔曹老師將書名寫作《續修臺灣府誌》，而非《續修臺灣府志》，似乎係引用1922年鈴村讓輯校之《臺灣全誌》刊本。〕

寺島良安編，《和漢三才圖會》。〔臺大圖書館有1713年和刻本（桃木文庫）。〕

林春勝、林信篤編，《華夷變態》。臺灣大學圖書館影寫日本內閣文庫本。

施　琅，《靖海紀事》。臺灣大學伊能嘉矩手抄本。

茅元儀，《武備志》。〔臺大圖書館有明天啓元年（1621）刊本（烏石山房文庫）。〕

計六奇，《明季北略》。〔臺大圖書館有清康熙十年（1671）刊本（烏石山房文庫）。〕

郁永河，《裨海紀遊》。〔臺大圖書館有清道光癸巳世楷堂刊光緒廿年（1894）補刊俞樾續本、清道光、光緒間（1821-1900）南海伍氏刊本及伊能嘉矩抄本。〕

徐　鼒，《小腆紀年》。〔臺大圖書館有清光緒三年（1877）六合徐氏重刊本。〕

張　燮，《東西洋考》。〔臺大圖書館有清道光二十六年（1846）宏道書院刊本之惜陰軒叢書，有收錄此書。〕

許孚遠，《敬和堂集》。〔戰後初期臺灣似無此書，曹老師最初是自岩生成一、小葉田淳的著作中轉引，後由中村孝志代為抄寄日本內閣文庫藏本。〕

陳倫炯，《海國聞見錄》。〔臺大圖書館有乾隆八年（1743）序鈔本、伊能嘉矩收藏之清乾隆十八年（1753）石門馬俊良重訂本。〕

陳夢林纂修，《諸羅縣誌》。〔曹老師將書名寫作《諸羅縣誌》，而非《諸羅縣志》，似乎係引用1922年鈴村讓輯校之《臺灣全誌》刊本。〕

喜田川守貞，《類聚近世風俗志》。〔臺大圖書館有明治、大正、昭和時期之刊本。〕

黃叔璥，《臺海使槎錄》。〔臺灣大學圖書館有清乾隆元年（1736）刊本。〕

劉獻廷，《廣陽雜記》。〔版本不詳。〕

謝金鑾、鄭兼才總纂，《續修臺灣縣誌》。〔曹老師手稿中寫作《臺灣縣誌》，應為《續修臺灣縣誌》，其版本應為1922年鈴村讓輯校之《臺灣全誌》刊本。〕

藍鼎元，《東征集》。〔臺大圖書館有清雍正十年（1732）刊本。〕


## 二、中日文資料


小葉田淳


A　編按—參考書目出版時間在一九五一年以前者，為曹老師寫作此稿時之引用書，部分書籍在手稿中未寫明出版資料，編者依臺灣大學圖書館所藏補入，以符號〔……〕表示，是曹老師可能參考的版本。

1941〈明代漳泉商人の海外通商發展：特に海澄の餉稅制と日明貿易に就いて〉，《東亞論叢》4：123-169。

1942《史說日本と南支那》。臺北：野田書房。

方　豪

1949〈康熙五十三年測繪臺灣地圖考〉，《文獻專刊》創刊號：28-53。

1940〈臺灣文獻的散逸與今日的迫切工作〉，《臺灣文化》6(2)：1-10。1969年二月修訂，收入《方豪六十自定稿》上冊（臺北：著者發行，1969），頁820-834。

日本隨筆大成編輯部（編纂）

1928-1929《日本隨筆大成》，第2期別卷（上）。東京：日本隨筆大成刊行會。

1930《嬉遊笑覽》，卷二（上）。東京：成光館出版部。

中村孝志

1937〈臺灣に於ける蘭人の農業獎勵と發達〉，《社會經濟史學》7(3)：271-306。

1953〈臺灣における鹿皮の產出とその日本輸出について〉，《日本文化》33：101-132。

中村孝志（著）、許賢瑤等（譯）

1997《荷蘭時代臺灣史研究：上卷概說・產業》。臺北：稻鄉出版社。

內田銀藏

1917〈三百年前日本と臺灣との經濟的關係に就いて〉，《史林》2(2)：54-62。

臺北帝大土俗人類學研究室

1935《臺灣高砂族系統所屬の研究》。東京：刀江書院。

田辺茂啓

1928《長崎實録大成正編》。長崎：長崎文庫刊行會。

石原道博

1942〈鄭芝龍の日本南海貿易〉（上），《南亞細亞學報》1：141-202。

1943〈鄭芝龍の日本南海貿易〉（下），《南亞細亞學報》2：65-108。

伊能嘉矩

1928《臺灣文化志》。東京：刀江書院。

伊勢貞丈

1928《貞丈雜記》。東京：吉川弘文館。

早川純三郎編

1912-1913《通航一覽》。東京：國書刊行會。

西川忠英（西川如見）

1708（1944）《增補華夷通商考》。東京：岩波書店。

江樹生（譯註）

2004《熱蘭遮城日誌》，第三冊。臺南：臺南市政府。

江樹生（主譯註）

2007《荷蘭臺灣長官致巴達維亞總督書信集》，第一冊（1622-

1626），臺北：南天書局。

沈有容

1959《閩海贈言》，臺灣文獻叢刊第56種。臺北：臺灣銀行經濟研究室。

村上直次郎

1930〈蘭人の蕃社教化〉，收於臺灣文化三百年記念會編，《臺灣文化史說》，頁 93-120。臺北：臺灣文化三百年記念會。

1917《貿易史上の平戶》。東京：日本學術普及會。

村上直次郎（譯）

1937《抄譯バタビヤ城日誌》。東京：日蘭交通史料研究會。

1938-1939《出島蘭館日誌》。東京：文明協會。

何喬遠（編撰）、廈門大學歷史系古籍整理研究室《閩書》校點組（校點）

1994-1995《閩書》。福州：福建人民出版社。

長崎市役所（編纂）

1923《長崎市史・通交貿易編西洋諸國部》。長崎：長崎市役所。〔村上直次郎編〕

岡本良知

1942《十六世紀日歐交通史の研究》。東京：六甲書局。

岩生成一

1934〈長崎代官村山等安の臺灣遠征と遣明使〉，《臺北帝大史學科研究年報》1：285-357。

1939〈明末日本僑寓支那人甲必丹李旦考〉，《東洋學報》23(3)：63-119。

1933〈三百年前に於ける臺灣砂糖と茶の波斯進出〉，《南方土俗》1(2)：7-27。

1934《近世初期の對外關係》。東京：岩波書店。

岩生成一（譯註）

1929《慶元イギリス書翰》。東京：駿南社。

東京帝國大學文學部史料編纂所（編纂）

1906《大日本史料》第十二冊之六。東京：東京帝國大學。

松永貞德

1909《戴恩記》（上），收於《續群書類從》第 32 輯（下）。東京：經濟雜誌社。

林春勝、林信篤（編），浦廉一（解說）

1958-1959《華夷變態》。東京：東洋文庫。

林偉盛（譯）、包樂史等（編）

2010《邂逅福爾摩沙：臺灣原住民社會紀實——荷蘭檔案摘要第一冊 1623-1635》。臺北：行政院原住民族委員會。

金關丈夫

1949〈臺灣先史時代靴形石器考〉，臺灣光復文化財團編，《人文科學論叢》第一輯（臺北：編者刊行），頁 73-100。

近藤瓶城編輯

1900-1907《改定史籍集覽》，第十一冊。東京：近藤活版所。

張廷玉等（撰）

1974《明史》。北京：中華書局。

岡田章雄
1937〈近世に於ける鹿皮の輸入に関する研究（一）〉，《社會經濟史學》7(6) : 675-693。
1937〈近世に於ける鹿皮の輸入に関する研究（二）〉，《社會經濟史學》7(7) : 862-872。

津村正恭
1917《譚海》卷八。東京：國書刊行會。

夏　琳
1925《閩海紀要》，雅堂叢刊四。臺北：臺灣詩薈。

翁佳音（計畫主持）
2007《康熙臺灣輿圖歷史調查研究報告》。臺北：國立臺灣博物館。

陳宗仁
2005〈1622年前後荷蘭東印度公司有關東亞貿易策略的轉變：兼論荷蘭文獻中的Lamang傳聞〉，《臺大歷史學報》35 : 283-308。

曹永和
1979《臺灣早期歷史研究》。臺北：聯經出版公司。

堀川安市
1932《臺灣哺乳動物圖說》。臺北：臺灣博物學會，1932。

鹿間時夫
1941〈古文書から見た臺灣の鹿〉，《科學の臺灣》9 (1-2) : 12-20。
1937〈化石鹿より観たる臺南州新化郡左鎮庄の化石哺乳動物層の地質時代に関する一考察〉，《臺灣地學記事》八(10/12) : 120-125。

楊　英
1931《延平王戶官楊英從征實錄》。北平：國立中央研究院歷史語言研究所。

萬　表
1947〈海寇議前〉，收入鄭振鐸輯，《玄覽堂叢書．續集》。國立中央圖書館影印。

鄭喜夫
2001〈康熙臺灣輿圖內容年代新考〉，《臺灣文獻》52(1) : 473-493。

臨時臺灣舊慣調查會（編）
1910-1911《臺灣私法》第3卷（上）。臺北：臨時臺灣舊慣調查會。
1909-1911《臨時臺灣舊慣調查會第一部調查第三回報告書：臺灣私法附錄參考書》，第3卷（上）。臺北：臨時臺灣舊慣調查會。

關山直太郎
1935〈看板（Kambang）貿易考〉，《經濟史研究》13(6) : 19-36。

リース（著）、吉國藤吉（譯）
1898《臺灣島史》。東京：富山房。

ナホッド（著）、富永牧太（譯）
1956《十七世紀日蘭交涉史》。奈良：養德社。

## 三、外文資料


Álvarez, José M.

1930 *Formosa: Geográfica e Históricamente Considerada.* Barcelona: Librería Católica Internacional.

Barbour, V.

1930 "Dutch and English Merchant Shipping in the Seventeenth Century." *The Economic History Review* 2（2: 261-290.

Blair, Emma H., and James A. Robertson,（eds.）

1903-1909 *The Philippine Islands 1493-1898*. Cleveland, Ohio: The A. H. Clark Company.

Borao, José et al.（eds.）

2001 *Spaniards in Taiwan*, vol. I. Taipei : SMC Publishing.

Campbell, William.

1903 *Formosa under the Dutch*. London: Kegan Paul, Trench, Trubner & Co.〔大鳥文庫〕

C. E. S.

1675 *'t Verwaerloosde Formosa, of Waerachtig verhael, hoedanigh door verwaerloosinge der der Nederlanders in Oost-Indien, het eylant Formosa, van den Chinesen Mandorijn, ende zeeroover Coxinja, overrompelt, vermeestert, ende ontweldight is geworden*. Amsterdam: Jan Claesz. ten Hoorn.〔大鳥文庫〕

Chang , Hsiu-Jung et al.（eds.）

1995 *The English factory in Taiwan:1670-1685.* Taipei: National Taiwan University.

Cocks, Richard

1899 *Diary of Richard Cocks.*〔Tōkyō: The Sankōsha. With additional notes by N. Murakami.大鳥文庫。〕

Colenbrander, H. T.

1919-1923 *Jan Pietersz Coen: Bescheiden Omtrent zijn Bedrijf in Indië.* 's-Gravenhage: Martinus Nijhoff.

Dam ,Piete van, Frederik Willem Stapel,（uitg.）

1927 *Beschryvinge van de Oost-indische Compagnie.* 's-Gravenhage: Martinus Nijhoff. Rijks Geschiedkundig Publikatiën 63.

Davidson, James W.

1903 *The Island of Formosa: Past and Present.* London: Macmillan & co.

Ginsel, Willy A.

1931 "De Gereformeerde Kerk op Formosa of de Lotgevallen eener Handelskerk onder de Oost-Indische-Compagnie 1627-1662." Leiden: P.J. Julder & Zoon.

Groeneveldt, W. P.

1898 *De Nederlanders in China, 1ste stuk: De eerst Bemoeiingen om der Handel in China en de Bestiging in de Pescadores, 1601-1624.* 's-Gravenhage: Martinus Nijhoff, 1898. Taken out from periodical: Taal-, Land- en Volkenkunde van Nederlandsch-Indië 48.

Grothe, J.

1884-1891 *Archief voor de Geschisdenis der Oude Hollandsche Zending.* Utrecht: C. van Bentum.

Hakluyt, Richard

1929 *Hakluyt's Voyages*. Oxford: Basil Blackwell.

Hamel, Hendrik

1920 *Verhaal van het vergaan van het jacht de Sperwer en van het wedervaren der schipbreukelingen op het eiland Quelpaert en het vasteland van Korea (1653-1666) met eene beschrijving van dat rijk.* s'-Gravenhage: Martinus Nijhoff. 〔大島文庫〕

Kaempfer, Engelbert

1906 *The History of Japan.* tr. by J. G. Scheuchzer, Glasgow: James MacLehose and Sons.

MacLeod, N.

1927 *De Oost-IndischeCompagniealsZeemogendheid in Azie.* Leipzig: R. Friese.

Mellars, P.

2006 "Archeology and the Dispersal of Modern Humans in Europe: Deconstructing the Aurignacian." *Evolutionary Anthropology* 15: 167–182.

Nachod, Oskar

1897 *Die Beziehungen der Niederländisch en Ostindischen Kompagnie zu Japan im Siebzehnten Jahrhundert*. Leipzig: R. Friese.

Riess, Ludwig

1897 "Geschichte der Insel Formosa". *Mittheilungen der deutschen Natur- und Völkerkunde Ostasiens* 6 (59) : 405 - 447.

Sánchez , Alonso

"Relación breve de la jornada que el P. Alonso Sánchez, de la Compañia de Jesus, hizo desde la Isla de Luzon y ciudad de Manila a los Reinos de la China".（Archivo de Indias, 68-I-37）

Valentijn, Francois

1724-17261862 *Oud en NieuwOost-Indiën, vervattendeeennaaukeurige en uitvoerigeverhandelinge van Nederlandsmogentheyd in die gewesten*. Dordrech: J. van Braam..〔此書在大島文庫中有兩個版本，除 1724-1726刊本外，另有1862年Amsterdam: Wed. J. C. Van Kesteren刊本〕

臺灣史與海洋史 11

**近世臺灣鹿皮貿易考：青年曹永和的學術啓航**

作　　者／曹永和
校　　注／陳宗仁
策　　劃／財團法人曹永和文教基金會
主　　編／周惠玲
特約執編／鄭天凱
校　　對／陳宗仁、鍾淑敏、詹素娟、張隆志
美術設計／黃子欽
美術構成／鄭天凱
合作出版／財團法人曹永和文教基金會
臺北市106羅斯福路3段283巷19弄6號1樓 (02)2363-9720
遠流出版事業股份有限公司
臺北市100南昌路2段81號6樓
發 行 人／王榮文
發行單位／遠流出版事業股份有限公司
地　　址／臺北市100南昌路2段81號6樓
電　　話／(02)2392-6899　傳真：(02)2392-6658　劃撥帳號：0189456-1
著作權顧問／蕭雄淋律師
法律顧問／董安丹律師
印　　刷／中原造像股份有限公司
一版一刷／2011年10月27日
一版二刷／2013年 3 月15日
行政院新聞局局版臺業字第1295號
訂 價：新台幣890元
ISBN：978-957-32-6885-7（精裝）

國家圖書館出版品預行編目(CIP)資料

近世臺灣鹿皮貿易考 : 青年曹永和的學術啟航 / 曹永和著. --
一版. -- 臺北市 : 遠流, 曹永和文教基金會, 2011.10
面；　公分. -- (臺灣史與海洋史 ; 11)
ISBN 978-957-32-6885-7(精裝)
1.臺灣貿易 2.畜牧經濟 3.臺灣史

558.0933　　100020783

昭和十六年記念日台灣神社參拜
2

東港
盤營港東
至東港河咫尺地
至小赤山拾里
水師右營界
淵仔力社
至鳳山貳拾里
Fort de Zeelande ou de Taiovang
de Renneville 1702
近世臺灣鹿皮貿易考
前言
第一章 臺灣鹿皮輸出之經過
第二章 臺灣鹿皮貿易之背景
第三章 臺灣鹿皮
捕鹿
麞